U0449749

广西大学马克思主义学院资助出版

古巴
社会主义模式研究

王承就 著

中国社会科学出版社

图书在版编目（CIP）数据

古巴社会主义模式研究／王承就著. —北京：中国社会科学出版社，2024.5
ISBN 978-7-5227-3338-8

Ⅰ.①古… Ⅱ.①王… Ⅲ.①社会主义模式—研究—古巴 Ⅳ.①D775.1

中国国家版本馆 CIP 数据核字（2024）第 070927 号

出 版 人	赵剑英
责任编辑	许　琳
责任校对	苏　颖
责任印制	郝美娜

出　　版	中国社会科学出版社
社　　址	北京鼓楼西大街甲 158 号
邮　　编	100720
网　　址	http://www.csspw.cn
发 行 部	010-84083685
门 市 部	010-84029450
经　　销	新华书店及其他书店

印　　刷	北京君升印刷有限公司
装　　订	廊坊市广阳区广增装订厂
版　　次	2024 年 5 月第 1 版
印　　次	2024 年 5 月第 1 次印刷

开　　本	710×1000　1/16
印　　张	25.25
字　　数	414 千字
定　　价	148.00 元

凡购买中国社会科学出版社图书，如有质量问题请与本社营销中心联系调换
电话：010-84083683
版权所有　侵权必究

目　　录

导　言 ··· 1

第一章　古巴选择社会主义的背景 ··· 2
第一节　拉丁美洲共产主义运动的发展 ··· 2
第二节　古巴民族民主革命的发展 ·· 19
第三节　古巴革命力量的选择与成长 ·· 28
第四节　古美关系的恶化与社会主义国家的支持 ································ 38

第二章　古巴社会主义模式的探索历程 ·· 50
第一节　自主探索社会主义道路（1961—1969 年） ···························· 50
第二节　学习其他社会主义国家建设模式（1970—1989 年） ······· 53
第三节　捍卫和坚持社会主义（1990—2007 年） ······························ 56
第四节　古巴特色社会主义模式的形成（2008 年以来） ···················· 60

第三章　古巴社会主义模式的战略目标、本质和基石 ···················· 66
第一节　古巴社会主义的战略目标 ·· 66
第二节　古巴社会主义模式的本质 ·· 74
第三节　古巴社会主义模式的基石 ·· 78

第四章　古巴社会主义经济建设 ·· 82
第一节　不断探索和完善经济建设制度和理论 ·································· 82
第二节　古巴社会主义经济建设及其成就 ··· 131

第五章　古巴社会主义政治建设 164
第一节　人民政权代表大会制度建设 164
第二节　人民政权行政管理体系建设 175
第三节　司法体系建设 196
第四节　社会和群众组织建设 205
第五节　民主制度建设 217

第六章　古巴社会主义文化建设 230
第一节　古巴社会主义文化政策 230
第二节　大力发展人民文化事业 242
第三节　不断提升公共文化服务体系 252
第四节　古巴社会主义文化建设的重要特征 255

第七章　古巴社会主义社会建设 263
第一节　教育事业的发展 263
第二节　医疗卫生事业的发展 287
第三节　劳动就业、住房和社会保障体系建设 306

第八章　古巴共产党是古巴社会主义的最高领导力量 327
第一节　古巴共产党对古巴社会主义的探索和坚守 327
第二节　古巴共产党领导团结人民建设社会主义 336

第九章　古巴社会主义模式的特色、启迪与借鉴 375
第一节　古巴社会主义模式的特色 375
第二节　古巴社会主义模式的启迪和借鉴 383

主要参考文献 394

后　记 400

导　言

　　1848年，《共产党宣言》的发表，社会主义实现从空想到科学的飞跃。俄国十月革命的胜利，建立起世界上第一个无产阶级专政的社会主义国家，在列宁和斯大林的领导下探索并建成了第一个社会主义制度的模式，社会主义从理论变成现实。第二次世界大战期间，随着反法西斯战争的胜利，欧亚一系列国家走上社会主义道路，社会主义实现从一国到多国的发展。20世纪80年代末90年代初，苏联解体、东欧剧变使苏东各国社会主义制度改旗易帜，世界社会主义遭到严重挫折，跌入谷底。苏联解体、东欧剧变后，中国、越南、古巴等社会主义国家顶住苏联解体、东欧剧变的巨大压力，进一步反思苏联模式的弊端，大胆地进行改革创新，推进马克思主义民族化和本土化，探索本国特色的社会主义发展道路，形成了具有自身特色的社会主义模式。

第一章　古巴选择社会主义的背景

革命乃是由我们的先辈在1868年开始进行、直至今天才得以完成的长期斗争过程的产物，革命还将继续前进。

我们的斗争不得不逐步改变其单纯的民族主义性质和目标，把自己的斗争命运同世界革命运动连接在一起。

只有依靠国际工人阶级不可战胜的力量，我们这个小国才能抵御美国在政治、经济和军事实力方面对我们造成的致命危险；只有依靠工人阶级的战略、原则和思想，以工人阶级为先锋，我国革命才能朝着民族和社会彻底解放的方向前进。

——菲德尔·卡斯特罗

第一节　拉丁美洲共产主义运动的发展

一　殖民统治下的拉丁美洲

哥伦布到达美洲大陆之前，拉丁美洲的印第安人创造了玛雅文明、阿兹特克文明、印卡文明等独特的文明，他们以渔猎为主，学会了取火，可制造使用多种石器生产工具。印卡人的冶炼加工技术已比较发达，掌握了冶炼矿石、锻造、压膜、焊接、装饰等工艺，能饲养火鸡、鸭、鹅、家犬等，用兽皮制衣服，使用弓箭，制作木舟，编织渔网并会制作陶器食具，培育了玉米、马铃薯、向日葵、西红柿、豆类、芋头、南瓜、黄瓜、辣椒、甘薯、花生、番石榴、烟草、棉花、可可、古柯等农作物，创造了太阳历和象形文字，学会使用"0"这个数学符号。哥伦布发现美洲大陆之后，西班牙、葡萄牙和其他欧洲国家开始对拉丁美洲进行征服和殖民活动，毁灭了印第安人的文化，破坏了印第安人社会的正常发展，进而改变了整个土著居民的生活和命运。

1492年10月12日，在经历了两个多月的航行后，哥伦布登上今巴哈马群岛的圣萨尔瓦多岛，并于10月28日到达古巴岛。哥伦布在随后的三次航行中先后到达大安的列斯群岛、小安的列斯群岛、加勒比海岸的委内瑞拉以及中美洲，并宣布它们为西班牙帝国的领地。西班牙对拉丁美洲的殖民始于1496年，哥伦布委托其弟弟出任伊斯帕尼奥拉的代理督办，建立起西班牙在拉美的第一个永久性殖民点。1511年，古巴沦为西班牙殖民地。到16世纪上半叶，西班牙已占领了除巴西以外的绝大部分拉美地区。西班牙在侵占拉丁美洲过程中逐步建立起封建专制主义殖民统治，先后建立起新西班牙总督区、秘鲁总督区、新格拉纳达总督区、拉普拉塔总督区以及危地马拉、委内瑞拉、古巴、波多黎各和智利等都督府，通过总督制统治拉美地区。总督和都督代表西班牙国王在殖民地执政，是殖民地的最高统治者，不仅是最高行政首脑，负责行政管理、财务税收和官吏的任免，而且拥有立法权、指导宗教事务、统领军队。在西班牙人聚居的市镇设立市政会负责治理当地的政治、经济秩序，维护市镇治安，征收赋税，发展市镇公益事业，监督市场，开办学校。殖民当局在印第安人市镇辖区指派一名市镇长官行使行政、司法权，委任一名印第安人酋长协助市镇长官统治印第安人市镇，对土著居民进行控制、剥削和掠夺。西班牙王室向殖民地派遣军队和在各殖民地组建民团，以抵御其他国家殖民者的侵略、镇压殖民地人民反抗、维护地方治安。西班牙国王还利用天主教会在殖民地传教和进行精神统治。为从殖民地获取最大经济利益，西班牙国王把美洲殖民地作为其商品市场和原料产地。根据重商主义原则采取保护主义措施垄断与美洲殖民地的贸易，规定殖民地只能同宗主国通商，只能从宗主国获得工业品，严禁发展同宗主国相竞争的工业；严禁各殖民地之间进行贸易，征收包括出口税、进口税和销售税等在内的繁重的商品税。在16世纪，殖民地的贸易对象主要是其宗主国，进口的主要是欧洲的工业品，出口的主要是金、银、宝石、原材料、土特产等。到17世纪，宗主国与殖民地间的贸易开始衰落。其次是发展采矿业和农牧业，农产品的生产主要集中在两类：一类是殖民地人口生活所需的小麦、玉米、葡萄和橄榄等产品，另一类是宗主国及欧洲市场需要的甘蔗、棉花、烟草、可可等产品。到18

世纪，西班牙国王采取了一系列改革措施鼓励贸易、工业、农牧业的发展，促成了土生白人经济实力的增长和一个强大的商人阶层的出现，也导致宗主国的殖民政策与殖民地经济发展之间的矛盾日益加深。

西班牙殖民统治使美洲殖民地社会分成两大社会集团：西班牙殖民者统治集团和印第安人被统治集团。这两大集团之间夹着黑人阶层和混血种人阶层。印第安人被统治集团中的权贵享有西班牙贵族的特权，他们中的一些人协同殖民官吏残酷压榨印第安平民；"委托监护制"下的印第安平民是殖民地社会的最底层，名义上是"自由人"，实际上没有公民权利，是耕种小块贫瘠土地的人，必须服徭役和缴纳人头税。在"委托监护制"的殖民统治下，监护人驱使印第安人从事繁重的无偿劳动，甚至被大肆屠杀和虐杀。"委托监护制"虽在1720年被名义上废止，实际上一些地区一直持续到18世纪末。"委托监护制"废除后，监护主变成了大地主，形成了封建大庄园，印第安人沦为"佃户"雇工和债务农奴。在殖民过程中，大批印第安人被屠杀或在过度劳动中被折磨而死。"当西班牙人进入印第安人居住地时，老人、儿童和妇女就成了他们逞凶肆虐的牺牲品；他们甚至连孕妇也不饶过，用标枪或剑剖开她们的肚子。他们像赶羊似地把印第安人赶进围栏里，相互比赛，看谁能更灵巧地把一个印第安人一下子砍成两半，或者把他的内脏剜出到外面来。他们把婴儿从母亲怀抱里夺过来，抓住他们的小腿，把他们的脑袋往石头上砸碎，或者把他们扔到就近的河里去，一边说道：'你们该凉快一下啦。'他们把十三个印第安人并排地吊起来，在他们的脚下燃起火堆，把他们活活烧死，宣告拿他们做祭品来供神，纪念耶稣·基督和他的十二位使徒。……他们把那些不杀的人手砍下来，嘲弄他们，说：'现在给那些跑到山里和林中躲避我们的人送信去吧。'遭到更残酷对待的是印第安首领；他们被钉架在木栅栏上，然后用慢火来烧。"①"许多印第安部落从地面上消失了；广阔的区域，像闹过瘟疫一样，变得荒无人烟了。……在波多黎各和牙买加两岛，当西班牙人出现时（1509年），据拉斯·卡萨斯说，计有60万印第安人；到1542年，他

---

① ［苏］米罗舍夫斯基：《美洲西班牙殖民地的解放运动（1492—1810年）》，金乃学译，生活·读书·新知三联书店1960年版，第33页。

们剩下不过400人。在海地岛原先住着几十万印第安人；到1542年，其中只幸存下来大约200人。"① 黑人奴隶是殖民者从非洲贩运来的，最初是在16世纪初期被贩运到西班牙美洲的。后来随着印第安人的大批死亡，劳动力紧缺，大大加快了黑人奴隶的输入。黑人奴隶主要在种植园里劳动，是大种植园的主要劳动力，也有从事家务劳动的，他们没有丝毫的权利和人身自由，完全受种植园主的控制和摆布，从事最脏、最累、最繁重的劳动，所受的压迫比印第安人更加残酷。从17世纪起，殖民地出现了一个庞大的混血人种集团，他们处于殖民地社会的中层和中下层。西班牙人同印第安人混杂的后代被称为梅斯蒂索人（mestizos），西班牙人同黑人混杂的后代被称为穆拉托人（mulatos），印第安人同黑人混杂的后代叫作桑博人（zambos）。根据"生而为奴"的原则，女奴生的孩子是奴隶，自由人妇女生的孩子为自由人。混血种人多为小商贩和工匠，也有从事农牧业、矿业的。他们同西班牙平民、印第安平民都是自由劳动者，遍布农村和矿区。到19世纪初，西班牙殖民地的总人口1500多万，其中印第安人750万，黑人78万，混血种人500多万，白种人300多万。②

葡萄牙殖民者于1500年入侵巴西，1532年1月在圣维森特建立起第一个永久性殖民地。1534年建立起圣保罗城，并以此为据点加快对整个巴西的征服。到1763年，葡萄牙正式建立起以里约热内卢为总督府的总督区，对巴西实现中央集权式的全面殖民统治。总督代表葡萄牙国王在巴西行使军政、司法等一切权力，开展殖民统治。葡萄牙国王还在巴西境内先后设置了8个都督区，都督拥有军政大权，直接接受国王指令，也服从总督命令。葡萄牙国王还利用天主教对巴西进行殖民统治和精神控制，教会控制着传教区的政治、经济生活和印第安人劳动力。巴西殖民经济的发展按照葡萄牙的利益和欧洲市场的需求，具有明显单一经济发展的特征，先后经历红木周期、蔗糖周期和黄金周期。16世纪初，殖民者主要从巴西采伐巴西木运往欧洲牟取暴利。从16世纪中

---

① [苏]米罗舍夫斯基：《美洲西班牙殖民地的解放运动（1492—1810年）》，金乃学译，生活·读书·新知三联书店1960年版，第35页。

② 王春良：《拉丁美洲民族民主运动史论》，中国地图出版社1992年版，第233页。

叶开始，蔗糖的生产逐步兴盛起来，并开始带动烟草、小麦的种植和畜牧业的发展。17世纪末18世纪初，巴西发现了黄金和钻石矿，黄金和钻石的开采成为巴西经济的支柱，既极大地拓宽了巴西的疆域，也大大增加了巴西的人口。从1750年开始，葡萄牙在巴西进行经济改革，农业上实行生产多样化，既种植甘蔗、可可和烟草等传统经济作物，也发展棉花、小麦、咖啡等新兴作物；工业上鼓励私人发展纺织、制革等手工业，加强对黄金生产的控制，严禁走私；实行贸易自由，降低出口税和运费标准。从1808年开始开放所有巴西港口，取消王室专卖制，废除阻碍矿业和工业发展的法律、条例，成立专门学会研究农业发展问题，开办学校和博物馆，在一定程度上促进了巴西经济的发展。经济的发展特别是手工工厂的发展，催生了一个新的阶级——当地的资产阶级。

葡萄牙殖民地巴西的社会结构是适应甘蔗种植业发展需要而发展起来的，种植园成为各种生产活动和社会—经济活动的重要场所，有制糖厂、手工业作坊，有商业活动，有教堂和小城镇，是经济和社会中心。巴西的人口分为自由人和奴隶。自由人主要包括白人、印第安人、混血种人和黑人自由民。奴隶主要是黑人。最上层的统治集团包括殖民政府官吏、大种植园主、大牧场主、大商人和矿主，是葡萄牙出生的白人，掌控殖民地政权的要职和对外贸易。土生白人组成的大地产主集团是殖民地的权势集团，实际上把控着殖民地的经济和社会活动，并在某种程度上控制着殖民地的地方政权。白人平民、混血种人和自由黑人是普通劳动者，大多在种植园、矿区和城市中从事手工业、经商和农耕活动。社会底层是黑人和印第安人。殖民地时期巴西的人口结构变化极大。据统计，1500年印第安人约243.1万人，到1798年只有25.2万人；1549年白人只有三四千人，到1798年达101万人；1600年黑奴只有1.5万人，到1798年达136.1万人；1798年，混血种人60余万人。

西班牙和葡萄牙的殖民统治，使拉丁美洲逐渐发生了种族和文化的融合。殖民者的入侵和殖民统治将早先相互隔离、彼此孤立的印第安氏族、部落纳入共同的政治经济生活体中，逐步出现了种族和文化的融合。种族的融合是通过通婚来实现的，突出表现是混血种人的出现，梅斯蒂索人、穆拉托人、桑博人就是种族融合的结晶。混血的梅斯蒂索人、穆拉托人、桑博人,加上在美洲土生土长的新一代白人——克里奥约人,他们在体态、生理、心理等方面有别于西班牙人,成为新型的"美洲人"。殖民统治还促进了文化的融合。殖民统治中断了土著印第安人文化的持续正常发展进程,殖民者将欧洲语言、宗教、社会组织、文学艺术、法律制度、科学技术和风俗习惯带给印第安人,强迫印第安人接受欧洲文化。印第安人在被迫接纳欧洲文化的同时,也极力延续自己的语言和文化。殖民者也为了更有效地统治印第安人,也必然适应、顺从乃至吸取某些印第安人的风俗习惯和文化特征,允许他们在一定程度上保留自己的语言和文化。大批非洲黑奴的到来,也带来了某些非洲文化。欧洲、印第安和非洲等文化因素的交织糅合,创造出一种混血式的美学观念和一种新的生活方式,逐步形成了独特的拉丁美洲文化。

在长达300多年的殖民统治中,西班牙殖民者统治集团通过政治、军事、经济和宗教等机构对拉丁美洲被统治集团居民进行残酷的奴役和疯狂的掠夺,从拉丁美洲掠取了(当时)价值60亿美元的金银,即250万公斤黄金和1亿公斤白银。残酷的殖民统治和剥削,促使印第安人、黑人、混血种人和土生白人联合起来反对殖民统治,在民族矛盾成为社会主要矛盾的基础上,为争取自由和独立而斗争。马克思在《资本论》中写道:"美洲金银产地的发现,土著居民的被剿灭、被奴役和被埋葬于矿井,对东印度开始进行的征服和掠夺,非洲变成商业性地猎获黑人的场所,这一切标志着资本主义生产时代的曙光。"到18世纪末19世纪初,拉丁美洲资本主义因素产生和发展起来了,一些地方的手工工厂有了一定发展,与宗主国的贸易也有较大发展,一个新兴阶级——资产阶级正逐步形成。资产阶级知识分子阅读、传播、翻译出版伏尔泰、卢梭、狄德罗和孟德斯鸠的作品,用资产阶级的自由、平等、博爱思想来观察和批评西班牙残酷的统治。资产阶级进步学者把美洲称为"祖国",把自己称为"美洲人",增强了土生白人与印第安人、混血种人等的相互认同,推动了殖民地民族意识的形成。殖民地的一些进步人士和知识分子在拉丁美洲开展启蒙运动,到18世纪末出现了大量启蒙运动团体和报刊,宣传启蒙主义思想、北美独立战争和法国资产阶级革命思想,传播文学、艺术、工业、农业和矿业的新知识,探讨殖民地改革,倡导贸易自由。到19世纪初,推翻宗主国殖民统治者,夺回被外国殖民者篡夺的权力，实行民族独立等思想越来越多和越来越公开地出现在美洲的报刊上，表明民族和独立的意识已在拉丁美洲殖民地人民中觉醒甚至成熟，拉丁美洲已进入独立运动的前夜。

二 拉丁美洲独立运动

18世纪末19世纪初，随着殖民地经济的发展，资本主义经济的萌芽，对外贸易的扩大，拉丁美洲社会的各阶层人士特别是大商人、大牧场主、矿主和部分知识分子纷纷要求自由贸易，取消宗主国对贸易的限制，要求摆脱宗主国对殖民地经济的束缚。种族融合进一步深化，致使肤色不同的印第安人、土生白人、黑人和混血种人形成了我们都是"美洲人"的民族意识。启蒙主义思想和北美英属殖民地争取独立的斗争及法国大革命将自由、平等思想和先进的科学技术传入拉丁美洲，极大地促进了殖民地思想的变革。上述种种因素的交织，使得拉美社会内部矛盾发展到了极点，终于导致独立战争的爆发。

1790年10月，在法国《人权宣言》的直接影响下，海地的黑白混血种人和自由黑人举行武装起义，要求按《人权宣言》享有与白人同样的公民权利，揭开了海地革命的序幕。经过14年艰苦卓绝的斗争，海地人民终于打败了西班牙和英国的武装干涉，推翻了法国的殖民统治，起义军于1804年1月1日正式向全世界宣告海地独立。海地成为世界上废除奴隶制的国家，也是世界近代史上第一个黑人独立国家。海地革命揭开了拉丁美洲独立运动的序幕，为拉丁美洲人民争取自由和独立树立了榜样。

西班牙南美洲殖民地的独立战争分别在紧密相关的南北两大战区中进行：南部战区包括拉普拉塔总督区、智利都督区和秘鲁总督区；北部战区包括委内瑞拉都督区和新格拉纳达总督区。秘鲁总督区印第安人口众多，矿产丰富，一直是西班牙殖民统治、剥削、掠夺的重点地区，是殖民时期的政治、经济、文化中心，也一直是阶级矛盾、民族矛盾和种族矛盾特别尖锐、斗争特别复杂的地区，是独立战争中殖民势力的大本营和镇压爱国力量的堡垒。委内瑞拉都督区和拉普拉塔总督区是以农牧业为主的新兴经济区，新兴商业资产阶级及与其密切相结合的地主阶级是举足轻重的政治—经济势力，是独立战争的中坚力量，因而这两个地区成为独立战争中爱国力量反抗、打击殖民势力的重点地区和根据地。西班牙南美洲殖民地的独立战争大致分为1810—1816年和1816—1826年两个时期。1810—1816年为战争由全面爆发转入退却、相持的时期,先是殖民地各大中心市政的爱国力量和平夺取政权,而后新政权组织爱国武装打击殖民势力武装,赢得了全面胜利。因以土生白人地主为主体的爱国力量没有及时发动人民群众,加之内部分歧加剧,各地殖民势力在秘鲁等地殖民政权和西班牙的支持下,向爱国力量反扑,独立战争转入退却、相持阶段。[①] 自1816年起,独立战争由前一阶段的相持时期转入重点反攻、全面胜利时期。这个时期主要是在西蒙·玻利瓦尔和何塞·圣马丁的领导下,团结广大爱国民众,分别在南北战区发动重点反攻,直捣殖民势力堡垒秘鲁总督区,取得了辉煌战绩。

在北部战区,1810年4月,当得知西班牙"中央执政委员会"解散的消息后,在委内瑞拉都督区首府加拉加斯,召开了以土生白人和商人为主体并有宗教界代表、民众代表、混血种人代表参加的市政会议,会议在人民群众的支持下决定成立新政权"维护费尔南多七世王权最高执政委员会"。新政权宣告将行使人民的自主权利,撤销全部殖民地机构,成立新的政府职能部门,取消专卖制,实行自由通商,改革关税,并陆续颁布了有关土地所有权、取消印第安人人头税、成立"爱国协会"促进经济发展等法令。4月底5月初,委内瑞拉地区各省爱国力量纷纷夺取地方政权,宣布支持最高执政委员会。1811年3月2日,委内瑞拉首届国民代表会议在加拉加斯召开,会议选出"三人执政委员会"代替最高执政委员会执政,实行共和。7月,国民代表会议通过"独立宣言",宣告委内瑞拉"已解脱对西班牙王朝及其代表的一切束缚和依附关系""我们将自由行使自己的主权",将"按人民的普遍愿望选择政府形式",并"像一切自由、独立的国家那样进行正常活动",正式宣布独立。12月21日,国民代表会议通过了"委内瑞拉宪法",仿效美国的政治制度建立起自己的政治制度。[②] 委内瑞拉独立后,西班牙殖

---

① 陆国俊、郝名玮:《新世界的震荡——拉丁美洲独立运动》,上海社会科学院出版社1991年版,第104页。

② 陆国俊、郝名玮:《新世界的震荡——拉丁美洲独立运动》,上海社会科学院出版社1991年版,第107—109页。

民势力对其进行武装镇压，1812年7月委内瑞拉第一共和国消亡。玻利瓦尔等一批爱国军官逃出委内瑞拉至新格拉纳达坚持战斗。1813年8月，玻利瓦尔率部收复加拉加斯，召开市政会，宣布成立委内瑞拉第二共和国。1814年6月，殖民武装"保王军"击败爱国武装，玻利瓦尔于9月再次离开委内瑞拉前往新格拉纳达，委内瑞拉第二共和国消亡。1815年2月，西班牙向委内瑞拉派遣远征军。远征军和当地的殖民势力联合绞杀爱国军，疯狂捕杀爱国军民，爱国军民被迫或逃亡他国，或撤离到殖民力量薄弱地区建立游击根据地。1816年12月，玻利瓦尔从海地返回委内瑞拉，深入奥里诺克河流域农村地区建立根据地。1817年10月，委内瑞拉第三共和国成立。1819年，玻利瓦尔的军队解放了新格拉纳达的大部领土，宣布新格拉纳达与委内瑞拉合并，于1819年12月成立"哥伦比亚共和国"。至1821年底，除科罗和卡贝略两港口城市外，委内瑞拉全境解放。与此同时，巴拿马地区爱国力量也夺取政权，宣布并入哥伦比亚共和国，新格拉纳达北部地区全部解放，使得玻利瓦尔可全力率军投入南部地区的战斗。1823年11月，卡贝略解放，南美洲北部地区的独立战争全部结束。

在南部战区，1810年5月，在得知法军侵占西班牙、"最高执政委员会"解散的消息后，布宜诺斯艾利斯召开由军官、文职人员、宗教界人士、自由职业者、商人、地主及其他方面人士参加的市政会，决定成立由殖民总督任主席的"五人执政府"。这一决定遭到爱国民众的强烈反对，市政会随后决定成立"临时执政委员会"。临时执政委员会下令驱逐殖民总督出境，改组市政会、检审庭、商会等机构，撤换旧人员，任命爱国者掌权。宣布贸易自由，开放通商口岸，鼓励到拉普拉塔地区从事工、农业生产活动的外国人自由定居，采取措施发展经济。临时执政委员会为捍卫五月革命胜利成果和解放整个拉普拉塔地区，于1810年7月兵分两路征讨与革命为敌的殖民势力：一路征战科尔多瓦和上秘鲁，一路征战巴拉圭和乌拉圭。经过艰苦卓绝的战斗，拉普拉塔地区的爱国力量在1816年7月的国民代表会议通过决议，正式宣告独立："我们参加全国国民代表会议的南美洲联合省的全体代表祈求主宰宇宙的上帝保佑，以我们所代表的人民的名义并蒙他们的允许，向上帝、向世间所有的国家和人民申明我们议决之事的正义性。我们向全球庄严宣告，中断同西班牙历代国王之间存在的强制的联系、收回被褫夺的权利、并享有独立于国王费尔南多七世及其继位者和宗主国的自由国家的崇高地位,是这些省份一致的、无可质疑的意愿。"这是对欧洲"神圣同盟"反动势力的迎头痛击,是对西班牙国王费尔南多七世的宣战书,是对拉普拉塔地区人民的战斗动员令,是对整个西班牙美洲殖民地人民发出的继续战斗的号召令,极大地鼓舞着拉普拉塔联合省人民的斗志,为西班牙美洲殖民地其他地区人民树立了榜样。[①] 1816年底,"安第斯山军"正式组成,圣马丁为总司令。1817年1月,"安第斯山军"翻越安第斯山进入智利境内,并于2月取得了查卡布科战役的胜利,使拉普拉塔联合省解除了西侧智利、北边上秘鲁殖民势力的威胁,"此战实乃西班牙在美洲的事业开始衰败的标志,实乃西班牙的权力从根基上动摇的标志"。[②] 1818年2月,智利宣告独立。1821年7月,秘鲁宣告独立,宣布"在秘鲁领土(包括敌占区)上已经出生和即将出生的奴隶的子女都是自由人,与秘鲁其他公民享有同样的权利",取消印第安人交纳的人头税,废除各种形式的劳役、委托监护制,任何人不得强制秘鲁人干他们不愿干的事。为了早日解放秘鲁全境和夺取南美洲独立战争的最后胜利,圣马丁于1822年7月与玻利瓦尔会晤,协商双方合作解放秘鲁的问题。1823年,玻利瓦尔到达秘鲁,组建了"解放联军",任联军总司令。1824年12月9日,解放联军与殖民军在阿亚库乔展开决战,殖民军大败。殖民军签署投降书,承认秘鲁独立,同意撤出秘鲁。阿亚库乔战役被马克思、恩格斯称为"一次最终保证了西属南美洲独立的会战"。在阿亚库乔大捷的鼓舞下,秘鲁爱国力量向殖民势力发起了总攻击。1825年4月,上秘鲁全境解放。1826年1月22日,秘鲁解放军攻克西班牙殖民势力盘踞的最后一个据点,西班牙南美洲殖民地全部解放。至此,西班牙南美洲独立战争赢得了胜利,结束了西班牙在南美洲300年的殖民统治。

在南美洲的布宜诺斯艾利斯、加拉加斯等地独立运动的影响下,1810年9月16日,伊达尔戈在墨西哥多洛雷斯村的教堂对做弥撒的居

[①] 参见陆国俊、郝名玮《新世界的震荡——拉丁美洲独立运动》,上海社会科学院出版社1991年版,第128—129页。

[②] 陆国俊、郝名玮:《新世界的震荡——拉丁美洲独立运动》,上海社会科学院出版社1991年版,第132页。

民说:"孩子们,你们要成为自由人吗?三百年前,可恨的西班牙人从我们祖先手里夺走了土地,你们愿意夺回来吗?""解放的时刻来到了,自由的时钟敲响了,你们有勇气的话,就和我们一起干吧!"顿时,长期蕴藏在人们心中对殖民者的怒火爆发了,人们高呼:"独立万岁!""美洲万岁!""打倒坏政府!"这便是"多洛雷斯呼声",揭开了墨西哥独立运动的序幕。[1] 1810年9月至1817年底,伊达尔戈、阿连德、莫雷洛斯、米纳等领导的独立战争遭殖民当局镇压而先后失败,战争使社会生产力遭到极大破坏,劳动人民所受的剥削更加严重,土生白人的利益也受到损害,进而加剧了土生白人与殖民当局的矛盾。在大地主、大商人、教士和军官等上层土生白人的推动下,墨西哥土生白人于1821年2月24日发布了告美洲同胞书,即"伊瓜拉计划",计划宣称:宣布墨西哥独立,建立君主制政府,所有公民一律平等,呼吁所有人的大团结。"伊瓜拉计划"逐渐得到全国各地的支持,9月28日成立了由殖民地上层人物、大地主、军官和教会代表等组成的临时政府委员会,并发布了独立宣言。1825年11月,墨西哥人民攻克了殖民势力在墨西哥的最后堡垒,赢得了民族独立和祖国的解放。

葡萄牙王室直接的专制统治导致巴西人民独立运动的兴起。1817年3月,伯南布哥人民起义,成立了伯南布哥共和政府。共和政府决定召集制宪会议,建立巴西共和政体;鼓励开办企业,允许自由贸易;废除等级制度,取消苛捐杂税,宣布巴西人同欧洲人一律平等。伯南布哥共和政府发表了致巴西人民的宣言,号召建立自由的巴西共和国,并派人到邻近省宣传共和,发动起义。伯南布哥起义的烈火,燃遍了巴西东北部地区,揭开了巴西独立运动的序幕。在殖民当局的血腥镇压下,伯南布哥起义在6月失败。伯南布哥起义的失败并没有阻止巴西人民反抗葡萄牙殖民统治的斗争,在西班牙美洲独立战争节节胜利的鼓舞和葡萄牙本土资产阶级革命的直接推动下,巴西独立运动加快了步伐。1822年8月发布《巴西独立宣言》,称:"巴西人……伟大的一步已经迈出:你们获得了独立,……你们是拥有国家主权的人民,你们进入了民族独

---

[1] 陆国俊、郝名玮:《新世界的震荡——拉丁美洲独立运动》,上海社会科学院出版社1991年版,第162页。

立的大家庭。"① 1824年2月底，驻扎在巴西的殖民军撤回葡萄牙，巴西完全独立，结束了葡萄牙300多年的殖民统治，巴西作为独立的主权国家登上世界历史舞台。

三 拉丁美洲共产主义运动的发展

经过1810—1826年的独立运动，拉美地区有海地、委内瑞拉、秘鲁、墨西哥、巴西等18个国家获得独立，摆脱了西班牙、葡萄牙的殖民统治，大地主和考迪罗攫取了独立运动的胜利果实，殖民地时期的政治、社会、经济结构和阶级关系没有发生根本变化，很少触动大地产所有制和封建剥削形式，地主阶级和教会没有丧失其基本阵地，广大劳动人民政治上无权、经济上受剥削的地位没有丝毫改变。在独立后的半个多世纪中，统治阶级内部的教会与军人、集权主义者与联邦主义者之间尔虞我诈、钩心斗角愈演愈烈，演变成无休止的阴谋、叛乱和政变。加上领土纠纷，致使拉美地区战事迭起，帝国主义列强趁机从政治经济上渗入拉美。英国在1873年开始向拉美投资，把拉美变成其生活必需品、农产品原料供应基地。19世纪末20世纪初，美国开始渗入拉美国家，到第一次世界大战时期，美国成为拉美地区的宪兵，蹂躏和践踏拉美国家的自由和独立。法国也在第一次世界大战前夕参与到在拉美争夺政治经济影响的行列。英美法对拉美的扩张和奴役对拉美的发展虽产生了不利影响，却未能阻止拉美国家政治经济的发展。随着欧美垄断资本的大量涌入，拉美资本主义经济得到发展，拉美民族资产阶级和无产阶级诞生了。到19世纪末，拉美城市的无产阶级约60万人，种植园工人和部分运输业、商业及服务行业的职工，无产阶级有150万人至200万人。阿根廷、智利、巴西、墨西哥、乌拉圭、古巴和秘鲁等国工人阶级的队伍增长较快，哥伦比亚、玻利维亚、委内瑞拉和中美洲诸国的工人阶级尚处于形成的初级阶段。工人主要集中在轻工业、食品工业、烟草业、印刷业和建筑业等部门，采矿业和农业中的工人尚处在发展阶段。② 工

---

① 陆国俊、名玮：《新世界的震荡——拉丁美洲独立运动》，上海社会科学院出版社1991年版，第211页。

② 祝文驰、毛相麟、李克明：《拉丁美洲的共产主义运动》，当代世界出版社2002年版，第19页。

人阶级从它诞生时起就为争取自身的权利和国家的进步而斗争。19世纪50年代，一些资本主义生产关系较发达国家的工人，成立了自救性的互助组织，在经济上相互帮助。随着欧洲乌托邦社会主义思想在拉美的传播，工人互助组织开始有了政治诉求。墨西哥在1850年成立手工业者协会、智利在1853年成立印刷工人互助协会、巴西在1853年成立帝国印刷工人协会、古巴在1857年成立了小手工业者互助组织等，是拉美较早的工人运动组织，为争取工人阶级自身权利，以及在支持这一时期的资产阶级维护国家政治独立、民族解放、反对奴隶制的斗争中发挥了重大作用。

工人运动的兴起，需要理论的指导。"没有别的学派（也许实证主义除外）比马克思主义对拉丁美洲的知识分子的影响更为普遍的了。这个地区的社会、政治和经济问题在资本主义制度下从未得到解决，而当地的实证主义思想家们的种种对策，也从未得出一个彻底改革的纲领。因此，马克思主义的乌托邦式的许诺，它那以改善社会状况为己任的科学认识方法，对于几乎不相信现行制度的许多拉丁美洲的知识分子来说，就具有巨大的感染力。"[①] 19世纪50年代，空想社会主义思想在拉美传播。阿根廷人埃斯特万·埃切维里亚于1837年写了《社会主义学说》一书，宣传乌托邦主义、蒲鲁东主义和政治上自由主义、文学上浪漫主义相结合的一种新说。法国人欧仁·坦东纳于1845年在里约热内卢创办《社会主义杂志》，宣传乌托邦主义。乌托邦社会主义思想在巴西、墨西哥也有一定传播。但空想社会主义在拉美的传播对工人运动没有产生实质性影响，更没有改变拉美国家不发达的状况。

从19世纪70年代开始，马克思主义传入拉丁美洲，工人运动才走上发展道路。1872年1月，在布宜诺斯艾利斯成立了第一国际法国支部，并致信要求加入第一国际；之后还成立了意大利支部、西班牙支部。第一国际总委员会立即承认了布宜诺斯艾利斯的支部，在给支部的信中说"总委员会承认你们的支部并注意到你们要在南美国家传播国际思想的首创精神"。支部于1872年9月出版了《工人报》，这是拉美第

[①] ［美］谢尔顿·B.利斯：《拉丁美洲的马克思主义思潮》，林爱丽译，东方出版社1990年版，第3页。

一份马克思主义倾向的报纸。1873年，支部在布宜诺斯艾利斯成立了手工业者联合会，把分散的工人组织起来。到1895年，阿根廷已先后成立了50多个工人组织。德国社会党人于1882年在布宜诺斯艾利斯成立了革命组织"前进"俱乐部，并出版《前进报》宣传马克思主义。俱乐部在活动中依靠当地工人组织和先进的知识分子，积极宣传科学社会主义，指导工人运动，筹建社会党，发挥了重要作用。1888年，在布宜诺斯艾利斯成立了"国际社会主义小组"。"前进"俱乐部和"国际社会主义小组"派代表参加了第二国际在巴黎的第一次代表大会，使阿根廷的社会主义者与欧洲大陆的社会主义者更加紧密地联系起来。在墨西哥，社会主义者开始在19世纪60年代初成立了纺织、制鞋、裁缝、泥水匠同志会和协会，当得知马克思成立第一国际的消息后，第一国际的支持者比利亚努埃瓦于1870年1月将各个同志会和协会联合成立了"劳动者组织中心"，后改为"墨西哥工人大团结"。这是马克思主义者在墨西哥和拉美成立的第一个无产阶级组织，其机关刊物《社会主义者》周报于1871年7月问世。社会主义者创办的报纸积极宣传《共产党宣言》，报道欧洲和美洲的革命运动，成为捍卫工人阶级权利和利益的有力武器。1878年7月，墨西哥成立了第一个社会党，先后吸收了17个政治组织加入该党，并出版《社会革命报》宣传马克思主义。在巴西，知识分子和学生利用报纸、传单和口头宣传在工人中传播马克思主义，到19世纪70年代初，马克思的名字在巴西知识界流传；到19世纪80年代，知道了马克思的哲学著作和《资本论》。19世纪80年代至90年代，古巴哈瓦那成立了30个工会，西恩富戈斯和马坦萨斯分别有16个、10个。1883年在纽约的数百名古巴工人参加了为马克思举行的追悼会，何塞·马蒂为这次追悼会撰文，称国际是马克思的事业。何塞·马蒂写的纪念文章和有关马克思追悼会的报道在古巴广为传播，第一国际和马克思的名字也随之在工人中流传。

随着第二国际在拉美的活动及马克思主义在工人群众中的传播，促进了拉美第一批无产阶级组织和政党的建立，为工人阶级自身解放创造了条件。1890年4月布宜诺斯艾利斯的工人组织合并成阿根廷地区劳动者联合会，出版了其机关刊物《工人报》，报纸的口号是"全世界无产者，联合起来"，宣称地区劳动者联合会是以当代科学社会主义思想武装起来的组织,指导思想是辩证唯物主义和揭露资本主义奥秘的剩余价值,无产阶级已登上阿根廷政治舞台,工人斗争的最终目标是建立共产主义社会。1894年4月,阿根廷的一些俱乐部和社会主义者小组合并组成国际工人党,在1895年10月的会议上改名为阿根廷社会主义工人党,并首次提出最低纲领:在社会方面,要求更大的正义,尊重工人权利;在政治方面,通过始终如一的政治自由主义和经济现代化,要求更多的民主,以便把以农牧业为重点的资本主义更向前推进一步。1896年6月召开的阿根廷社会主义工人党代表大会决定改名为社会党,把《先锋报》作为机关报,通过了《原则宣言》:国际方面,党是第二国际成员,重申工人运动的国际主义性质;国内政治方面,政治路线的目的在于建设社会主义;经济政策方面,确立自由交换方针;劳工政策方面,制订恢复劳工权利的计划,通过政治行动,以获得一个较好的劳工立法;在移民政策方面,主张外国移民加入阿根廷国籍,允许没有取得国籍的移民加入政党组织;组织问题方面,主张把根据选区成立的委员会作为党组织的基础,以保证工人阶级占绝对多数。[①] 社会党的一些领导人大力宣传马克思主义,但党内社会主义与无政府主义的斗争也很激烈。经过党内马克思主义者的长期斗争,1918年阿根廷共产党正式成立。1904年12月,乌拉圭社会党成立。1892年在巴西里约热内卢召开社会主义者首次代表大会,成立了社会主义工人党,旨在组织工人为八小时工作制、建立社会保险和成立工会而斗争。1892年何塞·马蒂建立了古巴民主主义革命党,其纲领是团结一切力量,实现古巴岛的完全独立,并帮助波多黎各得到解放。古巴杰出的马克思主义者卡洛斯·巴利尼奥在哈瓦那成立了社会主义宣传俱乐部,为古巴建立真正的工人政党做了思想上和组织上的准备。

俄国十月社会主义革命的胜利,促进了拉美国家工人运动的发展,在经济较发达的阿根廷、巴西、智利、秘鲁、乌拉圭、墨西哥、古巴等国,无产阶级队伍迅速壮大,开展罢工,成立工会,建立马克思主义小组和共产党,无产阶级以崭新的面貌登上政治舞台。1918年1月,阿

[①] 祝文驰、毛相麟、李克明:《拉丁美洲的共产主义运动》,当代世界出版社2002年版,第44—45页。

根廷社会党召开代表大会,成立了国际社会党,表示支持十月革命。1920年12月的国际社会党特别代表大会更名为共产党,并加入共产国际,标志着阿根廷工人运动向前迈进了一大步。1919年8月25日至9月5日,墨西哥举行了第一次全国社会主义者代表大会,成立了墨西哥马克思主义社会党,在11月24—29日的全国代表大会上改称墨西哥共产党,一致通过把第三国际宣言作为社会主义运动的主要原则。墨西哥共产党成立后,立即向拉美国家工人发出呼吁书,要求召开拉美工人代表大会,在第三国际宣言原则的基础上制定统一的斗争纲领。1921年11月,墨西哥共产党举行代表大会,号召工人阶级为争取成立工农政府而斗争。智利社会主义工人党第四次代表大会在1922年1月2日通过了加入共产国际的决议,并改名为智利共产党,大会宣言要求为消灭资本主义制度、建立工人阶级专政、建设共产主义社会而奋斗。巴西南部在1918年就建立了共产主义中心,到1921年巴西有多个共产主义小组。1922年3月在里约热内卢举行巴西共产党成立大会,出席大会的有9个共产主义小组的代表。大会通过了章程和告巴西劳动人民书,号召加强无产阶级政党和工会的团结,各兄弟组织为争取劳动人民的解放应相互支持。1920年9月召开的乌拉圭社会党第八次代表大会,同意加入共产国际,成为马克思列宁主义政党的诞生大会,乌拉圭社会党于1921年4月更名为乌拉圭共产党。在十月革命的影响下,古巴工人在1918年11月至1919年3月间,先后举行了3次罢工,并在1920年4月成立了哈瓦那工人联合会。1925年8月,在哈瓦那举行的社会主义和共产主义小组代表大会上成立了古巴共产党。对此,卡斯特罗在古共一大上说:"光荣的1917年十月革命鼓舞了那些进行社会主义革命的勇士,这场革命是后来对我国的命运产生了决定性影响的重大事件。只有依靠国际工人阶级不可战胜的力量,我们这个小国才能抵御美国在政治、经济和军事实力方面对我们造成的致命危险;只有依靠工人阶级的战略、原则和思想,以工人阶级为先锋,我国革命才能朝着民族和社会彻底解放的方向前进。"[①] 1928年2月,巴拉圭共产党成立。1928年10

[①] [古]菲德尔·卡斯特罗:《在古巴共产党第一、二、三次全国代表大会上的中心报告》,王玫等译,人民出版社1990年版,第11页。

月，秘鲁社会党成立，并于 1930 年改名为秘鲁共产党。拉美国家的共产党成立后，开始注重工会工作，一些国家共产党建立起自己的劳工组织，智利共产党控制了工人联合会。1929 年 5 月成立了拉丁美洲工会联合会，1938 年 9 月成立了拉美工人联合会，它们在推进拉美工人运动中发挥了重要作用。随着拉美工人运动的发展和共产主义运动的不断壮大，拉美地区共产党的团结协作进一步凸显。1929 年 6 月由 14 国的共产党参加的拉美国家共产党第一次会议在布宜诺斯艾利斯召开，会议讨论了拉美的国际形势和战争危险、反帝斗争和拉美共产党的策略、工会、农民、种族问题、组织问题等。1939 年 7 月拉美共产党在纽约举行第四次会议，会议号召拉美人民行动起来，用一切办法同各种民主力量合作，反对法西斯的侵略，为保卫世界和平与自由而斗争。

　　1935 年 7 月 25 日至 8 月 20 日，共产国际在莫斯科召开第七次代表大会，通过了《关于建立反法西斯统一战线的决议》，要求各国共产党同社会民主党采取联合行动，实现工人阶级的统一，并联合其他民主阶层建立反法西斯人民阵线，殖民地半殖民地国家的无产阶级要争取建立反对帝国主义侵略的民族统一战线。[①] 拉美共产党人坚决执行共产国际的决议，巴西共产党领导了武装起义，智利和古巴共产党开展了人民阵线运动。1935 年 3 月，巴西共产党成立了人民阵线的全国组织——民族解放联盟。随后，联盟在全国建立了 1500 个支部，人数到 150 多万人。民族解放联盟提出巴西面临的三大任务：反对外国帝国主义的压迫，消灭封建残余，把外国资本和大地产收归国有；对民族经济进行改革，实行土改；反对反动势力和法西斯主义，建立以民族解放联盟为基础的人民革命政府，废除独裁制度，一切权力归民族解放联盟。民族解放联盟于 10 月领导了北里约格朗德州铁路干线工人大罢工，遭到政府镇压，激起了人民群众的公愤，引发了当地驻军第 21 步兵营的起义，随即在里约热内卢、圣保罗州、南里约格朗德州、马腊尼昂州等地也发生武装起义，起义历时 3 天宣告失败。起义虽然失败了，却使巴西避免了法西斯化，使巴西政府逐步开放民主。1936 年智利人民阵线形成，

———————
① 张磊：《周恩来领导中共南方局开展国际统战工作的历史贡献》，《延安大学学报》2019 年第 6 期。

人民阵线在1937年的议会选举中获得25个参议院议席中的10席、众议院146席中的66席，其中8名共产党员当选参众议员。[①] 在1941年的选举中，有17名共产党人被选进众议院，3人被选进参议院。在1941年的总统选举中，共产党支持的候选人当选，在新总统组阁中有3名共产党人入阁，为智利共产党赢得了更大发展空间。古巴共产党积极参加工人运动，1934年领导古巴全国工会联合会举行罢工，开展倒阁运动。1938年5月政府允许古巴共产党出版《今日报》，9月共产党获得合法化，11月公开亮相。在1940年的选举中，古巴共产党获得10个参议院、100多个市议员席位，有两名共产党人当选市长。1943年共产党人马里内略出任不管部部长，极大地增强了共产党的影响。第二次世界大战期间，拉美共产党是支持同盟国的，同自己的政府一样奉行反法西斯主义政策。拉美工人阶级的阶级觉悟也在反法西斯战争的影响下普遍提高，影响增强。第二次世界大战后至20世纪50年代初期，以美国为首的帝国主义国家实行冷战政策，掀起全球性的反共逆流，加紧了对拉美的全面控制，使几乎所有拉美共产党的活动被迫转入地下。20世纪50年代后期，在社会主义国家的影响和亚洲、非洲民族解放运动迅速发展的鼓舞下，拉美的反帝反独裁斗争兴起，如哥伦比亚的独裁政权被赶下台、委内瑞拉的独裁政权被推翻；共产党的生存环境有所改善，一些国家废除了反共法令，有些共产党的力量有所增长，委内瑞拉和智利共产党在1958年重新获得合法地位，拉美有17个共产党的代表参加了1957年共产党和工人党国际会议，1960年有22个共产党的代表参加了会议。在这种大背景的影响下，古巴革命于1959年取得了胜利。

第二节　古巴民族民主革命的发展

一　古巴的独立战争

西班牙在古巴残酷的殖民统治，激起古巴人的反抗。在西班牙开始

---

① 祝文驰、毛相麟、李克明：《拉丁美洲的共产主义运动》，当代世界出版社2002年版，第111页。

征服古巴之初,印第安酋长阿多欧率领部落居民奋起反抗。在1533年至1886年,黑人奴隶的暴动此起彼伏,接连不断。土生白人也曾在1713年、1721年、1723年分别举行了反对西班牙殖民统治的起义。1812年,在奥联连特省和卡马圭省爆发了以阿庞特(José Antonia Aponte)为首的大规模起义,提出了建立独立的黑人共和国的口号,参加者有黑人、混血种人,还有穷苦的白人。1821年,古巴的先进人士成立了"玻利瓦尔之光",意在"推翻现政权和争取古巴独立",建立古巴纳甘(Cubanacan)共和国。"玻利瓦尔之光"的组织成员在1822年10月差不多已遍布全国,他们之中有奴隶、自由黑人、混血种人、农民、手工业者、小种植园主、中下级官吏、民兵和知识分子等。"玻利瓦尔之光"组织的暴动因密探告密而夭折。继"玻利瓦尔之光"之后,发生了1827年至1830年的"黑鹰团"事件、1844年的埃斯卡莱拉事件以及1850年至1851年由纳尔西索·洛佩斯领导的独立运动,均以失败告终。早期独立运动的失败使人们意识到,不管是克里奥尔白人,还是黑人(奴隶或自由人)都不可能在西班牙的统治下实现民族独立的愿望。要实现他们的愿望,只有通过武装斗争推翻西班牙的殖民统治来争取民族独立。

1868年10月10日,卡洛斯·曼努埃尔·塞斯佩德斯·卡斯蒂约在他的"拉德马哈瓜"糖厂宣布起义,吹响了在古巴发动反对西班牙统治战争的号角。塞斯佩德斯首先释放自己的奴隶,并号召他们参加解放斗争,向全国发布宣言,揭露西班牙对古巴的残暴统治,倡导解放奴隶。10月13日,起义者攻占了奥连特省的8个村镇。随后,又攻占了巴亚莫市,并在巴亚莫市建立了新的市政会。10月16日,起义者宣布古巴独立,发出了"亚拉号召书"。起义得到了卡马圭、拉斯维亚斯等地的回应。起义者为取得组织上的一致和合法地位,1869年4月,在瓜伊马罗的卡马圭亚诺村召开了由各起义地区代表参加的大会。会议通过了瓜伊马罗宪章,规定代表会议是国家的最高权力机构,宣布"共和国的所有居民都是完全自由的"。① 会议任命塞斯佩德斯为战时共和国总统,曼努埃尔·德盖萨达·伊诺伊纳斯为军队统帅。起义军与西班牙

---

① 王承就:《古巴共产党建设研究》,人民出版社2011年版,第30页。

军队之间的战争此起彼伏，时断时续，持续了10年。因大地主和部分资产阶级分子与西班牙统治者进行妥协和勾结，起义遭到镇压。1878年2月10日，古巴与西班牙签订《桑洪条约》，结束了这场战争。条约共8条，主要规定古巴起义军立即放下武器，停止武装斗争；西班牙同意大赦；给起义军中的黑人奴隶和亚洲移民自由，等等。这场持续10年的战争，史称第一次独立战争。第一次独立战争虽然失败了，但西班牙被迫承认古巴有权派代表出席西班牙议会，于1886年完全废除奴隶制；锻炼了古巴人的民族性，起义战场取消了奴隶制，促进了黑人与克里奥尔白人的融合，使大量扎根古巴的西班牙人彻底地融于古巴民族中，促进了中国人和其他少数人种融入古巴民族。

第一次独立战争后，西班牙统治者对古巴人民的承诺并未兑现，被允许派往出席马德里议会的代表并不代表古巴人民，战争时期参加革命的人的财产完全被没收，战争的巨大消耗也以各种方式强加在古巴人民身上，绝大部分居民——黑人和混血种人的处境没有改善，人民的生活不但没有改善而且进一步贫困化了。古巴各阶级和各种政治力量进一步分化，自治派支持西班牙在古巴的殖民统治却要求古巴自治，传统派反对古巴独立和自治，独立派要求古巴独立。独立运动的坚定支持者何塞·马蒂于1892年4月成立古巴革命党，明确提出："古巴革命党的建立，是为了团结一切有善良愿望的人们的力量，实现古巴岛的完全独立，并帮助波多黎各得到解放。"[1] 在何塞·马蒂、马克西莫·戈麦斯等的领导下，古巴人民于1895年2月24日在奥连特省的巴亚雷举行起义，揭开了古巴第二次独立战争的序幕。3月25日，马蒂同戈麦斯共同签署《蒙特克里斯蒂宣言》，号召全体古巴人不分种族、肤色团结起来，推翻西班牙的殖民统治。在马蒂、戈麦斯、马塞奥等的号召和领导下，古巴的黑人、混血种人、克里奥人和华侨积极加入战斗行列，革命实力很快席卷全国。5月19日，马蒂在多斯里奥斯（Dos Rios）战役中牺牲。马蒂牺牲后，起义军和人民于9月13日在卡马圭省希马瓜市召开立宪大会，制定了临时宪法，宣布古巴独立。10月22日，马塞奥开始了历时3个月的"突进战役"。起义军从古巴岛的东端向西挺进，行

---

[1] 李春晖：《拉丁美洲国家史稿》（下册），商务印书馆1973年版，第441页。

程2360公里，于1896年1月22日到达古巴岛的西端曼图亚，打败了西班牙殖民军，控制了大部分国土，西班牙殖民当局只占据着一些沿海大城市。1896年2月至1897年11月，西班牙殖民当局采用集中营制度，迫使古巴居民集中到西班牙军队占据的地方，以隔断起义军与人民的联系，断绝起义军的兵源。残酷的集中营制度虽然导致了大量居民死亡，却没能扑灭起义的烈火。戈麦斯将军在1897年粉碎了西班牙的四十个步兵营和几个骑兵团的围剿。至1898年，起义者几乎解放了古巴三分之二的领土，整个乡村地区实际在起义军的控制下，交通要道都由古巴人掌握，哈瓦那城几乎被起义军包围，西班牙的殖民统治已摇摇欲坠。西班牙当局不得不于1897年11月公布殖民地宪章，修改了对古巴的政策，允许古巴建立自治制度，建立古巴"岛议会"、行政院和众议院。1898年1月1日，古巴自治政府建立。1月12日，哈瓦那发生骚乱，美国派"缅因"（Maine）号战舰前往哈瓦那。2月15日，"缅因"号在哈瓦那港发生爆炸，淹死了2名军官和258名士兵。美国以"缅因"号爆炸为借口，于4月28日正式向西班牙宣战，美西战争爆发。在古巴起义军的支持下，美军于6月10日和6月22日分别在古巴关塔那摩湾、圣地亚哥登陆。在美军和古巴起义军的强大攻击下，西班牙军于7月宣布无条件投降。1898年8月12日，美国与西班牙在没有古巴在场的情况下签署了停战协议书，规定西班牙立即撤出古巴。12月10日，美国单方面同西班牙在巴黎签署和约，规定"西班牙放弃对古巴的主权及其他的一切要求""该岛在西班牙撤出之后应由美国占领"，美国付给西班牙2000万美元作为补偿。1899年1月，西班牙从古巴撤军，美国对古巴实行军事占领，成立了军政府。[①] 美国军事占领古巴期间，一方面清除政治上的阻力，另一方面加大对古巴的经济渗透力度。这激起古巴人民的强烈反对。面对古巴国内和美国内部表现出来的对古巴军事占领的强烈不满，美国政府不得不同意召开立宪大会。1900年7月15日，古巴成立制宪会议。1901年2月25日，美国参议院外委会主席奥维尔·普拉特提出一项美古关系修正案。修正案获美国众、参两院通过，美国总统也于3月2日签署了该法案。在美国的威胁和欺骗下，

[①] 徐世澄、贺钦：《古巴》，社会科学文献出版社2018年版，第62—63页。

古巴制宪会议于 6 月 12 日通过了普拉特修正案，以附录形式载入古巴宪法。普拉特修正案共 8 条，主要内容是：古巴政府不得与第三国签订任何有关将本国领土让与该国作为陆海军基地的条约；不得缔结利息支付超过正常收入的国家债务的协定；美国以"保持古巴的独立""保护公民生命财产与个人自由"为借口，有权干涉古巴内政；古巴政府应承认军事当局的一切法令都有效；古巴政府应执行军事当局所采取的各项卫生措施；松树岛的主权以后再商定归属；古巴政府应向美国提供建立煤站和海军基地所需的土地。①《普拉特修正案》是套在古巴人民脖子上的枷锁，使古巴成为美国的附庸。在美国的导演下，古巴举行了选举，亲美的托马斯·埃斯特拉达·帕尔马于 1902 年 5 月 20 日就任古巴共和国总统，古巴共和国宣告成立。至此，美国确认已完全控制了古巴之后，才在形式上承认古巴独立，结束了对古巴长达 4 年的军事占领。

二　反抗美国的新殖民政策和亲美独裁政权的统治

独立后的古巴不能实行独立的外交政策，美国不仅控制了古巴的财政、金融，而且还直接干预古巴内政，在古巴推行新殖民政策。经济上，美国于 1903 年强迫古巴签订了一项奴役性的贸易协定，对美国进口商品大幅度降低关税，使美国对古巴的贸易由 1895 年的六千六百万美元增至 1923 年的五亿三千七百万美元。美国资本大量涌入古巴，廉价收购古巴的土地，攫取矿藏，使用不正当方法迫使古巴原有工商企业破产或沦为其附庸。到 1905 年，美国在古巴有 29 家美资糖厂，美资糖厂 1914 年的产量占古巴糖总产量的 38%，1927 年的产量占古巴糖总产量的 68.5%。② 整个 20 世纪的前半个世纪，古巴经济命脉被美国垄断资本牢牢掌握，美国垄断资本从投资古巴糖业逐渐转向投资古巴经济的各个重要部门。到 20 世纪 50 年代中期，美国资本控制了古巴糖业生产的 40%，铁路的 50%，电力的 90%，对外贸易的 69%，铁矿的 90% 和镍矿的 100%。银行和金融业也基本上操纵在美资手中。在美国的控制下，古巴经济长期停滞不前，1948—1958 年，古巴人均国内生产总值

---

① 王承就：《古巴共产党建设研究》，人民出版社 2011 年版，第 32 页。
② 徐世澄、贺钦：《古巴》，社会科学文献出版社 2018 年版，第 65—66 页。

年均增长率仅为1%，而整个拉美则接近2%，1957年，公开失业率占劳动力的17%，半失业率占13%，此外还有大量的隐蔽失业者，20世纪50年代，古巴全国有1/3的人口生活极其贫困，1953年有62%的经济自立人口的月收入不足75美分。[1] 政治军事方面，从1902年至1959年的历届古巴总统几乎都是受美国控制的，完全代表着大地主、大进口商人、糖业巨头及帝国主义银行与企业家的利益。1906年至1909年，美国总统安排查尔斯·匹马古恩为古巴的临时政府首脑。一个美国作家曾经说过：没有美国的赞同，任何人也不能成为古巴总统。在1921年至1923年，美国强迫古巴接受美国顾问，作为古巴"太上皇"。美国利用"普拉特修正案"，分别于1912年、1917年两次对古巴进行军事干涉。[2] 美国于1903年租借关塔那摩湾和翁达湾作为海军基地，直至今日，关塔那摩还在美国手中。从古巴首任总统帕尔马到随后的三任总统何塞·米盖尔·戈麦斯、马里奥·加西亚·梅诺卡尔、阿尔弗雷多·萨亚斯-阿方索，不仅极力维护美国在古巴的新殖民政策，而且贪污腐败。1925年5月就任总统的马查多变本加厉，他把政府的职位像分赃式地分配给其亲信，对人民完全实行独裁，以暗杀、炸弹和手枪来对付一切反对者，雇用刺客刺杀古巴共产党书记梅亚，逮捕和流放大批反对派，压制舆论，解散工会，镇压罢工；奴颜婢膝地屈从美国，替美国垄断资本服务。受1929—1933年经济危机的影响，许多工厂倒闭，工人失业加剧，到1933年古巴有100多万失业者（占13岁以上人口的41%），工资减少了50%甚至50%以上，教师和职员的薪水也拖欠了好几个月，所有劳动阶层的贫困化更加恶化了。1930年3月，马查多宣布古巴工人联合会、哈瓦拉工人联合会和其他无产阶级组织为非法。巴蒂斯塔于1940年7月当选总统，古巴国会于1940年10月通过了一部比较进步的资产阶级宪法，也采取了一些改良主义措施，却未能改变巴蒂斯塔政府的反动实质。宪法赋予人民的一些民主权利没有具体的物质保障，于1940年12月封闭哈瓦那大学以压制学生运动，在1942年谋杀了两名大学教授，于1942年10月把圣地亚哥作为"自由港"开放给美

---

[1] 王承就：《古巴共产党建设研究》，人民出版社2011年版，第35—36页。
[2] 李春辉：《拉丁美洲史稿》（下册），商务印书馆1983年版，第521—522页。

国,同意美国在古巴建立海陆空军事基地。接替巴蒂斯塔的格劳·圣马丁,在美国的威胁利诱下也日益反动。格劳·圣马丁政府于1946年废除物价管制,使劳动人民生活急剧恶化。于1947年宣布古巴工人联合会为"非法",想方设法破坏和分裂工会组织。1948年上台的卡洛斯·普利奥·索卡拉斯的反动面目更加明显,对内推行恐怖政策,镇压工人运动,迫害工会中的左派领导和共产党人;对外积极投靠美国,于1952年3月与美国签署双边"军事互助协定"。[①] 为阻止民众运动的进一步发展,巴蒂斯塔在美国的支持下于1953年3月10日发动军事政变上台就任古巴总统。巴蒂斯塔上台后,停止执行1940年宪法,制定了反动的"宪法条例"和反劳工法。用协商委员会代替议会,解散了政党、工人和农民组织,禁止罢工、公共集会和游行,对报纸、电台、电视和电影进行严格审查。警卫人员随意搜查民居,恣意劫掠。警察对稍有反抗行为的人或嫌疑犯可立即逮捕或杀戮,所有刑具十分残暴,包括了针刺、挖眼珠等。巴蒂斯塔政府对美国是唯命是从,在古巴的美国糖业公司可有"自己的警察,任何敢抗议的工人都要被监禁或鞭笞",古巴军队中驻有美国军事代表团,美国军事代表团直接控制着古巴军队的指挥权。

美国在古巴推行的新殖民政策和古巴政府的独裁统治,激起群众的强烈不满,1902年11月爆发了古巴共和国的第一次罢工。从1903年起,在哈瓦那、曼萨尼略等地,在卡洛斯·巴利尼奥、阿古斯丁·马丁·贝洛斯等马克思主义领导人的影响下,建立了第一批早期的马克思主义组织,它们指出了马蒂思想的失败,开展了传播科学社会主义思想的重要工作。1905年,建立了社会主义工人党,这是古巴第一个把马克思主义作为自己理论的政党,1906年它与其他的工人组织合并成为古巴社会党。1917年2月,古巴爆发了以自由党人为首的人民群众反对美国傀儡梅诺卡尔政府的起义。古巴工人阶级于1920年举行了全国工人代表大会,这是在古巴举行的第一次团结的大会。1923年召开的全国大学生代表大会,要求大学自治、改革,要求美国停止对古巴内政的干涉,取消普拉特修正案。在俄国十月革命的影响下,1922年在哈瓦那建立了社会主义小组并于次年改为共产主义小组,古巴其他地方也

[①] 李春辉:《拉丁美洲史稿》(下册),商务印书馆1983年版,第523、531页。

出现了类似的共产主义小组，这些共产主义组织于 1925 年 8 月召开了第一次代表大会，会上成立了第一个古巴共产党。古巴共产党制定了两个纲领性的目标：首先争取国家的完全独立，随后进行巩固独立和完善独立的社会主义革命。后来，革命第一阶段的目标体现在一句口号中：进行反帝的土地革命。1927 年，"勒阿棱戈十八号"村的农民举行武装起义，建立起"农民协会"和"勒阿棱戈十八号共和国"等组织，保卫自己的权利和土地，最后迫使反动军队和美国侵略者从"勒阿棱戈十八号"村撤退。1930—1932 年，古巴产业工人以及甘蔗种植园和烟草种植园工人举行了多次罢工，提出了一系列经济、社会和政治要求，得到了 20 多万名工人的支持和回应。1933 年 7 月 27 日，在共产党和全国工人联合会的领导下，哈瓦拉公共汽车司机和其他司机开始罢工，很快得到全国各地的声援，从几个省的客运部门再到其他经济部门先后举行了好几百次工会大会、游行和其他活动，要求彻底的自由，高呼"打倒美帝国主义""反帝的土地革命万岁"。8 月 5 日，古巴全国瘫痪；8 月 12 日，马查多提出辞呈并逃至国外。1934 年，格劳·圣马丁博士成立古巴革命党（真正党），提出"民族主义、社会主义和反帝主义"口号。1934 年 4 月，共产党召开第二次全国大会，布拉斯·罗加当选为中央委员会总书记，制定了旨在建立"一个工农政府"的策略。共产党和古巴全国工人联合会在全年中开展了声势浩大的罢工运动，提出反映工人利益的具体要求，提出要求废除普拉特修正案，反对同美国修改相互条约。古巴革命形势的高涨，迫使美国于 1934 年同意取消普拉特修正案。[1] 1934 年，反抗美帝国主义的游行示威群众袭击了美国驻古巴大使和其他官员。1935 年初，古巴工人和人民群众的反帝和反种植园主的斗争更加扩大和频繁。1939 年 1 月，在哈瓦拉举行了一次大规模的工人代表大会，来自全国 789 个组织的 1500 名代表参会，产生了一个新的组织：古巴工人联合会。古巴工人联合会从此开始了为古巴无产阶级争取重大经济、社会和政治利益的阶段。随后，工人联合会团结糖业工人工会、烟草工人工会、铁路工人工会及码头工人工会等，一致提

---

[1] ［古］何塞·坎东·纳瓦罗：《古巴历史——枷锁与星辰的挑战》，王玫译，当代世界出版社 1999 年版，第 150—155 页。

出反对种族歧视、实行土地改革和保护民族工商业等要求，并为维护劳动者的利益进行了一系列斗争。1940—1946年，开展了广泛的、团结的、战斗性的群众运动，古巴工人联合会发展到1200个组织，50多万名会员；原来出版几十份工会杂志的报刊，发行量超过15万份；每年有几十万名工人参加五一游行，为无产阶级赢得了经济和社会成果，古巴工人联合会和其他工会在1940—1944年争取工资增长近5亿比索，很多被辞退的工人被重新安置了工作；人民社会党（原共产党）在1946年获20万张选票，有10名议会代表，3名参议员，147名市议会成员，2名市长和1名部长（战争内阁的不管部部长）；还建立了全国农民协会，为争取全国农业劳动者利益开展了大规模运动。[①] 1953年7月26日，菲德尔·卡斯特罗领导131人攻打圣地亚哥的兵营蒙卡达，打响了战后古巴人民开展武装斗争的第一炮。起义失败后，古巴人民的革命斗争并没有停止。1954年11月，哈瓦那、圣地亚哥等城市的学生举行游行示威。1955年，不少地区爆发了罢工运动。1955年6月12日，卡斯特罗等人成立了"七·二六运动"（Movimiento 26 de Julio），进一步开展反独裁斗争；并流亡墨西哥，在那里积蓄、训练革命力量。1956年4月与11月，哈瓦那附近、圣地亚哥先后爆发了武装起义。1956年11月25日，卡斯特罗率领81位战友乘"格拉玛号"游艇（El Granma）从墨西哥驶往古巴东部海岸，于12月2日在古巴奥连特省南岸登陆，并转入马埃斯特腊山开展游击战。[②] 1957年3月13日，40余名青年学生攻打巴蒂斯塔总统府，巴蒂斯塔闻风而逃；他们在返回驻地途中，与反动警察遭遇，30多人不幸牺牲。为纪念这一事件，革命指导委员会改名为"三·一三革命指导委员会"（Directorio Revolucionario de 13 de Marzo），并转入山区参加游击斗争。1957年7月，公民抵抗运动等组织与"七·二六运动"签署了《马埃斯特腊公约》，号召人民组成公民革命阵线，共同推翻巴蒂斯塔独裁政权。[③] 1958年2月，人民社会党也表示支持卡斯特罗的武装斗争，并在拉斯维利亚斯省东北部组织

---

① ［古］何塞·坎东·纳瓦罗：《古巴历史——枷锁与星辰的挑战》，王玫译，当代世界出版社1999年版，第167—168页。
② 李春辉：《拉丁美洲史稿》（下册），商务印书馆1983年版，第533页。
③ 王承就：《古巴共产党建设研究》，人民出版社2011年版，第33—34页。

了一支游击队。1958年5月25日，巴蒂斯塔对马埃斯特腊山发动了"夏季作战"或"FF计划"[FF意为：（1）Fase Final，即最后阶段；（2）Fin de Fidel，即菲德尔的末日]，动用了约1万兵力、飞机、坦克和战舰，企图一举消灭起义军。经过不到3个月的激烈战斗，起义军赢得了这次战斗的胜利。6月20日，"七·二六运动"与大多数反政府武装共同签署了《加拉加斯协定》，实现了与古巴各反对派力量的联合，以共同推翻巴蒂斯塔独裁统治。8月下旬，西恩富戈斯和格瓦拉分别率领第二纵队和第八纵队离开马埃斯特腊山，前往拉斯维利亚斯省开辟新的战线。11月，卡斯特罗指挥的吉萨战役取得重大胜利，标志着起义军从此转入战略反攻。劳尔·卡斯特罗和阿尔梅达指挥的第二、第三阵线也接连取得胜利。1959年1月1日，巴蒂斯塔仓皇逃往国外，起义军攻占圣克拉拉、圣地亚哥，宣布成立新政府。[①] 1月8日，卡斯特罗进入哈瓦那，古巴革命取得胜利，政权第一次转入人民群众联盟手中，这个联盟中，胜利的起义军和其他革命领导所代表的工人阶级和农民的利益占主导地位，古巴历史翻开了新的一页。

第三节　古巴革命力量的选择与成长

一　古巴革命从民主主义走向社会主义

为了反对1952年上台的巴蒂斯塔独裁政府，菲德尔·卡斯特罗组织了一个秘密的革命组织，团结爱国青年开展各种形式的斗争，并把人民武装斗争作为主要的斗争形式。经过一段时期的准备后，菲德尔·卡斯特罗于1953年7月26日领导革命者攻打圣地亚哥的蒙卡达兵营和巴亚莫兵营。攻打兵营失败，卡斯特罗被捕，被判处15年徒刑。攻打蒙卡达兵营，打响了反对巴蒂斯塔独裁统治的第一枪，开辟了武装夺取政权的道路，提出了蒙卡达革命纲领，锻炼和鼓舞了古巴革命者。1955年6月，出狱后的卡斯特罗成立了革命组织"七·二六运动"，以积蓄革命力量，领导革命斗争。于1955年7月流亡墨西哥的卡斯特罗在墨西哥城附近的圣罗萨庄园和塔马乌里帕斯训练革命者，为返回古巴开展

[①] 王承就：《古巴共产党建设研究》，人民出版社2011年版，第34页。

革命斗争培养积蓄革命力量。经过一年多的政治、思想、军事和物质等方面的准备，卡斯特罗和他的 81 名战友于 1956 年 11 月 25 日至 12 月 2 日乘"格拉玛号"游艇返回古巴，在原奥连特省（现格拉玛省）登陆过程中遭遇政府军阻击，队伍被打散，最后只有 12 人 7 支步枪转移到马埃斯特腊山，开始游击战争。以马埃斯特腊山为根据地，在其他革命者和古巴群众的配合下，经过两年多的战斗，卡斯特罗领导的"七·二六运动"终于在 1959 年 1 月推翻了巴蒂斯塔独裁政府，成立了革命政府，古巴取得民族民主革命的胜利，古巴革命进入了人民民主的、土地的和反帝的阶段。

　　领导古巴民族民主革命取得胜利的"七·二六运动"是代表农民、工人阶级以及小资产阶级中进步和革命力量的革命组织，以"民主、民族主义思想和献身社会正义的精神"为指导，目标是实现卡斯特罗在《历史将宣判我无罪》中提出了"蒙卡达纲领"，赢得民族独立和实现人民民主。革命胜利后，临时革命政府由参加反独裁斗争的各派政治力量的代表组成，代表资产阶级自由派的曼努埃尔·乌鲁蒂亚和何塞·米罗·卡多纳分别担任总统和总理，卡斯特罗任武装部队总司令。卡斯特罗说："由于当时存在的社会、政治和思想方面的力量的对比，在最初几个月让乌鲁蒂亚待在革命政府里是适当的，当时国内还存在思想上的较量。"随着革命的深入，资产阶级自由派反对进行深刻的改革，内阁成员于 1959 年 2 月全部辞职，卡斯特罗在人民的要求下于 2 月 16 日就任总理。在此后的一段时间中，政府多次改组，革命力量逐渐占政府成员的绝对优势。通过实行土地改革、外国企业国有化、改造城市经济等政策，革命政府实行民主改革，改造旧经济制度，建立新生产关系。到 1960 年 10 月，卡斯特罗宣布：革命已完成第一阶段，"革命政府在 20 个月中已完成《蒙卡达纲领》，而且在许多方面已超过了纲领"。[1] 革命进入一个新阶段后，面临新的选择，即革命向何处去？"继续处在帝国主义的统治、剥削和欺凌之下，在这里继续容忍美国大使发号施令，使我国继续处于过去的贫困状态，还是进行一次反对帝国主义的革

---

[1] ［古］菲德尔·卡斯特罗：《卡斯特罗言论集》（第一册），人民出版社 1963 年版，第 298 页。

命，或者进行一次社会主义革命。"① 人民群众想要继续推进革命，反动派、帝国主义者、殖民主义者和剥削者想要摧毁革命。古巴革命力量全面权衡国内外形势和古巴人民的呼声后，毅然选择了社会主义，于1961年4月16日宣布古巴革命是"一场贫苦人的、由贫苦人进行的、为了贫苦人的社会主义民主革命"，从思想和行动上实现了由民主主义向社会主义的嬗变。

二 古巴革命力量从民主主义者转变为马克思主义者

卡斯特罗及其领导的"七·二六运动"的转变举足轻重，成为古巴走向社会主义的关键所在。卡斯特罗1959年1月下旬在委内瑞拉的加拉加斯的演说中否认古巴革命是共产主义的。卡斯特罗在1959年4月访美期间的演说中称，"古巴革命奉行民主原则，它是人道主义的民主"。在5月9日的讲话中称古巴革命是"完全民主主义的"。② 在5月21日的一次电视访问中，卡斯特罗说他进行的革命既不同于资本主义（"它用饥饿杀人"），也不同于共产主义（它压制"对人类非常宝贵的"那种自由）。古巴革命将和古巴音乐一样具有自己的本色，以人道主义为特征，既不左也不右，而是"向前一步"。在色彩上，它不是红的而是橄榄绿的，像起义军制服的橄榄绿那样。③ 卡斯特罗在大学期间虽读过一些马克思主义的书，却充满小资产阶级的成见和缺点，对人民社会党（原古巴共产党）有偏见。格瓦拉曾经是阿根廷共产主义青年联盟的成员，读过《共产党宣言》《反杜林论》《家庭、私有制和国家的起源》，还参加了1954年在北京举行的世界和平大会。卡斯特罗说："我在墨西哥首都认识格瓦拉，当然，他已经读过马克思、恩格斯和列宁的许多著作。尽管切没有加入任何政党，但他已经是一位思想上的马

---

① [古]菲德尔·卡斯特罗：《卡斯特罗言论集》（第二册），人民出版社1963年版，第265页。
② 徐世澄：《卡斯特罗评传——从马蒂主义者到马克思主义者》，人民出版社2008年版，第98页。
③ [英]休·托马斯：《卡斯特罗和古巴》（上、下册），斯禾译，上海人民出版社1975年版，第456—457页。

克思主义者了。"① 劳尔·卡斯特罗和卡米洛·西恩富戈斯也在学生时代不同程度地接受社会主义思想，劳尔还在攻打蒙卡达前不久加入了人民社会党（原古巴共产党）。"七·二六运动"的一些成员读过马克思、恩格斯和列宁的著作，如阿维尔·圣塔玛丽亚、尼科·洛佩斯、雷纳托·吉塔特等，有人有"明显马克思主义倾向"。但卡斯特罗等"七·二六运动"的主要领导人在领导夺取政权的革命斗争中并没有宣称他们是马克思主义者，也没有公开提出社会主义目标。古巴革命胜利后，随着革命的逐步深入，革命力量与反革命力量的较量日趋复杂，使得卡斯特罗对共产党和社会主义的看法和态度发生了变化。1959年5月17日《土地改革法》公布，在古巴国内外引起强烈反响，大土地所有者、牧场主协会攻击土地改革法，美国政府于6月11日就农业改革向古巴正式照会。卡斯特罗在1959年6月13日指出攻击农业改革法的批评者为叛徒，并于6月15日拒绝了美国6月11日就农业改革问题给古巴的照会。卡斯特罗在1960年9月26日的第十五届联合国大会上谈到土地改革时说："那时我们还不是百分之一百五十的共产党人。我们那时不过多染上一些红色。"古巴的土地改革遭到美国政府的憎恨。"从这时起，卡斯特罗就不再重复以前不时地会在演讲或私人谈话中流露出来的反共言词。此后，他专门批评那些反共的人了。"② 1959年6月，哈瓦那连续发生几次炸弹爆炸，其中三枚发生在6月13日卡斯特罗讲话时间内。为此，政府拘捕了一些人，起义军情报队将右翼律师恩里克·利亚卡·奥尔蒂斯拘留。利亚卡事件引起政府和司法部门的冲突，哈瓦那法院要求释放利亚卡。与此同时，"七·二六运动"成员、空军司令迪亚斯·兰斯叛逃美国，并在那里建立反动组织进行反革命活动。同年10月，曾在马埃斯特腊山打过游击的卡马圭省起义军司令乌韦尔特·马托斯少校公开上书反对"七·二六运动"的革命路线，密谋另立该运动的"全国指挥部"以阻挠土地改革。更有甚者，曾经参加过"七·二六运动""三·一三革命指导委员会"的极少数人这时强烈反对革命政权向

---

① 卢学慧编译：《卡斯特罗传：古巴雄鹰》，时代文艺出版社2003年版，第67页。
② ［英］休·托马斯：《卡斯特罗和古巴》（上、下册），斯禾译，上海人民出版社1975年版，第468页。

社会主义转变而沦为革命的敌人，纠集上千匪徒重上曾经战斗过的埃斯坎布拉伊山区谋反。形势要求古巴的三种主要革命力量联合起来，共同打退反革命势力的猖狂进攻。① "三个不同的组织代表了革命的阶层、革命的阶级；自然，这三个不同的组织是有联系的。在革命时期，在革命斗争中，彼此有个帮助，但从组织上来讲，是三个迥然不同的组织，各有各自的领导、策略和活动范围。"② 三个革命组织联合的条件是在革命过程中创造的，它们在革命目标、在捍卫革命、推动革命发展上是一致的，工人阶级、农民、学生、小资产阶级中的革命阶层、知识分子因其本身的性质及其在社会中所处的地位而团结在一起进行革命，逐渐从一个政治文盲变成一个坚定的革命者，革命觉悟进一步提高，更加透彻地了解帝国主义的本性，更深刻地看清帝国主义血腥的魔爪及对人类犯下的罪行，进而促使革命者在感情上成为马克思主义者，更加认清和发现马克思主义理论所包含的真理。卡斯特罗在1961年12月1日《关于社会主义革命统一党的电视演说》中说：他在大学时代读过《共产党宣言》以及马克思、恩格斯、列宁的选集，《资本论》读到370页。但当时还不是马克思列宁主义者，还存在着无数小资产阶级的偏见和一系列小资产阶级思想。"那么，我相信马克思主义么？我绝对相信马克思主义！我相信一月一日么？我相信一月一日！我相信七月二十六日么？我相信七月二十六日！经过了将近十年斗争，我过去的理解和今天一样么？不，不，我过去所理解的跟今天的不一样。过去的理解与今天的理解有很大的不同。我有过偏见么？是的，在七月二十六日那个时候我有过偏见。在七月二十六日那个时候我可以自认为彻底的革命家么？不，不，我不能自认为是一个彻底的革命家。一月一日的那个时候我能自认为是一个彻底的革命家么？不，不，我只能自认为是个比较彻底的革命家。我现在能说自己是个彻底的革命家么？如果那样想，这就意味着我已满足于自己所知道的一切，那么自然我是不满足的。我对马克思主义是否有怀疑，认为某些解释是错误的而要加以修正呢？我丝毫没有

---

① 毛相麟、杨建民：《古巴社会主义研究》（修订版），社会科学文献出版社2019年版，第41—42页。

② ［古］菲德尔·卡斯特罗：《卡斯特罗言论集》（第二册），人民出版社1963年版，第233页。

什么怀疑。"① 这表明卡斯特罗等革命者在革命实践中日益接受和坚信马克思主义，并成为马克思主义者。卡斯特罗在其弟弟劳尔和格瓦拉的影响下，到 1959 年 7 月也许已经不能丢掉共产党人，也不可能消灭他们，也许唯一的选择是同他们联合。② 古巴政府在 1960 年 2 月 24 日不准在哈瓦那中央公园举行反共的示威游行。老共产党主席马里内略则说："谁在古巴举起反共的旗帜就是举起卖国贼的旗帜。" 1960 年 4 月的一次民意测验中，古巴城市居民大多数相信他们自己的生活比过去好，并且其中四分之三认为再过五年还要更好。住在城市中的人，差不多有一半狂热地拥护政府。……害怕共产主义的为数不多，公众所担心的几乎都集中在害怕苛政、警察犯罪或者压迫、暴力、混乱。对多数人来说，对差不多全部农村居民以及大部分城市居民来说，他们第一次知道权力是在他们这一边，公理不可能再由他们的地主或雇主用钱去买了，曾经欺负他们并且自命是他们的恩人的那个阶级已受到严重的打击。革命已经为妇女、为黑人或混血种人等增加了机会。③ 1960 年 8 月中旬，格瓦拉在拉丁美洲青年第一次代表大会上说："如果有人问我，我们的革命是不是共产主义的，我要把它解释为马克思主义的。我们的革命已经用它自己的方法发现了马克思所指出的道路。"④ 1960 年 10 月 11 日，国家银行行长切·格瓦拉召见糖大王胡利奥·洛沃时说："我们是共产党人，我们不能容许你这个代表古巴的资本主义'这个概念'的人物保持原状。"共产主义，像罗马天主教的信条一样，之所以能在当地具有力量，正是由于它能够顺应民族的特性。1960 年 12 月 4 日，古巴的教会统治集团颁发一件最后的联合教书，责成卡斯特罗抛弃共产主义，还说"天主将照耀你"。卡斯特罗答复说，政府不必要回答教士，同时明确表示他认为"反共就是反革命"。人民社会党在民族主义

---

① ［古］菲德尔·卡斯特罗：《卡斯特罗言论集》（第二册），人民出版社 1963 年版，第 246 页。
② ［英］休·托马斯：《卡斯特罗和古巴》（上、下册），斯禾译，上海人民出版社 1975 年版，第 481 页。
③ ［英］休·托马斯：《卡斯特罗和古巴》（上、下册），斯禾译，上海人民出版社 1975 年版，第 645、647 页。
④ ［英］休·托马斯：《卡斯特罗和古巴》（上、下册），斯禾译，上海人民出版社 1975 年版，第 563 页。

和美国这两个问题上与"七·二六运动"是大体一致的，人民社会党在8月召开的第十次代表大会中表示完全支持卡斯特罗，认为卡斯特罗是"最大团结"的领袖和保证人。在卡斯特罗和人民社会党总书记罗加的共同倡议下，1960年12月成立了传播"革命知识"的革命指导学校，由人民社会党的领导人莱昂内尔·索托负责，全国共12所，学员来自"七·二六运动"、人民社会党和"三·一三"革命指导委员会。主要教材《古巴社会主义基础》，由卡洛斯·罗德里格斯教授授课。革命指导学校是以政治思想教育单位的形式，实现当时几个革命组织在目标和理想方面团结一致的、带有政治性的第一个组织，学校吸收了全国各地、越来越多的党员和革命积极分子。卡斯特罗说："我们的革命指导学校填补了一大块思想教育的空白，培养了数以百计、数以千万计的公民……"1961年2月，卡斯特罗在马坦萨斯学院说："在严酷的现实面前，使我们对马克思列宁主义认识得更深刻了，的确，这是解决许多问题的答案。对我本人来说，我正认真研读马克思和列宁的著作，并力图从中找到问题的答案。"在奥连特省视察时指出：每个工厂或农场的领导核心必须由一些"革命意志坚定"的人组成，同时"他们还应当学一些马克思列宁的著作"。1961年3月，"七·二六运动"的青年运动同共产主义青年团合并了。1961年4月9日，卡斯特罗在古巴电视台宣布："同志们，朋友们，从现在开始，我们国家从此进入了社会主义革命时代。"人民深受鼓舞，热情空前。古巴媒体对"古巴已经进入社会主义革命时代"的壮举进行广泛渲染。4月10日，卡斯特罗接见了英国《新政治家》周刊记者，记者问："总理阁下，您是否认为您已是一位忠诚的共产主义者？"卡斯特罗说："我对列宁的工作和生活知道得越多，特别是对革命了解得越多，就越敬佩列宁，只有今天我才体会到列宁曾战胜过的困难和他留给人类的遗产的价值。所以，我想我会成为一位忠诚的共产主义者的。"当记者问道"在古巴实现社会主义革命，是否意味着和美国继续对抗下去？"，卡斯特罗说："我们愿意和任何国家在平等互利、相互尊重国家主权的基础上，建立友好关系。当然也包括美国在内，可是到目前为止，美国政府依然没有放弃敌视古巴的政策。我们之所以选择了社会主义道路，是古巴革命发展的必然趋势。"记者提到"社会主义对古巴有什么积极意义"时，卡斯特罗说："我在哈瓦那大学读一年级的时候就读过列宁的书,但在和平时期阅读和在革命时候阅读是不一样的,也就是社会主义革命对推动古巴的革命和建设有着重大意义"。"我多年来至少是马克思列宁主义学说的崇拜者,所以,早在哈瓦那大学读书时,我就开始努力用马列主义的基本观点来指导我的行动。我和我的战友们在马埃斯特腊山区坚持革命武装斗争时,对马克思列宁主义的一些基本观点理解得更深刻了。毫无疑问,我现在已经是一位坚定的马克思主义者了,并且将毕生如此。"此后不久,劳尔在《革命报》上发表文章说:"我们宣布在古巴实行社会主义,这意味着我们的革命已经完成了她的民族解放的阶段,完成了她的反帝和反封建的农业改革阶段,我们正向以工业化为主体的社会主义道路迈进。"社会主义革命的思想和意识正在迅速影响古巴,在哈瓦那,歌声和乐曲声几乎可以处处听到。有一首歌这样写道:"我们是社会主义者,我们是马克思主义列宁主义的拥护者,明天,我们将是伟大的共产主义者。"群众集会时,人们往往会举着马克思、列宁和卡斯特罗的画像。会议结束后,人们手挽手唱《国际歌》。在哈瓦那大街上,宣传社会主义革命思想的标语随处可见。① 一位欧洲观光者写道:"马克思主义的思想正在影响着这个中美洲的岛国。同时,人们的政治热情也被空前调动起来。每逢群众聚会时,人们唱得最多的歌曲是《国际歌》,他们还会不厌其烦地向外国人宣传他们的革命理想。"1961年4月16日,卡斯特罗在给美国雇佣军4月15日对古巴进行轰炸中的死难者举行葬礼时说:帝国主义者"不能容许我们在美国的鼻子底下进行一场社会主义革命""我们就用这些步枪来保卫这个社会主义革命!我们就是用昨天高射炮兵把侵略飞机打得千疮百孔的勇气来保卫这个社会主义革命""工人和农民同志们,这是一场贫苦人的、由贫苦人进行的、为了贫苦人的社会主义民主革命。为了这场贫苦人的、由贫苦人进行的、为了贫苦人的革命,我们准备贡献出生命。"② 这标志着卡斯特罗已由一个民族民主主义者转变成一个社会主义者。

---

① 政学:《卡斯特罗》,内蒙古人民出版社1997年版,第285—288页。
② [古]菲德尔·卡斯特罗:《卡斯特罗言论集》(第二册),人民出版社1963年版,第25—26页。

1961年6月24日，人民社会党全国委员会召开了一次全会，"七·二六运动"和"革指委"的最高领导人也参加了会议。会上，人民社会党做出自行解散并与"七·二六运动"、"革指委"共建新的革命统一组织的决定。"七·二六运动"和"革指委"随即也做出了类似的决定。人民社会党、革命指导委员会、"七·二六运动"、统一青年运动和少年先锋队，开始偶尔被称为"统一革命组织"。[1] 在1961年7月26日的演讲中卡斯特罗问："拥护一切革命者都联合在社会主义革命统一党里的，请举手！""听到这么一说，在场的每一个人包括卡斯特罗博士在内都一面举起手来，一面高呼'统一'。"并说各革命政党的统一将从基层开始。[2] 到了1961年7月，开始把那些老共产党员称为"统一革命组织的领导人"。到同年10月，在全国126个城市中的100个城市中设有统一革命组织的机构，实际上统一革命组织的办公处是原人民社会党的党部，省级组织的书记完全是那些已经成为"协调、执行和监察委员会"的秘书的人，其中有些人已当过多年人民社会党的书记。在这个过程中，罗加说将来统一党总书记的人选不可能有比卡斯特罗更好的人。卡斯特罗在1961年12月的《关于社会主义革命统一党的电视演说》中说："成立革命统一党首先是一个需要。为什么是一个需要呢？首先，没有一个坚强的有纪律的革命组织就不能进行革命，尤其是不能把革命推向前进。"在建立了各省市的统一组织的基础上，1962年3月9日，古巴统一革命组织全国指导委员会成立。委员会共有委员25人，其中原"七·二六运动"13人，原人民社会党10人，原"革指委"2人，卡斯特罗任第一书记。同年5月，古巴革命统一组织改名为古巴社会主义革命统一党。卡斯特罗指出：党的宗旨是建设一个社会主义的古巴，一个民主、独立统一的国家。从现在起，我们应该是一个整体，不要分什么新的老的，马埃斯特腊山来的和平原来的，打过枪和没有打过枪的，过去研究过马克思主义和没有研究过马克思主义的。社会主义革命统一党党员应该是人民中最优秀的、群众组织中最优秀的

---

[1] 王承就：《古巴共产党建设研究》，人民出版社2011年版，第90页。
[2] [英]休·托马斯：《卡斯特罗和古巴》（上、下册），斯禾译，上海人民出版社1975年版，第677页。

人。每一个公民，不管他是工人或不是工人，都可以成为社会主义革命统一党党员。① 就是说，对于所有同革命休戚与共、准备执行各项规定、完全地和确信无疑地承认社会主义革命统一党党纲的真正革命者，党是敞开大门的。参加这个组织不意味着享有特权、享乐、拿高薪、游手好闲以及任何恩赐，参加这个组织可以意味着一种巨大光荣，但也意味着牺牲，比别人作出更多的牺牲，更多的劳动，比别人要更加忘我，比别人有更少的特权。② "统一党说明了许多问题，但没有说明所有的问题；统一党仍然给人这样的思想，即需要团结，它还多少带有各个组织的痕迹。我们已经达到了这样的程度，即区别这些革命者和那些革命者的各种特征和不同来历，应当一劳永逸地消失。我们已经到了这样的时刻，即在我国革命进程的历史上，现在只有一类革命者了，所以，我们党的名称所要告诉人们的不是我们过去如何如何，而是告诉人们今天我们怎样和明天又会怎样。那么，我们的党应该叫什么名字呢？就叫古巴共产党。"③ 1965 年 9 月 30 日至 10 月 2 日，古巴社会主义革命统一党在哈瓦那召开重要会议，讨论党和国家建设的重要问题，卡斯特罗在会议上通报了社会主义革命统一党关于建立党的中央委员会、中央政治局、书记处和工作委员会并改名为共产党的决议。会议批准了上述决议，社会主义革命统一党更名为古巴共产党，成立党的中央委员会，卡斯特罗当选为古巴共产党的第一书记；政治局成员包括：菲德尔·卡斯特罗、劳尔·卡斯特罗、巴尔德斯、阿尔梅达、加西亚等 8 人；把"七·二六运动"的机关报《革命报》和人民社会党的机关报《今日报》合并为一份报纸，即古巴共产党的机关报《格拉玛报》。10 月 3 日，卡斯特罗在一次大会上向全国人民宣布了古共中央委员会名单，共 100 人，其中，1959 年前的共产党员 21 人，"革指委"成员 4 人。中央委员会成员平均年龄 36 岁。"这个中央委员会凝聚了 40 年来古巴历史上所有的英雄史诗；所有的军事的和爱国的事迹，它代表了各个种族、性别和年龄的体力和脑力劳动者，代表了所有革命者。这个党将在未来

---

① 王承就：《古巴共产党建设研究》，人民出版社 2011 年版，第 90 页。
② ［古］菲德尔·卡斯特罗：《卡斯特罗言论集》（第二册），人民出版社 1963 年版，第 368、366 页。
③ 王承就：《古巴共产党建设研究》，人民出版社 2011 年版，第 90—91 页。

领导建设新社会的伟大任务,领导古巴人民捍卫祖国、捍卫革命和社会主义的斗争。"① 至此,一个新的处于执政地位的共产党在古巴诞生了,完成了三种主要革命力量组织上的彻底联合,实现了思想统一、政治统一、行动一致,古巴共产党的重建是"所有立意要搞社会主义的革命力量紧密团结的结果","这一团结之所以能够取得和持久地保持下去是由于革命的最高领袖菲德尔·卡斯特罗的团结能力和为确保和发展这一团结所进行的不断斗争"。古巴共产党的重建,确保了"古巴革命能历史性地继续下去并实现最终目标建设社会主义和共产主义"。

第四节　古美关系的恶化与社会主义国家的支持

古巴革命从民族民主革命转变为社会主义革命,有两个重要的外部因素的影响,一是古巴与美国关系的转变,二是社会主义国家对古巴的支持。

一　古美关系的恶化

1959年初,古巴革命的胜利及古巴革命政府所采取的建立和巩固革命政权的措施,触及了美国在古巴的利益,激化了美国霸权与古巴革命之间的矛盾,但双方均不希望彼此的关系走向敌对。古巴政府及卡斯特罗持续表示要与美国保持友好关系,美国政府极想知道卡斯特罗是一个什么样的人及他是否具有共产主义思想。1959年4月,卡斯特罗访问美国,美国对卡斯特罗访美代表团提出如下要求,以试探卡斯特罗是否愿意遵从以美国为首的西方国家制定的游戏规则:(1)随行人员的头发不应该过长,不能弄得和嬉皮士似的,应该短。(2)随行人员应该具备大学文化而且会说英语。(3)每个人不应该穿军装、奇装异服,应该着统一而整洁的西服。(4)卡斯特罗应该对记者提出的问题保持平静、态度温和,不能发脾气。(5)随行人员中不能有共产党员。② 卡

---

① [古]何塞·坎东·纳瓦罗:《古巴历史——枷锁与星辰的挑战》,王玫译,当代世界出版社1999年版,第296页。

② 王来军:《美国敌人卡斯特罗》,华中科技大学出版社2014年版,第8页。

斯特罗访美期间，就美国人最为关心的问题作了明确的表态：他保证不想没收美国在古巴的财产，申明古巴政府与共产主义没有联系、在联合国保持中立、不与任何集团结盟，并强调古巴的心是向着西方的。但卡斯特罗此次访美的目的：解释古巴对美政策，用以寻求美国政府的认同、理解和支持；希望美国放松对古巴新政权的限制；希望美国政府而非美国公司加大对古巴的投资力度等。尼克松副总统与卡斯特罗长达两个多小时的谈话始终关心的是共产主义问题，使得这些目的一个也没有实现。在1959年的纪念"七·二六"运动庆典上，卡斯特罗呼吁古美之间保持"最好的关系"。1960年1月27日，古巴致美国政府的照会说："两国政府之间可能存在的属于外交谈判范围内的分歧意见，可以有效地通过外交谈判得到解决。古巴政府准备以最大的诚意，毫无保留地和最广泛地讨论所有的分歧，并明确表示，古巴政府认为不存在任何阻止通过正常、适当方式和途径并在同美国政府和人民相互尊重和互惠基础上举行谈判的障碍。古巴政府希望保持和发展这种外交和经济关系，并认为在这个基础上古美两国人民之间的传统友谊是牢不可破的。"[①] 1961年3月8日，卡斯特罗仍旧试图通过协商来解决与美国的分歧。起初，美国政府对古巴革命没有采取敌视的态度，关心的是革命是不是共产党领导的、革命政府对美国利益的影响，希望古巴在东西方冷战中保持中立。许多美国官员认为，"在相当长一段时期内，古巴革命总的精神是倾向于民主、反对独裁和反共的"，主张应对古巴予以鼓励，甚至"给以一切援助"。[②] 但美国国内反对古巴革命的声音也一直存在，并影响着美国的决策。随着古巴革命的进一步发展，美国在古巴的利益也受到损害，古美关系逐步紧张并最终走向敌视。

1959年1月，美国敞开接纳古巴反革命分子到美国"避难"，让他们在美国继续进行反古活动。美国家安全委员会在1959年3月10日通过决议，推翻靠革命建立起来的古巴政权。美国于1959年5月在古巴南部的天鹅岛建立反古电台；5月底，副总统尼克松以及犯罪集团和一些垄断集

---

① [古]菲德尔·卡斯特罗：《卡斯特罗言论集》（第一册），人民出版社1963年版，第209页。

② 王雪松：《美国霸权与古巴革命——苏联解体以来的美古关系》，博士学位论文，中国社会科学院研究生院，2003年5月。

体的代表在华盛顿召开秘密会议，尼克松在会上提出要推翻古巴政权。从此，美国针对古巴的破坏活动、海盗船的袭击以及其他反革命颠覆活动频繁发生，反对古巴的污蔑活动以及号召古巴人特别是自由职业者弃国外逃的事件也愈演愈烈。6月11日，美国就古巴《土地改革法》照会古巴，要求对美公民因土地改革造成的损失进行赔偿，若得不到适当赔偿，美将进行报复。古巴在6月15日的回复中强调，古巴有权采取自己认为最恰当的措施来促进自己经济的发展和社会的进步，决不接受任何有损国家主权和荣誉的建议。古美关系趋于紧张。8月10日，美国宣布减少古巴食糖对美的出口份额。在8月12日的美洲国家外长会议上，美国与古巴代表在会上交锋激烈。8月份开始有来自美国佛罗里达的飞机对古巴进行轰炸，美国政府于9月5日召回驻古巴的大使邦斯尔。美国在10月宣布对古巴继续实行武器禁运，并施压英国禁止对古巴出售武器。美国中央情报局支持的古巴流亡分子于1959年10月11日用飞机在古巴比那尔德里奥的一家糖厂投了3枚炸弹。12月10日，美国国务卿赫托对古巴作了含糊其词的威胁，说美国"可能对古巴糖的限额采取行动"。1960年1月，古巴规定：不准美国人开设的糖厂向古巴银行借款，而应到华尔街去借；挣美元的古巴公民今后必须把美元兑成比索。1月8日，古巴土地改革全国委员会接管了价值六百万美元的美国人地产。美国邦斯尔大使于1月10日提出抗议。卡斯特罗宣称希望同美国的关系在1960年中有所改善，古巴旅游事业管理局也在努力招揽美国游客。1960年2月29日，卡斯特罗照会美国，建议通过外交代表开始谈判，条件是在谈判进行时，美国政府或者国会均不得采取任何可能妨害谈判或者给古巴、古巴人民或古巴经济造成损失的单方面措施。29日，美国说所提条件不能接受，美国"必须可以自由地行使主权，采取它认为必要的任何步骤"。3月3日，一艘法国货轮"库布尔号"在哈瓦那港内爆炸，76名古巴码头工人被炸死，200人受伤，许多码头设备被毁。卡斯特罗把这一次的"破坏行动"归咎于美国，并说"你们用战争或者饥饿都不会使我们屈服"，喊出"誓死捍卫祖国"。[①]
1960年3月17日，艾森豪威尔总统批准了中央情报局针对古巴采取行动

---

① [英] 休·托马斯：《卡斯特罗和古巴》（上、下册），斯禾译，上海人民出版社1975年版，第529—530页。

的计划,行动包括"成立一个负责的、有吸引力的和团结的卡斯特罗政权的古巴反对派",开展"一场强大的宣传攻势",为"在古巴国内成立一个地下情报和行动组织"继续努力;最后,在古巴以外训练"一支适当的准军事力量"。1960年4月,美国中央情报局在危地马拉设立一个训练中心以训练古巴流亡分子,地点是靠近太平洋海岸的埃尔贝蒂亚咖啡大农场。5月4日,美国劳联—产联发表一项声明说,卡斯特罗正在把古巴变成苏联的前哨。在迈阿密,中央情报局实际上已把流亡分子组成一个"联合阵线"——"民主革命阵线"。1960年6月中旬,美中央情报局在古巴西南四百里的天鹅岛上建造一座五十千瓦无线电台,专用于攻击古巴政府和卡斯特罗。6月22日,美国国务卿赫托在参议院请求通过一项法案,授权艾森豪威尔政府削减古巴食糖定额。7月6日,艾森豪威尔把古巴的食糖定额减少70万吨(1960年的全部定额是3119650吨),又砍掉15.6万吨,并说:"这一行动等于对卡斯特罗实行经济制裁。现在我们必须考虑其他手段了——经济的、外交的、战略的。"① 卡斯特罗就此指出:"他们的目的显然是想用饥饿来使我们屈服并且通过这种经济侵略的行动来改变我们祖国的命运。但是今天我们要明确地警告他们:他们对古巴的侵略和取消购买古巴糖的定额,是要用糖厂来偿还糖厂,是要用财产来偿还财产的。"② 古巴于7月6日颁布851号法令对属于美国自然人或法人的所有财产和企业采取强制的剥夺方式收归国有,其中包括了电力公司、石油公司、糖业公司等26家企业。艾森豪威尔于1960年8月拨款1300万美元在危地马拉建立训练基地,对古巴流亡分子进行游击战训练,目的是组织反对古巴政府和卡斯特罗的游击战。10月13日,艾森豪威尔宣布除药品和一些食品外,禁止一切美国对古巴的输出。卡斯特罗指责这是美国的经济侵略,古巴土地改革全国委员会于10月14日至15日接收了美国在古巴的大规模私人企业383家,包括所有的银行、所有剩下的私营糖厂、11家电影院和13家大商店等。10月25日,卡斯特罗又把166家美国企业收归国有。10月30日,危地马拉报纸《时报》发表一篇由著名记

---

① [英]休·托马斯:《卡斯特罗和古巴》(上、下册),斯禾译,上海人民出版社1975年版,第559—560页。

② [古]菲德尔·卡斯特罗:《卡斯特罗言论集》(第一册),人民出版社1963年版,第155页。

者克莱门特·马罗金·罗哈斯写的第一版社论,说明一场对古巴的入侵"正在积极进行中,不是由我们这个非常之穷和非常之乱的国家准备的,而是由美国在暗中准备的"。之后,《西班牙美洲报道》月刊、《民族》周刊、《洛杉矶新闻镜报》和《圣路易邮报》都先后报道了危地马拉训练基地。1961年1月3日,美国宣布同古巴政府断绝外交关系。随后又宣布要在靠近岛国的地方进行军事演习,中央情报局则在佛罗里达、危地马拉、尼加拉瓜的训练营地训练其雇佣军。1961年1月22日,美国参谋长联席会议代表、肯尼迪新政府代表审查入侵古巴计划。1961年3月15日,肯尼迪指示中央情报局在假定实施入侵的基础上继续策划,但须使有关计划在预定开始执行前的24小时内仍然可以取消。中央情报局将入侵目标锁定在古巴南部沼泽地"猪湾",计划在黎明前完成登陆。4月3日,美国国务院签署了由流亡分子"消灭"卡斯特罗、恢复"自由制度"的白皮书,宣称卡斯特罗已"背叛"古巴革命,并对整个西半球形成威胁,因此古巴人民应该"为一个自由的古巴而奋斗"。[①] 1961年4月15日,8架经美国中央情报局油漆伪装成有古巴空军标识的B-26美国轰炸机轰炸了古巴的自由城、圣地亚哥、圣安东尼奥和巴腊科阿等地,造成7人死亡,53人受伤。合众国际社、美联社等媒体说:数名古巴空军军官为了古巴的自由进行了英勇的一击。美国的各报和古巴流亡团体一致认为此次轰炸乃是争取摆脱共产主义运动之开端。古巴外长说,这次侵犯无疑是企图发动一次由华盛顿组织、提供装备和资助的大规模入侵的序幕。卡斯特罗在4月16日举行的遭敌机突袭遇难者葬礼上说,帝国主义者"不能容许我们屹立在他们的鼻子底下,不能容许我们在美国的鼻子底下进行一场社会主义革命""我们就用这些步枪来保卫这个社会主义革命!我们就是用昨天高射炮兵把侵略飞机打得千孔百疮的勇气来保卫这个社会主义革命"。"工人和农民同志们,这是一场贫苦人的、由贫苦人进行的、为了贫苦人的社会主义民主革命。为了这场贫苦人的、由贫苦人进行的、为了贫苦人的革命,我们准备贡献出生命。"[②] 4月17日凌晨2点半,美国组

[①] 王伟:《美国对古巴遏制的起源》,博士学位论文,东北师范大学,2004年。
[②] [古]菲德尔·卡斯特罗:《卡斯特罗言论集》(第二册),人民出版社1963年版,第25—26页。

织、训练、武装和指挥的 1500 名雇佣军乘 5 艘美国战舰，在美军飞机和军舰的护送下在猪湾的长滩和吉隆滩登陆，遭到古巴民兵的顽强抵抗。涂有古巴空军标识的 B-26 美国轰炸机也对吉隆滩的军用和民用设施狂轰滥炸。古巴军民同仇敌忾，在卡斯特罗的指挥下激战 60 多个小时，于 4 月 19 日下午全歼入侵者。卡斯特罗在关于美国雇佣军入侵事件的电视演说中指出："经济形式的侵略，在石油问题上的阴谋，在食糖问题上的阴谋，取消美国对我国的出口以便使我们没有机器配件、没有原料的阴谋，抵制我国出口其他产品的阴谋，抵制我国向美国以外的其他国家的出口的阴谋，破坏的阴谋，组织反革命游击队的阴谋，所有这些，都是对我国进行的继续不断的、系统的骚扰和侵略活动。"① 挫败猪湾入侵后，古美关系恶化，古巴于 1961 年 5 月 1 日宣布古巴是社会主义国家，古巴被推向共产主义同盟正式成员的地位。

二 社会主义国家对古巴革命的支持

1917 年的俄国十月革命的胜利，开启了社会主义革命和民族解放革命的新时代，社会主义由理论变成现实，世界上诞生了第一个社会主义国家，人类进入了社会主义和资本主义两个对立的社会体系斗争的时代。第二次世界大战后，民主德国、波兰、南斯拉夫、捷克斯洛伐克、匈牙利、保加利亚、罗马尼亚、阿尔巴尼亚、中国等国走上社会主义道路，社会主义超出一国范围，社会主义阵营形成，社会主义国家成为反对帝国主义战争、支持民族独立和解放斗争的重要力量。

卡斯特罗领导的革命胜利后，苏联政府于 1959 年 1 月 10 日承认了古巴政府，卡斯特罗给苏联的答复是他的心是"与西方一起的"，两国之间没有什么正式联系。随着古巴革命进程的发展和古美关系的恶化，古苏两国关系开始变得亲密起来。1959 年夏季，卡斯特罗在寻求美国和欧洲的帮助不成功后，开始考虑接近苏联。6 月 12 日，卡斯特罗派格瓦拉出访欧、亚、非的十几个国家，其中包括了南斯拉夫，向社会主义国家传递了愿意交好的信息。10 月 17 日，驻华盛顿的古巴大使第一次公开明白地

---

① ［古］菲德尔·卡斯特罗：《卡斯特罗言论集》（第二册），人民出版社 1963 年版，第 49 页。

说，如果古巴向英美购买武器的要求不能办到，它可能转向其他方面——也许会转向苏联。1959年12月中旬，苏联官员亚历山大·阿列克萨耶夫作为塔斯社的代表来到哈瓦那，为古巴日后加入社会主义阵营打开了通道，也是古苏建立外交关系的前奏。1960年2月，苏联在哈瓦那举办苏联科学技术文化成就展览会，苏联部长会议第一副主席米高扬出席展览会开幕式并访问古巴，卡斯特罗和古巴共产党领导人亲自到机场迎接，米高扬在参观访问中赞扬古巴的农业改革，最后双方签订了一项经济协定，苏联1960年向古巴购买四十二万五千吨糖，以后四年每年一百万吨；对古巴贷款一亿美元，期限十二年，利息2.5%；苏联保证以低于美国价格的33%向古巴提供石油，还将在1960—1964年内为古巴建设工厂提供技术援助；古巴将向苏联输出水果、果汁、纤维和兽皮。古苏经济协作的时代就这样开启了。古巴的《海洋日报》这样评论米高扬访古："谢谢你。你的访问……把阵营划得界限分明。"在同苏联发生这种新关系之后，接着一定会同苏联集团的其他成员国发生大量交往，其实在米高扬访古期间就有一个民主德国代表团前往古巴商订一项财务和商务协定。4月，古巴同波兰签订一项重要的贸易协定。1960年5月7日，古巴与苏联恢复了外交关系，革命指导委员会领导人福雷·乔蒙任驻苏大使。苏联也向古巴派了大使，第一任驻古大使是谢尔盖·库德里雅夫采夫。布拉斯·罗加在访问中国并受到毛泽东热情接见后，于5月间访问莫斯科，第一次和赫鲁晓夫见面，受到了赫鲁晓夫的接见。继罗加之后又有其他的古巴人出国访问：陆军督察署长威廉·加尔维斯少校访问北京，农业改革的负责人努涅斯·希门内斯访问莫斯科，古巴工人联合会的何塞·玛丽亚·德拉阿吉莱拉和维森特·科尔德罗访问北京。6月，苏联与古巴又签署了一项新协定，苏联保证每年向古巴出售500万吨石油和石油产品，同时购买200万—300万吨古巴食糖，并允诺给予古巴军事援助。7月9日，赫鲁晓夫宣称，炮兵能保卫古巴，必要时可用火箭。苏联准备承受美国拒绝的70万吨食糖。赫鲁晓夫还说，门罗主义已死了，"对于任何已死的东西只能把它埋掉，使它不会毒害空气"①。1960年9月2日，卡斯特罗在演讲中

---

① [英]休·托马斯：《卡斯特罗和古巴》（上、下册），斯禾译，上海人民出版社1975年版，第560页。

指出，古巴将接受苏联提供的火箭以击退美国侵略，还将承认中国。卡斯特罗在 1960 年 10 月 15 日的电视讲话中说："由于世界上存在一个重要而强大的、并且正在迅速发展的社会主义国家的集团，我国尽管事实上受着帝国主义势力的包围，仍然有可能得到石油，售出自己的产品，得到机器。如果没有船只，会有别的船给我们运来石油，如果没有原料，如果帝国主义在我们习惯的市场上不卖原料给我们，我们就向社会主义国家购买。"① 在国际上，古巴在 1960 年底已被看作国际共产主义集团的一部分。1960 年 10 月，格瓦拉率古巴政府经济代表团对亚欧社会主义国家包括苏联、捷克斯洛伐克、中国、朝鲜民主主义人民共和国和德意志民主共和国进行了近两个月的访问，进一步扩大了古巴糖的国际市场。1960 年 12 月中旬，苏联同古巴签订一项新的协议，苏联 1961 年将以每磅 4 美分的价格购买二百七十万吨古巴糖。为实现工业化，古巴于 1961 年开始与苏东社会主义国家进行全面经济合作，先后签署了包括炼钢厂、炼油厂、面粉厂、汽车制造厂等在内的 100 多个工业项目，并从这些国家和拉美国家引进技术人员 100 多名。1961 年 1 月 1 日，哈瓦那举行一次游行，展示了苏联坦克和其他武器。卡斯特罗在 3 月 4 日说，必要时可以拿出"大量的共产主义的武器来"保卫古巴。据美国估计，在 1961 年 4 月已经有价值 5000 万美元的苏联武器运到了古巴。1961 年 1 月，卡斯特罗宣布古巴青年 1000 人将在苏联研究农业合作事业。古巴已承认阿尔巴尼亚、匈牙利、蒙古国和越南，这些国家也在古巴设立了大使馆。苏联和东欧国家于 1960 年和 1961 年向古巴提供了大量的物质援助，并向古巴派遣了专家。到 1961 年初，苏联人对古巴革命的看法是：古巴的革命并不是苏联策划的，古巴的迅速发展处于苏联政府意料之外。古巴的事业已在苏联公众中引起了一定的热情，诗人和知识分子都认为古巴正在进行一场真正的革命斗争，这有助于他们对自己的制度产生新的信心。现在必须援助、支持及最终利用古巴，古巴代表一种赫鲁晓夫明确赞成的事业，古巴还作为国际共产主义活动在南美的一个活动中心。在古巴国内，一些人相信卡斯特罗选择共产主义道路是脱离美国束缚的最好声明，在许多古巴知识分子看

---

① ［古］菲德尔·卡斯特罗：《卡斯特罗言论集》（第一册），人民出版社 1963 年版，第 240—241 页。

来，这似乎是一种最有志气的行为。

古巴革命胜利后，毛泽东主席等党和国家领导人对古巴革命予以高度评价，"我们认为古巴事件是当前一个重大事件，亚洲人应该支援他们反抗美国"。1959年1月22日，中国人民政治协商会议全国委员会副主席彭真在欢迎访华的墨西哥前总统、世界和平理事会副主席卡德纳斯的大会中说："中国人民全力支持古巴和拉丁美洲、亚洲、非洲各国人民反对帝国主义、保卫民族独立和自由的正义斗争"。1月25日，北京各界1万人举行支持古巴人民反帝斗争集会，中国人民保卫世界和平委员会于当日发表了支持古巴人民反对美国干涉的声明。中华全国总工会、妇女联合会、青年联合会等单位致电古巴有关单位，祝贺古巴人民革命的胜利。[①] 1959年3月12日，古巴革命指导委员会领导人福雷·乔蒙发表电视讲话，主张承认中华人民共和国，并同台湾蒋介石政权断绝所谓"外交关系"。同年4月，在古巴政府支持下，新华社在哈瓦那设立分社，并派记者常驻古巴。1959年7月4日，中共中央宣传部的姚溱率中国新闻代表团访问古巴，古巴革命武装部长劳尔·卡斯特罗在会见姚溱时说：希望中国派一名比较重要的干部来哈瓦那领导新华分社，古方将把新华分社视为非正式的中国官方代表机构，从事各种联系，逐步代替台湾当局驻古巴的"大使馆"，等水到渠成时，再建立正式的外交关系。1960年2月20日，中国新闻工作者协会的书记访问古巴，宣布在古巴创办一种新的中文日报，编辑部设在《今日报》社。根据古巴领导人建议，我国于1960年3月任命曾涛为新华社驻哈瓦那分社社长，作为中国政府的代表负责与古巴进行外交联系。1960年9月2日，在哈瓦那何塞·马蒂革命广场的群众大会上，卡斯特罗总理对与会的百万群众说："古巴革命政府愿意提请古巴人民考虑：是否同意古巴同中华人民共和国建立外交关系？"会场上近百万群众高高举起双手，以雷鸣般的吼声回答"同意！同意！"[②] 卡斯特罗对全场群众说："从现在起，断绝我们同蒋介石傀儡政权的外交关系。"9月8日，中国政府指

[①] 徐世澄：《卡斯特罗评传——从马蒂主义者到马克思主义者》，人民出版社2008年版，第351—352页。

[②] 王泰平主编：《新中国外交50年》，北京出版社1999年版，第1636—1637页。

定曾涛为中国政府代表,负责和古巴政府谈判两国建交问题。卡斯特罗在 1960 年 9 月 26 日的第十五届联合国大会上提出中华人民共和国的问题,"这个问题甚至从未在这里讨论过,这实际上就是否定联合国存在的理由和本质","在最近几年中,许多国家加入了联合国。在联合国里反对讨论中华人民共和国——它代表六亿多人口的国家的百分之九十九的人——的代表权,就是否认历史现实、否认事实和生活本身的真相"。"在这里集会的我们,作为世界的代表,或世界一部分的代表——因为世界还没有都在这里,只要中华人民共和国没有代表出席,这里就不是代表整个世界——应当采取措施。世界四分之一没有代表出席这次会议,但是我们这些出席会议的人有责任把话说清楚,而不是在这里躲躲闪闪,大家都有责任讨论这个问题,这是一个极其严肃的问题,这是一个比经济援助、比其他一切义务更为重要的问题,因为这是一个保存人类生命的义务。"① 9 月 28 日,中古双方同时发表建交公报:"鉴于中华人民共和国政府和古巴共和国革命政府同意建立外交关系,两国政府决定在尽可能短的时间内互换大使级的外交代表以进一步发展两国兄弟人民间已有的友好关系。"② 古巴成为第一个与中国建立外交关系的拉美国家。9 月 29 日,周恩来总理向卡斯特罗总理发贺电,说:"中古两国外交关系的建立,将使我们两国人民的友好合作得以加强,使我们两国人民之间的友谊得到进一步的发展。……我郑重地向阁下和兄弟的古巴人民申明:如果必要,中国政府和中国人民将给为独立自由而斗争的古巴人民一切可能的支援。"与此同时,中古两国的经贸、文化等方面的交流频繁。1959 年 12 月,中国决定购买 5 万吨古巴食糖。1960 年 4 月,中国决定再向古巴购买 5 万吨食糖。中国贸易代表团于同年 7 月访问古巴,两国政府签订了贸易和支付协定、科技合作协定及文化合作协定。随后,两国贸易机构又签署贸易和支付协定,中国将在今后 5 年每年购买古巴食糖 50 万吨,并向古巴出口机器、仪器、化工产品和日用品等,古巴向中国出口食糖、矿

---

① [古] 菲德尔·卡斯特罗:《卡斯特罗言论集》(第一册),人民出版社 1963 年版,第 227—229 页。

② 徐世澄:《卡斯特罗评传——从马蒂主义者到马克思主义者》,人民出版社 2008 年版,第 353 页。

石、烟草、咖啡和水果等。① 1960 年 8 月，古巴与中国签订了一项商务与技术协定，中国歌舞团对古巴进行正式访问。古巴人民社会党总书记布拉斯·罗加、著名诗人尼科拉斯·纪廉、革命武装部队总监罗德里格斯少校，以及哈瓦那市市长、圣地亚哥市市长和古巴新闻、法律、文化代表团相继访问中国。1960 年 11 月 17 日至 12 月 1 日，古巴国家银行行长格瓦拉率经济代表团访问中国，中国共产党主席毛泽东、中国国务院总理周恩来和外交部长陈毅分别会见了格瓦拉，双方签署了中古经济合作协定、贸易和支付协定以及科技合作协定，确定了中国向古巴提供 6000 万美元无息贷款以帮助古巴建设 24 个工农业项目，购买古巴原糖 100 万吨，向古巴出口各种商品，为古巴培训 200 名技术人员。1961 年 1 月 1 日，毛泽东和周恩来共同出席了古巴驻中国大使为庆祝古巴革命胜利两周年而举行的招待会，针对美国有入侵古巴的危险，毛泽东主席对古巴大使说："你们会胜利的，中国人民决心从各个方面采取一切必要的措施来支持古巴人民的正义斗争。"中国政府应古巴政府之邀，还派出了郭沫若、夏衍为正、副团长的中国人民友好代表团访问古巴，参加了古巴革命胜利两周年庆典活动。吉隆滩事件之后，刘少奇主席和周恩来总理致函古巴总统多尔蒂斯科和总理卡斯特罗，支持古巴人民保卫祖国的斗争；北京、上海、天津等城市举行了声势浩大的群众集会，高呼"要古巴，不要美国佬"的口号，声援古巴人民反帝侵略。② 1961 年 4 月，中国在古巴首都哈瓦那举办了大型的中国经济建设成就展览会，并派南汉宸率领中国国际贸易促进会代表团出席展览会的开幕式。古巴总理卡斯特罗和政府主要领导人参观了展览会，展出期间，参观人数达 42 万。展览会促进了古巴人民对新中国的了解，加深了两国人民的友谊。1961 年 7 月，毛泽东主席给古巴《革命报》题词："古巴人民革命的伟大胜利为拉丁美洲各国人民的民族民主运动树立了光辉榜样，并大大地鼓舞了世界上一切被压迫民族争取解放的斗争。中国人民把古巴人民革命斗争的伟大胜利看做是对自己的一个有力支持，古巴人民在

---

① 徐世澄：《卡斯特罗评传——从马蒂主义者到马克思主义者》，人民出版社 2008 年版，第 353 页。

② 王承就：《古巴共产党建设研究》，人民出版社 2011 年版，第 73—74 页。

反对美帝国主义的侵略、维护民族独立和建设自己国家的伟大事业中，将永远得到六亿五千万中国人民的全力支持。"[1] 1961 年 9 月 22 日至 10 月 3 日，古巴总统多尔蒂科斯访问中国，参加了中国建国 12 周年庆典，在机场受到了刘少奇、董必武、朱德、周恩来、彭真、陈毅等 100 多位我国领导人和 4000 多名群众的欢迎。毛泽东主席会见了多尔蒂科斯总统及其随行人员；国家主席刘少奇和国务院总理周恩来同多尔蒂科斯总统进行了会谈，并发表联合公报，双方表示将尽一切努力进一步巩固和发展两国间的团结和友谊。

"由于苏联、中华人民共和国和其他社会主义国家的努力，我们得到了以高于国际市场的价格出售四百万吨糖的保证。这样一来，我们的革命，面对帝国主义的侵略，虽然付出了牺牲和努力，却得以不断地前进。"[2] 卡斯特罗 1963 年在庆祝古巴革命胜利四周年群众大会上的讲话中指出："假如没有社会主义阵营的支持，我们就会处于手无寸铁的境地""社会主义阵营的国家却供给我们武器。社会主义阵营的支持是反对帝国主义侵略的有力的武器。"在苏联、中国等社会主义国家的大力支持和帮助下，古巴成为社会主义大家庭的一员，开启了古巴社会主义革命和建设的新历程。

---

[1] 朱祥忠：《拉美外交风云纪实》，五洲传播出版社 2019 年版，第 38 页。
[2] ［古］菲德尔·卡斯特罗：《卡斯特罗言论集》（第二册），人民出版社 1963 年版，第 45 页。

第二章　古巴社会主义模式的探索历程

2016年4月19日,古巴共产党第七次代表大会(以下简称"古共七大")通过了《古巴社会主义发展的经济和社会模式概念化草案》,2017年6月召开的古巴全国人民政权代表大会同意了《古巴社会主义发展的经济和社会模式概念化》(以下简称《概念化》)。《概念化》的通过标志着古巴特色社会主义模式的基本形成。从1961年4月宣布古巴革命的社会主义性质到古巴特色社会主义模式的基本形成,古巴人民成功化解国内外各种风险与挑战,使古巴特色社会主义理论与实践不断丰富发展。这个过程大致可分为四个阶段。

第一节　自主探索社会主义道路(1961—1969年)

古巴革命胜利后,革命政府采取了颁布《1959年根本法》、实行土地改革、将本国和外国企业国有化、废除歧视黑人的法律、清除了工会中的反动分子等民主改革措施,改造了城乡经济,提高了劳动者的生产积极性、政治地位和生活待遇,黑人的地位得到提高,极大地推进了古巴革命的发展。革命政府的举动加速了古巴社会的分化,广大群众的革命热情被激发,革命积极性空前高涨,要求将革命深入下去;许多被推翻的反动分子和被剥夺土地的庄园主不断进行反革命活动,资产阶级自由派和"温和派"走向革命的对立面,甚至革命组织内部少数人也沦为革命的敌人,如1959年6月,"七·二六运动"成员、空军司令迪亚斯·兰斯秘密叛逃美国。同年10月,"七·二六运动"重要成员卡马圭省军事长官乌维尔特·马托斯以反对"共产主义的影响"为由(实际是反对政府的新路线：土改），带领 14 名军官辞职，并引发了"七·二六运动"在卡马圭的执行机构全部辞职。紧迫的形势要求"七·二六运动"、人民社会党和"三·一三"革命指导委员会联合组建一个统一的革命组织来领导今后的革命，菲德尔·卡斯特罗等领导人的思想也发生了新的变化，由民族民主主义逐步转向社会主义。古巴革命触犯了美国在古巴的利益。1959 年 8 月，美国在第 5 次美洲国家组织外长协商会议上极力拼凑反古统一战线，11 月，艾森豪威尔批准了推翻卡斯特罗政权的策略。1960 年 3 月，美国中央情报局提出了推翻卡斯特罗政权的"冥王星"计划。1960 年 7 月，美国正式宣布对古巴实行经济制裁。1960 年底，美国取消了进口古巴糖，停止对古巴的一切援助，开始实行全面禁运。1961 年 1 月，美古断交，4 月美国雇佣军武装入侵古巴吉隆滩。与此同时，苏联、中国等社会主义国家向古巴伸出橄榄枝。1960 年 2 月，苏联向古巴提供 1 亿美元贷款，并计划每年购买 100 万吨古巴糖。[①] 1960 年 5 月 7 日，古苏两国恢复了外交关系。1960 年 9 月，中古建交，11 月，两国签署经济技术合作协定。

在错综复杂的国内外形势下，古巴革命向何处去成为古巴革命政府面临的重要课题。1961 年 4 月，菲德尔·卡斯特罗果断宣布古巴革命是一场社会主义革命，开启了古巴社会主义发展的进程。在 1961—1963 年，古巴采用苏联的政治、经济体制进行社会主义革命和建设，对经济进行了社会主义改造，革命政府通过没收巴蒂斯塔分子的全部财产、对中小工商企业进行赎买及外国企业的国有化等措施，建立起社会主义国有企业。通过第二次土地改革，使全国 70% 的土地国有化，鼓励私有小农走合作化道路，建立起 527 个信贷与服务合作社、328 个农牧业生产合作社。在经济体制方面，存在两种经济领导体制并存。大部分工业部门采取财政预算制，农业、外贸和小部分工业部门采取经济核算制。受 1962 年导弹危机中苏联单方面与美国妥协和国内经济困难等影响，古巴领导人开始质疑苏联体制对古巴的意义，想"搞出一套自己的办法来"。卡斯特罗早在 1961 年 12 月的演说中就指出："建设社会主义的确是一条人家已经走过的道路，但是这并不是说各国的条件都是完

---

① 王承就：《古巴特色社会主义模式研究》，《马克思主义研究》2019 年第 1 期。

全一样、各国所建设的社会主义都要一样、应该丝毫不差地抄袭人家已经使用过的方式。不！每个国家都有它的特点，正因为如此，每一个国家应该使自己的纲领、方法和策略适合本国的特点，这也是我们应该做的事。"① 因此，从1963年开始，为走出一条古巴特色的社会主义发展道路，古巴围绕组织体制和发展策略进行了激烈的讨论。以工业部长格瓦拉为代表的一方主张实行预算拨款制，实现生产资料全盘集体化，采用高度集中的并配有计算机的计划系统等办法完全消灭市场经济和商品市场；中央通过预算拨款为国有企业为提供资金，不用还本付息，利润全部上缴国库，逐步消灭货币和物质刺激；通过教育、动员、义务劳动和精神鼓励提高劳动者觉悟，造就无私的、勇于自我牺牲的、艰苦朴素的、充分社会化的、平均主义的社会主义"新人"来建设社会主义。格瓦拉在古巴第一个发起社会主义劳动竞赛，把它作为提高劳动生产率和培育新型劳动者的有效办法。格瓦拉还亲力亲为参加义务劳动，在1964年以一个季度内参加义务劳动240小时荣膺"共产主义劳动突击队员"称号。精神鼓励主要有颁发奖旗、奖章、发展入党、给予国家提供的免费的社会服务、给予学习和升级的机会等。以经济学家卡洛斯·拉斐尔·罗德里格斯为首的一方则主张实行经济核算制，认为中央的计划应建立在集中领导和科学技术的基础上，国家可利用价值规律来调节计划经济，给企业自主权，自负盈亏，主张在三分之一左右的国营企业中实行自筹资金，这些企业从中央银行接受贷款要还本付息，可以保留相当一部分利润用于再投资和扩大生产；主张实行苏联式的经济体制，通过劳动定额制度和物质刺激如工资差别、超额奖金、加班费、实物奖励等提高劳动生产率。② 经济核算制在局部地区很有限的范围内实行过，主要是农业生产领域。菲德尔·卡斯特罗对这次讨论做出评价："革命初期，围绕着这两种体制哪个更合适的问题，曾开展过讨论，但讨论没能深入下去，也没有做出任何决定，结果这两种体制并存了好几年。"当时经济上没有一个统一的领导，在这种情况下，想创造一种新

---

① ［古］菲德尔·卡斯特罗：《卡斯特罗言论集》（第二册），人民出版社1963年版，第256页。

② ［美］卡梅洛·梅萨—拉戈：《七十年代的古巴——注重实效与体制化》，丁中译，商务印书馆1980年版，第14—16页。

的体制。结果，既没有实行社会主义国家已普遍实行的经济核算制，又放弃了曾一度开始试行的财政预算制，而是采用了一种新的经济簿记制度。经济簿记制度实行拨款制以支付工资、向私营企业发放贷款和与其做买卖，取消了国有企业间的商品形式和购销关系，不考虑成本和人力物力的支出，只关注生产指标。实际上生产指标完成与否，都不会给生产单位带来任何影响。菲德尔·卡斯特罗对经济簿记制度做如此评价："看起来我们好像在向共产主义的生产和分配方式日益靠近，实际上背离建设社会主义基础的正确道路愈来愈远。"[①] 1968 年春，古巴政府发动"革命攻势"，对剩下的私有成分实行国有化，接管了几乎全部小商贩和手工业者业务，消灭了城市中的私有经济，并声称古巴正在建设共产主义，在共产主义所有制、觉悟的提高和平均分配方面都走在苏联的前头。[②] 经济指标方面也定得很高，计划 1970 年糖产量要达 1000 万吨。为完成 1000 万吨糖的目标，动员了大量的人力和物力，其中动员城镇工人（志愿劳动者）约 17 万人，成千上万的大学生也参加了二至四个月的义务劳动。这些志愿劳动者缺乏技术，生产效率低；动员义务劳动者所耗费的运输、伙食、电力等费用往往比他们创造的价值还高；因过多地耗费城镇人力，使得工业产量急剧下降，结果不仅只完成了 850 万吨糖，反而造成国民经济比例严重失调，经济状况恶化。这表明古巴自主探索社会主义发展模式的失败。

第二节　学习其他社会主义国家建设模式 （1970—1989 年）

进入 20 世纪 70 年代，古巴的国内外形势发生了较大变化。国内方面，古巴在 20 世纪 60 年代对社会主义发展模式的自主探索中存在诸多失误。经济上，古巴没有遵循经济规律和借鉴其他社会主义国家的经验，造成古巴国民经济比例严重失调，经济状况恶化。政治上，党和政

[①] ［古］菲德尔·卡斯特罗：《在古巴共产党第一、二、三次全国代表大会上的中心报告》，王玫等译，人民出版社 1990 年版，第 88—90 页。

[②] 王承就：《古巴共产党建设研究》，人民出版社 2011 年版，第 37—38 页。

府职能混淆，常以党代政。权力高度集中，集中在中央，集中在党和政府的最高领导层，政治局是党的事实上的最高领导机构，中央委员会实际上没有行使自己的职能。思想上，放松了对马克思主义的研究，研究革命理论还很不够，缺乏具有很高造诣和科学头脑的马克思主义经济学家。工会的作用弱化，群众组织的作用普遍削弱。国际上，尼克松政府延续美国对古巴的政策，继续实行经济封锁、外交孤立。尼克松在1969年1月上台时说："在我任总统期内，对卡斯特罗的政策是不会改变的。"1971年春，尼克松声称，只有古巴在拉丁美洲停止"输出革命"后，美国才有可能重新考虑改变其对古巴的政策。古巴与苏联的关系更加密切，从1970年起两国签订了贸易、技术援助、信贷、计划和外交政策等系列协定。1970年12月，苏古建立政府间经济、科学和技术合作委员会，古巴被纳入苏联经济体系。

根据国内外形势的变化，卡斯特罗对古巴政治经济体制的弊端提出批评，提出要进行改革，于1970年8月宣布："古巴革命现在正进入一个新的阶段，这是一个更加严肃、更加成熟、更加深刻的阶段""走向共产主义不仅仅是一个觉悟的问题，还必须发展生产力"。为了获得成功，古巴人今后必须采取审慎的现实主义态度，要学习其他社会主义国家的实践经验。政治上，实现政治结构体制化，主要表现在：成立了部长会议执行委员会，由总理和8名副总理组成，每名副总理协调若干个部；古共于1975年召开了第一次全国代表大会，通过了党章，划清了党和政府的职责，加强了党的领导机构，改进了领导方法；1976年全民投票通过了首部社会主义性质的宪法，取代了1940年旧的基本法，确定了国家的政治、经济和法律制度，结束了临时性的国家制度；建立起人民政权代表大会制度，成立了最高国家权力机构——全国人民政权代表大会，由全国人民政权代表大会行使立法权，结束了部长会议统揽立法、行政和司法权的历史，并于1976年12月召开了第一届全国人民政权代表大会，选举产生了由31人组成的国务委员会，卡斯特罗当选为国务委员会主席和部长会议主席，取消了总统制。[①] 到1976年底，菲德尔·卡斯特罗宣布古巴政治结构体制化基本完成。经济上，1972年

---

① 徐世澄、贺钦：《古巴》，社会科学文献出版社2018年版，第87页。

古巴加入经济互助委员会（以下简称"经互会"），同苏联签署了至1980年的长期经济合作协定，确定了依靠苏联和经互会的支持建设社会主义的方针，按经互会的分工来规划国内生产，对外经贸关系纳入经互会体系，逐步实现了同苏联、东欧国家的经济一体化。[①] 调低了糖业在国民经济中的比重，注重各部门的比例关系，逐步调整了国民经济结构。1975年，古共一大批准实施新的经济领导和计划体制，完善和加强了国家计划体制，强化了政府各级部门和企业的计划性；扩大了企业的自主经营权，加强了企业间的购销关系；承认价值规律的作用，利用货币、信贷、价格、利润、税收、物价、预算和其他商品形式来调节经济。从1976年起，开始实施第一个五年经济计划和新的经济领导和计划体制，1976—1980年古巴社会生产总值年均增长4%，没有完成6%的预定目标。1980年12月召开的古共二大充分肯定了经济领导和计划体制，卡斯特罗还要求在第二个五年计划（1981—1985年）期间实行和完善这一体制。但到20世纪80年代中期，受国际糖价下跌、连年自然灾害和美元贬值等客观因素和新经济体制不完善等主观因素的影响，导致古巴经济困难、政治和社会状况欠佳。1986年4月，菲德尔·卡斯特罗在肯定经济领导和计划体制作用的同时，批评了新经济政策执行过程中存在的弊端和不良倾向，例如思想政治工作弱化、忽视经济效益、非法致富、贫富不均、部分干部和企业领导人腐化堕落等，认为古巴出现了"新的资本家"，如将农产品在自由市场高价出售的小农及中间商、私人跑运输发家的人、在自由市场高价出售画作和手工艺品的人。卡斯特罗说，有的农民靠种植和出售大蒜一年挣了5万比索，有的车主靠跑运输一年挣了10万比索，而一个优秀的外科医生年薪只有5000比索，有些倒卖画作的人一年挣30万比索。卡斯特罗说，这不是社会主义，这些人起着当年雇佣军破坏革命的作用，这是古巴当前的大敌。批评一些企业负责人变成了"资本家式的蹩脚企业家"，只关注企业利润，忽视社会利益。"一切企业，不论它的利润因素有多重要，必须首先想到国家的利益和社会的利益。当一个企业开始只考虑以盈利为目的时，那就成了一个资本主义企业、一个质量恶劣的企业。""目前

[①] 王承就：《古巴特色社会主义模式探析》，《马克思主义研究》2019年第2期。

我们所谓的工商界人士更多的是关心企业的利益，而不是国家的利益。我们有着彻头彻尾的资本主义"。① 要求在全国开展"纠正错误和不良倾向进程"（以下简称"纠偏进程"），重点加强党的领导和思想政治工作，强化中央计划体系和宏观调控，关闭自由市场，限制个体经济，加强劳动纪律，反对腐败和官僚主义，打击经济犯罪活动等。"纠偏进程"实际上是对学习其他社会主义国家建设模式的反思。古巴领导人认为，经济领导和计划体制的错误在于照搬别国的经验，苏联和其他社会主义国家的改革不适合古巴国情，"我们必须寻找我们的道路和运用我们的经验"。②

第三节 捍卫和坚持社会主义（1990—2007 年）

20 世纪 80 年代末 90 年代初，东欧剧变、苏联解体，世界社会主义遭受巨大挫折和损失，严重削弱了社会主义的力量，动摇了人民群众对社会主义的向往和信念，给每个社会主义国家带来巨大冲击，对古巴的影响尤为严重。古巴自 1961 年宣布搞社会主义以来逐步融入社会主义大家庭，从学习苏联模式到加入经互会依靠苏联和经互会的支持建设社会主义，加深了对苏联和经互会的依赖。在 20 世纪 80 年代，古巴同经互会的贸易约占古巴外贸总额的 85%，古巴生产的糖和镍绝大部分销往经互会国家，而古巴所需的原油、粮食、机器设备、零配件绝大部分要从苏联、东欧国家进口；常驻古巴的苏联专家和顾问超过 10000 人，古巴积欠苏联、东欧国家债务达 260 亿美元，苏联每年平均向古巴提供约 40 亿美元的经济援助和 10 亿美元的武器装备。③ 1988—1989 年，古巴的出口商品中 63% 的糖、73% 的镍、95% 的酸性水果和 100% 的电器零配件是向经互会市场出口的，进口商品中 63% 的食品、86% 的原料、98% 的燃料、80% 的机器设备、72%—75% 的制成品来自经互会国家。④

---

① 肖枫、王志先：《古巴社会主义》，人民出版社 2004 年版，第 76—77 页。
② 毛相麟、杨建民：《古巴社会主义研究》（修订版），社会科学文献出版社 2019 年版，第 152—154 页。
③ 王承就：《古巴共产党建设研究》，人民出版社 2011 年版，第 40 页。
④ 徐世澄、贺钦：《古巴》，社会科学文献出版社 2018 年版，第 93 页。

1990年，古巴对外贸易的80%是同社会主义阵营进行的。社会主义阵营的消失导致它们同古巴的关系明显恶化，古巴损失了75%的进口和95%的出口产品的国外市场。苏联解体、东欧剧变后，古巴同东欧国家的经贸关系中断，俄罗斯不再向古巴提供政治和军事援助，经贸关系也仅限于按国际市场价格进行石油和糖的交易，且数量大幅下降，用外汇支付。俄罗斯向古巴提供的石油从1989年的1200万吨降至1992年的600万吨左右，使古巴能源短缺，发电量显著下降，大批工厂被迫关闭或减产，苏联解体给古巴造成了约40亿美元的经济损失。与此同时，美国乘机掀起了新一轮反古浪潮，于1992年通过了对古巴的新禁运法——"托里切利法"，阻挠古巴与外国的贸易，加大了对古巴的经济封锁力度。双重的打击使古巴经济陷入严重危机，1989年至1993年，进口下降了75%，国内生产总值下降了近35%，从196亿比索（不变价格）下降到127.8亿比索；各年下降率分别是：1990年-2.9%，1991年-10.7%，1992年-11.6%，1993年-14.9%。[①] 人民生活必需品供应的品种和数量减少，食品短缺，甚至面临断炊的威胁。政治上，以美国为首的西方国家不断向古巴施压，逼迫古巴实行美国式的民主改革和多党制，并以此作为解除封锁和改善国家之间关系的条件，企图以压促变，达到颠覆古巴党和革命政权之目的。1992年2月27日，老布什在在《迈阿密先驱报》上发表文章，称美国政府的目标是结束卡斯特罗政权。同年3月4日，老布什在迈阿密的竞选讲话中叫嚷"卡斯特罗必定要下台"，扬言当卡斯特罗下台时，美国将"立即准备恢复我们的友谊，然后立即帮助重建自由民主的古巴"。并说："我们的政策和原则基于这样一个信念：古巴要实现自由，卡斯特罗就必须下台。"还对古巴"勇敢的人权积极分子"以及"为自由而战的烈士和为抵制卡斯特罗专制而死去的那些人"表示敬意。[②] 美国怂恿下的古巴流亡组织"还乡团"，叫嚷着要"打回哈瓦那过圣诞节"。古巴国内少数"持不同政见者"也蠢蠢欲动，乘机兴风作浪，接连制造事端，企图改变古巴社会主义航向。古巴部分党员、群众对社会主义产生怀疑，质疑共产

[①] 王承就：《古巴共产党建设研究》，人民出版社2011年版，第40页。
[②] 肖枫、王志先：《古巴社会主义》，人民出版社2004年版，第48—49页。

党的领导能力，迷信西方民主，思想上出现了混乱，对未来失去信心，对古巴的困难局面和社会弊端强烈不满，迫切要求变革现状。古巴的社会主义似乎已到了生死存亡的危急关头。① 卡斯特罗在谈苏联解体对古巴的影响时说："当那个大国在一天之内崩溃时，我们国家遭受一次毁灭性的打击。我们陷于孤立，孤立无援。我们的糖失去了所有市场，我们得不到粮食、燃料，乃至为死者举行宗教葬礼所需的木材。转眼之间我们就会没有燃料，没有原料，没有食品，没有卫生用品，什么也没有。所有人都认为：'要垮台了。'一些愚蠢的家伙到今天还认为古巴会垮台，认为即使今天不垮台，以后也会垮台。"②

在关系到古巴社会主义生死存亡的紧要关头，古巴政府于1990年9月宣布进入"和平时期的特殊阶段"，调整经济计划和工作重点，采取系列改革措施，实行生存战略。这些改革是在不放弃过去和现在指引革命的基本原则、不放弃已取得的主要成果、不放弃只要当今世界上困难而复杂的环境予以允许就继续发展社会主义计划的努力的情况下进行的。1991年10月召开的古巴共产党第四次全国代表大会提出"以坚定的决心和求实的态度，搞好各项工作，渡过难关，拯救祖国，拯救革命，拯救社会主义""古巴革命的最高目标是在古巴建设社会主义"，强调"不管苏联发生什么，古巴都将捍卫社会主义"；卡斯特罗在闭幕式上呼吁"不惜一切代价捍卫社会主义"。卡斯特罗说："革命永远不会放弃自己的原则，永远不会放弃我国人民斗争换来的成果，永远不会放弃自己的理想和目标，决不屈服于帝国主义。主权是不能出卖和拿来谈判的，革命决不放弃建设由我们人民自己选择的社会、经济和政治制度的权利。"③ 四大明确提出了对外开放的政策，古巴政府于1992年2月对1982年的《外资法》进行了修订，放宽了对外资的限制，并于1994年10月将所有生产部门向外资开放。1993年8月，古巴政府宣布私人持有美元合法化；9月，允许在135个行业中建立个体和合资企

---

① 王承就：《古巴特色社会主义模式探析》，《马克思主义研究》2019年第2期。
② 徐世澄：《卡斯特罗评传——从马蒂主义者到马克思主义者》，人民出版社2008年版，第227页。
③ 参见古巴共产党官方网站：https://www.pcc.cu/sites/default/files/discursos/2020-07/discurso_del_comandante_fidel_castro_en_la_clausura_iv_congreso.pdf。

业。1994年10月和12月，分别开放了农牧产品自由市场和手工业产品市场。这一系列经济政治改革，遏制住了经济下降的势头，1994年古巴国内生产总值取得0.7%的恢复性增长，1995年增幅达2.5%，1996年升至7.8%，经济形势逐步好转，政治趋于稳定，坚定了人民建设社会主义的信心。1995年，古巴的合资企业已发展至200多家，外国直接投资达21亿美元，分布在34个经济行业。卡斯特罗在1996年5月古巴工人联合会第17次代表大会闭幕式上说，古巴的形势"远非令人失望"，"因为它没有改变红旗的颜色，没有政变思想意识，也没有改变革命原则""我们所作的努力是为了建设社会主义，我们所希望的是要实现社会主义，我们所捍卫的也正是社会主义"。[1] 1997年10月，古巴共产党召开"五大"，进一步表明了古巴坚持共产党一党领导，不搞多党制；坚持社会主义，反对复辟资本主义；坚持马列主义和马蒂思想；社会主义和共产党的领导，是当今和2000年后古巴的惟一选择。[2] 卡斯特罗说："我们应该设法在漫长的历史时期保障党的领导。在与帝国主义和资本主义的长期斗争中，更不能放弃党的领导。近几年国际上发生的事，决不能让它在我们身边重演。我们的革命是任何人摧不垮的，我们的党是任何人摧不垮的。这场革命决不能被我们自己摧垮。为了确保这一切永远不会发生，首要的保证就是党员的觉悟和党的觉悟。既然我们在寻找预防艾滋病和癌症的疫苗，那么，对最严重的政治病也需要打预防针。对我国而言，在政治、社会和历史方面可能会出现的最严重、最可怕、最悲惨的疾病是，某一天我们的革命被我们这些革命者自己毁掉了。有鉴于此，必须做到百分之百的免疫。党要保证这一点，党的领导是关键。我对中央委员会的同志们说过，对所有这些事情应该预防，必须永远保证革命的连续性。"[3] 卡斯特罗在会上强调，苏联社会主义模式的失败，不是社会主义制度的失败，古巴将坚持走自己的社会主义道路，不搞苏联东欧式改革，"不毁灭国家、不毁灭历史、不毁灭革命"，要学习、借鉴中国、越南等国建设社会主

---

[1] 肖枫、王志先：《古巴社会主义》，人民出版社2004年版，第88—91页。
[2] 王承就：《古巴共产党建设研究》，人民出版社2011年版，第93页。
[3] 肖枫、王志先：《古巴社会主义》，人民出版社2004年版，第110页。

义的经验,不照搬别国模式,要根据自己的国情,建设有古巴特色的社会主义。① "五大"通过的《经济决议》提出"芸豆比大炮更重要""提高效益是古巴经济政策的中心目标",强调发展经济的重要性,经济发展的重点是旅游业、制糖业以及其他创汇部门、能源和食品等进口替代部门,并在"四大"以来改革的基础上对一些重要的经济部门和领域做进一步改革,如金融、国有企业经营管理等,极大地解放和发展了生产力,巩固了社会主义和革命政权。2001年4月16日,在隆重纪念古巴宣布走社会主义道路40周年的集会上,卡斯特罗说:今天的集会是古巴革命社会主义性质没有改变的最好证明,古巴人民将继续坚持社会主义,用自己的鲜血誓死保卫社会主义;如果没有社会主义,古巴的孩子不可能像今天这样接受良好的教育,古巴的人均寿命不可能达到76岁,古巴的体育也不可能取得人均奖牌世界第一的好成绩。经过10多年的坚守与改革,古巴的宏观经济好转,国内生产总值2003年增长2.6%,2004年增长4%,2005年增长11.8%,2006年增长12.5%。②外交关系多元化,到2005年,古巴已同178个国家建立了正式的外交关系。古巴在适应新情况中既能顶住新环境下的压力又能顺应新环境而发展,既经受住了美国的封锁和侵略的考验,也经受住了苏联解体、东欧剧变的严峻考验,没有放弃社会主义根本原则和基础性成果,社会主义古巴在经受住考验中继续前行。

第四节 古巴特色社会主义模式的形成（2008年以来）

2008年2月24日,在第七届古巴全国人民政权代表大会上劳尔·卡斯特罗当选并就任古巴国务委员会主席和部长会议主席,最高行政权力实现交接,古巴步入劳尔执政时代。劳尔执政所面临的国内外形势复杂严峻,困难重重。2006年以来美古两国官方的接触增多,奥巴马政

---

① 王承就:《古巴共产党建设研究》,人民出版社2011年版,第116页。
② 徐世澄:《卡斯特罗评传——从马蒂主义者到马克思主义者》,人民出版社2008年版,第247页。

府释放出改善两国关系的愿望,采取了些改善两国关系的政策和行动,如允许古巴侨民回国探亲和向古巴亲友汇款、美众议院代表团访问哈瓦那、美古举行邮政直通业务会谈等,但美国对古巴的经济封锁并未解除,美古关系仍未发生根本变化。世界金融危机使古巴的外汇收入减少、支出增加,进一步限制了古巴的外部融资。受恶劣的外部环境的影响,古巴没有把经济建设作为党和国家工作的重点,观念守旧,将个体经济、市场视为影响巩固社会主义、导致腐败的因素;经济管理模式僵化,人浮于事,效率低;全国有一半的土地闲置抛荒无人耕作,国产粮食不足,需花大量外汇进口粮食;古巴2005年欠外债145亿美元,2006年哈瓦那有20%的人生活在贫困线以下。

针对复杂的国内外局势,劳尔在就职演说中强调古巴将坚持社会主义,在不影响政局稳定的前提下稳步推进改革。2008年3月,古巴放宽了对计算机、彩电、手机、汽车等商品流通的限制;允许农民承包闲置土地;改革工资制度,给职工加薪;将国有理发店、美容店私有化,承包给原店员等。这些改革举措既进一步解放了生产力,也向世人表明了劳尔政府进行社会主义改革的决心。2010年4月,古巴决定实施"下岗再就业"计划,5年内精简政府冗员100万人,鼓励自主创业、就业,以全面推进劳动力市场的重组改革,称之为"结构和观念的变革"。2010年9月13日,古巴中央工会宣布,国有部门至2011年3月底将精简50万人,其中一半人将转到非国有部门从事劳动。自2011年1月4日起,开始在糖业部、农业部、建设部、公共卫生部和旅游业裁员。2010年9月24日,古巴政府在《格拉玛报》公布了发展私营经济的方案,放宽对私营经济的限制,允许从事出售食品、训练宠物、修车、维修家电、修葺房屋、做鞋、出售酒精饮料等原先禁止的活动,个体经营者的从业范围扩大至178个,其中的29种是新增的,由原来的服务业放宽至生产领域,如建筑、工具制造、食品加工等,有83种经济活动允许个体经营者雇用亲属以外的员工。[①] 个体经营者需缴纳个人所得税、营业税及社会保险金。2010年10月初,古巴政府启动个体经营者登记注册。10月25日,政府公布了个体经营者纳税的具体规定。

---

① 王承就:《古巴"更新经济模式"析评》,《社会主义研究》2011年第3期。

古巴将这一系列改革称为"更新"（actualizar），是经济社会发展模式的更新。2010年11月7日，古巴公布了阐释古巴更新经济和社会发展模式的《党和革命的经济社会政策纲要》（以下简称《纲要》），在全国范围内开展讨论，举全民之力共商古巴社会主义的未来。劳尔在2010年12月的人民政权代表大会上说："我们正在采取的措施和所做的修改都是更新经济模式所必需的，是旨在维护和巩固社会主义。"[1] 在全民讨论基础上，2011年4月召开的古巴共产党第六次全国代表大会通过了《纲要》，就古巴经济社会模式更新达成共识，确定了古巴经济社会发展的方向。劳尔在六大的报告中指出：经济社会模式更新的目的是继续实现和完善社会主义，社会主义是不可逆转的；模式更新是为了发展经济，改善人民生活水平，弘扬社会主义道德和政治价值；凭购货本低价计划供应日用必需品的制度已成为政府财政难以承受的负担，它是平均主义的表现，与"各尽所能，按劳分配"的社会主义分配原则相矛盾，起着消极作用，因此必须予以取消，但不会立刻取消；古巴不会实施"休克疗法"，政府绝不会抛弃任何无依无靠的人；已开始精减国有部门冗员的工作将继续进行，但不能操之过急，也不要停顿；非公有部门的扩大是受有关法律保护的一种就业出路，应得到各级领导的支持，个体经营者也必须遵守法律，履行包括纳税在内的义务，扩大非国有部门经济并不意味着所有制的私有化；政府继续保证全体居民享受免费医疗和免费教育；古巴将以计划经济为主，但应考虑市场的趋向；今后党和国家主要领导人任期最多两届，每届任期五年。[2] 古共六大确立了以劳尔为第一书记的党中央领导班子，取消了领导干部终身制。六大决定政府成立一个落实和发展《纲要》的常务委员会，负责组织、指导和监督《纲要》的实施。六大后，《纲要》中的更新经济社会模式政策逐步付诸实施，个体经济得到了较快发展，个体户从2010年10月的15.7万户增加到2015年5月的504613户，国有企业的经营自主权扩大，人民的思想观念发生了质的变化，人们认识到经济社会模式更新是巩固和完善社会主义所必不可少的，发展经济成为党和政府的工作重点。2016

---

[1] 徐世澄：《劳尔·卡斯特罗执政后古巴的经济变革》，《探索与争鸣》2011年第4期。
[2] 徐世澄、贺钦：《古巴》，社会科学文献出版社2018年版，第101—102页。

年 4 月召开的古巴共产党七大原则通过了《古巴社会主义发展的经济和社会模式概念化草案》《到 2030 年全国经济社会发展计划：国家的建议、轴心和战略部门》（以下简称《发展计划》）和《党和革命的经济和社会政策纲要的更新 2016—2021 年》（以下简称《纲要更新》）。《纲要更新》，是在总结六大以来《纲要》实施情况基础上对《纲要》的调整和补充，进一步明确了古巴的经济管理模式、宏观经济政策、对外经济政策、投资政策、社会政策、农工业政策、旅游业政策、领导体制和机构等。《发展计划》，确定了古巴到 2030 年的经济社会发展计划，主要通过提高经济部门的效率、效用、竞争力和质量去增强经济活力，改善人民生活，巩固古巴社会主义模式。《概念化》，从原则及其主要变革、生产资料所有制、经济和社会发展的计划领导、社会政策等方面诠释了古巴社会主义模式，阐释古巴社会主义模式的主要特点和相关依据。劳尔在古共七大的报告中指出："这是我们第一次在党的代表大会提出'概念化'的议题，所谓'概念化'是对经济社会模式更新基本理论和主要特点加以总结和提炼。""目的在于清晰阐述经济社会模式更新的特点，使之成为服务于符合古巴国情的社会主义建设的理论纲领。"[1]《概念化》强调："世界各国各地区的社会主义建设既有目标和本质特征上的共同之处，也因各自政治、经济、社会、文化、历史和所处国际环境的差异而呈现自身的特点"；古巴社会主义模式更新"在本质上是基于古巴革命时期的经验，并符合国内的新形势以及当代国际背景"。因此，我们认为《概念化》的通过，标志着古巴特色社会主义模式基本形成。[2]

古共六大开启的经济社会发展模式的全面更新，涌现出了许多新思想、新观念和新举措，极大地冲击了以往的思想观念和习惯做法，一些思想观念和更新措施甚至与古巴正在施行的宪法、法律的规定相矛盾。经济社会发展模式更新的形势要求不仅要在思想观念上不断创新，而且要在体制机制以及具体的经济社会实践的内容、形式、方法等方面解放

---

[1] 许宝友：《世界主要政党规章制度文献（越南、老挝、朝鲜、古巴）》，中央编译出版社 2016 年版，第 517 页。

[2] 王承就：《古巴特色社会主义模式探析》，《马克思主义研究》2019 年第 2 期。

思想，大胆尝试，敢为人先，不断出新招，更应进行法律变革，制定和完善适应经济社会发展模式更新的法律，为模式更新保驾护航。为此，古共中央政治局于2013年5月13日成立由劳尔主持的宪法修改工作小组，开启了古巴新一轮的修宪之旅。2018年6月2日，古巴第九届全国人大特别会议成立以劳尔为主席、迪亚斯－卡内尔为副主席的修宪委员会，委员会由33名人大代表组成，正式开始修宪进程。修宪委员会经过一个多月努力，制定了《古巴共和国宪法草案》（以下简称《草案》）。2018年7月21日，第九届全国人大第一次全体会议审议并通过了《草案》。随后，《草案》进入全民讨论阶段。在8月至11月的古巴全民讨论中，共召开了133681次讨论会，参与讨论的人达8945521次，提出了783174条意见和建议。2018年12月20日，古巴第九届全国人大第二次常务会对吸收了人民讨论意见的《草案》文本进行了分析，并同意将修订后的《草案》交给人民公决。2019年2月24日，古巴9298277名选民中的84.41%参与宪法草案公投，有73.31%的选民投票赞成并批准了新宪法。2019年4月10日，古巴第九届全国人民政权代表大会宪法委员会第二次特别会议开幕，在古共中央第一书记劳尔·卡斯特罗和古巴国务委员会主席兼部长会议主席迪亚斯·卡内尔的见证下，宣告《古巴共和国宪法》正式生效。新《宪法》包含序言，11篇24章，共229条、两个特别条款、13个过渡条款和两个结尾条款。新宪法的颁布施行，以最高法的形式肯定和确立了古巴自2008年以来特别是古共六大以来经济社会发展模式更新的成果，肯定和确立了古巴自1959年1月革命胜利以来特别是1961年开启社会主义进程以来所取得的伟大成就，肯定了古巴共产党是古巴共和国唯一的马蒂主义、菲德尔主义和马列主义先锋队，是国家和社会最高的领导力量，再次确认了古巴政权的社会主义性质和社会主义制度，为古巴未来的经济社会模式更新和完善古巴特色社会主义奠定了坚实的法律基础。2021年4月16—19日，古巴共产党在首都哈瓦那成功召开第八次全国代表大会，会议以"党是革命的灵魂"为主题，重申了古巴社会主义性质的不可逆转，再次明确了党是古巴国家和社会的最高领导力量，会议分三个委员会分别探讨了古共七大以来所取得的经济和社会成果，党和革命的经济和社会政策指导方针及其更新的建议，古巴经济和社会模式的概念化的执行情况及更新，党的工作目标的执行情况及其思想活动和与群众的联系工作、未来完善党的工作的设想，党的干部政策等内容。古共八大通过的《关于社会主义经济社会模式概念化的决议》批准了《概念化》实施以来的新进展，并指出，古巴共产党的中央委员会将以"概念化"为指导，把它作为古巴社会主义建设的理论、思想和行动指南，通过所有党组织，从最高领导层到基层组织进行贯彻落实。劳尔在古巴八大的中心报告中指出："古巴经济和社会模式的概念化是古巴社会主义建设的理论指导。"表明古共八大继续巩固经济和社会模式更新的成果，并提出了更新的建议，是未来不断深化经济和社会模式更新的进程的指导方针和重要指南。[1]

---

[1] 参见古巴共产党官方网站：https://www.pcc.cu/viii-congreso。

第三章　古巴社会主义模式的战略目标、本质和基石

古巴特色社会主义是古巴共产党团结带领古巴人民在进行社会主义建设过程中不断探索和实践的结晶，是对社会主义原则的巩固和坚持，是在古巴特定的历史、文化、环境等条件下对建设什么样的社会主义、如何建设社会主义的认识。古巴特色社会主义的基本架构主要包括战略目标、本质和基石，涵盖了经济建设、政治建设、文化建设、社会建设以及党的建设，是一个紧密联系的有机整体。

第一节　古巴社会主义的战略目标

一　战略目标的提出

古巴社会主义战略目标的提出，是一个古巴党和政府、人民不断思考建设什么样的社会主义、如何建设社会主义的过程，是对古巴革命认识的深化，也是总结国内外社会主义建设经验的结晶。从1961年宣布古巴革命进入社会主义阶段开始，古巴就一直朝着社会主义的目标前进。

1961年至1963年，古巴革命主要的任务是进行反对帝国主义的和社会主义的革命，一方面是抵御美国对古巴革命政权的颠覆和经济封锁，挫败美国扼杀古巴走向社会主义的图谋；另一方面是通过革命手段建立起社会主义的经济、政治和社会制度。卡斯特罗说："这就是革命所应该走的道路：反帝斗争的道路和社会主义的道路，也就是说把所有的大工商业收归国有，把基本生产资料国有化并使其转为社会所有，以及以我们的力量和我们得到的国外援助所允许的最大速度有计划地发展

我国经济。"① 反对帝国主义的革命，主要有：一是在1961年击败了美国组织和支持的古巴反革命分子发动的猪湾入侵，抗击包括破坏、谋杀和利用飞机、海盗船侵犯古巴领海领空等其他系列反革命活动；二是成功化解1962年的十月危机（导弹危机），苏联从古巴撤回导弹和轰炸机，美国许诺美军及其盟军不进犯古巴；三是反对美国的外交孤立和经济封锁。社会主义革命主要体现在：继续扩大国有化范围，对部分中小工商企业实行赎买，到1962年基本实现工业企业的国有化；采用苏联体制，实行高度集中的计划体制，提出了第一个五年计划，把1962年定为"计划年"；实行第二次土地改革，消灭了农村中的富农经济，国有土地占全部土地的70%，通过合作化帮助小农发展。一九六二年革命的三项基本任务是：对经济和各级工作实行严格的计划；面对帝国主义侵略的危险，必须最完备地加强国防设施；提高革命觉悟，进行思想教育，加强社会主义革命统一党的革命核心组织。② 这三项任务就是反对帝国主义的和社会主义的革命任务。卡斯特罗说，攻打蒙卡达时的想法和现在的想法很相近，《历史将宣判我无罪》已含有进行社会主义革命的基本内容。尽管攻打蒙卡达时卡斯特罗还不是彻底的革命者，但革命思想已大致形成。卡斯特罗计划在夺取蒙卡达兵营后向全国宣布五项革命法律：把最高权力还给人民，将土地的所有权交给农民，一切大工、商、矿企业中的工人和职员有分取百分之三十利润的权利，一切垦殖农有权取得甘蔗收益的百分之五十五，通过特别法庭没收历届政府的一切贪污犯的全部财产及没收其继承人的一切来源不正当的遗产或法院判与的财产。"土地问题、工业化问题、住房问题、失业问题、教育问题和人民的健康问题，这六个具体问题，我们将在取得公众自由和政治民主的同时，立即采取措施着手解决。"③ 卡斯特罗在1960年10月15日的电视讲话中说："蒙卡达纲领是指导了革命政府行动的文件，是指

---

① ［古］菲德尔·卡斯特罗：《卡斯特罗言论集》（第二册），人民出版社1963年版，第266页。
② ［古］菲德尔·卡斯特罗：《卡斯特罗言论集》（第二册），人民出版社1963年版，第307页。
③ ［古］菲德尔·卡斯特罗：《卡斯特罗言论集》（第一册），人民出版社1963年版，第36页。

导着革命政府现在的行动的文件和原则。"① 正因为纲领指导了第一阶段的革命行动,古巴革命政府在 1960 年底已完成《蒙卡达纲领》,并在许多方面超过了纲领。卡斯特罗说:"不仅是完成了纲领,而且超过了纲领。在所有能改进的地方都有了改进,更加切合我国实际""我们过去没有打算组织青年革命工作队,而今天已经组织起来了,过去没有想到志愿教师的事情,而今天古巴农村到处都有志愿教师。"《蒙卡达纲领》已告完成,我们现在进入另一个阶段,"要实行工业化,要发展我们的经济,要发展教育,要彻底实行人民扫盲计划,要改善人民的居住条件和健康状况,而且我们还要在世界上起我们的作用"。② 到 1963 年底,社会主义改造的任务基本完成。反对帝国主义的和社会主义的革命的结局是:"社会主义胜利,结束资本主义和帝国主义阶段,开辟社会主义的纪元,并随后开辟共产主义的纪元。"

社会主义改造完成后,"我们现在正处于建设社会主义的阶段"。从 1964 年开始,古巴想要搞一套自己的社会主义建设办法,国内领导层开展了经济发展战略和经济体制的讨论,最后采取了经济簿记制。重新提出要集中力量发展糖业的经济发展战略,要求到 1970 年实现年产 1000 万吨糖。因多种因素的影响,古巴 1970 年的糖产量只达到 854 万吨,没有完成 1000 万吨指标,致使国民经济比例严重失调,经济情况恶化。吸取 20 世纪 60 年代进行社会主义的经验教训,古巴从 20 世纪 70 年代开始学习苏联东欧社会主义建设模式,采取政治结构体制化和经济领导和计划体制,先后提出了 1973—1975 年的三年经济计划和 1976—1980 年的第一个五年计划,企图加速实现工业化,增加农业生产和提升社会发展目标。1980 年 12 月召开的古共二大通过了第二个五年计划,确定未来五年年均 5% 的经济增长目标,注重出口和进口替代以减少对外国的依赖,通过解决以前做得最不够的方面和经济中一些老大难问题以不断满足人民日益增长的需要,新增投资优先放在工业领域和住宅建设。二大还通过了至 2000 年的"经济社会发展战略"远景规

---

① [古] 菲德尔·卡斯特罗:《卡斯特罗言论集》(第一册),人民出版社 1963 年版,第 287 页。
② [古] 菲德尔·卡斯特罗:《卡斯特罗言论集》(第一册),人民出版社 1963 年版,第 303、306 页。

划，其根本目标是："建设社会主义的技术物质基础。其方式是实行社会主义工业化；不断提高社会生产的效率；逐步使经济的生产结构合理化，以获得较高的、持续的发展速度；促进经济向专业化发展，实现国内外的经济合作和一体化；不断满足人民的物质和精神需要，促进人的全面发展。我们应当通过上述方式逐步向经互会欧洲国家的发展水平靠近。"[①] 1986年2月召开的古共三大确定了1986—1990年的第三个五年计划，目标是经济年均增长5％，出口年均增长3.5％，进口年均增长1.5％，继续提高人民生活水平，有节制地增加物品的数量，重点改善物品的质量和服务行业。三大还修订了至2000年的发展战略，其主要目标是"加速国家工业化的进程"，强调要进一步加强与经互会国家的经济一体化，要把节约和合理使用能源和其他资源的措施放在优先考虑的地位，要全力以赴地投身到持续提高生产率的工作中去。1991年召开的古共四大确定，古巴革命的最高目标是在古巴建设社会主义，经济发展的重点由全面实现工业化调整为优先解决食品问题和发展创汇行业，特别是旅游业、医疗器械和生物制药。1997年10月召开的古共五大再次强调坚持共产党的领导和社会主义道路，继续根据本国国情稳步推进改革，并尽可能减少由此带来的社会代价；指出经济工作是党今后的首要任务，提高经济效益是古巴经济政策的中心目标，要求大家"应成为经济战士"。2011年4月召开的古共六大通过的《党和革命的经济社会政策纲要》强调：经济和社会模式更新的目的是确保古巴社会主义的连续性和不可逆转性、发展国家经济、提高人民生活水平以及对我们的国民进行必要的政治和道德价值的教育。劳尔在2012年12月13日的第七届全国人民政权代表大会第十次会议的闭幕式上说："我们重视古巴经济模式更新，通过取消禁令和其他障碍以发展生产力、稳步前进和开始处理更广泛、更复杂和更深入的问题，我们做这一切的前提是为了在古巴维护和发展一个繁荣和可持续的社会主义社会，这将是我们几代同胞历经144年斗争赢得的国家独立和主权的唯一保证。"2016年4月召开的古共七大提出古巴国家的愿景和古巴社会主义模式的战略目

---

① [古] 菲德尔·卡斯特罗：《在古共产党第一、二、三次全国代表大会上的中心报告》，王玫等译，人民出版社1990年版，第261页。

标，至此，古巴社会主义的战略目标基本形成。

从古巴社会主义战略目标的形成过程可以看出，古巴自开启社会主义进程以来，在不同的发展阶段，因所面临的国内外环境和条件的不同及国家发展的主要任务和策略的不同，有不同的发展目标，既有定性的发展目标也有定量的发展指标，却始终围绕着坚持和发展社会主义这个主题，是对发展什么样的社会主义和怎样发展社会主义的探索和实践。经过50多年的反复探索与实践，到古共七大时终于在理论上形成了对古巴社会主义战略目标的共识。

二 战略目标的内涵

古巴特色社会主义的战略目标是从经济、社会、环境方面建设独立、主权、民主、繁荣、可持续的社会主义，加强道德和政治价值观教育。

古巴国内对古巴特色社会主义的战略目标的认识存在争议，在2016年4月古共七大通过并公布的《古巴社会主义发展的经济和社会模式概念化草案》指出："'模式'的战略目标是在经济、社会、环境方面推动和巩固繁荣、可持续的社会主义社会的建设，在一个主权、独立、民主、繁荣和可持续的社会主义国家加强革命时期形成的道德、文化和政治观念。"[①] 而在2017年5月18日的古巴共产党第七届中央委员会第三次全体会议批准和2017年6月1日的古巴全国人民政权大会审议通过的《古巴社会主义发展的经济和社会模式概念化》（以下简称《概念化》）中则用国家愿景和模式更新的战略目标来阐述古巴社会主义的战略目标，古巴的国家愿景是："通过长期的经济和社会发展的国家计划以及其他行动实现独立、主权、社会主义、民主、繁荣和可持续""模式更新的战略目标是：通过增强所坚持的社会主义原则来保证我们的社会主义的不可逆转和连续性、经济发展和公平地提高生活水平与质量。这一切，与必要的道德和政治价值观教育，反对自私自利、个人主义及失去理智的和掠夺式的消费主义结合在一起。"[②]《古巴社会主

---

① 于蔷：《古巴社会主义发展的经济和社会模式概念化草案》，《当代世界社会主义问题》2016年第3期。

② Documentos del 7mo, http://www.granma.cu/file/pdf/gaceta/%C3%BAltimo%20PDF%2032.pdf.

义发展的经济和社会模式概念化草案》与《古巴社会主义发展的经济和社会模式概念化》对古巴社会主义的战略目标的阐述虽然存在差异，却都指向了"从经济、社会、环境方面建设独立、主权、民主、繁荣、可持续的社会主义，加强道德和政治价值观教育。"古共中央第一书记劳尔早在2013年12月21日的第八届全国人民政权代表大会第2次全会上的讲话中就提出了"有力推动繁荣的、可持续发展的社会主义的建设"。劳尔在古共七大上指出："党是全面而复杂的，将指出古巴革命、古巴共产党及社会建设一个面向未来的繁荣、可持续的社会主义发展进程方向""从本届大会中将会发散出我们今后工作的主要方向，从而成就一个主权、独立、社会主义、繁荣和可持续的国家。"①《古巴社会主义发展的经济和社会模式概念化》中关于战略目标的表述更加科学，层次更加清晰，也表明了社会发展不同阶段的目标的差异。国家愿景也就是战略目标，强调的是实现独立、主权、社会主义、民主、繁荣和可持续，这是符合古巴当前的实际和未来发展趋势的，也是古巴50多年社会主义建设的经验总结。众所周知，古巴自1961年开启社会主义道路以来，美国一直对古巴进行经济封锁、军事威胁与侵略、外交孤立、意识形态渗透，古巴的主权、独立、社会主义一直受到威胁；从古巴公布的数据来看，国内生产总值2008年增长4.3%，2009年为1.4%，2010年为2.1%，2011年为2.7%，2012年为3%，2013年为2.7%，2014年为1.3%，2015年为4%，2016年为-0.9%，2017年为1.6%，2018年为1.2%；2015年的外债为158亿美元，外部融资难。受以上因素影响，对"繁荣和可持续发展"的追求显得尤为迫切。《概念化》中对模式更新的战略目标的阐述与古共六大的阐述基本一致，均强调了"社会主义的连续性和不可逆转性、发展国家经济、提高人民生活水平以及对国民进行政治和道德价值观的教育"，是对劳尔执政以来所进行的经济社会模式更新的总结和肯定。《概念化》把国家愿景与模式更新的战略目标分开阐述，表明模式更新是古巴当前和今后一段时期内实现国家愿景的战略举措，模式更新是一个动态的和需要继续完善的过程，模式更新的战略目标就是要坚持社会主义原则，发展经济，对人民进行必

---

① 王承就：《古巴特色社会主义模式探析》，《马克思主义研究》2019年第2期。

要的道德和政治价值观教育，反对自私自利、个人主义及失去理智的和掠夺式的消费主义，不断公平地提高生活水平与质量，确保社会主义的不可逆转和连续性。只有模式更新的战略目标实现了，国家愿景才能实现。

"独立、主权、民主"的内涵，这里就不再赘述。"繁荣是期望经济社会发展能够基本满足人们的精神和物质需要，增强他们的才能、主动性和创造力，也就是说，经济结构向更高水平的可持续竞争力和社会公正转变。可持续发展是满足当代人的需要而不危及下代人发展的能力。社会涉及我们生活的各个方面，特别是环境、经济、社会和文化。"[1] 繁荣既是指经济社会发展对人民需要的满足程度，也涵盖了经济社会发展对人的发展如人的才能、主动性和创造力等的发展的提升度，还包括了经济结构的合理性和经济发展的可持续竞争力与质量及社会的公平公正而不是贫富分化等。繁荣取决于多重因素，主要有财富创造，参与公正合理的分配，教育、健康、文化、体育、公共管理体系的效力，住房，基本服务，社会治安，公民安全及社会纪律。繁荣和可持续的社会主义，就是通过发展、特别是经济的发展来不断满足人民日益增长的精神和物质需要，增强人民的才能、主动性和创造力即人民的持续发展能力，发展是首要的，发展是手段，繁荣是目的，繁荣是人民需要得到满足和可持续发展能力得到提升的状态和态势，发展和繁荣的融合才是社会主义。发展是全方位的，既包括经济、社会和环境的发展，也包括以巩固社会主义道德、文化和政治价值为主要内容的文化和政治建设，其中首要的是经济建设；既包括数量的增加，更包括质量的提升；既包括规模的扩张，更包括结构的完善与优化；既包括物质产品的丰裕，更包括精神文化生活产品的多元与丰硕；既包括国家、社会的法律制度和体制机制的完善，更包括人的全面发展特别是思想道德素养的提升。可持续发展强调的是代际平等，这一代人的发展是对前一代人发展的承接，必须满足这一代人的需要，为下一代的发展奠定基础且不能损害下一代人满足其需要而继续发展的能力；可持续发展注重环境、社会、经济、文化、资源、生活等方面的协调发展，人与自然的和谐；环

---

[1] Documentos del 7mo, http://www.granma.cu/file/pdf/gaceta/％C3％BAltimo％20PDF％2032.pdf.

境、社会、经济、文化、资源、生活等方面的可持续性与发展紧密相连，要求经济增长速度和结构能够保证：繁荣，社会公正平等与环境和谐，合理使用和保护自然资源，关心和丰富民族遗产。作为古巴社会主义战略目标中的可持续，还包含了古巴社会主义的可持续发展，即古巴始终坚持社会主义的发展方向，走社会主义道路，确保社会主义不被逆转，不搞新自由主义，经济社会模式更新绝不允许采取所谓的"休克疗法"，通过经济社会模式更新确保社会主义的不可逆转和连续性。2019年全民公决通过的古巴新宪法第四条指出："保卫我们的社会主义国家是每一个古巴人的最高荣誉和最大责任。背叛国家是最严重的罪行，任何叛国者将受到最严厉的制裁。这部宪法支持的社会主义制度是不可更改的。"战略目标还强调"经济、社会、文化、环境"，要实现"经济、社会、文化、环境"等方面的繁荣和可持续，极大地拓展了繁荣和可持续的内涵与外延，也丰富了社会主义的发展目标。

事实上，劳尔执政以来就逐步将党和政府的工作重点转移到经济上来，开启了经济社会模式更新。在 2010 年 4 月的古巴共产主义青年联盟"九大"闭幕式上，劳尔说："经济战是今天干部思想工作的主要任务和干部思想工作的中心，因为我们的社会制度能否持续和保存下去要靠经济战。"2010 年 11 月 20 日，劳尔在部长会议扩大会议上强调："所有政治领导人的首要课程是经济，必须全力以赴学习经济、发展经济和管理经济。"① 劳尔在古共七大上的讲话中指出："发展经济，维护和平稳定，坚定意识形态，是我们党的主要使命。发展经济是当前主要工作任务，政治思想工作和经济战斗紧密相连，让广大民众积极主动地投入社会经济模式的更新进程里来。"② 这指明了经济建设与其他建设之间的关系，其中经济发展是首要的，突出效率；社会发展是目的，强调公平公正；文化、政治和环境建设是保障，必须充分发挥各自的作用，这为社会主义各项事业的发展指明了方向。

---

① 徐世澄：《劳尔·卡斯特罗有关古巴经济变革的论述和古巴经济变革的最新动向》，《当代世界》2011 年第 3 期。

② 劳尔·卡斯特罗在古共七大上的讲话，http://cu.mofcom.gov.cn/article/ztdy/201608/20160801382116.shtml。

第二节　古巴社会主义模式的本质

　　社会主义本质是科学社会主义理论的逻辑起点，是社会主义区别于资本主义的最根本属性，是科学社会主义区别于其他形形色色社会主义流派的根本所在，是探索"什么是社会主义，为什么要坚持社会主义，怎样建设社会主义"的前提和核心所在。古巴在50多年的社会主义建设历程中，一直围绕"什么是社会主义，为什么要坚持社会主义，怎样建设社会主义"进行了不懈探索。1970年7月26日，卡斯特罗在纪念攻打蒙卡达兵营17周年大会上讲话中指出："什么是社会主义？社会主义就是以最佳方式利用人力资源和自然资源，为人民的利益服务。什么是社会主义？社会主义是要克服生产力的发展和生产关系之间的矛盾。"卡斯特罗在1975年古共一大的报告中指出："社会主义不仅意味着物质的丰富，而且意味着给人民提供创造巨大的文化和精神财富的机会，培养具有深刻的人类团结感情的人，这些人是与资本主义社会折磨人的自私自利和吝啬小气格格不入的""社会主义不是自发产生的，社会主义需要去建设它，而社会主义的主要建筑师是党""社会主义是引导人民投身国家发展，引导群众直接参与祖国发展、争取群众参与这一伟大事业的科学；社会主义是建立、保持和发展党和群众之间最广泛和深刻关系的科学，是以正确方式进行领导的科学，是榜样的科学。社会主义是古巴革命的实质"。[①] 卡斯特罗的论述虽然没有直接阐明古巴社会主义本质，就从生产力、生产关系、为人民服务的宗旨、社会主义发展方式和主要建设力量等方面对"什么是社会主义，为什么要坚持社会主义，怎样建设社会主义"进行了阐释。劳尔·卡斯特罗在2008年11月的古巴全国人大第七届立法会第一次常务会上说："社会主义意味着社会公正与平等，但平等权，属于机会平等，不是收入平等。平等不是平均主义。平均主义最终是另一种形式的剥夺：好的工人被不好的工人剥夺，或者，甚至是较差的工人被无所事事的人剥夺。""我们没有忘记菲德

[①] 徐世澄：《菲德尔·卡斯特罗论共产主义和社会主义》，《世界社会主义研究》2016年第2期。

第三章　古巴社会主义模式的战略目标、本质和基石　75

尔同志 2005 年 11 月 17 日在哈瓦那大学礼堂的讲话中提出的思考，他说：'多年来，我得出的结论是：在我们所犯的许多错误中，最重大的错误是相信某些人懂得关于社会主义的某些事，或某些人懂得如何去建设社会主义'这是他的原话。"① 在 2012 年 12 月 18 日召开的全国人大第六次会议上，劳尔说："干部和所有同胞必须改变思想以适应新的局面，多年来，出于社会公正，革命政府采取过分的包办主义、理想主义和平均主义的做法，在广大群众中形成了根深蒂固的对社会主义的错误的、站不住脚的观念，必须予以彻底改变"，"许多古巴人把社会主义与免费和补贴混为一谈，将平等与平均主义混为一谈，不少人把购物本视为一项社会成果，认为任何时候都不应该取消它。"② 劳尔认为古巴的很多同志对社会主义的认识陷入误区，并不清楚"什么是社会主义、如何建设社会主义"，很多同志把政府给人民的多种补贴和免费政策等看作是社会主义，视为公正和平等。劳尔·卡斯特罗在古共六大的报告中提到"社会主义本质"，他在讲到六大的主文件征求意见和意见是否被采纳时说："值得说明的是，有些意见没有包括在这里，或者是因为尚未存在必要条件，议题应得到更详细的分析；或者是因为议题与社会主义本质相矛盾，例如有 45 条建议主张财富的集中。"劳尔虽然没有对古巴社会主义本质进行界定，却指明财富的集中与社会主义本质格格不入。

《概念化》草案第 47 条指出："社会主义生产关系的主导地位是'模式'的本质，同时承认所有制和管理形式的差异，以及主要经济活动者和国家在各个指导层面的作用和功能。"这就指明了古巴社会主义模式的本质。这里所说的社会主义生产关系主要包括社会主义全民所有制、合作社所有制及混合所有制中的全民所有制和合作社所有制成分。其他所有制形式包括：混合所有制中的私有成分、私人所有制、政治组织所有制、群众组织所有制、社会组织所有制及其他形式的组织所有制。古巴的社会主义全民所有制是指基本生产资料在全社会范围内由集

---

① Socialism signifies social justice and equality, International Conference Center, Havana, July 11, 2008.
② 徐世澄：《试论古巴社会主义现代化不平凡的道路》，中国社会科学院拉丁美洲研究所成立 50 周年纪念大会暨拉美现代化进程及其启示学术研讨会，2011 年。

体支配，社会共同占有劳动成果，成果分配惠及全体公民。全民所有制采取国家所有制形式，国家有权任免全民所有制单位的主要领导人并对他们进行考核评估。① 社会主义全民所有制是国民经济和社会经济制度的主要形式，也是劳动者和古巴全体人民真实权力的基础。每个古巴公民可以基本生产资料共同所有者的身份参与使用、收益、运行、关心和监督社会主义全民所有制，参加决定全民所有制单位所创造的财富如何使用。合作社所有制是社会主义所有制体系的组成部分，是遵循集体生产和分配劳动成果的一种集体所有制形式，合作社所经营管理的生产资料主要是购买的或合伙人提供的自有生产资料，也有部分全民所有的生产资料。合作社根据地方经济和社会的需要生产商品和提供服务，自负盈亏。古巴的合作社主要是农牧业合作社（包括信贷和服务合作社、农牧业生产合作社），承担了古巴最主要的农林业生产，是农业的中坚力量。2015年开始推动非农合作社的发展，主要集中在贸易、食品、技术与人员服务、建筑及工业领域。混合所有制是由古巴国内的不同所有制形式实体与外国人投资的实体所组成的所有制形式，根据国家法律、组建协议和企业章程进行管理。混合所有制中的全民所有制和集体所有制成分仍是属于社会主义生产关系的范畴，其他的成分具有私人性质。私人所有制是在遵循限制所有权和财富集中的原则框架下，古巴的自然人或法人或外资所有者利用某些生产资料履行某些社会职能的所有制形式。政治组织所有制、群众组织所有制、社会组织所有制和其他形式的组织所有制是一种特殊的生产资料所有制，以生产商品或服务的实体为代表，不以获取利润为目的，旨在促进社会发展，实现与公共利益相关的目标和宗旨。古巴在充分肯定社会主义生产关系的主导地位的同时，也承认混合所有制、私人所有制、政治组织所有制等其他所有制形式的作用，有利于挖掘生产力潜力，提高生产效率，推动经济和社会发展、人民生活改善。②

最终批准的《概念化》没有直接使用"模式"的本质的提法，而是表述为："生产资料所有制关系确定了全部社会经济制度的本质，占

---

① 王承就：《古巴特色社会主义模式的形成与发展》，《国外理论动态》2018年第9期。
② 王承就：《古巴特色社会主义模式探析》，《马克思主义研究》2019年第2期。

统治地位的所有制形式规定了社会中的生产、分配、交换和消费关系。对所有制关系而言,应当是基本生产资料的社会主义全民所有制的主导作用将成为一个本质原则","适应生产力的不充分发展,承认和多样化不同的所有制形式和经营方式,有助于调动国家和外国的人力资源、物质资源和财政资源。"首先,强调社会经济制度的本质是由生产资料的所有制关系确定的,肯定了占统治地位的生产资料所有制对生产、分配、交换和消费的决定作用。这是从生产关系的角度阐释社会制度的本质,占统治地位的生产资料所有制关系决定了社会制度的本质,突出了生产资料所有制在生产关系中的决定作用和基础地位,阐明了生产资料所有制与生产、分配、交换和消费的相互关系。其次,在社会主义所有制关系中社会主义全民所有制是主导,决定了社会主义制度的本质,突出了社会主义全民所有制在古巴社会主义模式中的本质地位。再次,没有再强调合作社所有制及混合所有制中的全民所有制和合作社所有制成分在古巴社会主义模式中的本质属性,而是把合作社所有制、混合所有制、私人所有制等一起归为多样化的所有制形式和经营方式。最后,突出了生产力与生产关系的相互关系及其矛盾运动,生产力发展的不平衡导致生产关系的多样性和经营方式的多元化,生产力发展不充足的地方,不宜实行全民所有制,而适合采取合作社所有制、混合所有制、私人所有制等所有制形式;全民所有制以外的其他所有制形式的存在和发展是必要的,有助于调动国家和外国的人力资源、物质资源和财政资源,增加就业,改善人民生活,促进生产力的发展,推动古巴社会主义的繁荣和可持续。

古巴国内对古巴社会主义模式的本质的认识还在继续探索中,但可以确定的是,在强调社会主义全民所有制的主导作用的同时也承认和肯定非国有所有制方式和经营形式的作用,这是符合古巴当前的实际的。不过,如何更加科学地从生产力、生产关系、上层建筑以及它们之间的矛盾运动中来阐释社会主义本质,从生产关系中所有制形式以外的其他方面阐释社会主义本质,仍然是一个十分迫切和非常重要的主题,也是思考"什么是社会主义、为什么要坚持社会主义、怎样建设社会主义"所必须解答的问题。

第三节　古巴社会主义模式的基石

社会主义原则是古巴特色社会主义模式的基石，是古巴社会主义得以建立、维系、发展、繁荣和可持续的有力支撑。古巴社会主义原则是古巴历史、马蒂遗训、马列主义、菲德尔的思想和行动以及古巴共产党和革命事业共同作用的结晶，延续了古巴革命时期形成的社会主义社会理想，表明了革命时期锻造出来的社会主义社会理想的根基和本质的不可侵犯性，是古巴社会主义模式更新的根基。①

古巴社会主义原则主要包括以下十个方面：

一、人的存在是主要目标和核心主题。主要表现在：人有充分的尊严、完全的平等和自由，拥有古巴文化、身份，拥有爱祖国和爱人民、英雄主义、爱国主义、反对帝国主义、团结互助、国际主义等价值观。人还具有我们意识形态（思想体系）的基本价值观：诚实、正直、正派、谦虚、勤劳、责任、利他主义、人道主义、无私、尊重他人和环境。这些价值观可用个人和集体的方式实现，与利己主义、个人主义、过度消费和掠夺性消费完全对立。

古巴开启社会主义进程后，古巴革命政府宣布，人民第一次做了自己命运的主人。在谈到古巴革命的目的和依靠时，卡斯特罗说："我们的斗争并不是为了任何人的个人利益，也不是为了任何人的特权，我们从第一分钟起一向是而且永远是为人民、仅仅为人民而奋斗的。"②"只有人民，全体人民才是这个斗争的唯一行动者和决定因素，决定这个斗争胜负的是人民群众。"③古巴新宪法第 1 条指出："古巴是由全体人民组成的民主、独立和主权的社会主义法治和正义的不可分割的统一的共和国，基于人民的劳动、尊严、人道主义和伦理为追求自由、公平、正义、平等、团结、个人和集体的福利和繁荣而建立起来的。"第 3 条指

---

① 王承就：《古巴特色社会主义模式的形成与发展》，《国外理论动态》2018 年第 9 期。
② ［古］菲德尔·卡斯特罗：《卡斯特罗言论集》（第一册），人民出版社 1963 年版，第 136 页。
③ ［古］菲德尔·卡斯特罗：《卡斯特罗言论集》（第二册），人民出版社 1963 年版，第 214 页。

出:"古巴共和国一切权利属于人民,国家的所有权力都来自人民。"①从最高法的角度确立了人民的主体地位,确定了人民是古巴社会主义的目标和依靠力量。

二、古巴共产党的领导。处于领导地位的古巴共产党,是古巴唯一的政党,是古巴民族有组织的先锋队,是马蒂、马列主义和菲德尔主义的党,是古巴社会和国家的最高领导力量,围绕领导人民革命表现出团结所有古巴人,表现出依靠穷苦人、因为穷苦人和为了穷苦人,在此基础上产生的声望、道德威信和典范与人民紧密相连,体现了人民的团结。

古巴共产党自 1965 年由三种革命力量联合组成以来,其根本目标是建设社会主义,承担着人民赋予的领导和协调全国在革命原则的基础上努力建设具有真正古巴特色社会主义的重任,动员党员和群众投身经济和社会发展,同心同德,共同捍卫了国家的独立、主权和社会主义,使古巴社会主义不断前行。古巴共产党古巴唯一的政党,古巴实行一党制,不实行多党制。卡斯特罗在古共五大上的讲话中说:"古巴不放弃一党制。因为古巴人民一致赞成只有古共能作为国家的政治领导。只要美国还对古巴进行威胁恐吓,一切有关多党制的说教,都不过是反对古巴的武器。党是一个伟大的工具,应当加以完善。但是,无论如何不能毁掉党,不能毁掉党的权威,不能毁掉我们的革命价值,不能毁掉我们的历史。我们应当把党建设成一个钢铁般坚强的党。"② 经过 50 多年的实践证明,古巴共产党现在已成为古巴经济、社会、政治秩序的基本支柱和保障。

三、社会主义民主。社会主义民主是社会主义国家权力的来源,从根本上说,是在行使最高权力时公民积极参与,公民通过代表机关直接或间接的方式行使权力,是人民政权代表大会和由它产生的其他国家和政府机关、人民咨询机关和有积极作用的公民社会根据共和国宪法和法律确定的规则行使权力。人民监督是人民民主参与社会治理(管理)

---

① Constitución de la República de Cuba, http://www.granma.cu/file/pdf/gaceta/Nueva%20Constituci%C3%B3n%20240%20KB-1.pdf.

② 肖枫、王志先:《古巴社会主义》,人民出版社 2004 年版,第 115 页。

的一项根本内容，人民监督必须在尊重法制的前提下，预防和处理违法和违反规定的行为。

四、社会主义国家。社会主义国家的法治和司法公正能保障平等与自由、独立、主权，保障人民的参与和监督权、国家的可持续发展，保护领土完整、主权、秩序、稳定和国内安全，保护和增强民族认同、民族遗产、历史记忆、文化和其他成就，并保障个人与集体按照宪法和法律行使和保护公民经济、社会、文化及政治的权利与义务。

五、有效和严格地不加区别地遵守宪法和法律，是建设一个社会主义的、繁荣和可持续的社会的必要前提。

六、基本生产资料的社会主义全民所有制。基本生产资料社会主义全民所有制是社会经济制度的主要所有制形式，是劳动者和全体古巴人真实权力的基础。根据这一所有制，每个古巴公民对国家基本生产资料都具有共同所有者的身份；法律规定授予：古巴公民通过国家、政府和其他途径参与使用、收益、运行、关心和监督生产资料社会主义全民所有制的权利和义务。每个公民对国家基本生产资料具有的共同所有者身份是通过社会主义国家与基本生产资料产生的关系来保障的，是古巴人作为使用这些基本生产资料创造的财富的受益人的不可剥夺的权利的根源，参加决定基本生产资料创造的财富如何使用并从中受益，包括保障普遍的社会服务以及其他的收益和补贴。

七、社会主义计划是经济和社会发展领导体制的根本组成部分，是指导经济、推动社会主义发展的主要方式。

八、科学和技术创新的突出作用是催生和促进国家经济社会发展的一种方式。

九、国防和国家安全成为党、国家、政府高度重视的首要目标，是维护古巴政治、经济和社会制度的根本保障。人民战争思想是国家防御的战略基础。在存在帝国主义的时候，决不能忽视革命自卫。历史已雄辩地证明忘记这条原则将导致颠覆性错误。

十、公民的权利与义务。在道德和法律两个层面上都承认公民平等地享有权利、平等地履行义务，并以公平、融入、社会正义、政治参与、克服社会差距、尊重多样性等方式以及反对肤色、性别认同、性取向、残疾、籍贯、国籍、宗教信仰、年龄等各种形式的歧视，反对任何有损人类尊严的区别化对待，确保权利和义务落到实处。①

在这些权利中，以下权利尤为重要：劳动、食品安全、健康、教育、公共安全、休息、娱乐、文化、体育、社会保障和社会救济制度、健康的环境、社会传播，包括真实、透明和及时的信息。

通过劳动获得的舒适和安全的住房权和相应的基本服务，为此应创造必要的条件并为困难人群提供社会救助。保障这些权利是人民所取得的一项成果，保证没有任何人被抛弃。参加保卫祖国和它的独立的权利，是全体古巴人的荣誉和最高义务。在公民的职责、权利和义务中重要的是，爱护公共和社会财产，保护环境，遵守劳动纪律，尊重他人权利，为维持社会支出纳税，注意遵守已建立的和谐共处的规范。②

以上十方面的原则，涵盖了社会生产力、社会生产关系和上层建筑中的主要和决定性要素，包括社会生产力的决定性因素——劳动者和科学技术，社会生产关系的基础——生产资料所有制形式，上层建筑中的政治上层建筑——国家、政党、民主。由社会生产力、社会生产关系和上层建筑的相互作用所构成的社会基本矛盾运动推动了社会的运动、变化和发展，古巴社会主义也正是在古巴社会主义原则所涵盖的社会生产力、社会生产关系和上层建筑中的主要和决定性要素的相互作用中不断发展进步的，也将在其相互作用中实现繁荣和可持续。③

---

① 许宝友：《世界主要政党规章制度文献（越南、老挝、朝鲜、古巴）》，中央编译出版社2016年版，第549页。
② 古巴社会主义原则的十方面内容来源于最终公布的古共八大文献，作者在翻译过程中参考了同行的成果。Conceptualización del modelo económico y socia cubano y Lineamientos de la política económica y social, http://www.pcc.cu/sites/default/files/tesis-resoluciones/2021-06/。
③ 王承就：《古巴特色社会主义模式探析》，《马克思主义研究》2019年第1期。

第四章　古巴社会主义经济建设

第一节　不断探索和完善经济建设制度和理论

一　基本经济制度建设

（一）实行全民所有制为主体的多种所有制形式并存的社会主义经济制度

1. 多种所有制形式的形成与发展。在1959年至1963年，古巴革命政府通过土地改革、本国和外国企业国有化、改造城市经济、对中小企业实行赎买等措施，确立起全民所有制主导的社会主义经济基础，"全民所有制在农业中占70％，在工业中占95％，建筑业中占98％，运输业中占95％，贸易批发业中占100％，贸易零售业中占75％。"① 卡斯特罗说："废除大庄园和大量其他生产资料被收归国有，出现了国家所有制这样一个强有力的经济部门来服务人民和经济与社会发展，成为经济社会变革中的决定性因素""百分之七十的土地归入全民所有制，由国家经营，专门为造福全社会而加以开发和利用。"在国有化进程结束时，只有农民的小块土地（占国家土地的30％）和运输业的一小部分保留私有制，作为个体直接经营的个体所有制继续存在。1963年末，古巴确立起社会主义公有制经济和小商品私有经济两种基本经济形式，其中公有制经济成分在各个领域占了主导地位，农村存在个体农民私有制。1968年3月发动了革命攻势，政府接管了几乎所有的私人小企业、手工业作坊和商店，包括55636家小企业和商店，其中11878

---

① 毛相麟、杨建民：《古巴社会主义研究（修订版）》，社会科学文献出版社2019年版，第145页。

家食品店，3130家肉铺，3198家酒吧，8101家饭店、咖啡店，6653家洗衣店，3643家理发店，1188家修鞋店，4544家修车店，1598家手工业作坊和3345家木匠铺等，①成为全民所有制企业，基本上消灭了城市中的私有制。"占耕地不到百分之三十的小块农民土地，以及作为直接经营者的私有财产仍在使用的少量运输工具，作为私有制的唯一形式保留了下来。"②1971年底，全国小农协会第四次代表大会决定逐渐将私有农户及其劳动力合并到国营农场、与黑市作斗争，到1975年底私人土地所有制的户数从1971年的20.3万户减到16.2126万户，农民私人所有耕地占全部耕地的21%。1977年5月召开的全国小农协会第五次代表大会决定，仿效苏联集体农庄，把个体经营的小块土地集中起来组成合作社。至此，古巴的全民所有制、集体所有制（合作社所有制）成为古巴社会主义占主导地位的所有制形式，全国只存在少量的个体农民私有制了。从1980年开始，实行较为宽松的经济政策，开放了农民自由市场和农副产品贸易市场，允许农民议价出售完成国家收购任务后的剩余农牧产品，如蔬菜、水果、家禽、花卉等，在全国出现了260个农民市场和手工业者市场。此外，还允许私人卡车主从事运输服务。这些措施使得个体经济得到一定的发展，古巴出现了"新的资本家"，形成了一部分富起来的人即将农产品在自由市场上高价出售的小农及中间商、利用私人卡车搞运输发家的卡车主、出售画作和手工艺品赚钱的画家、手工艺人及倒卖艺术品的中间商等。古巴于1982年颁布施行《外国投资法》，实行有限的对外开放，允许合资企业存在，使古巴出现了新的所有制形式。这些改革措施一方面促进了古巴经济的发展，另一方面也产生了诸如投机倒把、哄抬物价、化公为私等不良倾向。1986年起开展的"纠偏运动"强调要划清社会主义与资本主义的界线，取消了农民自由市场，禁止私人行医和出售手工艺品，个体经济的发展受到限制。20世纪90年代，随着苏联解体、东欧剧变，古巴进入"和平时期的特殊阶段"。为摆脱特殊阶段的困境，古共四大首次承认了私人服

---

① 徐世澄：《古巴社会主义建设和改革中非公有制经济的理论、政策和实践》，《统一战线学研究》2019年第2期。

② ［古］菲德尔·卡斯特罗：《在古巴共产党第一、二、三次全国代表大会上的中心报告》，王玫等译，人民出版社1990年版，第40页。

务提供者对国营服务业的"补充作用",允许他们为社会提供劳动。古巴于 1993 年开始改革,重开自由市场,扩大个体经济范围,允许以下几种人从事个体经济:国营部门中遵守劳动纪律的工作人员可以利用工余时间从事第二职业;因国营企业裁员而失去工作后领取失业救济金的劳动力;退休人员、残疾人和家庭妇女。加快对外开放力度,外国人除可以在古巴兴办合资企业外,还可以办独资企业、购买房地产;实行国有企业改革,允许将国有农场改为具有合作性质的"合作生产基本单位",改革企业内部管理体制。1997 年,古共五大通过的经济决议指出:"在完善国有制形式,保持国有制主体地位的同时,可以发展多种所有制形式。"关于私有化,卡斯特罗认为:"应以通常的方式明智地实行私有化,不应有任何疯狂之举。必须对以下情况加以区别:有一种工作从性质上说主要是个体劳动,多数情况下是手工的、艺术性的工作,在这种工作中大规模的生产和技术不起主要作用;而另外一种工作,需要资本投入、技术和市场,这种工作非常适合同外国企业联合"。"在古巴像烟草这样一些高质量、高产量的作物,它的种植不使用机器,也没有大企业可代替人的个体劳动。对于这种性质的工作,国家将土地免费分给个人自行耕种""不要把私有化这一问题简单化,作为总的原则,凡是适用并可以继续为全民所有或集体所有的企业都不会被私有化。"[①] 卡斯特罗在回答联合国教科文组织前领导人费德里科·马约尔的提问时又强调指出:"凡是适合全民所有的就实行全民所有,凡是适合集体所有就实行集体所有,凡是适合个体或其他形式的就实行个体或其他形式。"[②] 古巴所有制形式多样化形成,有全民所有制、集体所有制、个体所有制、合资或独资的外向型企业。劳尔执政以后,推动经济社会模式更新,所有制形式多样化继续得到发展,古共六大通过的《纲要》、古共七大通过的《纲要更新》及《古巴社会主义发展的经济和社会模式概念化》,进一步明确了古巴实行以全民所有制为主体的多种所有制形式并存的经济制度,特别是肯定了非公有部门的扩大是受有关法

---

① [西班牙] 费德里科·马约尔,王枚:《卡斯特罗就社会主义前途、私有化和全球化等答马约尔问》,《国外社会科学文摘》2000 年第 12 期。

② 荣枢:《菲德尔·卡斯特罗对社会主义本质的认识》,《学习月刊》2012 年第 4 期。

律保护的一种就业出路，应得到各级领导的支持，个体户必须严格遵守法律履行包括纳税在内的义务，强调扩大非国有部门经济并不意味着所有制的私有化。

2. 多种所有制形式的内涵及其功能

（1）社会主义全民所有制

古巴的基本生产资料社会主义全民所有制是国民经济和社会经济制度的主要形式，是劳动者和全体古巴人真实权力的基础。古巴1976年宪法第14条规定："在古巴共和国，建立在对生产资料实行社会主义全民所有制和消灭了人剥削人现象基础上的社会主义经济制度占统治地位。"1992年修订为："古巴共和国实行以生产资料社会主义全民所有制和消灭剥削制度为基础的社会主义经济制度。"2019年宪法第18条规定："古巴共和国实行生产资料社会主义全民所有制和计划经济，并根据社会利益来考虑、规范和调整经济。"古巴共产党六大、七大通过的经济社会模式更新的文件都肯定了社会主义全民所有制是国民经济的主要形式或生产的根本方式，全民所有制经济是国民经济的主体，强调"为了实现繁荣和可持续的社会主义社会，必须坚持以社会主义全民所有制为主导、多种所有制形式共存的局面。"古巴经济95%是国营经济，国营领域从业人员大约510万人，占就业人口的绝大多数。

社会主义全民所有制是指基本生产资料在全社会范围内由集体支配、劳动成果归全社会所有、成果分配惠及作为生产资料合法所有人的全体公民的所有制形式，全民所有制的共同所有权人身份属于古巴公民，国家是所有权人的代表，按所有权人的利益将把社会主义全民所有制企业体系和预算单位结合起来。全民所有制经济是国民经济的主体，生产具有重大社会、文化和政治影响的商品和服务，是影响就业和经济整体发展的重要力量，在经济社会发展、国家生命力和可持续发展及国家安全中具有战略意义，在商品和服务中起主导作用。

全民所有制的财产包括：根据1976年宪法，不属于小农或由小农组成的合作社所有的土地、地下资源、矿山、主权范围内的海洋自然资源和生物资源、森林、水流、道路、糖厂、工厂、基本交通工具、国有化的和剥夺帝国主义、庄园主和资产阶级的企业、银行、设备和财产，以及由国家或将由国家建造和购置的人民农场、工厂、企业和经济、社会、文化、体育设施都属于国家所有，即全民所有。2019年宪法规定全民所有制的财产包括：不属于个人或合作组织所有的土地、地下蕴藏、矿产等生物自然资源和非生物自然资源，属于其主权范围内的海洋、森林、水流、通讯设施；还包括其他资产，如一般的基础设施、关键产业、经济和社会设施，以及其他对国家经济和社会具有战略意义的资产；也包括为开发国家领土所遇到的重要的自然资源——包括国家海洋专属经济区——如森林、水和那些与航空、无线电、网络空间和社会传播等相联系的基本生产资料。

全民所有制形式的实体主要是两种：全民所有制企业实体、预算单位。

A. 全民所有制企业实体。这些实体根据自负盈亏的原则在商品生产和商业性服务中有效发挥作用，获取利润和履行其社会责任，是拥有自己权利、职责和义务的法人，承担企业性质所固有的职能，拥有与其组织特征相符的经营模式。企业拥有行政管理和经营的自治权，在制定、实施和监督投资建议、计划和预算中发挥积极作用，做出属于业务范围的重要的和战略性的决定，并全面地评价和监督其实施结果；企业实行按劳分配，根据职工提供的劳动成果给予报酬以满足劳动者及其家庭的基本需要、福利（舒适）和富足；可根据实体的特征给予道德和物质鼓励、个人和集体鼓励，承认所取得的成果，激励经济文化和组织文化，激发劳动者和领导的归属感、创造力、合作、纪律和责任心。国家不负责这些企业所承担的义务，也没有义务为它们承担义务，国家与全民所有制企业实体的标准关系是：保护企业的权利和作为所有权人代表的权力，不干预企业实体必要的经营自主权；国家在行使权利和履行职责时，根据国家的干部政策指派和更换企业的主要领导人，对领导人提出要求、进行评价和根据他们在实体经营中所取得的成果确定他们的酬劳；国家以所有权人代表的身份调节这些企业系统的实体产生的利润的去处，将授权批准这些企业保留一部分利润用于企业的发展和鼓励劳动者；国家和政府决定，对低效的和无偿还能力的企业，根据它们的原因、在经济中所发挥的作用以及它们的社会和地区影响力，将考虑劳工权和保护劳动者。

B. 预算单位。预算单位是基于自身特点按照财政和经济制度行使具有国家和社会特性的使命和职能、提供非商业性质服务的实体，它们的领导拥有相应的职权和职责，工作人员作为公仆活动，受人民监督。不同类型的预算单位存在特有的领导制度，采取的领导方式是透明的和简化的，借助科学、技术、创新和生态文明发展的成果建立组织和技术现代化的基础，优化所提供服务的效率、效力和质量，保证办理的执照、证书、许可证和其他证件的手续的效率和质量，并在确定的期限内完成。不同类型的预算单位存在不同的薪酬制度，劳动者的收入应满足劳动者及其家庭的基本需要、福利和富裕，同时鼓励他们履行职责。作为预算单位的中央和地方的行政机关，必须全面改进其机构和组织制度的功能、结构和履职情况，重点是把市作为基本实例，授予市级行政机关自主权和必要的竞争以保证经济、社会和环境发展的可持续。

　　社会主义全民所有制在古巴经济社会发展处于主体地位，发挥了主导作用，但也存在一些突出的问题：国家作为全民所有制所有权人的代表与企业的关系即所有权与经营权的关系尚未完全理顺，全民所有制的生产资料是否可以由非国有法人或外国人经营即经营权的分离问题，企业内部的分配和激励机制尚待进一步完善，效率低下，人浮于事与职工工作纪律松弛等。古巴在更新经济社会模式中加大了全民所有制单位的改革，2010年9月开始在国有部门裁员，2015年关闭24家国有企业。根据古共七大通过的《概念化》确定的方向，全民所有制的变革必须把握以下特征：a. 总体上，发挥工人阶级和劳动人民在革命中的核心作用，具有高度的觉悟及有动机、效力、生产率和社会责任心的劳动能力，作为全体人民的一部分行使基本生产资料共同所有权人权力。b. 为了创新、效率和效力、劳动的动机，以及由组织和社会分享的价值观，实行去掉形式主义的参与式领导和监督方法，让劳动者参与领导和监督，集体积极参加执行政策，激励集体利益和个人利益。c. 组织结构、技术结构、管理方法的现代化，引进和推广科学、创新和技术成果。d. 管理上实行必要的自治，履职时具有高度的社会责任心，其职责与它的本质、计划与预算、公共政策和由国家和政府确定的领导机构相一致，使其在实现使命中的效率和效力成为可能。实行国家和政府办实体的职能与企业的职能分开、行政管理职能与经营权分离，扩大企业经营自治权。适当授权全民所有制的某些生产资料由自然人或非国有法人或外国人经营，引导推进经济和社会发展，不会危及我们的社会主义原则。建立法规以调节全民所有制生产资料转移,监督非国有经营活动者和规范所涉及的权利和义务。

(2) 合作社所有制

合作社所有制是社会主义所有制体系中的非国有集体所有制形式,遵循有所有权的成员集体劳动和真实行使合作化运动的原则,是拥有企业性质法人身份的经济实体,自愿组建,自负盈亏,出于经济和社会目的生产商品和提供服务,重点是满足地方的需要。1992年宪法第20条规定:"根据国家机关的事先批准,农民可依法将其土地纳入农业合作社。"《纲要》《纲要更新》《概念化》都对合作社作出了明确的阐释。合作社有初级合作社、中级合作社;合作生产基层组织、农牧业生产合作社、信贷与服务合作社、非农牧业生产合作社。初级合作社是拥有法人资格和自身财产的社会主义集体所有制形式,把提供商品或者劳务的人结合在一起,目的是为社会生产商品和提供有益的服务,且自负盈亏。中级合作社是具有法人资格和自身财产的合作社,其成员是初级合作社的成员,目的是组织相关的配套业务或者增加合作社成员的产品和服务的价值,或者实现共同的买卖以取得更大效率。合作生产基层组织是依照古共中央政治局1993年9月通过的决议建立的,由国有农场或企业转化而组建的拥有生产、经营和核算自主权的合作社性质组织,是由农业工人组成的社会主义合作社,其规模比国有农场小。信贷与服务合作社是为了获得贷款和配给的物质而建立起来的一种初级合作社,是由拥有土地所有权或使用权的小农业生产者根据自愿、合作和互助原则组建的,最初是在烟草种植农中建立起来的,社员的生产活动仍独自进行。农牧业生产合作社主要是以农牧业生产为业务的合作社。非农牧业生产合作社是根据2012年12月11日颁布了第305号法令成立的,主要是以建筑、运输服务、餐饮、贸易、服务、小型工业制造、食品加工、能源、财会等为业务的合作社。到2010年,古巴全国共有2256个合作生产基层组织,1048个农牧业生产合作社,2949个信贷与服务合作社。非农牧业合作社在2013年有198家,2014年有345家,2015年有367家,2016年有397家,2017年有431家。

合作社的主导原则是:合作和互相帮助;自愿;集体决策与权利平等;自治和经济的可持续性;文化和合作社的纪律;社会责任,为经济发展、合作社成员及其家庭的教育与福利以及在合作社与其他实体间的合作中贡献力量。合作社最高领导机关是由全体合伙人参与的大会，每位合伙人享有同等发言权和投票权，大会依据社会目标、现行的政策和条例决定自身的经营、生产和服务。

合作社可雇用临时工，合作社成员（包括临时工）有同等权利和义务，根据所提供的劳动的复杂程度、质量和数量参与利润的分配。合作社经营自己的或第三方的生产资料，发展它们的业务，根据它们的需要和在法律范围内可以签订业务合同，与其他合作社、企业、预算单位和非公有制经济形式保持联系，一部分合作社可以联合组成新的合作社，组织与自身利益相似的补充活动，增加产品和服务的附加值，进行联合采购等。

（3）混合所有制

混合所有制是由古巴国内的不同所有制形式实体与外国人投资的实体所组成的所有制形式，根据国家法律、组建协议和企业章程进行管理，其目的是进行产品和服务的生产销售，并获得收益。在成立之前，各方有效协商，在法律范围内活动。混合所有制是古巴扩大对外开放的产物。1982年颁布的《外国投资法》（也有翻译为《古外合资法》）首次允许古巴企业与外资开办合资企业，外资比例可达49%（旅游业等可占51%），这是古巴进行社会主义建设以来最早的混合所有制企业。1991年召开的古共四大把对外开放作为国策确定下来，提出"应鼓励外国资本向能为资金、技术和市场带来效益的行业和地区投资"，外资可与古巴的企业"采取不同的合伙方式"。1992年2月，部长会议对1982年的外资法进行了修订，放宽了对外资的限制，给予外资更大的优惠。1992年修订的宪法第23条规定："国家承认依法建立的混合所有制的公司和其他经济组织。"正式承认混合所有制是古巴的一种所有制形式。古共六大、七大先后出台的《纲要》《纲要更新》《概念化》都对混合所有制作出了明确的规定，为混合所有制的发展提供了政策导向。

（4）私人所有制

私人所有制是在遵循限制所有权和财富集中的原则框架下，古巴的自然人或法人或外资所有者利用某些生产资料履行某些社会职能的所有制形式。私人所有制的所有人可能是自然人或法人，古巴人或外国人，所有权人依法行使对生产资料的决定权，所有权人领导经营活动和享有相应的权利，履行相应的义务和社会责任，包括尊重雇佣劳动者的权利和其他合法义务。古巴的自然人可以开展以下类型的私人所有制业务：一是通过个人或家庭劳动完成的小生意，这些业务既不需要成立企业实体也不需要成立法人身份，即个体户。二是根据业务量、劳动者的数量和社会目标确定的中小微私人企业，是作为法人被认可的，个人所有的财产可以被用作这些业务的生产资料，主要从事中等或以下规模的业务，有助于地区和当地发展战略以及发挥与地方和其他经济活动者的生产联系。私人所有制的自然人和法人可以雇工，但不允许财富的集中。在古巴社会主义建设进程中，对个体户的政策变化较大，经济状况不佳时会允许个体户的发展，经济状况转好时又趋向于限制个体户的发展，直到 2010 年 8 月 1 日的古巴全国人大第 5 次会议，劳尔在会上说："部长会议决定扩大个体户作为安排国有部门冗员的出路，取消现行的对个体户登记和某些产品贸易的各种限制，使雇用劳动力灵活化"。"关于思想必要的变化，举例来说，既然我们得出结论认为，个体劳动是解决就业的一条出路，可为居民增加商品和劳务的供应，使政府摆脱这些活动，那么，党和政府要做的是为个体户的经营提供方便，不要对他们说三道四或歧视他们，更不要丑化他们。为此，必须改变我们中间不少人对私人劳动方式否定的看法"，"我们在个体部门的扩大和灵活化方面已经迈出和即将迈出的步伐是深思熟虑和认真分析的结果，我们可以保证，这次不会再有倒退"。① 2018 年 7 月 10 日，古巴政府公报第 35 期特刊上颁布了有关完善个体户政策的 20 个文件，这些文件包括国务委员会 5 项相关法令、部长会议 1 项法令，以及相关部委的 14 项决议：经济计划部 1 项、金融和价格部 5 项、工业部 1 项、公共卫生部 1 项、交通部 3 项、物质计划委员会 1 项和劳工和社会保障部 2 项。新的法规和决议主要内容包括：a. 开放被冻结的 27 项经济活动。b. 颁发新经济活动项目的营业执照，包括餐饮业服务、酒吧间和娱乐服务、面包点

---

① 徐世澄：《古巴共产党与古巴经济社会模式更新》，《当代世界社会主义问题》2019 年第 2 期。

心制作、交通工具出租等。c. 每位个体户只能从事一项经济活动。d. 在一个场所只能从事一种服务，或开餐馆或酒吧娱乐。e. 不允许给下列经济活动颁发营业执照：农牧业产品批发、农牧业产品零售、流动车（摊贩）出售农产品、唱片的买卖、娱乐设备的操作等。f. 原有 96 项经济活动合并成 28 项，因此原总数 201 项经济活动现在减少为 123 项。g. 要求个体户必须办理一张银行卡，以记录其营业情况，避免偷税现象发生。h. 餐厅、酒吧、咖啡馆最多只能接待 50 名顾客。i. 雇用 1 至 5 名雇工需为每名雇工缴纳 1 个最低工资的雇工税，雇用 6 至 10 名雇工需为每名雇工缴纳 2 个最低工资的雇工税，雇用 11 至 20 名雇工需为每名雇工缴纳 3 个最低工资的雇工税，雇用 20 名以上雇工需为每名雇工缴纳 6 个最低工资的雇工税。j. 123 项经济活动中的 52 项根据古巴税务总则缴纳税款，71 项根据简化税则缴纳税款。k. 个体户缴纳的税款按收入的 3%、5%、10%、15%、20% 等差距，目的是防止收入差距的扩大。2018 年 12 月 5 日，古巴劳工和社会保险部长玛加丽塔宣布，根据众多个体户的意见，政府决定取消"一人一证"（每名个体户只能办理一张营业执照）的规定，并取消餐馆规模不得超过 50 个座位的规定。[①] 个体户从 2010 年的 15.7 万户增加到 2016 年的 54.08 万户、2017 年的 58.32 万户、2018 年的 58.08 万户、2019 年的 61.7 万户，增加了 46 万个新就业机会。

在社会主义全民所有制占主体的条件下，私人所有制在某些业务中履行社会功能，有助于增加就业，有助于满足需要，提高经济的整体效率，在经济社会发展中具有补充作用。考虑到不同规模私人所有制企业的边界、活动空间和能力，国家采用政策、法规和条例对私人在经营活动中占有他人劳动成果和收益进行调节，借助税收为社会支出和其他公共开支筹集资金。

（5）政治组织所有制、群众组织所有制、社会组织所有制和其他古巴市民社会实体的所有制

这是一种特殊的生产资料所有制形式，以生产商品或提供服务的实体为代表，旨在促进社会发展，实现与公共利益相关的目标和宗旨。这

---

① 徐世澄：《古巴颁布个体户新条例》，《中国人大》2019 年第 8 期。

些实体具有法人资格,在确定的管理和监督范围内活动。这种所有制形式包括指定用于实现政治组织、群众组织、社会组织目标的财产和服务,国家承认它们的生产资料所有权,实行自我约束,公开使用资源,计算收益,可以获取利润。

法律承认的联合形式组织的财产所有制,这些组织有协会、基金会、社会组织、宗教组织和任何其他类似性质的组织,它们可以接受国家扶持和其他帮助,以推动国家的进步和福利。这些非营利性的联合形式组织关注民众的精神需求和其他需要,也保护和关注某些居民群体,促进地方和社区的体育、健康消遣和娱乐、宗教、国家身份和文化、公民价值观、历史记忆、科学和技术创新、环境教育、不同职业文化、友谊和同情的发展。

(二)实行以按劳分配为主体多种分配方式并存的收入分配制度

生产力发展水平和程度决定生产资料所有制形式,生产资料所有制形式决定收入分配方式。古巴的生产力发展水平不高且不平衡,在社会主义建设过程中形成了以全民所有制为主体多种所有制形式并存的所有制,这就决定了必须实行以按劳分配为主体、多种分配方式并存的分配制度。

1. 多种分配方式的发展

各尽所能,按劳分配,是社会主义的分配原则。这一原则可通过物质手段如计件和计时工资、非物质手段如精神激励和纪律等实现。古巴革命胜利后,面临的工资改革的主要任务是:一是缩小革命前遗留下来的工资水平差距,二是把原来以计时工资为主逐步过渡到以计件工资为主。为此,古巴政府于1961年开始工资改革,试点实行工资计数法,并推出了新的计件工资法。1963年,古巴制定了第一个全国统一的工资制度,工人根据自己的工资等级领取薪酬,工资等级主要依据每个职工的技能来确定,基本改变了长期以来分配的不合理状况。但工人的工资与其劳动成果及他们在工作和劳动中所承担的责任联系不大,因此不能体现社会主义的按劳分配原则,不能充分调动人民群众的积极性。在1963—1966年,古巴采取苏式劳动定额制度,将工资同劳动定额挂钩,如果工人完成定额,就能拿到他的全部工资;如果没有完成定额,他的工资就按他未完成部分的同样比例扣除;如果超额完成定额,他的工资就按比例增加,发给奖金,奖金为超额部分的50%。1966—1970年,古巴强调精神鼓励、无偿劳动、自觉奉献,实行按需分配,放弃了劳动定额制,取消了加班费和夜班费,相信人们的自觉性,认为没有劳动定额,人们也会自觉地工作。对此,多尔蒂科斯总统在1970年说:"在劳动定额的建立和管理方面,我们已丧失了曾经达到的水平;同时也失去了定额管理的专门人才,这些专门人才目前正在做不那么重要的工作。过去过分相信自觉性,认为即便没有劳动定额,每个人也会自愿地工作,而且讲求效率……我们必须拟订一项严肃的连续的劳动定额政策,并且把有关的专门人才找回来。"1970年12月开始恢复劳动定额,到1971年5月有差不多600个企业实行了定额,1971年底增至1500个;到1972年五一节时3000多个企业和70多万名工人纳入劳动定额制度,这些企业的工人占全国国营企业工人的70%;1976年初,雇用着1602900名工人的68091个企业实行了定额制。① 卡斯特罗在1971年5月1日说:工资不能人人平等,工资差别对激励那些有劳动技能或肩负重任的人、那些干重活的人或在缺少起码的工作条件的地方工作的人,有重要意义。1973年召开的古巴工人联合会第13次代表大会的主题是加强社会主义性质的按劳分配,要求恢复物质激励,实行新的社会主义劳动竞赛。其实,古巴在1961年就开始实行社会主义劳动竞赛,对在劳动竞赛中获胜的个人和集体给予物质奖励和精神奖励。对个人的物质奖励包括优先享受假期和文娱生活,对集体则优先得到拨款,以建立或改善日间托儿所和体育、文化设施。精神奖励包括奖状、奖章、奖旗,以及诸如"全国劳动英雄""英勇奋斗企业"等荣誉称号。从1971年开始,政府将耐用消费品如电视机、电冰箱、洗衣机、收音机、自行车、缝纫机、压力锅、手表等分配到企业中,由企业的工人委员会根据申请人的态度和工作业绩而不是需要来安排购买秩序;此外,海滨休养胜地度假和住房分配也采取这一政策。卡斯特罗在工人联合会第13次代表大会上说:像1966—1970年实行的按需分配不能再实行下去了,"干同类的活就给以同样的工资,而不考虑这种活所需要费的工,这是

---

① [美]卡梅洛·梅萨—拉戈:《七十年代的古巴——注重实效与体制化》,丁中译,商务印书馆1980年版,第56—57页。

一种平均主义原则，必须改正"。这种"工"不仅要用体力来衡量，而且要用工作的复杂性来衡量。实行按劳分配，一定会出现工资差别，这种差别是一种激励多干事、干好事、干成事的手段，鼓励人们掌握更多和更高级的劳动技能，承担更大的重任。①

20世纪80年代初，古巴开放了农民自由市场和农副产品贸易市场，颁布《外国投资法》允许合资企业存在，出现了倒卖商品获利的非劳动收入、私人经营者的经营收入、合资企业劳动者收入，打破了国有部门和合作社工资收入的唯一收入格局，出现了收入差距。政府对国有部门、合作社的收入分配也进行了改革，体现了物质激励原则，具体包括工资、奖金和刺激基金。从1980年中开始在全国实行新的工资制度，工资改革重在拉开技术工人与非技术工人的工资差距、加重计件和计量报酬中的超额完成定额那部分报酬的分量，加大了劳动数量与质量在分配中的比例，调动劳动者的积极性。政府设立出口增长奖、节约材料奖、节约能源奖、完成产品质量指标奖、新产品开发奖等，激励企业降低成本、生产出更多的高质量产品。设立刺激基金以调动劳动者的劳动积极性和创造性。但这些改革的作用没有充分发挥出来，没有达到预期的目标。卡斯特罗在古共三大的报告中指出："按劳分配原则执行得很不充分，这表现在现在的非技术性的基本工资定额比例高，按产品的质和量来分配实行得不充分，在很多企业中奖金制度不总是符合生产的最后结果。"②

1992年宪法第14条规定：社会主义分配原则是："各尽其能，按劳分配。法律应做出规定保障这一原则的有效履行。"20世纪90年代，随着改革开放和私人经济的发展，古巴出现多样化收入趋势，政府实际上默认社会成员的各种收入。1993年美元合法化后，古巴有一半以上的居民有外汇来源，收入差距逐渐拉大。同时政府通过税收、价格和减少补贴等调整收入分配，防止差距过大。1996年8月发表的古巴共产党《当前党的工作》的报告提出今后的工作基点是：不再实行平分财

---

① ［美］卡梅洛·梅萨—拉戈：《七十年代的古巴——注重实效与体制化》，丁中译，商务印书馆1980年版，第65页。

② ［古］菲德尔·卡斯特罗：《在古巴共产党第一、二、三次全国代表大会上的中心报告》，王玫等译，人民出版社1990年版，第381页。

富,而将要严格按照劳动的数量与质量和所产生的社会效益来实行分配。1997年古共五大通过的经济决议指出:"工资收入与每个劳动者工作质量和数量的关系将更加密切。为此,工资基金的增长应当优先用于鼓励那些财政效益和物质效益更好的部门。对那些为经济和社会做出特殊贡献的劳动者的奖励应当有所区别。"21世纪以来,古巴不断完善分配制度,实现按劳取酬、多劳多得的分配原则,承认市场产生的多样化收入。同时调整过高的社会福利性分配,逐步减小平均分配财富的比例。2008年劳尔执政后,完善按劳分配的办法,改革工资制度,根据职工的工作业绩和效益来支付工资,取消工资上限,允许职工和大学生兼职。2008年7月,劳尔在古巴人代会上强调说:"人们的收入要与个人的贡献相符,反对平均主义的分配方式""社会主义意味着社会公正与平等,但平等权,属于机会平等,不是收入平等。平等不是平均主义。平均主义最终是另一种形式的剥夺:好的工人被不好的工人剥夺,或者,甚至是较差的工人被无所事事的人剥夺。"2009年10月,古巴加快分配制度改革,减少国家福利,取消了燃气和水费补贴、节日礼品等许多项目。2010年9月,古巴政府决定对国有部门裁员,鼓励裁减人员从事个体经营,并公布了个体从业人员可以从事的178项经济活动。个体经济的扩大,加速了收入分配的多元化。政府鼓励农民承包闲置的土地,开设马列尔发展特区。2011年古共六大通过的《纲要》规定:"我们国家占主导地位的经济体制将继续建立在把社会主义全民所有制作为生产的主要方式的基础之上,必须以各尽所能按劳分配的社会主义分配原则为主。"古共七大通过的《概念化》指出:"实行按照劳动的质量、复杂程度和数量进行分配的社会主义分配原则""根据每个人所提供的劳动的复杂程度、数量和质量分配创造的财富,是社会公平和公正的具体表现,也是让所有熟练的劳动者认识到劳动的必要性的一个重要的激励因素"。"鉴于劳动的数量、质量、复杂性及成果差异,劳动者的收入也不尽相同""合作社成员参与利润的分配根据所提供的劳动的复杂程度、质量和数量""对私人在经营活动中占有他人劳动成果和收益作出规定,以便为社会支持和其他公共开支筹集资金"。"根据法律规定,承认其他非劳动收入,如侨汇、遗产、出售个人财产所得等。同时应考虑建立国家的价格、财政和货币—金融政策",通过税收对非国有的所有制和管理形式中私人占有他人劳动成果进行调控。劳尔在古共七大的讲话中指出："国家货币统一将有助于为克服平均主义的有害影响"，并为实现"各尽所能，按劳分配"的社会主义原则创造条件。2019年宪法第65条规定：劳动的报酬按照劳动的数量和质量支付，这体现了社会主义的分配原则：各尽所能，按劳分配。经过近60年的社会主义建设，在古巴形成了以按劳分配为主体的多种分配方式并存的收入分配格局，极大地推动了古巴的经济和社会发展及民生改善。

2. 以按劳分配为主体的多种分配方式的内涵

在古巴的多种收入分配中存在劳动收入和非劳动收入，劳动收入包括了国有部门的工资、奖金，合作社社员的工资和利润分配，农民承包土地收入，经营管理收入，出售个人发明专利和技术转让收入等。劳动收入体现的是按劳分配原则，与全民所有制经济、合作社所有制经济紧密相连。非劳动收入包括剥削收入即私人所有制企业主剥削雇工获得的收入和非剥削收入，福利性收入，即由政府或企事业单位提供的多种补贴、救济金等；利息收入，即因持债券、银行存款和以其他形式的货币而获得的收入；投资收入，包括股票投资的股息、红利和股票价格涨跌形成的差价收入，期货投资现金收入等；财产收入，即依靠自有财产（如房屋、汽车等）的出租而获得的租金收入；其他收入，如保险赔款、馈赠、遗产、侨汇等收入。非劳动收入反映的是古巴非公有制经济的发展情况及国家的收入政策、金融政策、税收政策、民事法律的情况，体现了国家保障人民福祉的发展目标。古巴实行按劳分配为主体、多种分配方式并存的收入分配制度，因按劳分配以外的其他分配方式在收入分配中所占比例仍然有限，主要包括在上述的非劳动收入中，故在这里就不再介绍了，重点介绍按劳分配制度。

古巴的按劳分配是根据劳动者所提供的劳动的复杂程度、数量和质量获得个人劳动收入，多劳多得，少劳少得，不劳动者不得食。按劳分配把劳动者的劳动贡献与个人收入紧密相连，因劳动者的个人天赋和劳动能力的差别，因而从事劳动复杂程度不同的劳动者及从事相同劳动却贡献不同的劳动者的收入是有差别的，起到了奖勤罚懒、奖优罚劣、鼓励先进、鞭策落后的作用。

古巴的按劳分配政策体现了效率与公平相统一的原则。一方面，按劳分配是多劳多得、优劳多得，劳动的贡献不同获得的收入不同，劳动者的收入是有差距的，这种差距体现的是追求效率。劳尔在2008年2月担任古巴国务委员会主席后，开始在古巴实施工资改革，首次把工资收入与生产效率挂钩；并强调，工资水平的提高必须与个人和各部门对国家经济发展的"贡献"相称。《纲要》也指出："提高生产率，加强纪律，提高薪酬激励和多种激励，消除收入分配和再分配过程中的平均主义。"劳尔在古共六大的报告中指出："这意味着更新经济模式的目的是提高劳动效率和生产力以确保生产水平和在没有补贴的情况下全体公民所获得的基本食物和服务供应是稳定的。"[①] 另一方面，按劳分配体现的是平等而不是搞平均主义，是让劳动者拥有相同劳动获得相同报酬的权利和机会，劳尔认为"平均主义就是不平等，多劳不能多得，不符合按劳分配的社会主义原则""平均主义最终是另一种形式的剥夺：好的工人被不好的工人剥夺，或者，甚至是较差的工人被无所事事的人剥夺。"

按劳分配主要存在于国有部门和合作社。古共六大通过的《纲要》规定："未来主要的经济制度将继续是以社会主义全民所有制作为生产的根本方式，全民所有制单位将是各尽所能按劳分配的社会主义分配原则为主""依据相关法规建立起来的合作社，在纳税之后，决定劳动者的收入分配和利润分成"，合作社的长期职工是根据付出的劳动参与收益分配。个体经营者的收入、私人经济中经营管理者的收入、合资企业中的劳动者的收入等，也与他们的劳动成果挂钩，《纲要》指出："国有企业和非国有经营形式的职工和他们的领导的收入将与他们所取得的劳动成果挂钩""保证劳动者根据他的劳动、劳动产品的数量与质量、提供的服务的质量及生产和劳动效率的情况获得薪水"。按劳分配的主体是企业、预算单位、合作社等，表现形式主要有工资、奖金、合作社的利润分成及经营性劳动收入等。在国有部门和合作社内部，按劳分配不是唯一的收入分配方式，还存在其他收入分配方式。为了增加就业、提高效率和效力、改善民生，古巴政府允许其他收入分配方式存在和发展，如各种补贴、侨汇、房屋出租等。1962年开始实施的日用生活品

[①] 王承就、王莹瑛：《劳尔·卡斯特罗的社会公平思想探析》，《钦州学院学报》2013年第11期。

凭本定量供应，保证了每个公民获得高补贴低价格的基本食物，劳尔执政后开始逐步取消凭本供应等津贴和不当补贴。1993年开始允许私人持有美元合法化和允许美元自由流通，放宽侨民回国和侨汇的限制，让部分古巴公民拥有侨汇收入。

多种分配方式的发展，逐渐拉大了古巴社会的收入差距，引发了收入分配不公。为此，政府采取措施调节收入分配，确保社会公平和和谐稳定。首先，保护合法收入、取缔非法收入。古巴政府在不断完善政策法律，保护租金、利息、侨汇等合法收入，打击受贿、贪污、非法牟利等非法收入。其次，建立社会救助机制，给因工作致残的残疾人、无家庭帮助的人或者遇到危险或受到伤害的人等困难人群创造条件和提供帮助，不放弃任何一个人。最后，通过税收来调节收入分配。税收政策是社会公平的调节器，体现了公平税负和避免收入差距过大的原则。《纲要》规定："税收政策将以税负普及与公平为基础，实施过程中将考虑纳税人的经济能力和地区特征。让高收入者承担更高的税负。此外，税收的目的也是降低居民之间不平等的差距。"[①] 收入越高，纳税越多，保护低收入者，控制财富集中。

二 经济管理方式：以计划经济为主，兼顾市场的作用与特征

计划与市场都是资源配置的手段，社会主义也有市场，资本主义也有计划，计划与市场不是社会主义与资本主义的本质区别。古巴在对计划与市场的认识上经过不断批判与反思，在古共六大、七大的官方文件中把计划与市场作为经济管理方式，认为："党的经济政策须符合这些原则：只有社会主义能够战胜困难和保卫革命成果，更新经济模式最重要的是计划，计划要考虑市场走向""社会主义计划经济体制继续是领导国民经济的主要手段，必须在计划的方法、组织和管理方面做变革。计划将考虑到市场，即影响市场的因素和它们的特征。"

（一）社会主义计划是领导国家经济的主要方式

1. 法律和政策对计划的阐释。社会主义计划经济体制是古巴领导

[①] 王承就、王莹瑛：《劳尔·卡斯特罗的社会公平思想探析》，《钦州学院学报》2013年第11期。

国家经济的主要方式，古巴1976年宪法第16条规定："国家根据经济社会统一发展计划组织、领导和监督国家经济活动；各经济部门和其他社会生产领域的工人要积极自觉地参与经济社会统一发展计划的制定与实施。"宪法还就计划的制定、批准与实施规定了各级人民政权机关的职权，第73条规定全国人民政权代表大会拥有"审议和批准国民经济和社会发展计划"和"批准国家经济计划和领导体制的原则"的职权，第96条规定部长会议拥有"提出国家经济社会发展计划草案，一经全国人民政权代表大会通过，组织、领导和监督计划的执行。"1992年修改后的宪法对计划的要求有所变化，第16条规定："国家根据发展社会经济的统一规划组织、指导和监督国家经济生活，并将巩固社会主义制度，全面地满足社会及公民日益增长的物质和文化需要，全面发展人的个性及其尊严，全面促进国家的发展和安全作为经济发展的目标。国民经济一切部门和社会生活其他领域的劳动者自觉并积极地参加生产和发展计划的制订和执行。"第75条规定全国人民政权代表大会有"讨论和批准国民经济和社会发展计划"和"批准国民经济计划和管理体制的原则"的职权；第98条规定部长会议"提出国家经济和社会发展总计划草案并在全国人民政权代表大会批准后监督计划的执行"；第102条规定"省应与所辖城市共同协调和掌控国家上级机关批准执行的政策、方案和计划"；第105条规定省人民政权代表大会"根据相关国家机关的政策，通过和监督该省计划的执行和收支预算"及"依法参与制定和监督国家预算中涉及位于辖区内的其他实体及其下属机构执行国家预算和经济技术计划"；第106条规定市级人民政权代表大会"根据中央政府各部门做出的规定，通过并监督本级经济社会计划和预算"及"协助辖区内不由其管辖的实体依靠其工会和管理机关完成其生产和服务计划"。2019年重新颁布施行的新宪法进一步完善了计划政策，第18条规定"古巴共和国实行生产资料社会主义全民所有制和计划经济，并根据社会利益来考虑、规范和调整经济"；第19条规定"社会主义计划是国家经济社会发展治理体系的核心组成部分，其基本职能是制定和执行发展战略，寻求资源与需求之间的相互平衡"；第108条规定全国人民政权代表大会"审议和批准经济和社会发展的总体目标以及年度的、短期、中期和长期计划"；第137条规定部长会议"提出国家短期、中期和长期经济社会发展计划草案,一旦经全国人民政权代表大会通过,组织、领导和监督计划的执行";第179条规定省长"按照国家主管机关确定的政策,要求和监督实施经济发展计划和省预算";第184条规定省委员会"批准并监督相应的经济计划和省预算";第191条规定市人民政权代表大会"酌情批准和监督市的经济计划、预算和整体发展计划"。

除法律外,党和国家的政策也在不断完善计划工作。古共六大的文件《纲要》指出:"党的经济政策须符合这些原则:只有社会主义能够战胜困难和保卫革命成果,更新经济模式最重要的是计划,计划要考虑市场走向""新阶段的经济政策要符合只有社会主义能够战胜困难和捍卫革命成果,在经济模式更新中以计划为主而不是市场为主的原则"。"社会主义计划经济体制继续是领导国民经济的主要手段,必须在计划的方法、组织和管理方面做变革。计划将考虑到市场,即影响市场的因素和它们的特征"。"计划将包括国有企业制度、预算业务、国际经济关系、对现有非国有经营形式的调整,各级计划要更加客观。计划的新方法将改变经济监督的形式。地方计划也会考虑这些改变""达到国家经济计划目标与金融和财政政策的规划和承受能力之间的最大协调"。六大的这些规定总结了古巴自实行社会主义计划50多年来的经验与探索,如实际存在的"通过计划体制推动经济运行,重点在对外部门,其计划目标之间未能完全一致,导致比例失衡、企业计划与国家经济计划不一致""经济计划的提出,给出了宏观经济失衡的解决方案和目前效率问题的解决方案,是国家未来发展的必不可少的行动",也借鉴了中国、越南等其他社会主义国家的经验与探索。《纲要》确定的方针政策在实施过程中遇到了不少困难,5年之后,至古共七大召开,313项政策只贯彻了21%,77%尚处于落实阶段,有2%尚未开始落实。古共七大通过的《纲要更新》《概念化》进一步完善了计划政策。《纲要更新》在经济管理模式中指出:"社会主义计划是领导经济的首要手段,会继续改善计划,确保宏观经济平稳和经济社会发展长期目标的实现。承认市场关系的客观存在,市场对计划的影响""经济领导制度包括国有企业制度、预算业务制度、不同形式的国际经济协会、其他形式的所有权和经营权,目的是保证计划体制的完整性",在各方面政策不论是宏观经济政策还是其他具体经济政策中均强调计划的重要性、计划对工作的引导。《概念化》明确指出:"通过长期的经济和社会发展的国家计划以及其他行动朝着完全实现国家的愿景前进:独立、主权、社会主义、民主、繁荣和可持续""社会主义计划是经济和社会发展管理体制的根本组成部分";肯定了全民所有制企业实体在制定、实施和监督计划中的重要作用。《概念化》第三章是经济和社会发展的计划领导,将社会主义计划作为经济和社会发展体制的首位,经济和社会发展的计划领导体制根据社会主义发展考虑市场关系的有效性,调节市场运行,有助于以更加有效和真实的方式让不同所有制和经营方式的经济活动者进入消费和它们的生产和服务市场,根据它们的需要,必须实时优化供应商品的种类和质量。这里,强调了经济和社会发展的计划领导体制要调节市场的运行,发挥市场的作用,是对1976年开始实施的经济领导和计划体制的完善,反映了古巴计划体制的延续性。

古巴从法律和政策层面肯定了社会主义计划经济体制是领导国民经济的主要手段,计划是经济和社会发展管理体制的根本组成部分,计划是领导经济的首要手段,同时强调计划必须考虑到市场的客观存在和市场的特点,尊重市场规律。在经济管理模式中,计划是主导,市场不能成为主导作用。这也充分说明,古巴仍然把计划作为一种重要的经济管理方式,而不是一种资源配置手段,因而也无法从根本上解决因计划管理带来的经济社会发展问题。

2. 计划的实践探索

古巴革命胜利后,古巴革命政府为改变经济落后、经济结构单一且高度依赖美国、社会问题严重的局面,使用有限的人力、物力和财力推动经济社会发展。1960年2月,古巴政府成立中央计划委员会,卡斯特罗总理兼任计划委员会主席,开始了用计划领导经济的体制。中央计划委员会提出了首个五年计划,该计划分两个阶段实施,第一阶段是1961年,第二阶段是1962—1965年的四年计划。1962年,被古巴政府确定为"计划年"。这个五年计划期间,古巴建立起高度集中的并配有计算机的计划系统。古巴领导层在1963年至1966年关于经济发展战略和经济体制的辩论中,双方都主张建立一个合理的、有效的、集中计划的制度,运用数理技术和计算机。双方的分歧在于:格瓦拉主张用一个完善的计划机构完全代替市场的作用，罗德里格斯则主张实施高度集中的计划但要有限度地利用市场的作用。卡斯特罗对这两种主张都不赞成，他在1966年大力削弱了中央计划委员会的权力和职能，放弃了中期计划（只在1962—1965年部分地方试行过），在1965年至1970年，大概年度计划也不搞了，采纳了计划人员以前作出的若干决定，忽视了计算和统计资料，古巴经济领域的重大决定不是由中央计划机构而是由总理及其核心集团作出，通过一连串"微型的""额外的"或者"专项的"计划来付诸实施。[1] 这一政策的实施不仅没有实现预期目标，而且导致古巴整个经济脱节。1970年中，古巴政府加强了中央计划机构，强化计划的作用。1970年12月，古巴和苏联建立了古巴—苏联经济、科学和技术合作委员会，罗德里格斯任委员会古巴方面主席。为实现国内经济合理化及苏联要求用技术观点来对待计划工作，"微型"计划被短期和中期的集中计划所取代，计算机特别是在计划和管理方面的应用得到迅速发展。同时还采用了某些市场手段，以改善投资的分配与使用和管理效能。1971年底，中央计划委员会发表了双年度统计公报。1972年初，中央计划委员会已开始编制1973—1975年的经济计划，该计划将古巴经济纳入经互会成员国已在执行的1971—1975年计划的后三年中。与此同时，中央计划委员会着手编制1973年、1974年和1975年的年度经济计划。1972年4月，古巴—苏联经济、科学和技术合作委员会在莫斯科召开会议，决定提供给古巴一台大型计算机以促进经济计划工作。1973年，苏联又派遣一组技术人员帮助古巴把计算机技术应用于1973—1975年的计划编制。在苏联的帮助下，古巴到1973年有70部计算机在工作，成立了两个计算机中心，并开始制造小型数字计算机，极大地推进了计划工作。古巴从1972年起开始研究1976—1980年的五年计划。

1975年12月的古共一大决定建立经济领导和计划体制，提出了1976—1980年五年计划。卡斯特罗在一大报告中指出：本届大会以后，我国将第一次拥有一个经济发展的五年计划。古巴从1976年开始实施

---

[1] [美]卡梅洛·梅萨—拉戈：《七十年代的古巴——注重实效与体制化》，丁中译，商务印书馆1980年版，第46页。

经济领导和计划体制及第一个五年计划，在1976年至1980年，逐步建立起经济领导和计划体制，加强了中央计划委员会的职权，完善了计划工作的机构、组织、方法、项目等，建立起全国资料收集网及经济活动的分类法和汇编法，增强了计划所用资料的真实性和规范性，提高了计划的效能。卡斯特罗在古共二大的报告中指出："我们为制订计划进行了大量的工作，目前计划已开始行使它在经济活动中的指导作用。我们在选择方法和制订年度计划及五年计划方面取得了进展，目前正在编制到2000年的发展规划。制订计划的组织和安排工作每年都在改进，因此，参加制订计划的企业和劳动者有所增加。投资、成本、利润和赢利率这些项目都列入了计划。我们还为每个部门制定了计划，并为制订地区的计划奠定了必要的组织基础。"① 1981年开始实施第二个五年计划，采取系列措施去全面推广经济领导和计划体制和促进整个经济的发展。但受国内外环境的影响，第二个五年计划完成情况并不理想，新体制的运行也存在不少困难和问题。1986年12月的古共三大通过了《关于完善经济领导和计划体制的决议》，总结了这一体制实施10年来的经验教训，提出了完善这一体制的10项总目标。卡斯特罗在古共三大报告中指出："我们遇到的一个最严重的问题是在我们的经济发展中计划缺乏整体性，特别是在考虑和实行投资的问题上，主要是由各部门的建议来决定的，缺乏集中的、适当的领导。不乏这样的例子：在人口稀疏的工业和农牧业地区，缺少必要的住房来稳定劳动力；像种植酸性水果这样极为重要的农业计划，还存在没有灌溉设施的土地；灌溉系统缺乏水泵或缺少电力来使其运转；一些车间或设备缺乏相应的电力支线；住房区已完工，但缺少城市化的设备，等等""直到最近，工人真正参加行政各级和集体各级制订计划的工作也还没有开始，制订计划的方法仍然是一成不变的，甚至连一个明文规定的监督制度都没有"。② 1994年5月，古巴国务委员会颁布147号法令，将原中央计划委员会改为经济和计划部，取消了原经济领导体制全国委员会，其职能由经济和计划部、财政

---

① [古]菲德尔·卡斯特罗：《在古巴共产党第一、二、三次全国代表大会上的中心报告》，王玫等译，人民出版社1990年版，第245页。
② [古]菲德尔·卡斯特罗：《在古巴共产党第一、二、三次全国代表大会上的中心报告》，王玫等译，人民出版社1990年版，第382、386页。

和价格部及国务委员会秘书处分担。1997年10月召开的古共五大通过的《经济决议》强调:"在经济指导中,计划将起主要作用,尽管在国家的调节下,已给市场机制打开了一个空间。"卡斯特罗在古共五大的闭幕式上指出:"冷酷无情、难以持久的资本主义制度没有前途,因为它是非人道的、混乱的、无政府主义的。因此,谁也别来对我们说:放弃一切计划吧","我们将继续实行我们的纲要、计划,进行必要的权力下放,同时实行必要的监督,以免陷入资本主义的无政府状态,这是它的最大的不幸"。

2006年7月,劳尔开始临时接管古巴最高权力。2008年2月,劳尔正式接替菲德尔·卡斯特罗执政古巴,积极推进经济社会变革,探索什么是社会主义、如何建设社会主义。劳尔在2008年7月11日的讲话中指出:"计划和组织的协调是社会主义的本质。如不协调会发生资本主义特有的最危险的混乱,在资本主义社会,市场的规律最终会建立某种秩序和平衡,但这是以牺牲全世界数十亿人的利益为代价的","在社会主义社会,在经济计划中,必须严格根据所拥有的收入多少来支配资金。我们不能期待2加2等于5,2加2等于4,在社会主义社会,有时候,2加2只有3。"[①] 劳尔在2010年12月18日的讲话中说:"古巴经济的主要特点是计划而不是自由市场,决不允许《纲要》第三点提到的资产的集中。"古共六大通过的《纲要》,七大通过的《纲要更新》《概念化》《到2030年全国经济社会发展计划:国家的建议、轴心和战略部门》,均肯定了计划在古巴社会主义经济社会发展中的地位和作用,计划只能加强而不能削弱,计划承认市场并将市场结合到经济领导和计划体制的运转之中,采取必要措施来调节和规范市场,不能让市场规律在模式更新中起主导作用。

3. 计划的编制与作用

古巴的计划编制是一个经由自上而下、自下而上的循环互动过程。全国性的计划由中央计划委员会拟订,然后征询各部、各联合企业,最后是各农场和工厂的意见,在农场和工厂召开生产会议讨论计划,提出

[①] 徐世澄:《古巴模式的"更新"与拉美左派的崛起》,中国社会科学出版社2013年版,第68页。

修改建议。计划然后循由原路层层上报到中央计划委员会，交由各部长批准，之后再以具体工厂具体指标的形式通过生产渠道下达原单位。各单位自己的发展计划由各单位依据上级的计划或指示，结合自身情况来制订，必须征询广大职工的意见，听取各方面的建议。着眼全局谋划发展，要加深对未来的需求、潜力和挑战的研究，在规划经济和社会发展时，应把人的潜能的培养、评定和综合管理以及在任何情况下科学、技术和创新的作用放在第一位，知识的产生、普及和社会掌握程度以及知识的实际应用，受到必要的鼓励，通过加强长期的发展战略计划扩展计划的内容和范围，以短期和中期计划去保证战略目标的实现。做计划的过程考虑了已有政策和条件，获得了必要的资源，提高了计划的可行性；在模式更新进程中，要求做计划要考虑市场，即考虑人民和企业的需求、出口创汇和进口替代，根据计划好的目标，不同所有制和经营方式的生产者之间的联合和联系的方式被多样化了，民族产品的附加值被专业化和增加了，提高了经济的效率、效力、质量和竞争力，保证了计划的落实。

社会主义计划是领导级别的指导制度，通过计划描绘要达到的目标。社会主义计划以战略发展为重点，是集中式的、参与式的，并且根据各个层级的情况而有所不同。社会主义计划的集中化特征表达了国家代表整个社会的利益自觉引导国家的经济和社会发展进步的可能，以及根据已确定的目标引导所有经济活动者的行为。计划决定和支持实现要达到的主要宗旨和目标以及要获得的财富，有利于推动和巩固我们的社会主义建设和实现社会主义不可逆转。社会主义计划有助于全面和可持续地增强地区发展，克服地区间主要的不均衡；特别是有利于谋划发展战略和发挥地方首创精神，在一个更大的组织自治基础上利用地方的潜力。同样，在城市规划、土地管理、差异化对待山区和其余生态脆弱地区等方面取得进步，也包括缩小城乡差距。计划将在人类可持续进步中发挥作用，全面地衡量它们的意义，在这些计划当中，要强调社会、道德、政治、财经、法律、社会与人口、社区、区域、教育与文化、科技以及保护、保存和理性使用资源和环境等计划。没有计划就没有也不可能有社会主义。

（二）承认市场的客观存在和市场的影响力

古巴在建设社会主义的最初几年，实行了两种经济领导体制，一是在大部分工业部门实行财政预算制，二是在农业、外贸和少部分工业部门实行经济核算制。财政预算制是高度集中的，很少利用经济杠杆、商品关系和物质鼓励的办法。实行经济核算制的农业基层单位有更多的自主权，但因银行贷款的限制使得农业的生产资金得不到保障，需要预算拨款来补贴，故经济核算只是在局部地区很有限的范围内实现过。关于这两种体制哪个更合适的问题，古巴国内展开了讨论，格瓦拉及其拥护者主张实行预算拨款制，采用高度集中的计划办法，完全消灭市场和商品生产，逐步取消货币；经济学家卡洛斯·拉斐尔·罗德里格斯主张实行经济核算制，在中央计划的集中领导下，给企业一定自主权，部分地利用市场的作用。最终，古巴采取了一种新的经济簿记制度。为了实行经济簿记制度，取消了国营企业间的商品形式和购销关系。1967年的第二季度取消了国营企业间的购销关系，新的簿记制度则是在1967年底取代原有的会计制度，国有企业间不再存在市场交换。自从实行簿记制度后，管理干部就不再考虑成本的高低以及整个人力、物力的支持，把注意力完全集中在生产指标上。卡斯特罗在1967年5月的全国小农协会上说：我们要废除那个肮脏的媒介物——货币，实行免费配给物品。从1967年起，免费政策的实行开始进入高潮，1968年至1969年达到顶峰，如运动、电影和本埠电话都免费了。1967年，取消了贷款利息和对农民的征税。1968年，取消了国家预算，代之以用于支付工资、向私营企业发放贷款和与其做买卖的拨款制；同时，把几乎所有的私人小企业、手工业作坊和商店国有化，使这部分产品和服务的市场也不再存在。到1970年前后，古巴除了对外贸易的国际市场外，国内市场几乎不再存在。但古巴国内存在黑市，1963年，黑市的食品价格为官方的三倍至十倍；1970年，黑市商品价格是官价的五倍至十倍，香烟价格是官价的六十倍到七十五倍。导致黑市存在的原因主要是：一方面，古巴自1962年3月12日开始实行食品供给制。革命政府第1015号法律规定：根据国家能够支配的食品，公平分配给每个家庭所需的基本食品，采取凭本供应制度。之后逐步扩大到所有消费品，使得大多数家庭的总收入远远超过需要购买配给物品的所需的费用；加之，最低工资和养老金提高了，教育、医疗、公用电话、水、体育等免费的社会服务扩大了，电、煤气和公共交通等公用事业费用减少了，使得流通中的货币多了。另一方面，国内生产停滞或增加甚少，进口商品减少，原来内销的商品也出口了，消费品极端匮乏。

1975年召开的古共一大决定实行经济领导和计划体制，主要目的是培养和造就经济管理人才，培养干部的经济意识；提高经济效益和劳动生产率，进一步挖掘资源的潜力。卡斯特罗说："这个体制完全注意到了社会主义建设时期的和不以我们的意志和愿望为转移的经济规律，比如价值规律，即指所有企业之间包括国营企业在内，都应建立购销关系；在这种关系以及其他所有经济关系中，都要使用货币、价格、财政、预算、税收、信贷、利息及其他商品形式作为必要手段，来估算生产资金的使用情况，仔细地、一分不差地计算每件产品的成本。这样就可以知道，在什么地方投资对我们最有利，知道哪些企业、哪些单位、哪些部门的工作效率高，哪些工作效率低，应采取什么措施。"[①] 1976年开始实施经济领导和计划体制，把企业作为基本核算单位，扩大企业自主经营权，有权雇用和解雇工人；承认在过渡阶段中商品和货币的地位，注意发挥市场机制的作用。1977年实行新的国家财会制度和国家预算，1979年市级以上单位都制定了预算。整顿了银行，制定了向企业发放短期贷款的制度，恢复各国有企业和单位间的购销关系。允许职工从事第二职业，开设了平行市场。1978年，实行价格、税收和银行（信贷）利息等方面的新制度，同时在选定的企业实行自筹资金的试点计划，1978—1980年，把试点计划扩展到全部企业。从20世纪80年代初开始，古巴巩固和发展经济领导和计划体制的成果，在全国的市（县）、镇开设农民自由市场，开设了季节性的国营农副产品贸易市场，允许农副产品交易。允许个体经济的发展，允许私人买卖房屋，允许出售手工艺品和艺术品。卡斯特罗在古共二大的报告中指出："计划继续发展平行市场，允许出售从食品到工业品等一系列商品，以逐步缩小配给的范围。并在最低收入家庭的消费不受影响的前提下，逐步减少对商

---

① ［古］菲德尔·卡斯特罗：《在古巴共产党第一、二、三次全国代表大会上的中心报告》，王玫等译，人民出版社1990年版，第93—94页。

品出售的限制。"由于新体制的不完善、对市场缺乏应有的监管，古巴出现了贫富不均和非法致富的现象，干部和职工贪污受贿等不法活动增多。卡斯特罗认为已偏离正确道路，决定进行整顿，即开启纠偏进程，关闭了自由市场，禁止房屋买卖，禁止出售手工艺品和艺术品。

20世纪80年代末90年代初，苏联解体、东欧剧变，美国乘机掀起了新一轮反古浪潮，古巴经济陷入严重危机，古巴进入和平时期的特殊阶段。为此，古巴采取了一系列改革开放的措施：肯定与外资合伙的合资企业是古巴经济的一种私有制形式，鼓励其发展；私人持有美元合法化，将只收美元的"外交商店"和"购物中心"向公众开放；再次允许个体经营和建立个体私人企业，扩大个体经济的经营范围；在全国重开农牧业产品市场、工业和手工业品市场，允许个人、集体农民、国营企业和军队的生产单位在完成上交任务后出售自己的多余产品。以上改革开放措施促进了古巴国内市场的发展，到1995年8月，农牧产品自由市场和工业产品、小商品市场的销售额达10亿比索，古巴经济逐渐走出困境。卡斯特罗在1997年古共五大的报告中指出，农业市场在近几年内出售了近40亿比索，市场体系是农业生产的运作机制。卡斯特罗在闭幕式上的讲话中指出："我们不能将经济和社会发展交给盲目的市场规律。盲目的市场法则不会在这里占上风，这并不意味着我们不能应用某种形式的市场。"五大通过的《经济决议》强调："在经济指导中，计划将起主要作用，尽管在国家的调节下，已给市场机制打开了一个空间。"古巴国内对市场的认识仍然把市场与资本主义、贫富分化联系在一起，如认为："市场是一个无人能驾驭的疯狂的野兽"，市场造成了人类最自私、最不平等、最残酷无情的社会制度，搞市场经济会引起贫富分化，破坏人民的团结和社会稳定，会造成一个"充当帝国主义颠覆社会主义的第五纵队"的新富人阶级。因此，古巴对市场采取谨慎的态度，当经济陷入困境时，便采取放权、灵活化的经济政策，经济一经恢复，便出现逆转。2003年开始，古巴因担心贫富差距进一步扩大而又一次限制个体经济发展，使个体劳动者从2001年底的26万多户减至2007年的13.84万户，市场受到极大影响。

2006年8月，劳尔代替病休的菲德尔·卡斯特罗执政，并于2008年2月正式主政，拉开了古巴新一轮变革的序幕。劳尔在2007年7月

26 日发表重要讲话，指出古巴"面临极端困难"，要把党和国家的工作重心从政治思想斗争转移到经济上来，应"进行必要的结构和观念上的变革"。2007 年 9 月、10 月，古巴开展全国大讨论，就其面临的问题及解决办法广泛征求意见，为接下来的改革奠定了思想基础。劳尔认真贯彻农民可把完成定额后多余的农产品拿到市场上自由出售的政策，也放宽了对个体经济的控制。2010 年 9 月 13 日，政府宣布裁减部分国有部门人员去从事个体经济，并于 24 日公布了 178 种个体经济的从业范围，允许其中 83 种雇用劳动力。发展个体经济的措施极大地激发了市场的活力，也在一定程度上改变了古巴人对市场的观念。2011 年召开的古共六大通过的《党和革命经济社会政策纲要》26 次提到"市场"，4 次提到"国内市场"和"全国市场"，多次提及"国外市场"和"国际市场"。《纲要》指出："党的经济政策须符合这些原则：更新经济模式最重要的是计划，计划要考虑市场走向。""新阶段的经济政策要符合只有社会主义能够战胜困难和捍卫革命成果、在经济模式更新中以计划为主而不是市场为主的原则。""社会主义计划经济体制继续是领导国民经济的主要手段，必须在计划的方法、组织和管理方面做变革。计划将考虑到市场，即影响市场的因素和它们的特征。"《纲要》以官方文件的方式肯定了市场的作用，界定了计划与市场的关系，要求建立和发展食品市场，制定和执行保证医药产品和服务出口的市场；恢复和发展海产品出口市场；保证高端产品出口的国际市场；要进行正确的市场分析和产品的国际价格分析；保证工农业产品对大城市、对出口和对国内市场的供应。但《纲要》是从经济管理模式的角度看待市场的，不是从资源配置的手段来界定市场。六大之后，古巴加快了经济社会模式更新的进程。2011 年 5 月政府宣布减免个体户一部分税收。9 月 28 日，政府颁布法令解禁汽车买卖，为私人买卖汽车开绿灯。11 月，银行向个人发放小额贷款，允许房屋买卖和转让，外国人可以居住为目的购买两套房产。12 月，将部分小型国营企业（如理发店、美容店、各种修理店、照相馆等）承包给原店职工，将这些商店职工转为个体户。整个2011 年，政府颁布了与个体户相关的 10 项法令和 60 多项决定，进一步放宽了个体户的政策。允许农民把产品直接卖给酒店和餐馆，国营商店开始向居民出售建房所需的原材料。2012 年 3 月，部长会议批准了建立非农牧业合作社的试点计划,将部分中小型国营企业改制为合作社。7月,全国人大制订新的税收法,体现了对农业生产者和个体劳动者的优惠政策。12月,全国人大修订了劳动法,强化了对非国有部门劳动者权益的保护。2013年5月底,政府宣布向公众提供网络服务,并于6月4日开放了118家网吧,提供国际网络、内部网络和国际电子邮件服务。6月5日,政府发布242号决议,宣布将重组批发行业,包括金属类商品、建材商品等,以更好地服务消费者。[①] 2013年8月,政府出台新法规允许古巴的自然人和法人从事批发贸易;12月19日,古巴第一家农产品批发市场在哈瓦那开业,这是一家合作社性质的企业,带动了类似性质的市场的发展。古共七大通过的《纲要更新》《概念化》进一步肯定了六大及六大以来对于市场的探索,更加明确了市场的地位与作用。《纲要更新》指出:"承认市场关系的客观存在,市场对计划的影响,权衡市场的特征""加强管理和体制框架建设,创造条件允许市场有效、有序地发挥其功能,促进效率、竞争,增进价格的作用""信贷作为推动国家经济活动和巩固国内市场的手段""发展批发市场""继续改革消费品、设备和服务的营销制度,确保产品直接进入市场""最大限度地开发国外市场"。《概念化》指出:"承认市场、调节市场和实现市场的适当运作""经济和社会发展的计划领导体制根据社会主义发展考虑市场关系的有效性,调节市场运行,有助于以更加有效和真实的方式让不同所有制和经营方式的经济活动者进入消费和它们的生产和服务市场,根据它们的需要,必须实时优化供应商品的种类和质量""市场规律的客观存在将从根本上推动生产力发展水平、劳动的社会分工以及不同所有制和经营方式的共同存在","调节市场机制是国家和政府的一项基本职能,目的是把市场机制融入领导我们的社会主义建设和促进发展的原则中""经济合同被用作为经济管理、市场调节和监督的一种有效工具"。古共七大通过的文件承认、肯定了市场机制和市场规律对社会主义经济社会发展的作用,把政府调节市场视为国家和政府的职能,通过政府调节去遏制市场的消极作用,表明古巴政府对

[①] 毛相麟、杨建民:《劳尔主政古巴的七年及前景》,《当代世界社会主义问题》2013年第4期。

市场的认识有新的突破。

古巴社会主义建设的 60 多年中，国内市场的发展经历了从取消市场到有限地利用开放市场、从限制市场到逐步开放市场、从限制市场到承认、发展和调节市场的曲折过程，在 2010 年之前，放开国内市场多是缓解人民生活困难的权宜之计。到目前为止，古巴仍然宣称不会搞市场经济，古巴著名经济学家、前部长会议副主席兼经济与计划部长何塞·路易斯·罗德里格斯认为："古巴不搞社会主义市场经济""历史表明，所谓市场社会主义最后只剩下市场，没有社会主义"。[①] 在古巴经济社会模式更新进程中，随着合作社、个体经营者及中、小、微私营企业及混合所有制企业的发展，市场活动愈发频繁，市场日趋活跃，市场与人民群众的生活日益密切，古巴实际上已经向社会主义市场经济迈出了第一步。

三　宏观经济政策

（一）宏观经济政策的总的指导方针

根据《纲要更新》的规定，古巴在经济社会模式更新中所采取的宏观经济政策的总指导思想包括以下几个方面：

1. 保证宏观经济总体平衡，实现财政、货币和金融等宏观经济环境稳定和可持续，按照保证国家优先发展的重点和经济持续增长的原则有效配置资源，达到国家经济计划目标与金融和财政政策的规划和承受能力之间的最大协调。

2. 加强古巴比索的货币功能，目的是增强其作用，发挥其在国家的货币和金融体制中的主导作用。在相关的经济行为中通过使可兑换货币的收支保持恰当的关系，达到外部金融的平衡。

3. 加强管理和体制框架及其他条件建设，允许市场有效、有序地发挥其功能，促进效率、竞争，增进价格的作用。

4. 加强有效、有偿付能力的和多样化的金融系统建设，保证经济社会发展国家计划所预见的结构性改革进程的金融可持续性。

[①] 徐世澄：《从古共六大到共古共七大：古巴社会主义模式的更新》，《拉丁美洲研究》2016 年第 5 期。

5. 在劳动生产率的增长与劳动者的平均收入增长间的关系中，既不能破坏内部金融平衡也不能损害国民经济的效率。逐步增强劳动收入的购买力，保持宏观经济的总体平衡和经济发展需要的资本重组的优先地位。

6. 实现国内生产总值和国家财富的不断增长，使之保持可持续发展的水平，促进人民福利的改善、社会公平公正。确保创造的财富在直接消费和积累之间进行合理分配。同样，要在个人收入中已消费的资金和社会消费基金之间建立一种关系，促进劳动生产率。

7. 通过提高科学、技术和创新在经济和社会发展中的影响以及采用生产要素的新的使用标准、生产的管理和组织的模式，促使生产力和所有经济部门的效率达到更高水平。

8. 以效率的持续提高作为经济发展的基础，逐步实现降低国家给的补贴和其他转移支付的水平，尽可能改进居民的基本产品和服务的供给。

9. 在国内生产所需的进口零部件与经济的创外汇收入能力间保持一种恰当的关系。

10. 改善和增强经济领导体制中宏观经济指标的使用，把它作为制定和监督经济计划的根本要素。①

（二）金融政策

1. 金融机构。古巴国家银行是古巴的中央银行，成立于1948年，负责协调和管理古巴金融体系中的所有银行。1959年11月26日，部长会议任命埃内斯托·切·格瓦拉为古巴国家银行行长，并授予他财政部长的全部权力。格瓦拉接任国家银行行长后宣布继续执行国家既定的金融财政政策，并于11月下旬开始对所有私营银行实行国有化，到1960年10月私营银行全部收归国有。1961年，古巴把古巴国家银行变成中央政府的直属机构，扩大了其职能，赋予它负责国内外财政金融业务并兼有中央银行和投资、外贸和储蓄银行的功能，还负有制定和颁布国家有关金融方面的政策和法规的任务。1961年古巴国家银行掌管了

---

① Documentos del 7mo. Congreso del Partido, http://www.granma.cu/file/pdf/gaceta/último%20PDF%2032.pdf.

古巴全部银行业务，把业务扩展到了所有地区，为集中货币资金和实施财政计划创造了条件。1975年10月，世界上200多家最大银行的代表在哈瓦那集会，庆祝古巴国家银行成立25周年，表明古巴国家银行在国际上得到了同行的认可，赢得了声誉。到20世纪80年代，古巴国家银行在国内拥有259个分支机构，同国外450多家银行有业务联系。

1994年前，古巴金融体系由以下银行组成：古巴国家银行（中央银行兼商业银行）、人民储蓄银行、国际金融银行、国际商业银行及两家荷兰银行即荷兰商业银行和荷兰加勒比银行的代表处。自1994年开始，古巴进行金融改革。1995—1996年，全国银行体系实行现代化和自动化，为500多家分行配置了电脑，1997—1998年200多家银行办事处实现了联网。1997年5月28日，古巴颁布172号法令，成立古巴中央银行，其基本职能包括：发行货币并维护其币值稳定；外汇储备与外债管理，保持汇率稳定；制定并实施货币政策，维持宏观经济秩序，实现宏观经济增长目标；制定法规，监督并调控银行体系运作；实施巴塞尔协议等国际银行业标准与规则等。此外，古巴中央银行还具有两项古巴央行特有的任务，一是促进金融体系的发展，以适应提高市场效率、劳动生产率和发展经济的要求；二是对外金融关系的正常化，通过与外国中央银行、出口信用保险公司和官方或非官方金融机构发展关系，支持古巴金融机构和企业的信用管理。中央银行成立银行监督局，负责审理境内金融机构营业申请、制定金融监管的法规、实施金融监管、发布金融风险信息，保证金融体系的健康运行。古巴国家银行成为商业银行，不再承担原有的中央银行职能，主要承办对国家有重大影响项目的贷款、转贷或担保业务，开具、承兑、贴现、担保、议付汇票、本票、支票或其他贸易相关单证等，不办理存款和储蓄业务。1998年，古巴新成立4家银行，有英国、荷兰、加拿大、西班牙、法国、墨西哥等国的11家银行在古巴设立代表处。截至2013年，古巴共有9家商业银行、15家非银行金融机构、11家外资银行代表处和4家外资非银行金融机构代表处，有498台自动柜员机投入正常使用。古共六大以来，随着经济社会模式更新的推进，古巴的商业银行放宽了贷款业务，小农户可以向金融机构申请贷款购买或维修生产设备和工具，以及进行其他提高农业生产率的活动；个体户也可以申请贷款购买物资和消费品；个人也可以申请贷款建造个人住宅。①

2. 货币和汇率

古巴的货币单位是比索（Peso），创始于1914年。古巴革命胜利后，古巴政府仍将比索作为古巴的法定货币，规定由中央银行发行。当时发行了面值有1比索、3比索、5比索、10比索、20比索、50比索和100比索的纸币。2014年8月，古巴中央银行发行了面值20比索、50比索和100比索的新纸币。自2015年2月1日起，古巴中央银行又开始发行面值200比索、500比索和1000比索的纸币。硬币有1比索、3比索和5比索，辅币有1分、2分、5分和20分，1比索等于100分。古巴有两套货币系统，一个是可兑换比索（Cuban Convertible Peso, CUC），另一个是古巴比索（Cuban Peso，符号：Cu. Pes.，标准符号：CUP）。可兑换比索类似外汇券，是和美元绑定的。2011—2015年，古巴可兑换比索与美元的汇率是1∶1，可兑换比索与比索的汇率是1∶24。

1914年11月7日，古巴比索钉住美元，并与美元等值。从1961年至1974年，古巴比索钉住英镑。1978年6月15日，古巴比索开始浮动。20世纪80年代以来，古巴比索随着美元经历的一个大起大落的过程亦不断发生变化。1993年8月，古巴政府以法令的形式允许美元在古巴国内自由流通，目的是要将一部分私人手中和市场上非法流通的美元收回到国家手中，刺激美元流入国内。为此，政府将只收美元的外交商店和购物中心向公众开放，放宽了古侨回国和携带美元的限制，允许私人在银行储蓄外汇。2004年10月25日，卡斯特罗宣布，从11月8日起中止美元在古巴市场上流通，代之以可兑换比索。古巴自市场上出现了比索和可兑换比索两种货币，古巴人的工资收入和日常消费均以比索结算，涉外酒店及其他服务中心只能使用可兑换比索。古巴自实行经济社会模式更新以来，比索流通范围越来越小，越来越局限于农贸市场，而绝大部分消费场所如商店、超市、饭店、酒吧和咖啡厅等使用的都是可兑换比索。2013年10月22日，古巴政府宣布启动货币和汇率并轨进程，逐步改变货币双轨制，建立统一的汇率，以提高效率、提高

---

① 徐世澄、贺钦：《古巴》，社会科学文献出版社2018年版，第191—194页。

经济成果测算准确度、刺激出口和进口替代等生产部门的发展。这样，使用可兑换比索消费的场所也可使用比索，使用比索消费的场所也可使用可兑换比索，汇率参照市场价 24 比索换 1 可兑换比索。2020 年 12 月 10 日，古巴国家主席迪亚斯·卡内尔通过古巴国家电视台和广播电台宣布，古巴将从 2021 年 1 月 1 日起正式取消货币双轨制，恢复单一汇率，汇率为 1 美元 = 24 比索。取消货币和汇率体系双轨制，有利于推动其他经济领域的改革，确保公民享有更平等的机会和权利，为古巴社会主义经济和社会模式更新进程提供更好的条件。

　　根据货币流通规律的要求，政府需随着社会经济发展而不断地调整投放和回笼货币，自觉地调节货币流通，有效抑制通货膨胀或通货紧缩。古巴革命胜利后，一方面，政府实行充分就业、最低工资和提高养老金，扩大免费社会服务，减少其他公用事业费用，使居民可支配收入增加；另一方面，因国内市场停滞或增加甚少，进口减少，出口增加，使得消费品的供应受到消极影响。致使 1961 年以来，古巴就一直存在螺旋式上升的通货膨胀，到 1970 年过剩货币达三十四亿七千八百万比索，且全体居民的总收入几乎超过可供物品价值的两倍，致使黑市盛行，黑市商品价格暴涨，如黑市香烟价格是官价的 60 倍到 75 倍。为减少流通中的货币，古巴采取了一系列减少需求和增加供应的措施，流通货币的数量在 1971 年下半年开始下降，到 1973 年末回笼的货币总量达十二亿三千万比索，货币剩余与居民总收入的比率从 1970 年的 0.87 下降到 1973 年的 0.47。[①] 在 1976—1980 年，古巴政府制订了货币计划，对流通货币进行计划、监督和分析。2008 年以来，古巴加强了对货币和金融政策管控，更加注重货币发行规则和分析工具，确保货币和汇率政策促进经济社会发展。

　　3. 现行的总的金融政策

　　根据古共七大通过的《纲要更新》的规定，古巴现行的金融政策主要包括以下几方面：

　　（1）短期、中期和长期的金融计划应该从整体上达到内部和外部

[①] ［美］卡梅洛·梅萨—拉戈：《七十年代的古巴——注重实效与体制化》，丁中译，商务印书馆 1980 年版，第 59—63 页。

的金融平衡。

（2）调节计划中确定的流通中的货币量，目的是有助于实现货币的兑换、购买力的稳定，进而实现经济的有序增长。

（3）建立货币发行的合适的规则，适时使用分析工具对货币进行测量和监管。

（4）增强货币政策工具的使用以管理形势的失衡，实现国家货币的有序化和计划中确立的目标的实现。

（5）构建一个更加合理的利率制度，同样要建立起一些能够使利率成为经济领导的一种重要工具的机制。

（6）使有购买力的居民的货币量的增加与国家的吸收能力相符，也让运行的可能性与计划模式相连，继续成为实现货币稳定和在该部门交换的可靠工具，发展必要的条件去重新恢复社会主义分配法律的运转，"各尽所能，按劳分配"。

（7）信贷作为推动国家经济活动和巩固国内市场的手段，实施定向信贷政策给予这些能促进国内生产及其他能够确保经济和社会发展的业务以必要的支持。

（8）增加居民信贷供应，并使之多元化，对国家条件允许的居民扩大和提供多样化信贷供应。建立一些机构和创造一些必不可少的条件保证贷款和还贷的灵活性。

（9）对居民扩大和提供多样化银行产品的供给，以鼓励储蓄和获得金融服务。要确保存贷款利率之间保持一种合理的关系。

（10）针对非国有经营方式完善必要的银行服务，帮助它们良性运转，特别是引导它们发展农牧业。

（11）巩固金融系统的调节和监督机制，以防在当前的经济环境下金融活动的风险增加。

（12）提速支付系统和金融系统的发展，目的是建立一个有效透明的支付基础。为达到这些目标需要银行业的发展。

（13）考虑到劳动生产率和分配与再分配机制的成效，结束货币统一的进程，使之变成国家货币政策的一个决定性措施。

（14）加快创新不同的经济部门更有效地获取外汇的机制，为经济运行提供方便。①

(三) 财经政策

古巴革命胜利后，革命政府首任财政部长是鲁福·洛佩斯·弗雷斯克特。埃内斯托·切·格瓦拉于 1959 年 11 月 26 日担任古巴国家银行行长并被授予财政部长的全部权力，主持建立了财政预算制，强调控制成本，主张把采用同一工艺的厂家组合成联合企业，对企业实行严格的监督管理。财政预算制是高度集中的，很少利用经济杠杆、商品关系和物质鼓励。财政预算制的实施，为之后实行中央统一计划、层层建立基金统计和财会制度、集中使用有限的技术人员以及现代监督管理技术等奠定了重要基础。1965 年底取消了财政部，重建国家银行。1968 年，取消了财政预算。1975 年召开的古共一大决定实行经济领导和计划体制，实行这一体制后需要再建立价格委员会、财政部、仲裁委员会等机构。一大后，古巴"设立了国家财政委员会，从 1979 年起，市级以上单位都制定了预算。批准了国家预算组织法，确定了预算中企业交纳的和来自其他途径的资金份额。各企业自己制订财政计划，执行财经纪律。我们建立了全国财会系统，规定了借贷利率，颁布了有关资金借贷的规章。"② 1981—1985 年，大部分时间内，预算是一个被动的工具，不是起调节作用，而是脱离计划的物质方面去适应不应有的社会费用和社会浪费，对于是否向国家作出贡献，要求企业不严格。③ 在 1994 年前，古巴没有成立财政部，国家财政收支计划由中央计划委员会制订。1994 年，古巴政府机构进行改革，中央计划委员会被取消，成立财政和价格部接管其负责的财政功能。财政和价格部是国家中央行政管理机构，负责制定、实施和监督国家的财政、金融、税务、价格、审计和保险政策，领导和监督公共财政的组织和资金的使用，对国有金融机构进行政策指导，使用各类金融资源。1999 年 4 月，古巴颁布了第 192 号

---

① Documentos del 7mo. Congreso del Partido, http://www.granma.cu/file/pdf/gaceta/último%20PDF%2032.pdf.

② [古] 菲德尔·卡斯特罗:《在古巴共产党第一、二、三次全国代表大会上的中心报告》，王玫等译，人民出版社 1990 年版，第 246 页。

③ [古] 菲德尔·卡斯特罗:《在古巴共产党第一、二、三次全国代表大会上的中心报告》，王玫等译，人民出版社 1990 年版，第 386 页。

法令，即《国家金融管理法令》，取代了自1980年起生效的第29号法令，即《国家预算组织法》。《国家金融管理法令》明确规定了国家金融管理的原则、标准、体系、机构和管理程序，使国家能够获得公共资金并将它用于国家的目标，以满足社会集体的需要，这一法令包括税收、预算、国库、公共信贷和政府簿记体系。

古巴的国家财政预算分为三大块：中央政府预算、社会保险预算和省级预算（包括省级和市级预算），约200种。每年的5—6月，古巴部长会议公布国家财政预算的准则和重点，财政和价格部在此基础上根据各部门和各地区的特点制定具体的准则，中央和省预算的相关机构根据这些准则编制预算草案，在10月将草案提交财政和价格部，由财政和价格部汇总后制定全国的总预算草案，提交部长会议。部长会议经过分析、修改再将预算草案提交给全国人民政权代表大会讨论通过。古巴的财政预算收入包括税收收入和非税收收入。1995年以来，税收收入一般占财政收入的60%—75%。古巴的财政支出主要有：经常开支、企业亏空补贴、价格补贴、对合作生产基层单位的补贴、投资等。古巴2014年财政收入为470亿比索，占国内生产总值的56.8%；支出490.15亿比索，占国内生产总值的59.2%；财政赤字为20.15亿比索。2016年古巴财政赤字占国内生产总值的5.8%。

古巴于1994年颁布《税收制度法》，规定了应缴纳的11种税：公司所得税、个人所得税、销售税、产品特别税、公共服务税、财产或某些财产税、地面运输税、财产转移和遗产税、印花税、劳动力使用税、自然资源利用和开发以及环境保护税。还规定了社会保险费和3种税率：过路费税率、机场对旅客的服务费（机场税）税率、商业广告和宣传税税率。古巴革命胜利后一直没有征收个人所得税，《税收制度法》的此次税收改革中增加了公司所得税与个人所得税，过去只对合资企业和股份公司征收公司所得税，此后将对所有企业含个体户征收公司所得税，税率为35%。对个人收入实行5%—50%的累进税率，年收入在0—3000比索之间的，征收5%；年收入在60000比索以上的，征收50%。1996年，古巴为减少收入差距，开始实行个人外汇收入所得税制。截至2003年，古巴实际上没有对领比索工资的广大工薪阶层征收个人所得税，只对个体户的商业收入和在某些行业工作有外汇收入者征收个人所得税。2010年，古巴个人所得税仅占GDP总量的0.9%；2010—2014年，古巴个人所得税占GDP总量的1.6%。为适应经济社会模式更新的需要，古巴自2013年开始实行全面税收制，实施包括遗产税、环境税、消费税、交通税、农场土地税及多种许可费用等19项新税法。新税法规定，1994年通过的个人所得税浮动标准仍然有效；年收入1万比索的居民，将被征收15%的所得税；年收入5万比索的居民，将被征收50%的所得税。新税法还包含了一系列旨在提高劳动者积极性的减税政策。①

根据古共七大通过的《纲要更新》的规定，古巴现行的财政政策主要包括以下几方面：

1.考虑到我们经济模式的特殊性，财政政策将应该有助于经济效率和国家预算收入的持续增长，目的是保障各个计划层面的公共消费和保持适当的金融平衡。

2.批准税收制度是收入再分配的组成部分，以税负的普遍性和公平性为基础。同时，税收制度有助于通过采取指导性政策去完善经济模式，需要考虑到地区的特点。

3.完善机制，保证国家预算的融资要求与金融平衡相符，保证预算赤字所承担公共债务的规模将控制在经济容量所产生的未来收入可能会偿还债务的范围内。

4.发展公共债务市场，目的是增强财政赤字融资的真实性。

5.完善和扩大在生产部门的国家预算的财政投资机制，保障它会是盈利的。

6.完善和扩大预算资金给那些所要求的业务活动以财政支持，促进国家经济社会发展盈利。

7.继续加大使用财政激励，推动非国有经营方式的有序发展。

8.完善财政激励的使用，推动重要经济部门的国内生产，特别是出口创汇和进口替代部门的生产，推动地方发展和保护生态环境。

9.发挥关税在经济模式中的作用，优先考虑关税优惠和被认为是合适的折扣制度，降低出口创汇和应当盈利的进口替代产品的基数。

---

① 徐世澄、贺钦：《古巴》，社会科学文献出版社2018年版，第188—190页。

10. 在充分履行纳税义务中，鼓励纳税文化和国家的居民、法人单位和非国有经营方式的社会责任，以发展进行社会消费需纳税的公民价值观和高水平的财政纪律。

11. 采取法律手段以促进国家公共财政更加有序运行。

12. 完善计划程序，提升对国家预算的财政资源使用的监管，既包括收入也包括支出。

13. 完善税收收取的管理，增强财政监督。简化税收支出的程序，不损害不同地区纳税人的税负。[①]

（四）价格政策

古巴革命政府通过两次土地改革使土地变成国营人民农场或合作社所有或个体农民所有，其中国有土地占70%，合作社和个体农民占30%。通过对本国企业和外国企业的国有化，建立起社会主义国有企业。1968年实行的革命攻势对剩下的私有成分实行国有化，消灭了城市中的私有经济。关于如何管理国营企业，古巴想搞出一套自己的办法。古巴领导人认为：国营企业之间采取"商品形式和购销关系"，"资本主义味太浓"。古巴在1962年开始实施的工业化中，实行高度集中制的财政预算制，很少运用经济杠杆和商品关系，每个企业负责自己的预算和指标，所有企业把销售收入全部上交工业部，业务上需要的资金由工业部统一拨发，各个企业不管钱。因此，企业关注的是预算和指标，并不关注成本和产品价格。1967年的第二季度取消了国营企业间的购销关系，国有企业间不再存在市场交换，企业更加忽略产品价格。在居民基本生活用品方面，古巴政府从1962年开始对城市居民的基本消费品实行凭本定量低价供应和分配，主要包括大米、面包、黑豆、肉类、鸡蛋、鱼、白糖、咖啡、植物油、牛奶、盐、肥皂、香烟、雪茄、卫生纸、衣服、鞋等。定量供应的物质种类、数量在不同时期根据实际情况进行适当的调整，供应物质由政府统一定价，因政府给予了大量补贴，供应物质的价格倒挂，没有反映其价值，在1962—1981年凭本供应物质的价格和农产品收购价格没有变动。

---

① Documentos del 7mo. Congreso del Partido, http://www. granma. cu/file/pdf/gaceta/último%20PDF%2032. pdf.

古巴于1976年开始实行经济领导和计划体制，利用价值规律和其他经济杠杆来调节经济，建立了国家价格委员会，对商品价格和收费价格进行了初步的检查和整顿。1977年，实行国家经济核算制度、国家预算和建立企业间的购销关系；1978年，实行价格、税收和银行—信贷—利息等方面的新制度，实行加税和折扣制度，以便商店和饭店能够进行经济核算；制定了对成本进行计划、核算和检查的条例。同时在选定的企业实行自筹资金的试点计划，试点计划在1978—1980年扩展到全部企业。1981年12月14日，古巴政府颁布了《关于零售商品价格改革方案》，为减轻政府在物价补贴上的财政负担，提高了1510种生活必需品的零售价格，对批发价格也做了相应调整。此外，还提高了邮资以及饭店、旅馆、游乐场所的费用，取消了部分服务项目多年来一直免费的政策。与此同时，还采取了一些其他的价格改革措施，如提高部分农产品的收购价格、健全平行市场的价格体系等。古巴进入和平时期的特殊阶段后，因经济下滑不能满足居民的消费需求，导致黑市曾一度十分猖獗，同一商品的黑市价往往是凭本定量供应价的几倍、几十倍。为此，政府于1992年调整了商品的批发价，使之接近国际市场价格。1994年5月，政府将物价补贴改为对低收入者的生活补贴。1994年中，政府颁布法令提高商品的零售价。政府在1994年开放了农牧业产品自由市场，自由市场交易的农产品和食品价格由市场供求关系决定。劳尔执政古巴之后，推行经济社会模式更新，打破平均主义，提高效率，从2010年开始逐步取消了部分日用品的凭本供应，如肥皂、香皂、牙膏、洗衣粉、土豆、香烟等。定量供应不能满足需要的部分，只能在市场上或外汇商店购买，其价格高于定量供应价。更新经济模式中，允许非国有私有制形式的发展，进一步扩大了自由市场的范围和市场交易的商品，市场供求关系决定价格的机制正在不断扩大，市场价日益成为私人经济、人们生活的重要部分。

  古巴目前的商品和劳务有以下几种价格。一是平价即低价，指凭本定量供应的基本消费品价格，可用比索购买。二是议价。国家开设了国营议价工业品商店，居民可用比索在这里以较高的价格购买不用凭本供应的日用工业品，其价格高于定量供应品，低于外汇商店的商品。三是市场价。在农牧产品市场、手工业品市场和个体经营的餐饮店及劳务市场，居民可用比索、外币兑换券或美元根据市场价格购买农产品、手工业品等商品或用餐、理发、美容、修理等。四是国营外汇商店价。古巴的外汇商店原来只允许外国人在那里购物，自1993年个人持有美元合法化后，古巴人也可以在外汇商店用美元或与美元等值的外币兑换券购物，外汇商店的商品价格很高，但在那里可以买到在其他商店买不到的紧俏商品。[①]

根据古共七大通过的《纲要更新》的规定，古巴现行的价格政策主要包括以下几方面：

1. 建立一套可以正确衡量经济行为的价格制度，激励生产、效率、出口和进口替代的增长，也对生产者传递市场信号。

2. 集中维持将能够保障社会政策和居民基本生活必需品的基本产品和服务的批发和零售价格稳定。

3. 从国家行政手段的直接和间接监督方面保证批发和零售价格，实现零售价是批发价的延续，确保质量与价格相符。

4. 继续进一步完善个人和产品的非补贴原则，也完善取消补贴的原则。为确保那些被确定的产品或需要大量使用的服务的供应，某些补贴将仍被保持。

5. 批发价应成为经济中资源配置的主要手段，减少行政机制的使用。

6. 作为帮助国家调节构成部分的零售价格，应当是批发价的延续，也包括商业利润和与之相符的税负。

四　对外经济关系

（一）对外贸易

古巴革命胜利前，对外贸易被民族资本家和外国资本家的企业所垄断，约70%的贸易是同美国进行的，约四分之三的进口来自美国，约三分之二的出口运往美国。1960年，古巴设立外贸银行负责一切外贸业务，工业企业所需设备和原材料由国家统一进口，集中分配使用。古巴1961年的964号法令规定成立了对外贸易部，成为唯一领导对外贸易的机构。在20世纪60年代，受美国对古巴进行经济封锁的影响，除

[①] 徐世澄、贺钦：《古巴》，社会科学文献出版社2018年版，第219—221页。

加拿大和墨西哥同古巴保持形式上的贸易关系外，其他美洲国家都中止了同古巴的贸易往来，欧洲绝大多数国家也中断了与古巴的贸易关系。为摆脱美国经济封锁和贸易禁运的困境，在1961年至1989年，古巴采取了以发展同苏联和东欧国家的经济关系为主、同西方国家的经济关系为辅的对外经济政策。1963年，古巴接受苏联的"国际劳动分工"论，主要依靠发展蔗糖出口苏联以交换自己必需的技术设备和消费品。古巴于1972年加入"经互会"后，古巴经济纳入苏东一体化轨道，苏联和东欧国家成为古巴对外贸易主要对象国。在苏东一体化中，古巴一方面是想通过使双方的经济合作关系体制化，以此抵消或缓和世界经济危机对古巴经济的冲击，至少保证和稳定进出口贸易这一关系国计民生的经济命脉。古巴力图通过经互会内的"国际劳动分工"和"生产专业化"，来确保蔗糖、镍和热带水果生产和出口的发展，满足各种进口需求。另一方面，依靠经互会的资金和技术力量对国民经济进行综合改造，建立符合本国经济发展需要的现代化国民经济体系。在1976—1980年中，同社会主义国家的贸易往来有所增加，从资本主义阵营的进口量有所减少。经互会成员国在古巴的外贸总额中的比例从1975年的56%，上升到1979年的78%，苏联从48%提高到67%。在与经互会的合作中，与经互会国家签订了货款、价格、五年计划的协调、原料的保障及燃料的供应等系列协定，古巴着重实施了发展蔗糖、酸性水果、镍、食糖工业、机械和设备生产的计划以及发展计算机、地质勘探和科学技术的计划，加入了经互会的银行体系，参加了其他经互会成员国的各种多边发展计划。1981—1985年，为了进一步发展经济一体化，经互会各成员国向古巴提供了广阔的市场和优惠的条件，古巴整个出口中，向社会主义阵营的出口占85.4%，从社会主义阵营进口占整个进口的84%，从资本主义国家的进口量占总进口量从1976—1980年的26%下降到1981—1985年的16%。在制订1986—1990年的五年计划时，把加速国家工业化进程作为经济的主要目标，把增加出口并使其多样化、进口替代特别是替代从资本主义国家进口的产品、节约原料特别是在节约进口原料的基础上提高社会生产效益等，作为实现工业化的重要因素。在发展同经互会国家对外关系的同时，古巴积极改善与拉美和西方国家的关系。1974年，阿根廷、巴巴多斯、委内瑞拉、牙买加、圭亚那和哥伦比亚等拉美国家冲破美国的禁令，先后同古巴恢复外交关系，巴拿马、特立尼达和多巴哥、巴哈马、洪都拉斯和厄瓜多尔也同古巴实现了正常的外交关系，古巴同整个拉美的关系缓和。20世纪70年代中期，法国、意大利和英国等西欧国家与古巴建立了经济与科技合作政府间委员会，日本、加拿大和北欧等国家也提供贷款，在经济合作、教育、卫生等方面开展对话交流。古巴1982年颁布施行的外国投资法，把利用外资引进西方技术同促进出口商品生产和发展创汇结合起来，加强了与西方国家的经济合作关系。卡斯特罗说："革命以来，我国外贸年均增长率达到百分之七，但增长速度不均匀，1970年至1974年增长最快。对外贸易的主要对象是苏联和其他社会主义国家。"古巴同苏联的贸易额在古巴外贸中所占比重从1960年的15.5%大幅上升到1987年的72%，1987年古巴同包括苏联在内的经互会的贸易占古巴外贸总额的86.6%。古巴同西方国家的贸易额1970年为6.7亿比索，1975年为24.6亿比索，1980年为21.8亿比索。

苏联解体、东欧剧变后，古巴采取更加灵活多样的对外贸易政策。古巴积极同俄罗斯恢复经济合作关系，1995年5月古俄两国签署了古巴用100万吨糖换取俄罗斯300万吨石油的协议。1995年10月，古俄两国签署了1996—1998年贸易议定书，规定1996年俄罗斯以450万吨石油换取古巴150万吨糖；还签署了关于加深两国企业在旅游、运输和轻工业方面合作的议定书。1995年古俄贸易4.67亿美元，1996年为8.77亿美元，2007年为3.63亿美元，2011年为2.24亿美元，2012年为2.72亿美元。2019年俄罗斯是古巴第三大贸易伙伴，俄罗斯对古出口2017年为4.14亿美元，2018年达到4.4亿美元。古巴把重返拉美作为对外政策和对外经济关系的重点，同墨西哥、委内瑞拉、阿根廷等国家的经贸关系逐步扩大，古巴于1994年加入加勒比国家联盟，2010年加入拉美和加勒比共同体，与拉美和加勒比共同体国家的经贸关系进一步密切。2015年，古巴与墨西哥的贸易额达5亿美元。2008年，古巴同委内瑞拉的贸易额达52.8亿美元；自21世纪初至2014年委内瑞拉每天向古巴提供约10.5万桶廉价石油，满足古巴60%的能源消费需要；2012年委内瑞拉占古巴进出口的44%，2013年占35%。1992年以来古巴积极发展与中国的关系，两国国家领导人频繁互访，深化了双边关系，两国贸易、经济合作也不断加强，1996年古巴与中国的贸易改为现汇贸易，部分企业间开展协调易货贸易，贸易额为2.38亿美元。中国目前成为古巴的第二大贸易伙伴，古巴是中国在加勒比地区的第一大贸易伙伴。2016年中古贸易额达20.6亿美元。自20世纪90年代特别是进入21世纪以来，古巴同欧盟、亚洲、非洲等地区的国家经贸关系在不断改善，从下表中古巴主要进出口对象国的情况可见一二。

2010—2015年古巴主要进出口对象国[1]　　　　　单位：千比索

国家	2010年	2011年	2012年	2013年	2014年	2015年
委内瑞拉	6018601	8175184	8562849	7067299	7258308	4231993
中国	1903809	2059611	1695900	1877289	1635920	2599164
西班牙	946122	1184428	1156086	1397761	1165673	1334063
加拿大	935422	1197429	938295	912986	933233	726755
巴西	502197	725932	756230	694820	650736	690831
荷兰	414416	727987	791811	543902	575514	359227
美国	406203	434383	509046	401971	314767	180806
墨西哥	377971	474262	510611	529880	459028	474581
意大利	330230	439195	413582	516079	420698	452095
越南	269124	313779	198208	214084	269394	252277
俄罗斯	284692	280158	341228	203174	193326	187974
德国	297663	326144	354135	425267	378120	406703
法国	296293	367454	387726	454667	338740	255967
阿尔及利亚	214139	321081	341510	309646	294694	196025

2016—2019年古巴主要进出口对象国[2]　　　　　单位：千比索

国家	2016年	2017年	2018年	2019年
委内瑞拉	2224853	2213943	3103825	2031988
中国	2585516	2023509	2000990	1671105

---

[1] 徐世澄、贺钦：《古巴》，社会科学文献出版社2018年版，第199页。
[2] 数据来源于 http://www.onei.gob.cu/node/15006。

续表

国家	2016 年	2017 年	2018 年	2019 年
西班牙	1311324	1309049	1390260	1346695
加拿大	606125	789375	867500	719937
巴西	506396	446885	472630	345230
荷兰	226586	228086	232811	422733
美国	261947	306787	271492	308351
墨西哥	452603	457510	537205	467951
意大利	434968	408559	409854	405068
越南	247879	286414	380814	283818
俄罗斯	223458	434993	451155	554784
德国	382425	361147	400230	338357
法国	257069	311408	387199	318624
阿尔及利亚	253985	295586	372233	222616

古巴的对外贸易具有以下特征：首先，总的策略是注重出口和进口替代，采取严格控制进口的措施，限制主要奢侈品的进口，减少对外国的依赖。其次，对外贸易商品结构特别是出口商品结构单一。古巴传统出口主要集中在糖、烟草和镍上，进口商品主要是食品、燃料（石油）、机器和设备等，这种状况一直到1989年均未发生根本改变。1990年以来，古巴的出口商品发生了较大变化，蔗糖从1989年的73.2%降为1999年的31.8%，古巴自己开发生产的药品、医疗器械的出口在增加。最后，对外贸易的对象国过于集中。古巴革命胜利前，古巴的对外贸易主要集中在美国，20世纪60年代至1989年集中于苏联。21世纪以来主要贸易国是委内瑞拉，2008年委内瑞拉与古巴两国贸易达52.8亿美元，成为古巴的第一大贸易伙伴。按当年价格计算，2015年至2019年古巴的进出口情况是：2015年出口为14941百万比索，进口12605百万比索，贸易顺差为2336百万比索；2016年出口为13690百万比索，进口11226百万比索，贸易顺差为2463百万比索；2017年出口为14083百万比索，进口11309百万比索，贸易顺差为2774百万比索；2018年出口为145051百万比索，进口12560百万比索，贸易顺差

为 1936 百万比索；2019 年出口为 12632 百万比索，进口 10971 百万比索，贸易顺差为 1661 百万比索。①

(二) 利用外资

20 世纪 60 年代至 80 年代末，苏联、东欧等社会主义国家给古巴提供了大量经济援助，主要表现为向古巴提供贷款、进出口商品的价格补贴等。1982 年 2 月 15 日，古巴颁布《古巴同外国合资企业法》，允许古巴国营企业或其他本国组织与外国实业界组建联合企业或合伙，以促进旅游业和出口工业的发展，创造取代进口的机会，增加就业和外汇储备。合资企业法为利用外资发展古巴经济提供了法律依据，但实际上吸引外资的效果并不佳，只有旅游业吸引了少量外资。1992 年，为了应对苏东欧剧变带来的严峻的经济困难局面，古巴政府完善了 1982 年的合资企业法，决定由国家经济合作委员会负责吸引外资建立联合企业，联合企业以发展国际旅游业、扩大出口特别是向拉美市场的出口为基本目标，重点是面向出口创汇见效快、外国和本国投资者双方都能较快获利的经济部门。政府有关部门挑选了 100 多家企业作为建立联合企业的合作伙伴及二三百家处于闲置状态的企业作为外国投资的合适对象。这一政策推动了联合企业的建立，1991 年和 1992 年分别建立了 16 家和 19 家，1993 年头 4 个月建立了 15 家。古巴全国人民政权代表大会 1995 年 9 月批准的第 77 号法令（外国投资法）进一步加快了利用外资和对外开放的步伐，将防务、卫生保健和教育以外的所有经济部门对外资开放，允许外资兴办合资企业、独资企业和国际经济联合体，外国人可以在古巴购买房产、进行不动产投资，可以在自由贸易区、出口加工区投资，古巴侨民也可回国投资。② 1996 年 6 月，古巴国务委员会通过的《关于免税区和工业园区法》进一步鼓励外资进驻古巴的免税区和工业园区，并给予海关、货币兑换、税务、劳工等方面的特殊待遇。到 1996 年中，在古巴建立起 212 个同 50 个国家的企业家合资的企业，投资资本达 21 亿美元；在古巴有 668 个外国商号代理机构，古巴国家银

---

① 数据来源于 http://www.onei.gob.cu/node/15006。
② 徐世澄：《古巴共产党与古巴经济社会模式更新》，《当代世界社会主义问题》2019 年第 2 期。

行同世界上 500 个类似的单位保持联系。到 1999 年，古巴开设了贝罗阿（Berroa）、瓦哈伊（Wajay）、马里埃尔（marier）和西恩富戈斯 4 个自由贸易区。到 2001 年底，古巴有 30 多个部门共建立了 400 家合资企业，来自 50 个国家的总投资达 55 亿美元，同 163 个国家和地区建立了经济合作关系，同 110 个国家和地区建立了双边混合委员会，同 68 个国家签订了促进和保护投资的双边协议。卡斯特罗在古共五大开幕式上的讲话中指出："自 1982 年以来，我们的结论是，外国资本的存在对于我国更全面和更有效的发展、解决技术问题、获得经验和开放市场是必要的。"2014 年 3 月 29 日，古巴全国人民政权代表大会批准了全新的《外国投资法》，对原《外国投资法》进行了全面修订，旨在增加外汇收入，促进经济发展，提高经济增长率。此次的外国投资法给予外商合资企业和国际经济联合体以较大的税收优惠，将对外资收取的 30% 的利润税降为 15%，合资企业前 8 年免税。2015 年 11 月，古巴发布了外商投资项目目录，目录涉及旅游、石油、农产品加工、新能源、制造业、交通、矿业、建筑业、生物技术制药、批发、医疗卫生和视听手段等 12 个行业，共 326 个项目，总投资 81.73 亿美元，其中 20 个项目在马里埃尔发展特区，其余 306 个项目分布在全国各地。2017 年 10 月 31 日，古巴外贸外资部在哈瓦那国际博览会第二届投资论坛上发布了《2017—2018 年外商投资项目目录》，投资项目共 456 个，其中 50 个项目在马里埃尔发展特区，其余 406 个分布在全国各地，分布在旅游业、农产品加工业、石油行业、制造业、生物技术制药业、建筑业、新能源、矿业、交通业、水利、蔗糖产业、批发业、文化产业、医疗卫生、视听手段、金融业、不动产和物流等 18 个行业，总投资超过 107 亿美元。2014 年至 2016 年 11 月，古巴与外国签订 83 个外资项目，吸引外资 13 亿美元。[1] 在 2021 年的古共八大上，劳尔强调："在目前复杂的情况下要继续采取措施鼓励外国投资，极力消除阻碍外国投资的拖延和障碍，这些拖延和障碍损害了外国投资对国民经济发展的贡献。现在是时候消除我们过去对外国投资的偏见了，要在确保在外国资本的参与下正确地准备和设计新的业务。"马里埃尔发展特区所取得的成就是一个

---

[1] 徐世澄、贺钦：《古巴》，社会科学文献出版社 2018 年版，第 201—204 页。

很好的例子，它是吸引外国和国内投资者的一个重要中心。

2013年9月，古巴发布《马里埃尔发展特区法》及其实施条例。该法规定，特区内企业10年内可免交企业所得税，自第11年起缴纳税率为12%的企业所得税，而特区外的古巴企业和外资企业缴纳税率分别为35%和15%。此外，特区内企业在销售税、服务税、个人所得税、劳动力使用税等税种征收以及企业经营利润转移出境开放度等方面也享有不同程度的优惠。马里埃尔发展特区作为古巴吸引外资的重要平台，到2018年3月，已有包括古巴在内16个国家的34家企业进驻，其中5家为古巴独资企业，19家为外商独资企业，另有8家合资企业与2个国际经济联合体，涉及工业、生物制药、物流、交通、房地产等领域共10个项目，吸引外资总额达11.91亿美元，创造就业岗位近5000个。

（三）现行的对外经济政策

根据古共七大通过的《纲要更新》的规定，古巴现行的对外经济政策主要包括以下几方面：

1. 在国际经济关系中增强国家信誉，严格执行承诺。

2. 继续对参与对外经济关系的干部、公务员和企业主的选拔和监督给予极大关注，特别是要关注其道德行为与革命原则以及在经济、金融、法律等方面的技能相符。国家在国际经济层面开展的业务，采取"决策者不经营"的原则。

3. 推动建立外国企业和联盟，保证整体实施商业、财政、信贷、关税、劳动和其他政策，增强在市场上被定价的产品和在古巴出售的产品的价格保护机制。

4. 提升外贸企业的经营效率，以增加和扩大出口商品和服务的收入；建立起针对各个层面的真正的出口能力，根据对市场的研究做出重要和战略决定，继续放开国营单位参与对外贸易。

5. 出口商品和服务的目的地要多样化，优先发展高附加值和技术内容的商品和服务，维持优先和关注重要伙伴国家，实现收入更为稳定。继续多样化龙虾和虾的出口市场，将增加产品的附加值。

6. 继续发展服务输出，特别是专业化的服务输出，优先出卖技术设计或解决方案。加快发展古巴人的医药和健康服务，继续扩大医药和健康服务出口市场。

7. 努力保证与出口相联系的企业和单位的全部商品和服务用于国际市场，将符合更高的质量标准。提高国家进口管理的效率，要增强进口及时性与合理性，有效使用进口的购买力。

8. 推动国际合作协议和工业部门优势互补，有助于高附加值的产品出口和进口替代，更好地使用国家能力。建立机制以引导非国有所有制和经营方式中出现的进口需求，引导那些出口资金的潜力变成现实。

9. 债务和信贷方面，为保证严格履行承诺，继续重新安排外债的程序，采取灵活支付战略以帮助经济的不断增长和可持续。保证贷款的发放和贷款结构有一个适度的浮动，重新安排债务的支付、债务的流动和计划的执行。

10. 外国投资方面，扩大外资参与是国家发展的一个重要根源。外资在具体的经济部门和业务中被看作是一个根本性的组成部分。在推动投资的进程中，支持不同国家参与的多样化策略。扩大和保持更新外国投资的项目库，使之与业务、优先部门和地区相符。巩固马里埃尔发展特区，按照经济发展的需要推动新的创造。

11. 强化国家经济计划和国家预算并轨的进程，古巴接收和提供的国际合作行为，需要物质资源和财政补助。为古巴接受和提供经济和科学技术合作，最大限度地实行法律和监督框架。

12. 将继续扩大国际团结，要在可能的情况下考虑对古巴提供救灾合作的赔偿，至少是它的成本。按照国家经济和社会发展计划至2030所确立的发展重点，推进外国提供的经济合作，旨在吸引资金和技术。加强多边合作，特别是联合国宪章原则下的多边合作。

13. 优先参加为了我们美洲人民的玻利瓦尔联盟，迅速和热烈地开展短期、中期和长期的经济协调、合作和优势互补，以获得和深化已提出的经济、社会和政治目标。继续积极参与拉丁美洲和加勒比的经济一体化，保持参与古巴已获得的区域贸易一体化：拉丁美洲一体化联盟，加勒比共同体，加勒比国家联合体，加勒比石油和其他联合体，继续增强成员国之间的团结。

14. 实现符合国家短期、中期和长期发展战略的根本投资，在开始一项投资时，要取消自发性、随意性、肤浅、违反计划、没有深入的可行性研究、没有固定资产和缺乏一体化的项目。

15. 继续将投资引向生产和服务领域以及可持续发展所需的必要的基础设施，为投资提供及时保障，使其短期内产生收益。在全部经济领域中将优先支持建设性的和技术的业务。

16. 继续实施投资计划下放程序和改变观念，将授予国家的中央政府机关、行政咨询机关、企业管理机构、预算单位投资批准权。简化和加快居民获得、建设、修缮和改造房屋所要文件的手续。[1]

第二节 古巴社会主义经济建设及其成就

在成为西班牙殖民地之前，古巴处于原始农业经济阶段。在西班牙近400年的殖民统治期间，古巴先后兴起过采金、畜牧业、烟草业和制糖业，但至1958年底，古巴仍是一个单一作物经济的农业国。古巴革命胜利后，经过60年的社会主义建设，经济结构发生了巨大变化，国民经济中第一产业的比重为3%，第二产业的比重为21%，第三产业的比重达76%。经济也得到一定程度的发展，1961年至1965年，社会生产总值每年增长1.9%。1966年至1970年，社会生产总值每年增长3.9%。1971年至1975年，社会生产总值年均增长速度达10%。第一个五年计划期间（1976—1980年），社会生产总值按不变价格计算，平均每年增长4%，劳动生产率每年增长3.4%。第二个五年计划期间（1981—1985年），社会总产值平均每年增长7.3%，劳动生产率以每年5.2%的速度增长。苏联解体、东欧剧变后，古巴经济发展遇到前所未有的困难，出现了多年的负增长，1995年以后实现正增长，2013年至2019年，古巴的国内生产总值按当年价格计算分别是：2013年为771.48亿比索，2014年为806.56亿比索，2015年为871.33亿比索，2016年为913.7亿比索，2017年为968.51亿比索，2018年为1000.5亿比索，2019年为1031.31亿比索。[2]

---

[1] Documentos del 7mo. Congreso del Partido, http://www.granma.cu/file/pdf/gaceta/último%20PDF%2032.pdf.

[2] 数据来源于http://www.onei.gob.cu/node/15006。

一　农业的发展

（一）农业政策的发展

古巴领导人重视农业的发展，对农业的地位和作用作出了重要论述，农业政策也在不断调整变革。卡斯特罗认为，在古巴革命刚取得胜利的条件下，"经济要得到发展，甚至仅仅是勉强维持下去，都要完全靠技术发达的大规模农业作为保障"。卡斯特罗在1959年5月颁布土地改革法时说："我们不仅给人民粮食，而且还要给人民自由""农业是国民经济的基础"。卡斯特罗1961年在拉丁美洲种植园工人第一次代表会议上的演说中指出："一个国家不靠土地生活还能靠什么生活呢？一个国家不靠土地吃饭还能靠什么吃饭呢？因此，农业生产制度必须是首先照顾到国家利益的制度，因为国家要靠土地来生活；很自然，适用于土地经营的制度，应当是能够真正满足国家需要的一种制度。"古巴政府还制定了农村专业户的政策，发挥部分农户在技术上的优势，加强不同农作物对不同土壤的适应程度，利用农民的经验和专业知识，并根据工业的需要和运输及人口的条件，重新确定了农作物种植的地点。卡斯特罗指出：土地改革之后，"看到一个合作社还建设了自己的剧院，组织了剧团，……还有农民正在为这个剧团写剧本要他们上演……农民在自己的根本愿望实现了之后，已经关心到文化问题。"[①] 经过两次土地改革，农业生产关系发生了根本变革，全民所有制土地占全国土地面积的70%，30%的土地仍掌握在中、小农生产者手中。古巴农业有三种组织形式："小农；主要在甘蔗种植园基础上形成的农业合作社；以及从畜牧业庄园基础上产生的人民农场""只要他们还是个体的农民，就给他们提供贷款、技术援助，就要帮助他们。"在谈到土改后的成就时，卡斯特罗说："古巴把发展农业作为改变进口粮食和副食品以及作为满足国内日益增长的需要的基本问题。同时，这也是节约外汇的基础，节约下来的外汇将用来发展古巴的工业。……现在，古巴的农产品产量正

---

① ［古］菲德尔·卡斯特罗：《卡斯特罗言论集》（第一册），人民出版社1963年版，第371页。

在不断增长,它将不仅可以代替进口,而且可以提供出口。"① 卡斯特罗在古共一大报告中说:"我国以农业为主,但农业基础薄弱。"但经过10多年的发展,到1975年古巴农业在技术和基础设施上有较大提升。灌溉面积由1968年的16万公顷增加到1975年的58万公顷;农用拖拉机由1958年的9000台增加到1975年的54000台;改装、修理和保养农业机械的车间到1975年达700个,还有2200个流动工作间;到1975年,用于喷洒化学药物、为主要农作物灭虫、施肥和除草的农业用飞机150架,水稻种植和收割的联合收割机1000台,马铃薯和槿麻实现了机械化作业,整地和农业运输也实现了机械化,有11000辆卡车和5000台拖拉机,建起养禽场422个、孵化场43个、养猪场200个。第一个五年计划时期"对农业生产要继续给予特别的重视。今后五年,新开垦的土地最少要达到一百万公顷,人造牧场也包括在内。劳动生产率同1975年相比要提高百分之三十五。"古共二大报告对农业的要求是:"产量有较大的提高,使用良种,采用适当的农业技术,扩大灌溉面积;改善饲料基地,改进畜群的卫生管理和卫生监督条件;增加产奶奶牛头数,提高牛犊的出生率,降低死亡率,增加国家和农民的牲畜头数;执行规章制度,保证充分利用劳动时间,普及按劳计酬制。要继续开展植树造林活动,加强对森林和动物的保护。"② 古共二大在谋划2000年发展战略时强调:"农牧业生产应继续是我国经济的一个重要环节。为此,它的增长速度必须比现有速度更高、更稳定。要达到这个目标,主要应做到:合理使用土地、水源和拨款,提高农牧业产量;实行农作物轮作制;建立全国性的牲畜饲料基地;建立牲畜和植物检疫机构;加强已开始的合作化进程。"20世纪90年代,古巴政府为走出苏联解体、东欧剧变带来的经济困境,调整了农业产业结构,压缩甘蔗种植面积,大力发展农牧业,扩大粮食和蔬菜种植,提高稻米产量,加大甘蔗副产品的综合开发利用;同时,发展有机农业、永久农业、城市菜园,坚持使用生物性肥料和生物性虫害防治及畜力耕种、农作物间作,

---

① 庞炳庵:《亲历古巴 一个驻外记者的手记》,新华出版社2004年版,第235页。
② [古]菲德尔·卡斯特罗:《在古巴共产党第一、二、三次全国代表大会上的中心报告》,王玫等译,人民出版社1990年版,第225页。

推行绿色农业技术。为此，农业部门推出了以分散化管理为主要特点的农村改革，将原有的大型国有农场或企业重新组织成小规模的农场和具有合作性质的"合作生产基层组织"，并允许个体户发展农业生产，允许农民承包闲置土地、自由种植。2008年4月28日，劳尔在古共五届六中全会上指出："粮食生产是党的领导人的主要任务，因为这关系到国家安全问题。"① 在同年7月11日的全国人大会议上，劳尔指出："我曾说过，芸豆和大炮一样重要，后来，随着形势的恶化，我又说，芸豆比大炮更重要。"2009年7月26日，在纪念攻打蒙卡达兵营56周年集会上，劳尔指出："哪里有土地，古巴人就应该去哪里，我们要看看我们会不会干活，会不会生产，不能光喊'誓死保卫祖国，我们必胜！'和'打倒帝国主义'的口号，我们受到封锁的打击，但土地在哪里，等着我们用汗水去浇灌""粮食生产是牵涉到国家安全问题"。在2010年4月召开的共产主义青年联盟九大的闭幕式上，劳尔说："没有一个强大和有效的农业……我们就不可能维持和提高居民的食品供应，今天我们依然得进口那些本可以在古巴种植的农产品。"与此同时，古巴政府大幅度地提高了土地、牛奶、咖啡、椰子、蔬菜等农产品的收购价格，允许农民将农产品直接投放市场；鼓励个体农民、拥有法人代表的合作社和农场承包闲置的土地从事农牧业生产，允许在承租土地上兴建、改扩建生产设施以及自用住房。个人首次申请国有闲置土地面积最高为26.8公顷，个人使用土地期限为20年，企业法人可永久使用。2008年至2017年8月，古巴政府共出租191.7万公顷的闲置土地，其中个人承包了173.3万公顷。古共七大通过的《党和革命的经济和社会政策刚要更新（2016—2021）》对农业产业化提出了明确要求：实现农业产业化发展有助于国家经济发展，能提供更多的食品供国内消费，减少进口和扩大出口，缩减高度依赖融资；适应非国有生产形式大量存在，继续改革经营模式，巩固生产者已获得的自主权，提高效率和竞争力，农牧业国有企业将成为技术发展以及生产和营销战略的主要代表；继续改革消费品、设备和服务的营销制度，确保产品直接进入市场；继

---

① 吴彬康等：《八十年代世界共产党代表大会重要文件选编》（下卷），中国广播电视出版社1989年版，第916页。

续改革农牧业产品的营销，完善和合并全部制度要素——生产、储存和营销——改进供应和人民对于产品价格、质量和稳定性的满意度；完善国家的调节作用和农牧业产品的价格形成程序，以激励直接生产者；规划和实施技术帮扶、农业培训和推广服务，以有效吸收新技术，帮助建立起一种较好的劳动力体制，确保提高劳动生产率；使用科学、技术和环境综合管理来发展可持续农业；优先保存、保护和改进自然资源，特别是土地、水和动物资源，恢复重要种子、动物和植物基因的生产；继续优先发展在我们国家有可能有效获得的粮食生产；继续改组和发展灌溉业务、排水、给动物丰富的水及使用农牧业机械装置，目的是达到合理使用水、水利设施和农牧业装备，帮助提高生产率和节省劳动力，结合使用具有先进技术的动物牵引；优先发展牛、猪和家禽等畜牧业，推行水稻、大豆、玉米和其他保证生产增加的谷物的生产计划，推动烟草业、咖啡业、蜂蜜、柑橘和其他项目的发展，推进甘蔗的农业产业化和逐渐增加糖的生产并在发明、恢复和开发衍生植物上取得进展，增大履行渔业法规的渔业效率。这些农业产业化政策的目的是提高农业生产链的质量、生产力、竞争力、环境可持续发展，加强农业与制造业特别是食品产业的联系，采用可持续性农业发展模式，防止土地退化，实现国家粮食安全。[①]

（二）种植业

古巴的种植业包括经济作物和粮食作物的种植，经济作物主要种植甘蔗、烟草、酸性水果、咖啡等，粮食作物主要种植水稻、玉米、豆类、薯类等。

甘蔗是古巴最重要的农作物，甘蔗种植在古巴国民经济中起举足轻重的作用，1958年的种植面积达113万公顷，占全国耕地面积的56%，甘蔗总产量为4798.3万吨，甘蔗种植收入占农业总产值的59%。[②] 古巴革命胜利后，为改变单一甘蔗种植经济结构，古巴政府削减甘蔗种植，甘蔗种植面积1961年为134万公顷，1963年为116.58万公顷。为了发挥相对优势，古巴政府确定了到1970年生产1000万吨糖的目标。

---

① Documentos del 7mo. Congreso del Partido，http://www.granma.cu/file/pdf/gaceta/último%20PDF%2032.pdf.

② 徐世澄、贺钦：《古巴》，社会科学文献出版社2018年版，第157页。

为此，1966 年至 1970 年，甘蔗种植面积扩大了 35%，引进了新品种，扩大了灌溉面积，使用了除莠剂，甘蔗收割机械化程度提高，1963—1965 年，先后有 1000 台苏制砍蔗机投入使用。1967—1968 年，古巴制的亨德森型和解放者型砍蔗机进入试用。1971 年 9 月，古巴向澳大利亚马西·弗格森公司购买了 100 台砍蔗机。1970 年已有 2000 台古巴制造的糖料犁田机在工作，甘蔗种植有一半实行了机械化。1973 年，甘蔗种植面积扩大到 151.42 万公顷；1979 年，甘蔗种植面积 168.84 万公顷；1987 年，达 176.97 万公顷，占全国耕地面积的 47.8%。1990 年以来，甘蔗种植面积、总产量和单位面积产量呈下降趋势：甘蔗种植面积 1990 年为 176.3 万公顷，1992 年为 169.3 万公顷，1994 年为 149.7 万公顷，1997 年为 145.9 万公顷，1999 年为 138.4 万公顷。1989/1990 糖季甘蔗总产量 8180 万吨，每公顷甘蔗产量 57.6 吨；1993/1994 糖季甘蔗总产量 4320 万吨，每公顷甘蔗产量 34.6 吨；1998/1999 糖季甘蔗总产量 3400 万吨，每公顷甘蔗产量 34.1 吨。2011 年以来，情况有所好转。2011/2012 糖季，甘蔗收割面积为 36.13 万公顷，甘蔗总产量 1470 万吨，每公顷甘蔗产量 40.7 吨；2013/2014 糖季，甘蔗收割面积为 45.02 万公顷，甘蔗总产量 1800 万吨，每公顷甘蔗产量 40 吨。① 2014/2015 糖季，甘蔗收割面积为 43.56 万公顷，甘蔗总产量 1930 万吨，每公顷甘蔗产量 44.3 吨；2015/2016 糖季，甘蔗收割面积为 42.16 万公顷，甘蔗总产量 1810 万吨，每公顷甘蔗产量 43 吨；2016/2017 糖季，甘蔗收割面积为 31.44 万公顷，甘蔗总产量 1270 万吨，每公顷甘蔗产量 40.4 吨。

烟草是古巴重要的经济作物，烟草起源于古巴，古巴的烟草质量居世界之首。烟草种植和加工是古巴农业增收和出口创汇的重要来源，1959 年至 20 世纪 80 年代后期，古巴的烟草种植面积呈增长趋势，1958 年烟草种植面积为 57620 公顷，1976 年增至 71000 公顷，1985 年为近 7 万公顷。烟草总产量 1958 年为 4.2 万吨，1962 年为 5.1 万吨，1981 年为 5 万吨。受苏联解体、东欧剧变影响，20 世纪 80 年代末 90 年代初，烟草种植面积和总产量下降。古巴政府从 1993 年起调整了对

---

① 徐世澄、贺钦：《古巴》，社会科学文献出版社 2018 年版，第 157—158 页。

小农的政策，激发了农民的生产积极性，烟草的种植面积、总产量开始回升。1994年烟草种植面积为36375公顷，1999年为45785公顷。2014年至2019年，古巴烟草的收割面积分别为10741公顷、18682公顷、12292公顷、19423公顷、18767公顷、15868公顷。烟草总产量1993年为2万吨，1995年为2.5万吨，1999年为3.1万吨，2000年为3.8万吨。2010年以来，古巴的烟草总产量稳中有升，2010年为20500吨，2011年为19900吨，2012年为19500吨，2013年为24000吨，2014年为19800吨，2015年为24500吨，①2016年为19700吨、2017年为30800吨、2018年为30000吨、2019年为61710吨。②

酸性水果也是古巴出口的重要农产品，主要是柑橘和柠檬。1959年前，酸性水果种植面积约1万公顷，年产量约6万吨。1974年酸性水果种植面积增加到10万公顷，产量为18万吨。进入21世纪以来古巴酸性水果种植面积、总产量波动较大，其中2011年的种植面积为3.52万公顷，总产量为264500吨；2012年的种植面积为2.93万公顷，总产量为203700吨；2013年的种植面积为2.46万公顷，总产量为166900吨；2014年的种植面积为2.32万公顷，总产量为96810吨；2015年的种植面积为2万公顷，总产量为115384吨；2016年的种植面积为1.9万公顷，总产量为119494吨；2017年的种植面积为1.97万公顷，总产量为98761吨；2018年的种植面积为1.84万公顷，总产量为71479吨；2019年的种植面积为1.84万公顷，总产量为67093吨。③

古巴人喜欢吃米饭，每年需要从国外进口食用大米等粮食，其中2008年进口大米56.7万吨，2009年进口51.2万吨，2010年进口41.4万吨，2011年进口50.5万吨，2012年进口35.4万吨。水稻是古巴重要的农作物，水稻种植成为古巴减少粮食进口的重要方式。1959年以来，水稻种植面积不断扩大，产量也不断增加。卡斯特罗在古共一大的报告中指出：过去二十年中，水稻种植面积由原来的40200公顷增加到187600公顷，并在努力普及水稻生产技术和增加产量。大米产量从

---

① 徐世澄、贺钦：《古巴》，社会科学文献出版社2018年版，第158—159页。
② 数据来源于http://www.onei.gob.cu/node/15006。
③ 数据来源于http://www.onei.gob.cu/node/15006。

1960年的32.3万吨增加到1975年的44.7万吨。之后，大米产量继续增长，1980年达47.8万吨，1985年达52.4万吨，1989年达53.3万吨。20世纪90年代以来，古巴的水稻种植和大米产量一直不太稳定，1993年大米产量为17.67万吨，1997年为41.88万吨，1998年为28.04万吨，2012年为31.5万吨，2013年为23万吨，2014年为58.48万吨，2015年为41.8万吨，2016年为51.4万吨，2017年为40.47万吨，2018年为46.08万吨，2019年为39.18万吨。

玉米、豆类、薯类都是古巴人的粮食作物，它们的产量受国内外环境和国内政策的影响而变化，玉米和豆类的产量在1995年前波动较大，1995年之后呈稳步增长趋势。玉米1994年为7.36万吨，1997年为12.6万吨，2010年为32.45万吨，2012年为36.04万吨，2014年为42.86万吨，2015年为36.3万吨，2016年为40.44万吨，2017年为37.38万吨，2018年为34.59万吨，2019年为24.74万吨；豆类的产量1960年为3.7万吨，1965年为1.1万吨，1975年为0.3万吨，1980年为1万吨，1995年为1.15万吨，1999年为3.8万吨，2010年为8.04万吨，2012年为12.71万吨，2014年为13.55万吨，2015年为11.75万吨，2016年为13.65万吨，2017年为13.21万吨，2018年为16.15万吨，2019年为12.05万吨。薯类的产量基本上是增长的，1962年为24万吨，1976年为69.5万吨，1989年为94.7万吨，1995年为102.4万吨，2010年为151.5万吨，2012年为145.2万吨，2014年为167.09万吨，2015年为174.34万吨，2016年为184.35万吨，2017年为182.89万吨。2018年为180.1万吨，2019年为167.14万吨。[1]

（三）畜牧业

古巴具有发展畜牧业的良好条件，天然草场占耕地面积的三分之一，牧草种类多，有几内亚草、象草等，生长茂盛。畜牧业在古巴国民经济中占有重要地位，古巴共产党和政府采取多种措施发展畜牧业：改进畜牧业结构；引进和改良牲畜品种；建立养殖场，培养畜牧技术人员，推广科学饲养和人工授精方法；发展人工牧草以解决旱季饲料不足问题等。卡斯特罗在古共一大中指出："最近五年建造了一千二百个现

---

[1] 数据来源于 http://www.onei.gob.cu/node/15006。

代化养牛场和七十个牛犊场""现共有养禽场四百一十一个,孵化场四十三个,养猪场二百个""奶牛的比例由原来的百分之十提高到百分之五十""禽蛋产量为十七亿个,比 1958 年增加了五倍。家禽肉产量比十二年前增加了四倍。"在 1976 年至 1980 年中,"建造了一千多个畜养场,其中包括五百五十五个奶牛场,共饲养十万零九千头奶牛;九十五个牛犊场,饲养七万三千头牛犊;存栏头数为十六万的若干个养猪场和六十一个家禽饲养场。"1981 年至 1985 年,蛋类产量增加了 23%,禽肉产量增加了 30%,生猪产量增加了 33%。2010 年至 2019 年,畜牧业发展情况见下表。

2010—2019 年畜牧业发展情况[①]

项目 年份	牛存栏数 (万头)	猪存栏数 (万头)	家禽存栏数 (万只)	鸡蛋 (亿枚)	马存栏数 (万匹)	羊存栏数 (万只)	牛奶 (万吨)
2010	399.25	159.10	3095.00	24.30	64.61	330.00	62.95
2011	405.91	151.80	3366.33	26.20	67.55	297.00	59.95
2012	408.40	154.51	3018.20	25.126	71.57	276.33	60.43
2013	409.22	160.69	3241.55	24.655	75.87	266.06	58.91
2014	413.43	165.51	3228.58	25.722	81.03	278.21	58.81
2015	404.59	170.48	3196.29	23.212	85.11	273.46	49.39
2016	401.39	192.99	3133.62	24.186	89.86	283.83	61.28
2017	386.55	206.94	2563.54	25.354	92.73	272.49	53.64
2018	380.84	228.91	2561.40	27.789	95.49	265.68	57.69
2019	381.73	267.69	3535.61	25.285	95.03	218.82	51.20

(四)渔业

古巴有较好的发展渔业的自然条件和资源禀赋,海岸线 6073 公里,大陆架面积 7 万平方公里,200 海里专属经济区面积 36.29 万平方公里,重要港口有哈瓦那港等 13 个,有 200 多条河流和几千条溪涧。古巴的渔业动物群极其丰富且种类繁多,有大量的鱼类、贝类和甲壳类动

[①] 徐世澄、贺钦:《古巴》,社会科学文献出版社 2018 年版,第 163 页。

物，内水域主要渔业资源有龙虾、对虾、银鲈、鲻鱼等，周边海域约有500种不同鱼类，最有价值的是各种青鱼、沙丁鱼、两种箭鱼、小型金枪鱼类。1959年以来，政府加大发展渔业的力度，引进新技术，购买大吨位渔轮，成立国家渔业公司和渔业学院，建造渔港，建立渔产品加工和运输系统，形成了现代化远洋渔业和机械、半机械化的近海渔业及水产养殖业并存的渔业产业链。古巴的远洋渔业起步于1962年组建的国家远洋渔业公司，20世纪70年代发展顺利，1978年与加拿大签订了长期渔业协定。近海渔业在20世纪60年代发展较快，20世纪70年代后产量逐年提高，1987年达7.6万吨。随着水利事业的发展，水库面积的扩大，水产养殖也得到快速发展。1981年养殖产量1万吨，1985年达1.7万吨。古共七大通过的《纲要更新》提出：增大履行渔业法规的渔业效率；实现船的现代化，使用选择性的捕鱼技术，确保捕鱼质量和保护海洋和沿岸环境，从根本上增加养殖虾的出口收入；采用现代养殖技术发展水产养殖，通过高技术训练和不断改进遗传，搞活渔业，增加国内市场的产品供应、品种和质量。2014—2019年，古巴对渔业的投入分别是：2014年为11.5百万比索，2015年为13.4百万比索，2016年为13.1百万比索，2017年为12.1百万比索，2018年为18.3百万比索，2019年为20.2百万比索。2010—2019年，古巴渔业年捕捞量具体情况见下表。

2010—2019年渔业捕捞情况[①]

项目 年份	龙虾 （吨）	养殖虾 （吨）	海水虾 （吨）	牡蛎 （吨）	海产鱼类捕捞总量 （亿吨）	渔业捕捞总量 （亿吨）
2010	4457.60	3025.10	738.40	1648.40	4.32	5.54
2011	5010.10	2178.00	491.20	1794.00	3.75	4.86
2012	4467.00	3009.40	547.80	1583.00	3.72	4.85
2013	4620.60	4115.90	619.40	1518.70	3.89	5.17
2014	4371.10	4121.10	604.20	1109.60	4.43	5.63

---

① 数据来源于http://www.onei.gob.cu/node/15006。

续表

项目 年份	龙虾 （吨）	养殖虾 （吨）	海水虾 （吨）	牡蛎 （吨）	海产鱼类捕捞总量 （亿吨）	渔业捕捞总量 （亿吨）
2015	4035.40	4719.10	917.50	980.30	4.50	5.77
2016	2634.10	5044.00	763.50	1112.50	3.92	5.27
2017	4147.30	2631.20	700.50	1089.00	3.98	5.27
2018	4539.90	6473.90	1120.60	1185.80	3.60	5.12
2019	3278.40	6656.80	672.10	1218.20	3.25	4.56

（五）林业

古巴的气候和土壤条件适宜植物生长，曾是一个森林资源非常丰富的国家，1812年森林面积为990万公顷，覆盖率约为89%。西班牙的殖民掠夺和发展单一经济，森林资源遭到严重破坏，至1900年森林面积减少到599万公顷，覆盖率降至50%。从1900年至1959年森林覆盖率又减少了10%，面积降至450万公顷。古巴天然阔叶林主要有桃花心木、乌木、钟花树、愈疮木和红树。针叶树种主要有加勒比松、热带松和古巴松。1959年以后，古巴政府重视林业的发展，特别是人工造林工作，1959年起义军首先种植了第一批树木，至1975年共植树6亿棵。1967年成立了造林及森林利用全国学会，负责植树造林工作。1969年成立了森林研究中心，建立了全国性的试验站网，从事改良品种，培育优良种子，研究分析土壤，推广种植技术，研究和控制树木虫害等工作。第一个五年计划时期栽树三亿株，植树造林44万公顷，并加强了林业管理。第二个五年计划期间，林业生产增加了11.3%，植树量比"一五"时期翻了一番，即5年内种植六亿零二百万株树苗。20世纪90年代以来古巴继续植树造林，1993年造林4.68亿株，1995年6.12亿株。2010年至2019年古巴造林面积分别是：2010年为6万公顷，2011年为4.78万公顷，2012年为3.59万公顷，2013年为2.85万公顷，2014年为2.17万公顷，2015年为2.03万公顷，2016年为1.98万公顷，2017年为1.74万公顷，2018年为1.54万公顷，2019年为1.33万公顷。造林总数分别为：2010年1.251亿株，2011年1.007亿株，2012 年 0.819 亿株，2013 年 0.648 亿株，2014 年 0.511 亿株，2015 年 0.464 亿株，2016 年 0.52 亿株，2017 年 0.431 亿株，2018 年 0.368 亿株，2019 年 0.318 亿株。①

二　工业的发展

古巴在西班牙殖民和依附美国时期，经济的发展以宗主国的利益为导向，经济结构畸形。就工业而言，基础薄弱几乎没有重工业，只有制糖业及与之相关的电力、运输等有一定的发展。1958 年，古巴拥有的 2000 多家工厂中只有 162 家糖厂和 100 家工厂的职工人数超过 100 人，其余都是小厂或手工业作坊。革命胜利后，古巴领导人把变革不合理的经济结构提到维护国家经济独立和政治主权的高度，将实现工业化作为经济结构合理化的主要途径，工业化也有助于巩固革命成果、解决失业、逐步消除贫困。1960 年 2 月，古巴政府宣布把 5 种基本工业的 51% 至 100% 国有化，并拒绝外国资本投资。到 1961 年 2 月，政府已经控制了全国工业的 3/4，并成立工业部负责所有工业部门。劳尔·卡斯特罗于 1961 年 4 月在《革命报》上发表文章说："我们宣布在古巴实行社会主义，这意味着我们的革命已经完成了她的民族解放的阶段，完成了她的反帝和反封建的农业革命阶段。我们正在向以工业化为主体的社会主义道路迈进。"与此同时，古巴政府宣布了 1962—1966 年工业化发展计划，集中所有工业全面推进工业化和工业多样化，最大限度地发展大众日用品、食物、服装等的生产以及制造大众日用品所必需的原料的生产，最大限度减少对食糖的依赖。工业部长格瓦拉在《工业化的各项任务》中指出：古巴摆脱帝国主义压迫的必不可少的条件是，最大限度地发展工业生产，最大限度地发展大众日用品、食物和服装等的生产及制造大众日用品所必需的原料的生产。古巴在推进工业化的进程中面临巨大困难，当时的古巴消费品市场已经广泛使用先进技术的最新成就，最新式的汽车、电视机和电冰箱。却没有生产这类消费品的生产企业和技术人员，没有自己的工业体系。古巴有的只是食糖、烟草、矿产品、水果、肉类等原料，主要向美国出口；美国向古巴输入产品，

---

① 徐世澄、贺钦：《古巴》，社会科学文献出版社 2018 年版，第 163 页。

富裕的古巴人穿戴的是美国服装、皮鞋、帽子，吃的是美国罐头，喝的是美国饮料和酒，睡的是美国床垫，用美国电视机看美国的电视节目，用美国汽车代步或运输，用美国的拖拉机耕耘古巴的土地，连古巴人看的书基本上也是美国人写的。尽管如此，古巴还是在艰难中推进工业的发展，20世纪60年代古巴的整个基础工业增长了2.5倍，年均增长率6.4%。1970年至1975年的年均增长率是11%。古共一大确定的一五计划中将工业化作为发展重点，制定了制糖业、电力工业、采矿业、化工、钢铁等的具体发展指标。卡斯特罗说："下个五年计划期间，我国工业化的速度将大大加快。……现在农业继续得到重视，但重点是工业化。""工业项目以及所有经济项目，原则上在投资计划中占有最优先的地位。""工业发展将在下个五年计划期间占有重要位置。工业投资中，仅列入计划的就达三十八亿七千七百七十万比索，其中二十六亿六千零五十万比索将由外国提供，有百分之六十已签订了合同。在工业投资总额中，基础工业部门占百分之四十八，为十八亿六千八百七十万比索；消费品工业部门占百分之二十一，为七亿九千六百二十万比索；建筑部门占百分之十四，为五亿四千七百八十万比索。"① 实际上，工业化在经济发展中起了主导作用，1976—1980年五年的工业投资为45.7亿比索，占五年内国家投资总额的35%，是上个五年计划的四倍，比1975年以前15年的工业投资总额还要多10亿比索。古共二大确定在第二个五年计划期间"进行新的投资，在生产领域内将把工业放在优先地位，在非生产领域内重点放在住宅建筑""五百六十项工业投资项目和计划中，预计可以完成近五百项。"并指出，要实现工业化，必须加强全国各经济部门间的联系，建设能充分利用现有资源的大型生产联合企业。在谋划2000年经济社会发展战略时确定："经济社会发展的根本目标，是建设社会主义的物质技术基础。其方式是实行社会主义工业化""应当把发展蔗糖工业，矿冶工业，机械和电子工业、化学和消费品工业定为优先发展的工业部门中的主要发展方向"。工业化政策的实施，使得1981—1985年古巴工业产值

---

① [古]菲德尔·卡斯特罗：《在古巴共产党第一、二、三次全国代表大会上的中心报告》，王玫等译，人民出版社1990年版，第85页。

年均增长率达8.8%。在1986年的古共三大上，卡斯特罗在谈到通向2000年的发展战略时说："该发展战略在经济上的主要目标是：加速国家工业化的进程。"三大通过的《古巴共产党纲领》指出：革命以前，机械制造业、电子工业、电子技术工业等的生产实际上是空白点，1985年这些部门发展了许多新项目：大轿车、甘蔗联合收割机、电动机、电视机、收音机、冰箱、微型计算机、数字终端屏幕、成套的设备、医疗器械和设备及其他产品。《古巴共产党纲领》还提出了"加速社会主义工业化的过程并完善社会生产结构"的发展目标，认为"建设社会主义物质技术基础的中心任务是在广泛利用科技进步成果的基础上加速国家工业化的进程""工业是经济中最具活力、在物质生产上最具有多样性的部门""社会主义工业化将从本质上改变农牧业、建筑业和运输业等部门的经济技术条件"，"社会主义工业化还是发展我国经济加入社会主义大家庭各国一体化的过程和充分利用世界社会主义制度创建的经济发展条件的必不可少的因素。"受国际环境特别是苏东社会主义国家改革的影响，加之国内纠偏运动对政策的调整，1986—1989年古巴工业产值年均增长率降至0.25%。

进入和平时期的特殊阶段后，古巴工业发展所需原材料、电力、零配件缺乏，古巴适时调整了工业发展战略，于1994年重组了政府机构，糖业部、基础工业部、冶金机械工业部、轻工业部和食品工业部领导工业的发展，希望尽快走出发展困境。卡斯特罗在古共五大开幕式上的讲话中指出了古巴工业面临的严重困境："基础工业耗尽了它的工作所需的许多材料，炼油厂耗尽了发电所需的大部分燃料，没有办法维持和修理工厂，没有办法勘探和开采石油，没有办法继续进行多年来一直在进行的方案；没有硫和氨、没有零件、没有发动机和所有有助于维持镍生产的东西"，"机械工业没有钢铁，没有发动机，没有数百种产品来完成它的工作。轻工业没有棉花，没有生产布料、鞋子和许多其他东西所需的无数材料。"古巴政府迎难而上，积极应对，主要工业品产量有不同程度的发展（见下表）。

1993—2002 年主要工业成品产量[①]　　　　单位：万吨

年份名称	1993	1994	1995	1996	1997	1998	1999	2000	2001	2002
发电（亿度）	110.0	119.6	124.6	132.4	141.9	141.5	144.9	150.3	153.0	157.0
石油	110.8	129.9	147.1	147.6	143.8	165.8	210.4	262.1	277.3	353.3
钢	9.8	14.8	20.3	22.9	33.5	28.3	30.3	32.7	27.0	26.4
镍和钴	3.0	2.7	4.3	5.4	6.2	6.8	6.7	7.1	7.7	7.5
水泥	104.9	108.5	145.6	143.8	170.1	171.3	178.5	163.3	132.4	132.7
糖	424.6	401.7	325.9	452.9	431.8	329.1	187.5	405.7	374.8	361.0

2005—2015 年主要工业产品产量[②]　　　　单位：千公吨

年份项目	2005	2006	2007	2008	2009	2010	2011	2012	2013	2014	2015
发电（亿度）	153	164	176	177	177	174	178	184	192	194	203
石油	2935	2900	2905	3003	2731	3025	3025	3012	2999	2897	2905
钢	245	257	262	274	266	278	282	277	267	258	222
镍和钴	76	72	73	70	70	68	73	68	56	52	—
水泥	1567	1705	1805	1707	1625	1641	1731	1825	1659	1580	1518
糖	1348	1239	1193	1445	1350	1100	1242	1454	1569	1634	—
化肥	43	41	22	40	9	22	40	30	22	32	44

古巴于 2012 年 9 月颁布第 299 号法令，撤销了原轻工业部、冶金工业部，并组建新的工业部。工业部的主要职能是负责除能源、矿产、食品和高科技工业以外的国家工业总体政策与战略的制定、实施和管控。工业部管辖的行业主要包括：冶金机械，纺织、鞣皮、制鞋和制革，纸、纸板、卡纸及其制成品，印刷业，肥料、除草剂、杀虫剂、工业用气和药用气体，塑料制品，玻璃加工、制皂、香料制皂、油漆涂料和清漆、橡胶轮胎、灌装和包装，家具，废品回收等。工业部下属 3 家企业管理高级机构（OSDE），即轻工业集团、冶金工业集团和化学工业

[①] 毛相麟、杨建民：《古巴社会主义研究》（修订版），社会科学文献出版社 2019 年版，第 187 页。

[②] 毛相麟、杨建民：《古巴社会主义研究》（修订版），社会科学文献出版社 2019 年版，第 221 页。

集团，分别负责指导相关领域的企业实施国家产业政策。从 2014 年起，古巴工业部根据国家经济发展计划组织实施 3 项重要产业政策：废旧物品回收利用，包装产业，机床和机械设备的重新修整及有效利用。古共七大通过的《党和革命的经济和社会政策纲要更新（2016—2021）》明确了工业发展的方向，总方针是优先发展带动经济发展的工业部门或者有助于经济的结构改革、现代化的推进、技术发展以及提高对经济需求回报的工业部门；重点关注与现有的和规划建设的工业发展相连的对环境影响较少的产业，特别是化学类工业、石油工业、矿山特别是镍矿、水泥和其他建筑材料；加强重组和重新调整工业园的进程，把工业集中在有效率的、具有合理使用设施、设备和劳动力的地方；优先恢复工业维护，包括部件的生产和修复、零件的修理。

（一）制糖业

作为殖民地的古巴在宗主国的蹂躏下逐渐形成了以发展甘蔗种植和蔗糖生产为主的畸形单一经济结构。1958 年古巴有 162 家糖厂，产糖 586.2 万吨，糖出口 591.1 百万比索，占出口商品总额的 80.6%，其中 50% 的糖的生产控制在美国为主的外国资本手中。1960 年，古巴政府将所有外资糖厂收归国有建立起国有糖厂，美国取消购买古巴糖的份额使古巴失去传统市场，同时失去糖的生产设备和零配件供应市场，精通糖业的人才严重外流。加之，古巴政府减少甘蔗种植，实施工业多样化政策，最大限度减少对食糖的依赖，使得古巴糖的产量在 1963 年降至 380 万吨。卡斯特罗在 1963 年承认过去"向甘蔗宣战"是个错误，重新回到传统的以食糖生产为中心的发展经济的道路。从 1964 年开始，古巴全国上下把工作重点转移到了甘蔗种植和食糖生产方面，并在 1964 年成立糖业部负责糖的生产。1966—1970 年，古巴实施第一个蔗糖工业发展计划，共投入 3.34 亿比索以提高机械化程度，目标是到 1970 年实现糖产量 1000 万吨。但 1970 年糖产量只达到 850 多万吨，没有完成预定的 1000 万吨目标。从 1973 年起，扩建了糖厂，糖厂的工人、领导干部和技术人员的水平明显提高；甘蔗种植面积扩大，蔗田得到标准化改造，甘蔗收割机械化程度迅速提高，1972 年至 1977 年分别为 7%、12%、19%、26%、33%、42%，致使蔗糖生产发生了质的飞跃，糖厂的生产率提高，糖的产量持续上升，1973 年至 1975 年分别是

525.2万吨、592.5万吨、631.4万吨。1976年至1980年的五年中,食糖工业投入了9.68亿比索,对40多家糖厂进行了扩建或现代化改造,古巴自己设计建造的两家糖厂投产,即将竣工的糖厂两家,并在筹建两家糖厂,建造了9个酿母厂和1个蔗渣处理厂;新建设了26所与食糖工业有关的技工学校,使这类学校达75所,在校生人数4.5万;还有4所大学开设了食糖专业,有541名应届大学毕业生入职糖厂;食糖工业与甘蔗种植业实现了一体化,着手筹建4个工农联合企业;对糖业工人实行奖励,享有一周假期和夜班费待遇。这些发展举措的实施,使得这个五年的蔗糖产量比前五年提高了25%,1979年蔗糖产量达799.2万吨,工业生产能力提高了10%强。1981年至1985年的五年,糖业进一步发展,糖业部门机械工业的生产翻了一番,建立了自己设计的、大部分设备由古巴制造的新糖厂,还扩大和更新了38家糖厂,建立起239家储存和净化甘蔗的附属机构;所有糖厂都已成为农工业联合企业,成千上万名高、中级工程师和技术人员转到了糖业部门;建立了第四大队为糖业工人的福利服务,给所有糖业部门的工人发15%的附加工资,并采取了其他的经济和社会福利措施。这样,这个五年糖业生产增加了12.2%,年生产稳定在800万吨左右,原糖生产已完全不消耗石油,节约了170.9万吨石油。古共三大在谋划1986年至1990年五年计划时预计糖的总产量将增长15%,扩建现有糖厂和兴建3家新糖厂,更新和扩大现有制糖设备,加速发展甘蔗的副产品。实际上1986年至1989年糖产量分别是725.4万吨、711.6万吨、741.5万吨、812.1万吨。苏联解体、东欧剧变使古巴糖失去苏东市场、稳定的价格和糖厂设备的供应地,严重地影响糖业生产,蔗糖业在国民经济中的地位有所下降,蔗糖产量呈下降趋势,从1991年的760万吨下降到1998年的315.9万吨。2002年中,古巴政府对制糖工业进行全面调整,决定关闭156家糖厂中的71家,将60%的甘蔗地改种蔬菜或其他农作物,蔗糖产量明显下降,从2000年的405万吨下降到2005年的134.8万吨,2006年至2010年糖的产量分别为:123.9万吨、119.3万吨、144.5万吨、135万吨、110万吨。2011年古巴政府推进政企分开,将糖工业部改组为古巴糖业集团,糖业集团有13家子公司和56家糖厂;糖业集团采取了包括提高甘蔗收购价、向蔗农提供商业贷款、实现资金自给自足、重组蔗农和甘蔗种植企业债务等措施，使得甘蔗种植率和蔗糖质量明显提高，蔗糖衍生品不断增加。古巴对糖业的投资稳中有升，2014 年投入 129.2 百万比索，2015 年投入 197.6 百万比索，2016 年投入 204.1 百万比索，2017 年投入 247.5 百万比索，2018 年投入 191.3 百万比索，2019 年投入 211.9 百万比索。蔗糖产量在 2015 年至 2018 年分别为：2015 年为 173.9 万吨，2016 年为 169.39 万吨，2017 年为 158.16 万吨，2018 年为 123.32 万吨。制糖业的产值分别是：2015 年为 6.21 亿比索，2016 年为 5.59 亿比索，2017 年为 7.93 亿比索，2018 年为 3.04 亿比索，2019 年为 7.42 亿比索。[①]

（二）烟草工业

古巴的烟草工业历史悠久，古巴的烟叶和雪茄在 16 世纪就销售往欧洲，18 世纪成为西班牙国王的专卖品。19 世纪初，古巴烟草可以自由贸易，开始销往美国，烟草出口不断增加，烟草工业在古巴经济中占重要地位，古巴雪茄闻名于世。古巴烟草工业的主要产品是香烟、雪茄、烟斗丝，其中香烟虽然产量大却基本是内销，雪茄一半以上是出口。1958 年古巴卷烟出口 1225.6 万比索，雪茄出口 14 万比索，雪茄产量为 6.28 亿支。1959 年古巴有大小卷烟厂 1092 家，实行合理化改造与合并后减少至 97 家，生产雪茄 5.91 亿支。目前，古巴烟草集团是古巴烟草业唯一的企业集团，由 40 家国有公司、3 家合资公司、1 家古巴独资贸易公司及烟草研究院组成。

1974 年古巴的卷烟产值达 6 千万比索，雪茄的产值是 1.32 亿比索，其中卷烟出口 2812.1 万比索，雪茄出口 1068.3 万比索。古巴雪茄 1970 年为 3.64 亿支，1980 年为 1.66 亿支，1985 年为 3.66 亿支，1989 年为 3.08 亿支，1993 年为 2.08 亿支，1995 年为 1.93 亿支，1997 年为 2.15 亿支，1999 年为 2.84 亿支，2005 年为 4.04 亿支，2006 年为 4.18 亿支，2009 年为 3.75 亿支，2011 年为 3.92 亿支，2013 年为 4.11 亿支，2014 年为 4.23 亿支，2015 年为 4.12 亿支，2015 年雪茄总收入 4.28 亿美元。可见，雪茄的生产不稳定。香烟生产则相对稳定，1993 年为 122 亿支，1995 年为 126 亿支，1997 年为 107 亿支，1999 年

---

① 数据来源于 http://www.onei.gob.cu/node/15006。

为123亿支，2013年为137亿支，[①] 2015年为153.09亿支，2016年为157.49亿支，2017年为151.97亿支，2018年为155.47亿支，2019年为133.19亿支。[②] 烟草产品是古巴的主要出口产品，烟草产品出口情况见下表：

1958—2000年烟草产品出口情况[③]　　　单位：百万比索

年份产值	1958	1965	1970	1975	1980	1986	1989	1992	1996	1998	2000
百万比索	49.5	32.6	33.2	52.8	36.5	78	83.6	94	109	192	166

（三）医药工业和生物技术工业

医药工业和生物技术工业在古巴工业中具有重要地位，其产品是古巴主要的出口物质。古巴在生物医药领域坚持自主创新，疫苗、干扰素、降血脂药物等技术处于世界领先水平，在生物技术领域已取得500多项具有自主知识产权的海外专利。古巴拥有世界上唯一的治疗糖尿病足部溃疡的Heberprot-P、治疗肺癌的CIMAVAX-GF，以及治疗神经系统肿瘤的药物、乙肝疫苗、脑膜脑炎疫苗等医药产品，近40种生物产品出口到包括英国和加拿大在内的近50个国家和地区，生产的乙肝疫苗被世界卫生组织列入了联合国采购名单。

1960年，卡斯特罗预测古巴科学有望成为人类科学的未来。在卡斯特罗的支持下，古巴政府在革命胜利后成立了甘蔗研究所（ICID-CA），之后又建立了国家农牧渔业卫生中心（CENSA），并创建了一个致力于开发治疗癌症的干扰素的团队，为古巴生物技术的发展奠定了良好的基础。1981年，卡斯特罗决定建立生物技术中心，中心设有研发部和生产部，致力于白细胞干扰素的生产。经过紧张的研发工作，通过遗传工程和生物技术，中心研发了阿尔法和贝塔干扰素。1986年，古巴成立了遗传工程和生物技术中心，同时创立了实验动物中心（CEN-

---

[①] 徐世澄、贺钦：《古巴》，社会科学文献出版社2018年版，第173页。
[②] 数据来源于http://www.onei.gob.cu/node/15006。
[③] 毛相麟、杨建民：《古巴社会主义研究》（修订版），社会科学文献出版社2019年版，第　页。

PALAB)、国家生物制剂中心（BIOCEN）、免疫试剂中心等科研中心。1991年，古巴建立了哈瓦那西部科技园，园中的分子免疫学中心取得了有重要影响力的成果，通过阿尔法胎儿蛋白的探查、早期诊断遗传性畸胎并及早介入治疗，减少了遗传性畸胎的发生；还取得了人工合成干扰素、应用生长因子治疗糖尿病足部溃疡、获取脑膜炎细菌蛋白等重要科研成果。2000年，古巴制定了《古巴医药工业科技创新战略规划》，确定了25项战略行动，谋定了近期（2000—2002年）、中期（2002—2005年）、长期（2005—2010年）发展规划，目的是保证医药产品和科技成果的研究和开发、医药产品销售的可持续发展。2012年，古巴整合了哈瓦那西部科技园区的所有的生物技术机构和其他科研机构成立了古巴生物医药集团，按照企业化进行管理。集团现拥有34家企业，2万多名员工，61条生产线，产品出口53个国家。集团注册了700多个健康产品，并为国家的卫生系统提供了上千种产品，包括药品、医疗设备、诊断试剂等，古巴现行的基本药物目录中的761种药品，64%由集团提供。集团有150多个有效发明，2500个世界专利，101个生物医药产品在研发中，76个是创新产品。创新成果的2个标志产品分别是世界上唯一用于治疗糖尿病足部溃疡的药物Heberprot-P（可以减少75%的截肢率）和用于治疗非小细胞肺癌的疫苗CIMAVAX EGF（延长患者的生命6个月至5年）。截至2018年，集团29个产品进入国内生产，其中15个是基因药物，6个医用设备和试剂，此外还有21个新注册产品，有116个产品在国外注册，开发119个临床试剂。集团研发的96个生物制药项目，75%有创新专利保护。针对古巴和全球面对的健康问题，集团优先研发针对脑血管疾病、癌症、神经功能紊乱的药物产品。除了开发人类健康产品外，集团还针对农牧渔行业的需求，开发了动物虱子病疫苗、普通猪瘟疫苗、猪霍乱疫苗；制定对转基因玉米、大豆的评价标准，对蛋白质含量丰富的植物，例如辣木、桑树、肿柄菊等，预计其产量、工业化生产的可能性，作为动物饲料的可行性进行评估。2015年至2017年，古巴的医药工业产值分别是：2015年药品产值为1482.9百万比索，2016年药品产值为1262.6百万比索，2017年药品产值为1276.5百万比索；2015年医药产品和药用植物生产为356.76万比索，2016年医药产品和药用植物生产为296.42万比索。2020年新冠疫情暴发以来，古巴积极应对，在生物医药部门和医疗卫生部门的通力合作下，成功研发了 Soberana 01、Soberana 02、Mambisa 和 Abdala 四种疫苗，为古巴和世界人民抗击新冠作出了积极贡献。

古共七大通过的文件对医药工业和生物技术工业的发展提出了明确的要求：巩固作为经济出口能力的主要业务之一的医药工业和生物技术工业，实现产品和市场的多样化，投放新产品到国内市场以替代进口，发展饮食替代和天然药物工业。

（四）其他工业的发展

古巴的石油工业也得到了一定发展，1965 年石油产量为 5.7 万吨，1977 年为 22.5 万吨，1980 年为 27.4 万吨，1985 年 86.8 万吨，1990 年为 71.8 万吨。1993 年原油产量为 110.76 万吨，1995 年为 147.08 万吨，1998 年为 167.82 万吨，2000 年为 270 万吨，2002 年为 410 万吨，2009 年为 380 万吨，2010 年为 306 万吨，2014 年为 290.53 万吨，2015 年为 282.2 万吨，2016 年为 261.92 万吨，2017 年为 252.22 万吨，2018 年为 246.25 万吨。

古巴的电力工业也得到了一定的发展，1958 年至 1975 年，电力工业的装机容量增加了 2 倍，投资额 2.5 亿比索，1975 年的发电量为 65.88 亿度，1980 年为 99.9 亿度，1985 年达 122 亿度，1989 年增至 152.4 亿度。受苏联解体、东欧剧变影响，古巴的石油进口减少，发电量也下降，1993 年为 110 亿度，1995 年为 124.6 亿度，1999 年为 144.88 亿度。21 世纪以来，古巴的发电量不断增加，2005 年为 153 亿度，2010 年为 174 亿度，2011 年为 178 亿度，2012 年为 184 亿度，2013 年为 192 亿度，2014 年为 194 亿度，2015 年为 203 亿度，2016 年为 205 亿度，2017 年为 206 亿度，2018 年为 208 亿度，2019 年为 207 亿度。目前，古巴的电力工业除了火力发电以外，还在发展生物发电、风力发电、太阳能光伏发电、水力发电。

古巴的采矿业主要是开采镍、钴、铬、锰、铁和铜，镍和钴的储量丰富，均居世界前列。古巴镍业联合公司（Union del Niquel）是古巴唯一开发和生产镍和钴的国有大型企业，由 16 家单位组成，包括 3 家镍和钴的冶炼厂，其中一家是与加拿大合资精炼厂，其他厂在东部奥尔金省的莫阿（MOA）和尼卡洛（Nicaro）。从 1959 年至 1976 年，镍的产量翻了一番，达到 36800 吨。古巴镍和钴的产量由 1958 年的 1.8 万吨增至 1980 年的 3.8 万吨，1989 年达 4.6 万吨。20 世纪 90 年代初镍和钴的产量减少，1990 年为 3.9 万吨，1993 年为 3 万吨，1994 年为 2.69 万吨，1997 年增至 6.16 万吨，1999 年为 6.7 万吨，2000 年达 7.14 万吨，2002 年为 7.5 万吨，2005 年为 7.6 万吨，2009 年为 7 万吨。2010 年以来，受国际市场镍价大幅度下降的影响，古巴镍和钴的产量有所下降，2010 年为 6.8 万吨，2011 年为 7.3 万吨，2012 年为 6.8 万吨，2013 年为 5.6 万吨，2014 年为 5.2 万吨，2016 年为 5.6 万吨。古共七大通过的决议确定了镍工业的发展，通过扩大和多样化生产、提高产品质量及降低成本来改进镍工业在市场中的地位，达到对矿物资源的较好利用。

古巴政府也重视发展钢铁机械工业，1958 年钢产量是 2.4 万吨，到 1985 年达 40 万吨，增加了 15 倍多。卡斯特罗在古共二大的报告中指出："钢铁机械工业平均每年增长百分之六点七……钢产量从前五年的一百一十万吨上升到这个五年计划时期的一百五十万吨，薄壁型钢产量增长了百分之六十。""钢铁机械部门投资大约为四亿四千万比索。建成投产的工厂有：安第亚那钢厂的一个轧钢车间、一个甘蔗联合收割机厂、一个蓄电池厂、两个灌溉机械厂、一个车轮厂和一个不锈钢厂。"[①] 革命以来对轻工业的投资很大，加大了合理化和机械化生产，纺织品的产量由 1958 年的 6000 万平方米增加到 1985 年的 2 亿平方米；第一个五年计划时期，轻工业增长了 23%，纺织品产量为 7.5 亿多平方米，外衣生产约 2.4 亿件。第二个五年计划时期，轻工业的生产也以每年 8.8% 的速度增长，共生产了 8.7 亿平方米的纺织品，外衣和内衣的生产分别增长了 7.6% 和 11.5%。更新经济社会发展模式以来纺织品发展情况是：2010 年为 26 百万平方米，2011 年为 25 百万平方米，2012 年为 28 百万平方米，2013 年为 35 百万平方米，2014 年为 45 百万平方米，2015 年为 55 百万平方米，2016 年为 54.8 百万平方米，2017 年为 39.3 百万平方米，2018 年为 17.8 百万平方米，2019 年为 24.3 百

---

① ［古］菲德尔·卡斯特罗：《在古巴共产党第一、二、三次全国代表大会上的中心报告》，王玫等译，人民出版社 1990 年版，第 227 页。

万平方米。2015年内衣5.6百万件，外衣11.7百万件；2016年内衣5.8百万件，外衣11.5百万件；2017年内衣5.6百万件，外衣12百万件；2018年内衣5.5百万件，外衣11.4百万件；2019年内衣3.3百万件，外衣8.8百万件。①古共七大确定的工业发展政策包括：发展电子和机械工业，产品多样化，提高技术能力，以期能够替代进口，增加出口和服务。发展化学产品，重点发展塑料型工业，氯产品、盐、肥料和轮胎。发展容器制造和包装工业，重点生产出口业务和农业食品发展所要求的包装。恢复和扩大建筑材料的生产，确保国家重点投资项目，实现建筑材料的地方产品的水平和式样的重要增长，普及使用标准。发展冶铁业，重点是扩大产能，减少能耗，让轧制成薄板的产品和被制成型金属的产品多样化，提高产品质量。发展机械用的金属行业，实现机器工具和装备的恢复和现代化。提高轻工业的竞争力，加强生产联系、设计，保证经营质量。

三 服务业的发展

现代服务业是依托现代信息技术和现代管理理念而发展起来的、为社会提供高质量生活服务和生产服务的服务产业，与新的商业模式、服务方式和管理方法密切相关，既包括新兴服务业，也包括对传统服务业的改造和升级。现代服务业的范围与第三产业大体相同，包括了交通运输与邮政、商业（批发与零售业）、住宿与餐饮业、金融、物流、教育、医疗、文化娱乐、旅游等。据古巴官方统计，在2009年古巴的国内生产总值中，农业和矿业占4.86%，制造业占13.45%，服务业占75.51%。这里的服务业着重介绍古巴的商业、旅游业、交通运输和邮电通信。

（一）商业

古巴革命胜利前，古巴的商业主要是小型推销站和小商店，且数量达好几万，即1953年全国有推销站6万多个、商店4.6万家；在哈瓦那和内地的一些主要城市还建立了几十个超级市场和分类商店。革命胜利后，革命政府通过打击投机倒把和居奇牟利、接管离古商人的商店、

---

① 数据来源于 http://www.onei.gob.cu/node/15006。

美资企业国有化等将商店和商业公司逐步变成国家所有制，最后在1968年的"革命攻势"中彻底消灭了私人零售商业。

为了做好商业工作，古巴于1961年成立了商业部。为保证社会公正和公民的基本生活，古巴自1962年开始，对居民的基本消费品实行平价定量供应，定量供应物质包括大米、白糖、咖啡、肉类、油、盐、面包、鸡蛋、洗衣皂、雪茄、牛奶、卫生纸等，定量供应物质的种类、数量在不同时期可根据实际情况进行适当的调整。定量供应物质一般在居民所在的社区所规定的商店中凭购货本购买。自1971年起，商业逐渐改变了经营方式，配给产品的销售越来越灵活，大幅增加了家用电器产品和其他耐用消费品的供应，1971年至1975年销售了46万台电视机、16万台电冰箱、89万台收音机、8.2万台洗衣机、2.8万台电风扇和其他耐用消费品，定量供应的产品范围在逐步缩小，只剩生活必需品。1959年至1975年，全国共建38家超级市场，开建20家，筹建为商业提供冷冻和电子技术等服务的技术站。在1976年至1980年的五年计划期间，商品销售额增加了约20%，销售电视机77万台，电冰箱42万台，收音机135万台，洗衣机46.5万台、电风扇40多万台。卡斯特罗在古共二大报告中指出：二五计划时期，"在家用电器和其他耐用消费品方面，将大量销售电视机、电冰箱、收音机、洗衣机、电风扇和空调设备，其中空调设备是第一次出售。……销售小汽车约三万辆……摩托车销售量将达六万辆""此外，计划继续发展平行市场，允许出售从食品到工业品等一系列商品，以逐步缩小配给的范围。并在最低收入家庭的消费不受影响的前提下，逐步减少对商品出售的限制""目前正在研究调整零售价格，或者说向居民出售的商品价格问题"。1981年至1985年的五年与前一个五年相比，零售商店和公共饮食业卖给人民的东西按不变价格计算增长了百分之二十多，1985年的平行市场销售额达9.3亿比索，销售了50.24万台电冰箱、86.63万台电视机、169.4万台收音机、65.6万台洗衣机和77.96万台电风扇。配给品的总量减少了，由1981年的150种减少到1985年的68种。①

---

① ［古］菲德尔·卡斯特罗：《在古巴共产党第一、二、三次全国代表大会上的中心报告》，王玫等译，人民出版社1990年版，第362—363页。

进入和平时期的特殊阶段后,古巴进一步放宽了商业形式,允许古巴人到国营外汇商店用美元或可兑换比索购物,开放了农牧产品自由市场,允许个人经营小型服务行业。1990 年至 2002 年,古巴的商业、餐饮业和旅馆业经历了由下降至上升的发展,见下表。

1990—2002 年古巴商业、餐饮业和旅馆业产值[①]　单位:亿比索

年份	产值	在国内生产总值的构成比例
1990	49.363	26%
1993	29.364	23%
1995	29.848	22.6%
1996	63.907	28%
1998	67.498	28.8%
2000	73.105	27.6%
2002	78.071	28.3%

2008 年,劳尔·卡斯特罗执政后,放宽了对商品流通的限制,允许向持有可兑换比索的普通民众销售手机、电脑、彩电、电动自行车等商品,逐步开放汽车买卖和房地产市场,大幅度提高土豆、牛奶、咖啡、椰子、蔬菜等农产品的收购价格,允许农民将农产品直接投放到农牧业市场出售,取消了凭本低价供应的土豆、芸豆、香烟等商品,减少了凭本低价供应的商品种类。2010 年以来,不断开放非国有经济活动,允许个人从事的经济活动由 20 世纪 90 年代的 135 项增加到 2010 年的 178 项,后又先后增加到 181 项和 201 项,这些个人直接从事的经济活动基本上是在市场上直接交易的商业活动或服务活动,极大地推动了古巴零售业的发展,一定程度上推进了古巴的批发业务。2008 年至 2015 年,古巴的商业和个人物品修理业得到了较快发展。

[①] 毛相麟、杨建民:《古巴社会主义研究》(修订版),社会科学文献出版社 2019 年版,第 185—186 页。

2008—2015年古巴的商业和个人物品修理业发展情况[①]

单位：百万比索

年份	2008	2009	2010	2011	2012	2013	2014	2015
产值	11813	11609	12058	12971	13808	14727	15588	16851

2016年开始，古巴国内出现了电子商务，试行了网上支付项目，开始在电信缴费、超市和商店购物中采用电子支付模式，位于比那尔德里奥省的果蔬精品公司（Frutas Selectas）已开启电子支付模式，以此提高销售业绩，该公司计划建立网上市场，逐步推广多种电子支付模式，实现顾客在手机或电脑上挑选商品并下单购买。2016年古巴的商业和个人物品修理业发展情况分别是：2016年为18116百万比索，2017年为19486百万比索，2018年为20092百万比索，2019年为19288百万比索。古共七大确定的贸易政策把国内商业的发展放在以下几个方面：根据经济未来运行的条件继续重组批发和零售贸易；增加和稳定对居民的商品和服务的供应及其质量，包括节能设备的供应和提供售后服务，以满足不同地方市场的需要；扩大自由销售液化气（天然气）作为增加的选择和没有价格补贴；继续完善国家的供给制度，确认批发经营方式，提高国内生产商的参与度；将发展资源调配市场，按批发价出卖商品，提供没有补贴的工具和设备的租赁服务；努力发展一个国家物流规划，确保国内现有的供应链条达到一体化经营；继续逐渐引进贸易的非国有经营方式。[②]

（二）旅游业

古巴是加勒比海的旅游胜地，气候宜人，植被繁茂，风光旖旎，有300多个海岸风景点、优质海滩289处，其中巴拉德罗海滩位居世界第八，美丽的海底珊瑚世界和奇特的海洋生物，独特的舞蹈和音乐，可以提供阳光海滩旅游、城市文化旅游、生态环境旅游、健康旅游、教育旅

[①] 毛相麟、杨建民:《古巴社会主义研究》（修订版），社会科学文献出版社2019年版，第218—219页。

[②] Documentos del 7mo. Congreso del Partido, http://www.granma.cu/file/pdf/gaceta/último%20PDF%2032.pdf.

游等多样化旅游服务。经过几十年的发展，外国游客赴古巴旅游已成为古巴的第二大外汇收入来源，旅游业是古巴的支柱产业。

1959年2月，古巴革命政府成立人民海滨管理局，于3月发布270号法令宣布人民完全有权享用所有海滩，进而彻底改变革命前古巴人民不能靠近海滩、不能享用其他旅游设施的状况，消除了之前旅游业是赌博和寻欢作乐、引人堕落的形象。1959年11月成立了全国旅游委员会，目的是把被遗弃的或被占为他用的旅游场所管理起来，把随着革命的深入而逐步发展起来的饮食网点组织起来，以促进旅游事业的发展。随后，旅馆和主要娱乐场所实行了国有化，1959年至1975年，共投资5000万比索兴建和改扩建旅游设施，给广大人民享受旅游和娱乐创造了条件。受美国封锁的影响，外国旅客人数较少，1971年只有2000人，多来自苏联和东欧国家。1976年至1980年，古巴政府新建了22家饭店，使客房增加到4300间，提高了旅游接待能力；接待外国游客人数达34万人，其中1980年就有10.1万人次，是1975年的2.6倍；通过野营、郊游等方式，国内游客达700万人次。20世纪80年代，古巴政府采取措施改进旅游服务质量，提高服务设施利用率，提供多种旅游方式，扩大旅游范围，在1985年至1990年计划中，把旅游业置于特别优先的地位，拨出3.95亿美元用于更新一些主要旅游胜地的设施，还利用外资改善机场、旅馆设施，并对导游进行培训。这些措施极大地推动了旅游业的发展，外国人到古巴旅游的人数逐年增加，1985年的国际旅游收入达8730万美元，1989年外国游客增加到27万人次。

进入和平时期特殊阶段以来，为摆脱困境，古巴共产党和政府更加重视旅游业。古共四大把旅游业、食品和生物技术列为三大优先发展的项目，强调利用有利的自然条件发展旅游业，使其成为创汇、安置就业和发展其他相关产业的重要途径。古共五大通过的经济决议指出，未来几年的经济增长主要取决于旅游业和传统出口产品。1994年，成立旅游部以取代全国旅游委员会，负责制定旅游政策、重点旅游地区的发展战略、旅游业吸收外资的方式与管理办法，负责旅游环保监控。制订了全国旅游发展计划，确定哈瓦那市、巴拉德罗、国王花园、卡马圭北部、奥尔金北部、圣地亚哥市、中南部沿岸、洛斯卡纳雷奥斯群岛8个重点旅游区，52个旅游发展中心和267个旅游点。1996年，古巴四大旅游公司与国外同行签订了包括修建合资饭店、高尔夫球场、网球和马术场以及航海设施等11项合同。古巴还与16家跨国公司签署并实施了36项有关饭店管理的合同，共同经营1万余套客房。2019年和2020年，古巴均举行国际美食研讨会以促进旅游业发展。到2013年底，古巴各类宾馆及旅游住宿设施共431家，客房63719间。到古巴旅游的外国游客人数增长较快，1990年为34万人次，1999年为160.3万人次，2000年为177.2万人次，2007年为215.2万人次，2010年为253.1万人次，2012年为283.8万人次，2013年为282.9万人次，2014年突破300万人次，2016年达400万人次，2018年达470万人次，2019年达430万人次。旅游业与外国投资、出口一样，在克服特殊时期困难中起着决定性作用，古巴的旅游外汇收入不断增加，1990年为2.434亿美元，1998年上升到18.16亿美元，1999年为22.196亿美元，2007年为22.37亿美元，2010年为22.18亿美元，2012年为26.13亿美元，2014年为25.46亿美元，2015年为28.18亿美元，2016年为30.68亿美元，2017年为33.02亿美元，2018年为27.82亿美元，2019年为26.45亿美元。[①]

古共七大确定的旅游政策包括：旅游业将必须保持快速增长，确保其可持续性和成为经济发展的动力，以可持续方式增加收入和利益，使输出市场和分片的顾客多样化，让旅游的平均收入最大化；继续增强古巴在旅游市场上的竞争力，旅游供应多样化，加强人力资源培训，提高服务质量，让"价格—质量"有合适的关系；完善营销方式，使用更先进技术的信息和通信，加强促销交流；继续发展非国有经营在住宿、餐饮和其他服务中的业务，使之作为国有旅游供应的一种补充；巩固国内市场，创造和尽可能多样化较好地利用基础设施的供应以及其他让在国内的古巴居民作为旅游者外出旅游的供应；继续优先修复、维护、恢复和更新旅游基础设施和支撑设施，采取确保旅游业可持续发展的政策，采取减少水和能源载体的消耗指数的措施，扩大可再生能源的使用和旅游服务中产生的废弃物回收，与环境和睦相处；与旅游相联系的艺

---

① 数据来源于 http://www.onei.gob.cu/node/15006。

术表现要真实地反映体现古巴革命的文化政策。①

（三）交通运输

古巴的交通比较发达，铁路、公路、海运和航空组成了立体交通网，为古巴的经济社会发展做出了重要贡献。

1959年前，古巴进出口产品依赖海上运输，商船和港口设施大多控制在美国人手里，古巴只有国际商船14艘，总吨位数5.8万吨；近海船队的总吨位数1.6万吨。古巴同世界多数地方有定期的海上交通，哈瓦那同美国、欧洲、亚洲和南美洲、中美洲、北美洲的港口都有船只往来。陆路运输也控制在本国和外国的资本主义企业手中，古巴是拉丁美洲第一个也是世界上第六个采用铁路运输的国家，第一条铁路建于1837年，是哈瓦那至贝胡卡尔；到1959年前共有9600公里铁路线，但已数十年没有对铁路的现代化建设进行过较大规模的投资，设施老旧。公路全长6000多公里，最重要的是连接六省主要城市的中央公路，中央公路从哈瓦那到圣地亚哥近1000公里。为数不多的公路和道路网分布得很不均匀，很多公路和道路是为特权阶层建造的，农村几乎没有客运业。1959年前，古巴在圣胡里安、哈瓦那、诺埃瓦赫罗纳、科伦、西恩富戈斯、曼萨尼罗、圣地亚哥、奥尔金、卡马圭等地有机场，负责国内的旅客和货物的空运，实际上古巴所有大城市每天都有航空联系；古巴航空公司还担负着古巴与美国、古巴与欧洲（西班牙和葡萄牙）间的国际航运服务；在世界各主要城市和拉丁美洲间有班机往返的大航空公司的飞机基本上都在哈瓦那过境着陆。②

1959年以后，古巴政府将铁路、公路、港口、码头、机场等交通设施及相应的交通工具收归国有，制定了新的交通运输发展政策以适应经济社会的发展。海运方面，新建和扩建了港口，增加了港口设备，1965年开始在国内主要港口使用货盘化的装卸方法以提升港口的装卸能力，使港口的净装卸量从1963年的750万吨增加到1975年的1240万吨。在陆路运输方面，实行了铁路维修计划，1964年向苏联、法国

---

① Documentos del 7mo. Congreso del Partido, http://www.granma.cu/file/pdf/gaceta/último%20PDF%2032.pdf.

② ［古］希门尼斯：《古巴地理》，商务印书馆1962年版，第290页。

和英国购买了80台机车，1967年至1989年向社会主义国家购买了70台机车和250多节货车车厢。1965年开办了"埃迪多·冈萨雷斯"铁路技术学院，培养铁路专业的技术人员。1969年至1970年开始研究铁路发展计划，着手中央铁路的改建和现代化改造。对卡车运输进行了分门别类的调整以挖掘其运输能力，在1959年至1974年购买了6万多辆卡车用于公共运输和各经济部门的专业技术运输，极大地改善了货运状况。1961年成立了国营公共汽车公司，进行行业整顿，保证人民出行需要和安全。1964年至1966年的三年中进口了901辆公共汽车用于哈瓦那的市内客运，131辆公共汽车用于各省间的客运。后来，又进口了2181辆公共汽车用于城市和公路客运，1082辆公共汽车用于乡村客运。航空运输方面，因帝国主义的封锁，缺少飞机的零部件、飞行员和技术人员，后在苏联的帮助下进行飞机维修，新购买了飞机，国内客运量1974年比1958年增加了2.7倍，国际客运量增加了1.1倍。

1976年至1980年的五年，运输量提高了31%；1981年至1985年，运输部门的年增长速度是6.5%。1980年全国10个港口的商品吞吐量超过3500万吨，比1975年提高了35%，其中对外贸易2500万吨，国内贸易1000万吨。增加了32艘远洋货轮，船的总吨位从1975年的55万吨增加到1980年的81.5万吨；沿海贸易的运载能力从1975年的8.7万吨提高到1980年的12.8万吨，提高了10%；1985年，全国各港口的装货量达3980万吨，1980年至1985年商船队的总载重量增长了21%，达116万吨。铁路方面，1976年至1980年，铺设了中央铁路750多公里，新投入使用了102辆重型机车和1860辆货客车厢，铁路货运量增加了26%，客运量1980年比1975年增加了82%；1981年至1985年，货运量增长了16%，客运量增长了37%；1987年，机车车辆总数中有内燃机车300台、电力机车12台、内燃动车70辆、电力动车15辆、客车446辆和货车9600辆。陆路运输方面，1976年至1980年，新投入使用的卡车3987辆，卡车的货运量从1975年的770万吨增加到1980年的1500万吨左右，平均每年增长近14%；新投入使用10800辆公共汽车，公共汽车的客运量1980年比1975年增加了17%。1981年至1985年，汽车运输量增长了30%；增加了7200辆公共汽车，公共汽车的客运量增加了23%。航空方面，对哈瓦那和卡马圭的机场进行了改造，拉斯图纳斯省、巴亚莫和曼萨尼略的机场也开放，有7架飞机投入使用，国际航班的客运量增加了2倍。卡斯特罗在古共二大的报告中指出，计划在1986年至1990年将有13000辆大轿车用于城市、郊区和城市间的运输。

受苏联解体、东欧剧变和美国封锁打压的影响，古巴的交通运输在20世纪90年代陷入严重困境。进入21世纪，随着经济的逐步好转，特别是随着经济社会模式更新的不断推进，交通运输业得到一定的发展，目前公路总长4.9万公里，其中高速公路680多公里；铁路总长8367公里，其中有124公里电气化铁路；有6个国际机场、19个国内机场。古巴各类专业运输企业（含铁路、公共汽车、出租车、海运和内河航运、航空等）承运的旅客人数分别是：2015年为19093百万人次，2016年为20443百万人次，2017年为22598百万人次，2018年为21440百万人次，2019年为18999百万人次；承运货物运输情况分别是：2015年为6358.72万吨，2016年为6345.32万吨，2017年为6597.22万吨，2018年为6361.64万吨，2019年为5901.45万吨。[①]

古共七大确定的交通运输政策包括：继续复原、现代化、恢复和重新调整汽车运输，将鼓励不论是国有还是非国有运输企业发展技术服务，增强道路安全，保证真实和有效地完成道路安全的国家战略计划；根据经济的可能性，完善组织和对私人承运人提供的服务的监督，使私人承运人容易获得零件和配件、燃料和其他资源，有助于这项服务的合法、安全和质量；保证每一种运输更有效地使用图表和工具，改善负荷量，实现港口—运输—内部经济链的合适运转，利用铁路、沿海航运、专业化公司和集装箱使用的比较优势，实现多式联运的一体化；在国家的投资进程中推进恢复和发展铁路的计划；发展国家的商业船队和船厂，有利于扩大外汇的筹募和有意识地节约租金；提高海港的运行效率，包括现代化和适时地维护港口的基础设施和港口的装备，疏浚国家的主要港口，从劳动制度的组织和海洋安全制度开始，在货物装卸中允许达到最高节奏；根据每个地区的特点，在旅客和货物运输以及与这些业务相联系的其他服务中鼓励规划国有和非国有组织形式；继续现代化

---

① 数据来源于 http://www.onei.gob.cu/node/15006。

和扩大客运和货运的古巴航空运输队、机场基础设施，同时实现所提供的服务更有效，目的是增加旅游和国家需求；在一个有不同经营模式参与的多种形式一体化的环境中，稳步和有质量地增加旅客运输需求的满意度，使老龄人口的流动更容易；根据减少逃避支付和躲避收税的需要，在城市和农村旅客运输中实行新的支付方式；加强恢复、维护和发展汽车道路的基础设施，包括它的信号系统。①

（四）邮电通信

1959年以前，古巴有635个邮局，覆盖几乎所有居民点。书信用火车、汽车、飞机传递，也有用马传递的。1853年开始有电报，电报线总长15000公里，连接了全国所有居民点。电话通讯约从1883年开始，到1958年底共安装了17万部电话机。古巴于1914年建立起第一座无线电台，1950年建立起电视台。

1959年以后，政府将无线电通讯、邮政、电话和电报等收归国有，并进行了改革。至1975年，电报事业实现了现代化，电报网点和邮政业务都有扩大，无线电广播几乎覆盖整个古巴，无线电发射台100多座，建成了1座现代化卫星通讯站；电话在许多城市都得到发展，用上了现代化设备，扩大到了农村地区、革命后新建的居民点、农村初级学校、技术学校、科技学校和松树岛。1976年至1980年的五年中，所有省会和一部分城市都能同哈瓦那市自动通电话，建立了一个现代化的微波系统及广播和电视发射台，中波广播覆盖了全国90%以上的地区；扩大了电报用户的服务范围，国际通讯的范围有所扩大，开辟了新的卫星线路。1981至1985年间，通讯方面的年增长速度是9.4%，安装了12.6万台新电话，80%的长途电话是自动的。政府计划在1986年至1990年的五年内，安装185000台新电话机。

古巴于1996年开始通过卫星信号提供网络宽带服务，但速率一直很低。连接古巴和委内瑞拉的海底光缆Alba-1于2011年3月竣工，2012年8月在国际手机业务领域投入使用，2013年1月开始为互联网提供接入和流出的双向通信服务，大大提高了古巴访问互联网的速度。

---

① Documentos del 7mo. Congreso del Partido, http://www.granma.cu/file/pdf/gaceta/último%20PDF%2032.pdf.

2013年6月古巴境内118个网吧提供公共互联网接入服务，居民可在古巴电信公司授权的118个网吧通过NAUTA门户网站浏览境内外网站，并注册后缀为@nauta.cu的国际电子邮箱。2016年，为满足古巴500万新增用户的需求，古巴电信公司建立了108个通信基站。至2017年3月，古巴有1157个有线或无线公共上网区域。2017年底，古巴电信公司首次推出手机上网服务，从2018年12月6日起古巴居民手机全面连网。

受美国封锁打压，古巴的邮电通讯发展受阻，却也有一定的发展。电话交换机总数分别是2014年为740门，2015年为741门，2016年为764门，2017年为1024门，2018年为1106门，2019年达1352门；安装的公用电话2014年为57533部，2015年为59230部，2016年为59818部，2017年为59970部，2018年为60307部，2019年达60940部；移动电话用户分别是：2014年为26368户，2015年为34515户，2016年为41037户，2017年为47156户，2018年为54741，2019年为61415户。移动电话人口覆盖率分别是：2014年至2018年均为85.3%，2019年为85.5%。每100名居民的电话拥有率分别是：2014年为33.9%，2015年为41.3%，2016年为47.4%，2017年为53.1%，2018年为60.2%，2019年为66.8%。以".cu"注册的网络域名数分别是：2018年为5375个，2019年为5786个。①

---

① 数据来源于http://www.onei.gob.cu/node/15006。

第五章　古巴社会主义政治建设

第一节　人民政权代表大会制度建设

一　人民政权代表大会制度的形成和发展

1959年1月，古巴革命政府成立时解散了旧政权的议会，解除了旧议员的职务。2月7日颁布的《1959年根本法》规定：共和国主权在民。取消议会，将议会的立法权和其他职能赋予部长会议，规定部长会议行使立法权并协助总统行使行政权。卡斯特罗认为："在古巴，政权和人民是一码事，这就是民主""政府是人民的，因此，很简单，人民就是保卫政府的力量""他们（人民的敌人——作者注）竟然自称民主人士！这才是民主，这次工人代表大会才是民主，它是工人的代议制民主的生动形象""没有面包的民主不是民主，没有书本、教师的民主不是民主。让我们把书本给农民，把面包给人民吧。"① 为彻底清除巴蒂斯塔独裁政权的遗毒，保证人民为之奋斗的经济独立、政治主权、真正民主和社会公正的梦想得以实现，古巴革命政府一方面创造条件保障人民享有这些权利，如实行土地改革，让农民获得土地，实现耕者有其田；推行《城市改革法》，使广大古巴人民成为自己住房的主人；创造就业机会保障充分就业，规定所有劳动者享有最低补助金每月40比索，到1959年底所有劳动者享有社会保障；在偏远农村建立医院、医疗诊所，加速培养医学专业人才，门诊、住院和其他医疗实行免费；新建或将兵营改建成学校，改善人民的教育状况，颁布《教育国有化法》，所

---

① [古]菲德尔·卡斯特罗：《卡斯特罗言论集》（第一册），人民出版社1963年版，第140—142页。

有学校实行免费教育。到1960年底，全国新建成50所医院、60所学校、1000所住房和公寓以及数十座商店、图书馆和俱乐部。另一方面，在没有普遍选举产生国家权力机关的情况下，政府采用直接民主方式来保证人民参与国家政治生活，实现人民当家做主。主要表现在：第一，召开全民性的群众集会，即"古巴全国人民大会"（Asamblea General Nacional del Pueblo de Cuba），运用直接表决的方式动员群众对国家最基本、最重要的政策和重大决定进行表态。1959年7月26日，在纪念攻打蒙卡达兵营6周年大会上，多尔蒂科斯总统宣布："应无数人的要求，卡斯特罗将重任总理"。群众热烈欢呼达几分钟，又唱歌、又跳舞、高呼革命口号。卡斯特罗在会上作了4小时的讲话，讲话不时被群众的跳舞、唱歌及高呼"菲德尔万岁！"所打断。休·托马斯说这就是"直接民主"，是"最高领袖"和人民的直接联系。[1] 1960年9月2日，在哈瓦那何塞·马蒂革命广场举行了近百万人参加的群众大会，会上古巴群众群情激昂地驳斥了反动的《圣约瑟宣言》，通过了第一个《哈瓦那宣言》。卡斯特罗总理在讲话中感谢苏联和中国在古巴遭到帝国主义侵略时所提供的无私援助，驳斥了《圣约瑟宣言》对苏联和中国的污蔑和攻击，并对与会的百万群众说："古巴革命政府愿意提请古巴人民考虑：是否同意古巴同中华人民共和国建立外交关系？"会场上近百万群众高高举起双手，以雷鸣般的吼声回答"同意！同意"。[2] 第二，对政府颁布的各种重要法律草案，组织全民性的大讨论，广泛征求意见，以补充和完善。第三，群众组织和社会团体可直接参与法律的制定活动和国家重大政策的实施。古巴中央工会组织126万多名工人参加1975年计划的讨论，143万多名工人参加1976年计划的有保留的数字的讨论，对完善计划起了重要作用。卡斯特罗在古共一大的报告中说："近几年来，加强社会主义法制的工作尤其抓得紧，起草、讨论和批准了一些有价值的革命的法律，如审判制度组织法、刑事诉讼法、民事和管理诉讼法以及家庭法等。""我国人民在为自己制定宪法的过程中还模范地发扬了社会主义民主。党的

---

[1] ［英］休·托马斯：《卡斯特罗和古巴》（上、下册），斯禾译，上海人民出版社1975年版，第479—480页。

[2] 王泰平：《新中国外交50年》，北京出版社1999年版，第1636—1637页。

基层组织和领导机关、工会、保卫革命委员会、妇女联合会、小农协会、大学生联合会、中学生联合会、部队和在外工作的共六百二十万左右的人参加了草案的讨论。"① 整个 20 世纪 60 年代，古巴没有产生自己独立的国家权力机构，没有改变部长会议集立法和行政权力于一身的状况。

到 20 世纪 70 年代，古巴在 20 世纪 60 年代形成的国家的决策权集中于中央特别是集中于卡斯特罗等少数党和国家的最高领导层，造成党、政、军、群的职能不明，不能充分发挥各自的作用，致使以群众参政为目标的直接民主的实现变得很艰难，迫使古巴进一步探索实现人民民主的规律、方式和途径。古巴领导人认为造成这些弊端的原因主要有：一是对马克思主义做了唯心主义的理解；二是没有学习借鉴其他社会主义国家的实践经验；三是一些做法背离了建设社会主义的正确道路；四是缺乏对客观发展规律的认识。卡斯特罗说："我们最困难的问题是无知。当我们谈到文盲时，并没有把自己放在文盲和半文盲中。无知和一知半解的情况，可以在领导岗位上的许多人身上发现。"② 这里所说的无知是指对客观发展规律缺少科学的认识。为找到一条适合古巴国情的人民民主道路，古巴在 1974 年 5 月成立了专门委员会领导人民政权机关的选举，并在马坦萨斯省进行试点。马坦萨斯省试点成功后，开始向全国推广。卡斯特罗在 1974 年 7 月 26 日的讲话中肯定了"人民政权"，表示地方人民政权机构将领导经济、卫生、文化、教育等方面过去由中央管的大部分生产和服务单位，开始改变以往权力集中于中央的状况。古巴领导人指出"人民政权"是指"建立由选出的代表进入治理机构的制度"，即"群众参与政府事务的制度化进程"。劳尔说：实现"人民政权"的实质是"群众真正实现参与国家管理，使代表们能够真正行使这种权力"。"人民政权"发展了古巴 20 世纪 60 年代以来实施直接民主的经验，并将直接民主与间接民主有机结合起来，成为古巴社会主义民主的主要形式。③ 1976 年 2 月 15 日，经全民投票批准了《古巴共和国宪

---

① [古] 菲德尔·卡斯特罗：《在古巴共产党第一、二、三次全国代表大会上的中心报告》，王玫等译，人民出版社 1990 年版，第 132 页。
② 政学：《卡斯特罗》，内蒙古人民出版社 1979 年版，第 394 页。
③ 毛相麟、杨建民：《古巴社会主义研究》（修订版），社会科学文献出版社 2019 年版，第 102 页。

法》，确立了人民政权代表大会制度作为古巴的国家政权组织形式和根本的民主政治制度。宪法规定：一切权力属于劳动人民，劳动人民通过人民政权代表大会和人民政权代表大会产生或直属的国家机构行使权力。全国人民政权代表大会是最高国家权力机关，是行使立宪立法权的唯一机构，其常设机关是国务委员会。地方人民政权代表大会是最高地方国家权力机关，对其所属地区行使管理权，并通过代表大会的组成机构对其直属的经济、生产和服务部门实行领导，开展工作以满足所辖区居民在医疗、经济、文化、教育、娱乐等方面的需要。地方人民政权代表大会包括省、市人民政权代表大会，其常设机关是省、市人民政权代表大会执行委员会。市人民政权代表大会代表由事先划出的选区内选民直接以无记名投票的方式选举产生，市人民政权代表大会以无记名投票方式选举省和全国人民政权代表大会代表。1976年12月2日，全国人民政权代表大会正式成立，结束古巴自1959年来没有独立的权力机构和立法机构的历史。卡斯特罗在会上说："我正式宣布，革命政府将迄今为止实施的权力移交给全国人大，部长会议将它行使了18年立宪权和立法权移交给全国人大，这18年是我国政治社会发生最激进和最深刻变革的时期。"[1] 20世纪80年代，全国人民政权代表大会制度得到进一步发展，全国人民政权代表大会按照社会主义法律程序办事，改善了代表大会各个工作常委会的工作；在全国人民政权代表大会会议期间，越来越多的代表参加讨论，他们应起的作用得到了实质上的改进；人民权力机构地方组织和国家中央行政机构之间的工作关系越来越密切，人民政权地方机构在组织职能和干预经济方面都取得了显著的进展。

1990年，古巴进入"和平时期的特殊阶段"。美国等西方国家大肆攻击古巴社会主义，国内少数反对势力反对社会主义制度，极力鼓吹资产阶级自由民主，影响恶劣，危害性大。严峻的国际国内形势使古巴开展了"拯救祖国、拯救革命、拯救社会主义"的捍卫社会主义的斗争，政治上，不但采取了一些稳定局势的应急措施，更重要的是为完善现行的政治制度而进行了一些变革。1992年的宪法修正案进一步完善了人

---

[1] 徐世澄：《卡斯特罗评传——从马蒂主义者到马克思主义者》，人民出版社2008年版，第189页。

民政权代表大会制度，具体表现为：一是增设了人民政权代表大会的基层组织"人民委员会"（Consejo Popular），作为市人民政权代表大会与居民间联系的纽带和桥梁。1992年宪法第104条规定："城市、乡镇、居民聚集区、定居点和农村设立的人民委员会，根据市、省和国家人民政权代表大会机关的最高授权在当地行使其职权。它们代表其发挥作用的地区，同时也代表了市、省一级国家的人民力量""人民委员会积极开展工作，以提高发展生产和服务活动的效率，满足人民群众医疗、经济、教育、文化和社会的需求，推动人民群众更热情和积极地参与解决出现的困难"。"人民委员会协调、掌握和控制其辖区内的所有机构开展的工作，推动它们之间的合作，管理并监督其行为"，"人民委员会的委员在该区域内选举产生，并选举其中之一主持其工作。辖区内的行政组织和最重要的机构的代表由人民委员会的委员担任。"[①] 二是实行直接选举各级人大代表。1976年宪法第69条规定"全国人民政权代表大会由市人民政权代表大会根据法律规定的方式和比例选出的代表组成"和第139条规定"市人民政权代表大会以无记名投票方式选举省人民政权代表大会代表"，1992年宪法第71条改为"全国人民政权代表大会代表按照自由、直接、秘密的投票方式产生，其比例和程序由法律确定"，这就将原由间接产生的省和全国人大代表改为直接选举产生，进一步扩大了直接民主的范围，加强了选民与人大代表间的直接联系，有利于强化选民对代表和人民政权工作的监督。1993年2月24日，古巴公民直接投票选举了第四届全国人民政权代表大会和省人民政权代表大会的代表，选民投票率高达99.62%，这是古巴革命胜利后第一次举行全国性无记名直接选举。之后的古巴人民政权代表大会代表的选举都是通过直接选举的方式分两阶段进行的，第一阶段由选民直接从所在选区内选举市人大代表，第二阶段是由市人民政权代表大会提名省和全国人民政权代表大会代表候选人，最后由选民投票选举产生省和全国人大代表。第9届人大代表第一阶段的选举是2017年9月4日至12月2日，在12515个选区的27221名候选人中选举产生了12515名市人大代

[①] 许宝友：《世界主要政党规章制度文献（越南、老挝、朝鲜、古巴）》，中央编译出版社2016年版，第171页。

表，即每个选区产生了1名市人大代表；第二阶段选举是2018年1月21日，全国各市的人代会举行特别会议，提名全国15个省1265名省人大代表和605名全国人大代表的候选人。3月11日，古巴全国举行投票选举，8926575名选民中有7399891人参加投票，投票率为82.90%，选举产生了第9届省和全国人大代表。三是在省、市人民政权代表大会设立常设的工人委员会，协助人民政权代表大会开展工作。工人委员会是为保障地方具体利益而设立的，其工作主要是掌握和监督辖区内设立的各类地方实体。省、市人民政权代表大会有一项职能是"组织和解散工人委员会"，这就把工人委员会的运行和管理置于人民政权代表大会之中，也强化了省、市人大对其辖区内各类实体工作的监管。

2019年2月，古巴通过全民公决的方式通过了对古巴宪法的再次修订。2019年宪法进一步完善了人民政权代表大会制度，主要表现在：一是进一步厘清了全国人民政权代表大会与国务委员会的职权，划清了国务委员会主席与总理的职权。二是结束了全国人民政权代表大会主席和国务委员会主席分别由不同的人担任的历史，宪法第121条规定"全国人民政权代表大会主席、副主席和秘书同时是国务委员会主席、副主席和秘书"。三是取消了省一级的人民政权代表大会，成立人民政权省政府，省政府由省长和省委员会组成。关于地方人民权力机关，原宪法第105条和第106条规定，古巴设立省人民政权代表大会和市级人民政权代表大会；原宪法第117条规定"省、市人民政权代表大会主席当然地是该地行政机关的主席和国家在对应行政区划的代表"，即古巴实行"议行合一"制度，省人大和市人大行使省政府和市政府的行政功能。新《宪法》第175条改为省长由国家主席提名，由该省所辖的（若干）市的市人大选举产生。新《宪法》第182条规定，省委员会由省长、副省长，所辖市的市人大主席、副主席和市长组成。① 这样，古巴的人民政权代表大会由原来的全国、省、市人民政权代表大会的三级制变成了全国、市人民政权代表大会两级制。四是市人民政权代表大会及其代表的任期改为5年。原宪法第111条规定"市级人民政权代表大会的组成

---

① 徐世澄：《古巴新宪法："变"与"不变"》，《唯实》2019年第6期。

人员每两年半改选一次，一经改选，代表任期即结束"，新《宪法》第187条规定"市人民政权代表大会每届任期五年"。

二　人民政权代表大会制度的内容和运转

（一）全国人民政权代表大会

全国人民政权代表大会是最高国家权力机关，是拥有立法权和制宪权的唯一机关，代表并反映全体人民的主权意志。全国人民政权代表大会五年一届，其代表按照自由、平等、直接和秘密投票选举产生，选民依照法定方式和程序可随时罢免代表。代表为人民的利益开展工作，与选民保持联系，听取选民的意见、建议、批评，向选民解释国家政策，定期报告履职情况；会议期间，代表有权向国务委员会、部长会议提出质询。全国人民政权代表大会在其代表中选出大会主席、副主席和秘书各一人。

《宪法》第108条规定，全国人民政权代表大会履行如下职责：[①]

1. 根据宪法第十一篇的规定决定修改宪法；
2. 在必要时，按照法定程序，对宪法和法律作出一般性和必要的解释；
3. 批准、修改或废除法律，根据相应法律的性质，在认为适当的时候，可提交人民讨论；
4. 根据现行法律通过相关决议，并监督其执行情况；
5. 依照法定程序，对法律、法令、国家主席令、命令和其他一般规定进行合宪性审查；
6. 批准国务委员会颁布的法令和决定；
7. 完全或部分撤销违反宪法或法律的法令、国家主席令、命令、决定或一般性规定；
8. 完全或部分撤销市人民政权代表大会违反宪法、法律、法令、国家主席令、命令和上级机关发布的其他政令的决定和政令，或者影响其他地区或国家整体利益的决定和政令；

---

① Constitución de la República de Cuba, http://www.granma.cu/file/pdf/gaceta/Nueva%20Constituci%C3%B3n%20240%20KB-1.pdf.

9. 审议和批准经济和社会发展的总体目标以及年度的、短期、中期和长期计划；

10. 批准经济社会发展领导体制的原则；

11. 审议和批准国家预算并监督国家预算的执行；

12. 决定货币、金融和财政制度；

13. 建立、修改或取消税收；

14. 批准国家内外政策的总方针；

15. 遭受军事侵略时，宣布战争状态或宣战和批准和平协定；

16. 确立和变更国家政治—行政区域划分；依照宪法和法律规定批准市或其他地区和行政区域的行政隶属制度和特殊管理制度；

17. 任命各常设、临时委员会和友好的议会团体；

18. 对国家机关实行最高审计监督；

19. 听取和评估国有企业系统的报告和分析，根据其规模及其对经济和社会发展的影响力；

20. 听取和评议国务委员会、共和国国家主席、总理、部长会议、最高人民法院、总检察院、共和国总审计署、国家中央行政机关以及各省政府向其提交的工作报告，并作出决定；

21. 建立或终止国家中央行政机构的组织，或采取其他适当的组织措施；

22. 决定大赦；

23. 在符合宪法规定和全国人民政权代表大会认为适当的其他情况下举行公民投票或全民公决；

24. 决定全国人民政权代表大会和国务委员会的规章；

25. 本宪法赋予它的其他职权。

宪法第109条规定，全国人民政权代表大会行使以下职权：

1. 选举共和国国家主席和国家副主席；2. 选举全国人民政权代表大会主席、副主席和秘书；3. 选举国务委员会成员；4. 根据共和国国家主席的提议，任命总理；5. 根据共和国国家主席提议，任命副总理和部长会议其他成员；6. 选举最高人民法院院长、共和国总检察长和共和国总审计长；7. 选举国家选举委员会的主席和其他成员；8. 选举最高人民法院副院长、法官及陪审员；9. 选举共和国副检察长、副审计长；10. 撤销或替换其选举或任命的人。

人民政权代表大会的运行遵循以下原则：1. 除宪法规定的特殊情况外，它所发布的法律和决定实行以简单多数票通过；2. 它每年举行两次例会，如果有三分之一代表提议或国务委员会召集可举行特别会议；特别会议处理促使召开特别会议的事情；3. 全国人民政权代表大会召开会议必须有超过半数以上代表出席；4. 除代表大会鉴于国家利益的原因决定召开秘密会议外，全国人民政权代表大会会议均公开举行。

（二）国务委员会

国务委员会是全国人民政权代表大会的常设机关，在全国人民政权代表大会闭会期间执行其决议并履行宪法和法律赋予的其他职能。国务委员会具有合议性质，向全国人民政权代表大会负责，并向其报告工作。全国人民政权代表大会主席、副主席和秘书同时是国务委员会主席、副主席和秘书，国务委员会其他成员从全国人民政权代表大会中选出。

新《宪法》第122条规定，国务委员会行使以下职权：

1. 确保宪法和法律的实施；

2. 必要时对现行法律作出一般性和必要的解释；

3. 发布法令和决定；

4. 部署召开全国人民政权代表大会特别会议；

5. 组织和商定全国人民政权代表大会和市人民政权代表大会定期更换代表的选举日期；

6. 分析提交全国人民政权代表大会审议的法律草案；

7. 授权执行全国人民政权代表大会的决议；

8. 停止与宪法和法律相抵触的国家主席令、法令、决议和其他规定，并在撤销后召集的全国人民政权代表大会第一次会议上予以通报；

9. 停止市人民政权代表大会作出的不符合宪法或法律、法令、国家主席令、命令和主管机关发布的规定的决议和决定，或者危害其他地方利益或国家整体利益的决议和决定，并在撤销后召集的全国人民政权代表大会第一次会议上予以通报；

10. 撤销或修改省长或省委员会违反宪法、法律、法令、国家主席令、命令和其他上级机关发布的规定的决议和其他决定，或危害其他地区利益或国家整体利益的决议和其他决定；

11．全国人民政权代表大会闭会期间，选举、任命、停止、撤销或替换由全国人大负责决定的除共和国国家主席、国家副主席、全国人民政权代表大会主席和副主席及秘书、国务委员会成员及总理之外的职位的人。最高人民法院院长、共和国最高检察长、共和国总审计长和全国选举委员会主席只能停止其行使职责；

上述情况，国务委员会在全国人民政权大会下次会议期间向其报告相应的行动；

12．在全国人民政权代表大会闭会期间和因安全需要和时间紧迫不能举行代表大会的情况下，国家遭到侵略时，根据共和国国家主席的提议，行使宪法赋予全国人民政权代表大会的宣布战争状态或战争或签署和平协议的权力；

13．通过最高人民法院执行委员会向各级法院发布具有普遍性的指示；

14．设立委员会；

15．批准和废除国际条约；

16．根据共和国国家主席的提议，任命并撤换古巴在其他国家、国际组织和机构的外交使团的领导人；

17．对国家机关行使监督和管制权；

18．在全国人民政权代表大会闭会期间，建立或终止国家中央行政机关组织，或采取任何其他适当的组织措施；

19．批准相应的外国投资方式；

20．全国人民政权代表大会闭会期间，审查和批准为实现国家预算所进行的必要调整；

21．协调和保证全国人民政权代表大会代表、常设和临时工作委员会的工作；

22．宪法和法律赋予的或全国人民政权代表大会委托的其他职权。

（三）市人民政权代表大会

市人民政权代表大会是本区域内的最高国家权力机关，在本区域内被赋予最高权力。市人民政权代表大会由在其区域内划分的每个选区选出的代表组成，选民通过自由、平等、直接和秘密投票方式选举产生代表，每届任期5年。市人民政权代表大会需其总成员一半以上的人有效出席方可召开，大会的决议以简单多数票获得通过。

新《宪法》第191条规定，市人民政权代表大会具有以下职责：

1. 遵守和确保遵守宪法、法律和一般性法规；
2. 酌情批准和监督市的经济计划、预算和整体发展计划；
3. 批准城乡规划，并监督其执行；
4. 视情况选举、任命、撤销或更换市人大主席、副主席和秘书；
5. 根据市代表大会主席的提议任命或更换市长；
6. 根据市长的提议，任命或更换市行政委员会其他成员；
7. 就市的利益问题在其职权范围内通过决议和制定规范性条例，并监督其实施；
8. 监督和检查市行政委员会的工作，在不损害对其他机构和企业开展监督的情况下协助市行政委员会的工作委员会行使监督和检查；
9. 就市人大关心的及与部长会议或省政府确定的事情，组织和监督相关单位履行职责和完成任务，主要涉及本市的经济、生产、服务、卫生、救助、预防和社会关怀、科学、教育、文化、娱乐、体育、环境保护等业务；
10. 保证和监督法律的实施，同时维护内部秩序以及加强在其领域内的国防能力；
11. 视情况，向部长会议或省长提议撤销其下属机关或当局通过的决定；
12. 当出现违反上级法律规范、影响社区利益或超出职权范围做决定的情形时，有权撤销或者修改下属机关作出的决定；
13. 经与国务委员会事先商定，批准设立市人民委员会；
14. 依照法律规定，协助设在所辖地区内不是直属的企业在其区域内执行国家政策、开展生产和服务活动；
15. 建立工作委员会和批准其工作的一般准则；
16. 宪法和法律赋予的其他职责。

（四）人民委员会

人民委员会是具有代表性的人民政权地方机构，由最高权力机构授权其履行职能，不是构成国家政治行政区划的一个中间机构，建立在城市、居民区、乡镇、定居点和农村地区。它由所在选区选出的代表组成，在委员中选出1人来主持委员会工作。

根据议题和要处理的问题，可邀请社会和群众组织以及境内重要企业的代表参加人民委员会会议，其主要目标是在本职责范围内加强协商和共同努力造福社区。

人民委员会代表所在地的人民同时也代表市人民政权大会履职。它监督在地方有影响力的生产和服务企业，努力工作去满足群众的经济、医疗、福利、教育、文化、体育、娱乐需要以及所在区域的预防和社会关怀需要。

第二节 人民政权行政管理体系建设

一 行政管理体系的演进

1. 建立起以部长会议为最高行政机关的四级政府管理机构（1959—1970年）

1959年1月1日，古巴革命取得胜利。3日，成立临时政府，临时政府实行总统制，总统是国家最高元首，行使国家最高行政权。临时政府的总统是马努埃尔·乌鲁蒂亚，他组建了他的内阁。任命何塞·米罗·卡尔多纳为总理，阿格拉蒙特任外交部部长，鲁福·洛佩斯·弗雷斯克特任财政部部长，塞佩罗·博尼利亚任商务部部长，安赫尔·费尔南德斯任司法部部长，路易斯·奥尔兰多·罗德里格斯任内政部部长，马努埃尔·费尔南德斯任劳工部部长，雷希诺·博蒂任经济部部长，埃伦娜·梅德罗斯任社会福利部部长，费利佩·帕索斯任国家银行行长，胡斯托·卡里略任开发银行行长，埃米略·梅嫩德斯任最高法院院长，马努埃尔·拉伊任公共工程部部长，阿曼多·阿特任教育部部长，奥古斯托·马丁内斯·桑切斯任国防部部长；温贝托·索里·马林任农业部部长，恩里克·奥尔图斯基任交通部部长，马丁内斯·派斯任卫生部部长，卡斯特罗任武装部队总司令。临时政府的主要人物与以起义军为代表的革命力量之间很快产生了极大的分歧，矛盾愈加突出，到2月中旬出现了第一次政府危机，内阁全部辞职。在2月的政府危机中，人民要求卡斯特罗出任总理。卡斯特罗说："可以接受总理的职位，但是，既然他将对政府的政策负责，就需要有充分广泛的权力，使他能够有效地行动。"2月16日，卡斯特罗就任总理。2月23日，劳尔就任武装部队总司令。乌鲁蒂亚总统支持卡斯特罗当总理，在卡斯特罗上任后就不再出席部长会议，只在名义上拥有对法令的否决权，行政权实际由总理把握。卡斯特罗领导的政府内部依然矛盾重重，有的部长敷衍了事，空谈允诺；乌鲁蒂亚总统极力排斥人民社会党，在卡斯特罗与人民社会党之间制造分裂。乌鲁蒂亚在某些具体问题的决策上与卡斯特罗存在严重分歧，如土地改革和革命法庭，还阻止卡斯特罗实施经部长会议讨论形成的决议。卡斯特罗于7月17日决定辞去政府总理职务，并在电视上指责乌鲁蒂亚"顽固不化""搞乱"了政府。卡斯特罗辞职后，临时政府危机越来越严重，乌鲁蒂亚无法控制政府出现的纷乱局面，被迫辞去总统职务。奥斯瓦尔多·多尔蒂科斯就任总统。在多尔蒂科斯总统主持的7月26日纪念攻打蒙卡达兵营六周年大会上，卡斯特罗重任总理。

1959年2月7日，部长会议通过的《1959年根本法》规定：取消议会，将议会的立法权和其他职能赋予部长会议，规定部长会议行使立法权并协助总统行使行政权。这样，部长会议成为古巴最高行政机关。在部长会议下，设有土地改革全国委员会、中央计划委员会以及主管商业、工业、农业、建筑、社会工作、旅游、石油、教育、卫生等各项国家建设事业的部、局，具体领导国家的行政事务。1959年5月成立了土地改革全国委员会，作为政府的主要权力机构，负责征收和再分配土地，组织国内的交通、教育、卫生和房产。土地改革全国委员会还设了一个贷款部门，合并了食堂、大米和咖啡管理局，自成一体，成为古巴的小内阁。开始的时候，还直接管理一些农场，主要是巴蒂斯塔及其拥护者的产业以及那些逃亡、死掉、被监禁的人的产业，也任命一些企业的经理。卡斯特罗任土地改革全国委员会主席。部长会议具有立法和行政的职能，全面负责国家的组织管理工作。新政府废除了旧的地方政权机构，新的地方政权机构没能及时建立，地方革命政权在很长一段时间内是由中央政府的全权代表来行使的。1961年3—6月，各省、市地方行政机构——协调、执行和监督委员会在全国建立起来。后又成立地方政权全国协调委员会，直接领导地方行政管理机构。1961年6月6日，成立了内务部,作为保卫国家安全的机构;同年,还成立了对外贸易部和商业部。这样,到1961年底,新的国家政权体系已初具规模。① 1965年,取消了财政部。1963年,政府调整了国家行政管理结构,保持原有6个省,增加市级单位数量,设立地区作为省与市两级之间的中间机构。到1973年,古巴共有6个省,58个地区,市(县)由126增至407个。这样,就形成了中央、省、地区和市(县)的四级行政管理体系。在整个20世纪60年代,国家权力机构都不是选举产生的,地方行政机构与中央政府之间的权责界线不清,权力高度集中于中央,中央权力主要集中在部长会议主席即政府总理卡斯特罗等少数职业革命家手中,总统权力虚化,政治过程呈简单化趋势。从1965年开始,党和国家的职能有些混淆不清;1967年至1970年,党把主要注意力转移到政府工作方面,常常以党代政;工会不再发挥作用,特别是1966年第十二届代表大会之后,先进工人运动的兴起,实际上取代了工会运动;群众组织的作用普遍受到削弱。正如卡斯特罗所言,古巴20世纪60年代的行政管理制度带有临时性质。

2. 行政管理制度化(1970—2018年)

(1)行政管理制度化前的准备(1970—1975年)。20世纪60年代末,古巴的行政管理体制遭到一些同情古巴革命的马克思主义者和左派的批评。1970年5月至12月,卡斯特罗对古巴的行政体制进行了批评,决定进行改革,分散国家的行政管理权,恢复工人运动和群众组织的活力,实行民主化。首先,改组政府机构,分散部分权力。1972年12月,成立部长会议执行委员会,由总理和8名副总理组成,总理卡斯特罗任主席,每位副总理协调几个部和国家机关。各部和国家机关按下列部门组合在一起:基础工业和能源;消费品工业和国内贸易;糖业;非糖农;建筑业;交通运输;劳动、计划和对外贸易;对外关系;教育和文化。部长会议执行委员会的运行,既分散了总理的部分权力,一定程度上缓解了权力高度集中的状况,又加强了中央管理的协调统一。其次,进行司法改革。1973年,古巴政府确定部长会议是兼有行

---

① 于洪君:《古巴共和国社会主义政治体制的形成与发展》,《中国特色社会主义研究》1988年第2期。

政、立法和司法权力的"最高的、唯一的权力机关",赋予部长会议司法权,强调司法部门必须从属于行政部门,司法部门的最高机关是最高人民法院的执行委员会,向下级司法部门传达领导人发出的强制执行的各项指示。1973 年,成立了宪法起草委员会,旨在草拟"一部能反映当前社会的一般规律,反映革命后经济、社会和政治领域发生的深刻变革,以及我国人民取得的历史性成就的宪法。"在 1975 年古共一大之前完成了新宪法的草案,并在党的基层组织和领导机关、工会、保卫革命委员会、妇女联合会、小农协会、大学生联合会、中学生联合会、部队和在外工作人员中开展讨论,共 620 万左右人参加讨论,若不算儿童,则所有公民都直接参加了讨论。再次,自上而下地建立起选举产生的国家权力机关——人民政权代表大会。1974 年 5 月,古巴颁布 2 个 1959 年根本法修正案,赋予年满 16 岁公民选举权和年满 18 岁公民被选举权并担任公职的权利,成立专门委员会领导人民政权机关的选举工作。1974 年,选举人民政权机关的试点在马坦萨斯省获得成功,"人民政权"得到卡斯特罗的肯定。"人民政权"意为"建立由选出的代表进行治理的机构的制度",即"群众参与政府事务的制度化进程"。随后,在全国推广马坦萨斯模式。1975 年,古巴建立了国家的最高权力机关全国人民政权代表大会,行使立法权,将立法权从部长会议中分离出来,结束了部长会议集立法、行政、司法于一身的历史。最后,发挥工会的作用。1970 年秋,政府允许工会发挥其正常作用并参加制定国家政策和企业的管理。劳尔·卡斯特罗在 1971 年说:"在社会主义条件下,工会的主要职能之一是像运载工具一样帮助革命政权把必须传送的方针、指示和目标传送给工人群众……工会是党和工人群众最强有力的联系纽带。……主要任务是提高生产率、维护劳动纪律、更有效地利用工作日、搞好定额和组织工作、保证人力物力的质量和储存以及最有效最合理地加以利用。"[①] 1973 年 11 月中旬,古巴工人联合会第十三次代表大会召开,通过了《古巴工人联合会章程及关于原则或基础的说明》《关于社会主义竞赛的决议草案》等 21 个决议案。章程规定:工会是自

[①] [美]卡梅洛·梅萨—拉戈:《七十年代的古巴——注重实效与体制化》,丁中译,商务印书馆 1980 年版,第 116—117 页。

治机构，既不是国家机器的一部分，也不是党组织的一部分，但政治上受党的领导和指导，必须按照党的政策办事。总的任务是：支持革命政府；参加国家安全和保卫活动；配合改进经营管理工作；加强劳动纪律，同任何破坏纪律的现象作斗争；提高会员的政治觉悟。大会决定在企业中实行明确劳企双方责、权、利的"集体劳动合同制"。卡斯特罗在大会闭幕式致辞中建议，邀请古巴工人联合会的代表出席部长会议执行委员会的会议，参与制订计划和重大的行政决策。[1] 1975年12月，古共一大召开，大会批准了古巴共和国宪法草案、第一个五年计划、新的经济领导和计划制度、新的行政区划等。新的行政区划将古巴设为14个省：比那尔德里奥省、哈瓦那省、哈瓦那市、马坦萨斯省、比亚克拉拉省、西恩富戈斯省、圣斯皮里图斯省、谢戈德阿维阿省、卡马圭省、拉斯图纳斯省、奥尔金省、格拉玛省、圣地亚哥省、关塔那摩省；1个特别区：松树岛；169个市；撤销了区的建制，行政建制由市（县）—区—省—中央变成市（县）—省—中央。新的行政区划为建立新的行政管理机构奠定了基础，为古巴走向更高级的组织和领导形式迈出了扎实的一步。至此，行政管理制度化的准备工作便基本完成。

（2）行政管理制度化的全面实施（1976—2007年）

卡斯特罗在古共一大报告中说："我们这个革命国家的体制，很多年来一直带有临时性质。古巴革命并不急于马上给国家体制确定一种最终的形式。这不是一件可以简单敷衍的事，而是要经过深思熟虑，建立一个稳定的、长久的和符合我国实际的体制。不过临时性的国家体制已延续很长时间，现在是彻底改变这种状况的时候了。我国的革命进程已经成熟，具备了足以着手进行和圆满完成这项任务的经验。此外，它也是一种刻不容缓的需要，是我们这代革命者的历史的和道义上的责任。"[2] 1976年2月15日，古巴就新宪法举行全民投票，批准了新宪法。新宪法于2月24日生效。古巴新宪法确立了古巴的国家权力机构、行政机构和司法机构体系，明确了各自的职权，结束了1960年代部长

---

[1] ［美］卡梅洛·梅萨—拉戈：《七十年代的古巴——注重实效与体制化》，丁中译，商务印书馆1980年版，第120—121页。

[2] ［古］菲德尔·卡斯特罗：《在古巴共产党第一、二、三次全国代表大会上的中心报告》，王玫等译，人民出版社1990年版，第131页。

会议独揽立法权、行政权、司法权的历史。根据新宪法规定，人民政权代表大会是国家的权力机关，全国人民政权代表大会是最高国家权力机关，是行使国家立宪立法权的唯一机构，国务委员会是代表大会休会期间全国人民政权代表大会的代表机构；国务委员会主席是国家元首和政府首脑，代表国家和政府指导国家和政府的总政策，组织和领导国务委员会和部长会议工作，召集和主持国务委员会会议和部长会议；在国家行政区划内建立的人民政权代表大会是地方国家权力机关，地方人民政权代表大会是其所在地区履行国家职能的最高权力机构，地方人民政权代表大会包括省、市（县）人民政权代表大会，其常设机构是执行委员会。取消了总统制，部长会议是最高行政执行机关，是共和国的政府，部长会议主席是国家和政府首脑；部长会议执行委员会由部长会议主席、第一副主席和副主席组成，按部门管理、协调各部和各中央机构的工作，紧急情况下可以决定部长会议管辖的事务。最高人民法院和其他法院以人民的名义行使司法权，各级法院的司法权应符合国家行政区域的划分和司法职能的需要，最高人民法院行使最高司法权。地方人民政权代表大会的组成机构是地方行政管理部门，对其下属的经济、生产和服务部门进行领导；按照生产服务或业务范围组建的常设工作委员会协助代表大会及其执行委员会开展工作，管理行政领导机构和地方企业；省、市行政机构隶属于省、市人民政权代表大会及其执行委员会和上级领导机关的相应行政部门，既接受同级人民政权代表大会的领导，也接受上级行政机构的领导；省市人民政权代表大会领导其所属的行政部门，行政部门领导纳入预算的单位与企业。

至1976年7月，按照古共一大通过的行政区划，古巴完成了新的行政区划调整，进一步缩小了各级领导与基层的距离，为国家、党以及各政治和群众组织的领导、组织与监督工作提供了方便，省和市有了一个更加合理的管辖范围，为人民政权的运行奠定了基础。1976年10月10日和13日，在169个市（县）中举行人民政权代表大会代表的选举，从3万多名候选人中选举产生了10725名代表。10月30日，经过市（县）人代会代表的选举，选出了1084名省人民政权代表大会代表。11月2日，由省人民政权代表大会代表选举产生了481名全国人民政权代表大会代表。12月2日，古巴第一届全国人民政权代表大会召开，479名代表出席会议，约占代表总数的99.5%，布拉斯·罗加当选为全国人大主席，卡斯特罗全票当选为国务委员会主席，劳尔全票当选为国务委员会第一副主席，还选出了5名国务委员会副主席和秘书长及23名成员。会议根据国务委员会主席卡斯特罗的提名任命了部长会议第一副主席、8名副主席、1名秘书和34名部长。卡斯特罗在会上说："我正式宣布，革命政府将迄今为止实施的权力移交给全国人大，部长会议将它行使了18年立宪权和立法权移交给全国人大，这18年是我国政治社会发生最激进和最深刻变革的时期。""在短期内，体制发生了深刻的变革。成立了全国人大，选举了国务委员会成员、主席和副主席，任命了部长会议成员，基本上完成了古巴革命历史性的制度化。"1976年底，卡斯特罗宣布古巴政治结构体制化进程基本结束。[①]

从1977年起，古巴制度化的行政管理体制进入到了全面运行和完善阶段。1978年，古巴在部长会议执行委员会设立人民政权地方组织部，加强对地方人民政权机构建设的领导。1980年1月，将中央行政管理的34个部缩减至25个，精简了行政机构和行政管理人员；在1978—1980年，还设立了人民文化委员会，负责协调和促进社会文化的发展；设立了国家统计委员会，建立起全国资料收集网，在各市设立办公室，成立了全国和地方的统计情报系统以及情报补充系统，以消灭打听小道消息和虚报；设立了国家财政委员会，市级以上单位从1979年开始制定预算；建立了国家价格委员会，规范商品价格和收费价格；建立了国家仲裁委员会、国家技术材料供应委员会、国家标准化委员会和计算机指导学会，进一步完善了国家管理领导体制。在1980至1985年间，人民政权机构地方组织与国家中央行政机构之间的工作关系越来越密切，部长会议执行委员会的人民政权地方组织部发挥了重要作用，人民政权地方机构在组织职能和干预经济方面取得了显著的进展。1991年古共中央实行机构改革，中央直属部委由原来的19个减少到10个。一些与政府机构重叠的部委被取消，干部编制由600多人减至186人。干部级别的设置由部长、副部长、局长、副局长、处长、副处长、官员

[①] 徐世澄：《卡斯特罗评传——从马蒂主义者到马克思主义者》，人民出版社2008年版，第189页。

简化成部长、局长、官员三个级别，省委仅设置常委会，除保留省委第一书记之职外，取消了第二书记的编制，从中央到地方各级均精简人员50%，工作效率得到大大的提高。1992年7月，古巴第3届全国人民政权代表大会第11次会议通过宪法修正案，对1976年宪法进行了修改，在行政管理方面，一是扩大了部长会议执行委员会的职权范围，将原来"在紧急情况下，执行委员会可以决定部长会议管辖的事务"修改为"执行委员会在部长会议闭会期间决定属于部长会议权限内的各项问题"。二是完善了部长会议的职权，由原来的20条修改为18条。三是国家设立国防委员会，在和平和战争时期宣布全国动员、紧急状态和战争状态。省、市国防委员会在和平时期备战，在战争时期宣布其辖区的动员令和紧急状态。四是在第117条明确了省、市人民政权代表大会主席当然的是该地行政机关的主席和国家在对应行政区划的代表。1994年，古巴国务委员会颁布第147号法令，将原中央计划委员会改组为经济和计划部。卡斯特罗在1997年的古共五大的报告中指出："中央国家机关和人民政权的结构发生了变化，一切可以合理化的东西都合理化了。"2001年5月，古巴将财政和价格部所属的国家审计局升格为审计与监察部，以加强财政监督，预防贪污腐败。

（3）行政管理制度改革和完善（2008年以来）

2008年2月，劳尔当选为古巴国务委员会主席和部长会议主席，成为古巴国家元首和政府首脑。劳尔执政以后，在古巴推行改革，更新经济社会发展模式，同时也进行民主政治改革以完善国家治理体制。

第一，精减机构，合理分配政府职能，提高办事效率。2008年3月，根据古巴国务委员会和部长会议主席劳尔·卡斯特罗于2008年2月24日在第7届全国人民政权代表大会会议上的提议，经与古共中央政治局协商，古巴国务委员会同意对政府机构和人事进行如下调整：（1）免去何塞·路易斯·罗德里格斯·加西亚（Jose Luis Rodriguez Garcia）的部长会议副主席和经济计划部部长职务，任命马里诺·穆里约·豪尔赫（Marino Murillo Jorge）为部长会议副主席兼经济计划部部长。（2）免去欧托·里维罗·托雷斯（Otto Rivero Torres）的部长会议副主席职务，现任部长会议副主席拉米罗·巴尔德斯·梅嫩德斯（Ramiro Valdes Menendez）接替其主管的工作。（3）合并外贸部和外国投资与经济合作部,组建新的外贸和外国投资部。任命罗德里戈·马尔米耶卡·迪亚斯(Rodrigo Malmierca Diaz)为外贸和外国投资部部长,免去劳尔·德·拉·努斯·拉米雷斯(Raul de la Nuez Ramirez)的外贸部部长职务。(4)将渔业部并入食品工业部。任命玛丽亚·德·卡门·康塞普西翁·冈萨雷斯(Maria del Carmen Concepcion Gonzalez)为食品工业部部长,免去亚历山大·罗卡·伊格莱西亚斯(Alejandro Roca Iglesias)的食品工业部部长职务,免去阿尔弗雷多·洛佩斯·巴尔德斯(Alfredo Lopez Valdes)的渔业部部长职务。(5)免去费利佩·佩雷斯·罗克(Felipe Perez Roque)的外交部部长职务,任命现任外交部第一副部长布鲁诺·罗德里格斯·帕里亚(Bruno Rodriguez Parrilla)为外交部部长。(6)免去赫沃尔希纳·巴雷罗·法哈多(Georgina Barreiro Fajardo)的财政和价格部部长职务,任命莉娜·佩德拉莎·罗德里格斯(Lina Pedraza Rodriguez)为财政和价格部部长。(7)免去费尔南多·阿科斯塔·桑塔纳(Fernando Acosta Santana)的冶金工业部部长职务,任命萨尔瓦多·帕尔多·克鲁斯(Salvador Pardo Cruz)为冶金工业部部长。(8)任命现任内贸部第一副部长哈辛托·安古罗·帕尔多(Jacinto Angulo Pardo)为内贸部部长。(9)免去阿尔弗雷多·莫拉雷斯·卡尔塔亚(Alfredo Morales Cartaya)的劳动和社会保障部部长职务,任命现任劳动和社会保障部第一副部长玛尔加莉塔·玛尔莱内·冈萨雷斯·费尔南德斯(Margarita Marlene Gonzalez Fernandez)为劳动和社会保障部部长。(10)任命何塞·米亚尔·巴瑞科斯(Jose M. Miyar Barruecos)为科技和环境部部长。(11)临时任命欧梅罗·阿科斯塔·阿尔瓦雷斯(Homero Acosta Alvarez)为国务委员会秘书(正式任命尚待全国人民政权代表大会常务会议批准)。(12)免去卡洛斯·拉赫·达维拉(Carlos Lage Davila)的部长会议执行秘书职务,任命现任革命武装力量部秘书长何塞·阿马多·里卡多·盖拉将军(Jose Amado Ricardo Guerra)为部长会议执行秘书。①

  第二,调整行政区域,开展省市行政改革试点。2010年8月1日,

---

① 驻古巴经参处:《古巴对政府机构和人事进行大规模调整》,http://cu.mofcom.gov.cn/aarticle/jmxw/200903/20090306076455.html。

古巴全国人大通过决议调整行政区划，将原哈瓦那省一分为二，划分为阿尔特米萨省（Artemisa）和马亚贝克省（Mayabeque），使古巴的行政区划由14省169个市变成15个省168个市。2011年8月1日，古巴全国人大通过决议，决定在阿尔特米萨省和马亚贝克省搞行政改革试点，将省和市的政府职能从省和市人大的职能中分离出来，政府的行政职能由省市的行政委员会行使，不再由人大行使，行政委员会的相关领导人由人大委任，省市人民政权代表大会主席和省市行政委员会主席将不再由同一人担任，这一试点涉及古巴1992年修改的宪法第117条的规定。

第三，实行领导干部任期制，废除终身制。2012年1月，古巴共产党召开第一次全国代表会议，大会通过的《古巴共产党的工作目标》的第76条规定："谨慎推进领导干部的改革，依据每个岗位的功能和复杂程度确立干部任职年限和年龄界限。担任重要的政治和国家职务，每个任期5年，连续任职不得超过两届。"劳尔在大会闭幕式上的讲话中指出："担任重要的政治和国家职务最多连续两个任期，每个任期5年。关于这个问题，我认为一旦确定和一致同意，我们就可以慎重实施而无需等到宪法修改之后，同样党章和党的其他重要文献也必须修改。"在2013年的宪法修正中确定了担任重要领导职务的公职人员连续任职不得超过两届，每届任期5年。劳尔以身作则，于2018年4月19日卸任自2008年2月开始任职的国务委员会主席和部长会议主席；2021年4月卸任2011年4月担任的古共第一书记。

第四，推行政企分开。古共六大以来，为适应经济社会模式更新，古巴稳步推进政治改革，重组中央行政管理机构，积极推行政企职能分开，提高工作效率。2012年9月发布的古巴国务委员会第301号法令，撤销基础工业部，成立能源和矿产部，下设古巴石油公司、电力联盟、地矿盐业集团、镍业集团、化工集团和药业集团6个企业集团。2012年11月的部长会议第299号法令，将原冶金工业部和轻工业部合并为工业部，并成立了2个"企业管理高级机构（OSDE）"；工业部负责除能源、矿产、食品和高科技工业以外的国家工业总体政策的制定，并管辖原基础工业部下属的化工企业集团；2个"企业管理高级机构"分别负责领导冶金行业和轻工业的企业。2013年2月，撤销原民用航空委员会并将其并入交通部。2013年7月,古巴外贸外资部成立外贸集团公司,承担外贸外资部原先的进出口企业职能。2013年9月,古巴改组建设部,调整内部部门设置,将企业系统剥离出来组成三家企业高级组织:建筑及工业装配集团公司、建材集团公司、建筑设计及工程集团公司。2013年3月的古巴国务委员会第308号法令,将信息通讯部改名为通讯部,承担指导、监督和管理国家统一通讯系统,并在全国各地设监管办公室负责其所属地区的管理和监察工作;设立古巴邮政集团和古巴信息与通讯集团以承担原来的企业管理职能,集中管理邮政、广播和信息、工业保障及相关系统服务等领域的企业。从2014年至2016年,古巴分三阶段推进农业部内部机构重组,重新界定国有预算体系各级机构的任务和职能,成立畜牧集团和农业集团两大企业集团管理所属农业部的企业,撤销国家购销联盟,将其所辖378家商店和1538家市场转归国内贸易部管辖。

第五,再次实现国家和党最高领导人更替。2018年4月19日,迪亚斯-卡内尔当选为古巴国务委员会主席和部长会议主席,接替劳尔成为古巴国家元首和政府首脑。这是古巴革命胜利50多年来第二次国家最高权力的更替,1959年2月至2008年2月菲德尔·卡斯特罗任古巴部长会议主席,2008年2月劳尔接任部长会议主席。迪亚斯-卡内尔在2021年4月召开的古共八大上被选举为古共第一书记,实现了党的最高领导人的更替,标志着古巴进入一个新时代。

第六,再次修改宪法,通过修宪完善国家治理体系。2018年6月2日,古巴第9届全国人大特别会议开启修宪进程,成立以劳尔·卡斯特罗为主席、迪亚斯-卡内尔为副主席的修宪委员会,成员有33名人大代表。同年7月21—22日,召开第9届全国人大第1次会议讨论并通过了《古巴共和国宪法草案》(以下简称《草案》)。8月13日至11月15日,古巴全民讨论《草案》并提出修改意见和建议。在这三个月中,古巴各地民众共召开了133681次讨论会,8945521人与会,1706872人发言,提出了783174条意见和建议,境外侨民也提出了2125条意见和建议。2018年12月21日至22日,古巴第9届全国人大第2次会议在吸收广大民众意见和建议的基础上,对《草案》的134条、约60%条文作了修改补充,通过了新宪法的定稿。① 2019 年 2 月 24 日,古巴以全民公决的方式通过了 1959 年革命胜利以来的第二部宪法《古巴共和国宪法草案》,并于同年 4 月 10 日生效实施。此次修宪内容广泛,涉及政治、经济、社会、司法、外交、国防等诸多内容,是古巴政府捍卫经济和社会发展模式更新成果,不断推进国家治理体系现代化的重大举措。② 此次修订后的宪法在国家治理方面有以下几方面变化:一是恢复了国家主席职位。新《宪法》第 125、126 条规定,共和国国家主席是国家元首,由全国人大从其代表中选出,需获得绝对多数票才能当选,每届任期五年,最多连任一届。这就改变了 1976 年宪法规定的国务委员会主席是国家元首和政府首脑的规定。二是恢复总理职位。新《宪法》第 140—143 条规定,总理是共和国政府首脑,由全国人大根据共和国国家主席的提议任免,必须是年满三十五岁的古巴公民,每届任期五年,需获得绝对多数票才能当选。总理对全国人大和国家主席负责,必须向国家主席报告部长会议或其执行委员会的工作。③ 1959 年古巴革命政府设立了总理,总理是部长会议的负责人,履行部长会议的立法、行政和司法权。1976 年宪法取消了总理制后,一直由国务委员会主席兼部长会议主席履行总理职务,掌握共和国政府的最高行政权,新《宪法》打破了这一局面,设立总理担任共和国政府首脑,促进其更好地履行政府职能。三是设立了人民政权省政府。新《宪法》撤销了省人民政权代表大会,建立了人民政权省政府,由省长和省委员会组成。其根本任务是按照国家的总体目标,领导本地的社会和经济发展,是国家中央机构与各市的协调者,协调省市之间的利益,并履行宪法和法律赋予的职责和职能。④ 四是增设了市行政委员会,履行"市政府"的职能。市行政委员会由市人大任命,并向其报告工作。市行政委员会由市长主持,具有合议性质,履行执行和管理职能,负责市政管理。之前古巴一

---

① 徐世澄:《古巴新宪法:"变"与"不变"》,《唯实》2019 年第 6 期。
② 王承就、封艳萍:《从新宪法看古巴国家治理体系的完善及其影响》,《当代世界社会主义问题》2020 年第 2 期。
③ 王承就、封艳萍:《从新宪法看古巴国家治理体系的完善及其影响》,《当代世界社会主义问题》2020 年第 2 期。
④ 徐世澄:《古巴新宪法"变"与"不变"》,《唯实》2019 年第 6 期。

直都是市人大行使市政府的职能,新《宪法》改革后,意味着市行政委员会将代替市人大履行市人民政权机关的行政职能。新《宪法》生效以后,2019年10月10日,古巴召开第9届全国人大第4次特别会议,经无记名投票,选举迪亚斯－卡内尔(Diaz-Canel)为古巴共和国国家主席,萨尔瓦多·巴尔德斯·梅萨(Salvador Valdés Mesa)为国家副主席。2019年12月21日,召开了第9届全国人大第4次常会,会议根据古巴国家主席迪亚斯－卡内尔提名,绝大多数代表赞成并任命曼努埃尔·马雷罗·克鲁斯(Manuel Marrero Cruz)为国家总理,还任命了拉米罗·巴尔德斯·梅嫩德斯(Ramiro Valdés Menéndez)、罗伯特·莫拉莱斯·奥赫达(Robert Morales Ojeda)等6位副总理,及1位秘书长和26名其他部长会议成员,组成新的部长会议。2020年1月18日,古巴的市人大根据共和国国家主席的建议选出各省省长和副省长,任期为5年。古巴此次以修改宪法为主导的治理体系改革,适应了古巴经济社会模式更新的需要,为国家治理现代化奠定了基础。

二 行政管理体系

(一) 国家主席

2019年宪法第125条至127条的规定:国家主席是国家元首,由全国人民政权代表大会从其代表中选出,每届任期五年,向大会报告工作,对大会负责。国家主席连续任职不得超过两届,卸任后不得再次竞选公职。要成为国家主席,必须年满35岁,充分享有公民权和政治权,生为古巴公民,不具有任何他国公民身份,首次当选还必须在60岁以下。2019年10月10日,古巴第九届全国人民政权代表大会宣布,迪亚斯－卡内尔当选古巴共和国国家主席。

新《宪法》第128条规定,国家主席的职责有:[1]

1. 遵守和保证尊重宪法和法律;
2. 代表国家并指导国家的总政策;
3. 指导外交政策、与其他国家的关系以及国防和国家安全;

---

[1] Constitución de la República de Cuba, http://www.granma.cu/file/pdf/gaceta/Nueva%20Constituci%C3%B3n%20240%20KB-1.pdf.

4. 签署全国人民政权代表大会通过的法律，并依法在共和国政府公报上公布；

5. 一经当选，在该届会议或下届会议上向全国人民政权代表大会提交部长会议成员名单；

6. 向全国人民政权代表大会或国务委员会提议，酌情选举、任命、停止、撤销或替换总理、最高人民法院院长、共和国总检察长、共和国总审计长、全国选举委员会主席和部长会议成员；

7. 向市人民政权代表大会代表选举或撤销省长、副省长提出建议；

8. 了解、评估和作出决定对总理、部长会议或部长会议执行委员会提交的工作报告；

9. 履行武装部队总司令的职责，并确定武装部队一般组织机构；

10. 主持国防委员会，在遭到军事侵略时，向全国人民政权代表大会或国务委员会提议，根据程序宣布战争状态或战争；

11. 在保卫国家需要时发布总动员令，宣布紧急状态或灾难形势，按宪法规定的情况尽快将决定向全国人民政权代表大会或国务委员会报告。如未能召集全国人民政权代表大会或国务委员会，则会采用适当的法律补救办法；

12. 提升国家军事机构高级官员的军衔和职务，并依照法律规定的程序决定他们离职；

13. 在适当情况下决定授予古巴国籍，同意放弃古巴国籍，发布命令取消古巴国籍；

14. 依照宪法和法律的规定，提议中止、修改或者撤销与宪法、法律相抵触或者影响国家整体利益的国家机关的命令和决议；

15. 行使职权时，发布主席令和其他命令；

16. 为完成特别工作设立委员会或临时工作组；

17. 向国务委员会提议任命或罢免古巴在其他国家、国际机构或组织内的外交使团团长；

18. 承认或撤销古巴共和国大使的级别；

19. 授予勋章和荣誉称号；

20. 代表古巴共和国承认或拒绝其他国家的外交使团团长；

21. 接受外国使团团长的委任书，副主席在特定形势下也可承担这一职责；

22．同意赦免和请求全国人民政权代表大会作出大赦；

23．以自己的权利参加国务委员会会议，在认为必要时召集会议；

24．主持部长会议或部长会议执行委员会的会议；

25．宪法和法律赋予的其他权力。

（二）共和国中央政府

1．部长会议

2019年宪法第133条至136条的规定：部长会议是最高行政执行机关，是共和国政府。部长会议由总理、副总理、各部部长、秘书和法律规定的其他成员组成。古巴中央工会总书记有权参加部长会议。总理、副总理、秘书长和部长会议其他成员组成部长会议执行委员会，执行委员会可在部长会议闭会期间就部长会议权限内的问题作出决定。部长会议向全国人民政权代表大会负责并定期报告工作。

新《宪法》第137条规定，部长会议行使以下职权：

（1）遵守和确保服从宪法和法律；

（2）组织并领导由全国人民政权代表大会决定的政治、经济、文化、科学、社会和国防工作；

（3）提出国家短期、中期和长期社会和经济发展计划草案，一旦经全国人民政权代表大会通过，组织、领导和监督计划的执行；

（4）通过国际条约，并提交国务委员会批准；

（5）领导和监督对外贸易和外国投资；

（6）编制国家预算，一经全国人民政权代表大会通过，监督执行；

（7）执行和要求遵守已批准的目标以加强货币、金融和财政体系；

（8）拟订立法草案，按程序提交全国人民政权代表大会或国务委员会审议；

（9）在发生自然灾害的情况下，保卫国防，维护国内秩序和安全、保护公民权利及生命和财产安全；

（10）领导国家行政机关，统一、协调和监督国家中央行政机关组织、国有企业和地方管理机关的活动；

（11）审议和决定关于省政府报告；

（12）建立、调整或撤销部长会议下属的或任命的机构，适当的时候，也可以建立、调整或撤销国家中央行政机构组织下属的或任命的机构；

（13）指导和监督省长的管理工作；

（14）批准或授权适当形式的外国投资；

（15）执行全国人民政权代表大会的法律和决议，国务委员会的法令和命令，国家主席令，并在必要时制定有关规章；

（16）以现行法律为基础和执行现行法律基础上颁布命令和决议并监督其执行；

（17）建议国务委员会停止执行市人民政权代表大会作出的与现行法律、规定相抵触或影响其他地区或国家整体利益的决议；

（18）终止省委员会和市行政委员会违反宪法、法律、法令、国家主席令、命令或其他上级机关的政策，或影响其他地区利益或者国家整体利益的决议和其他决定，并向国务委员会报告或者按程序将结果告诉市人民政权代表大会；

（19）完全或部分撤销违反宪法、法律、法令、国家主席令、命令或主管机关发布的其他规定的，或影响其他地区的利益或国家整体利益的省长决定；

（20）完全或部分撤销国家中央行政机关负责人作出的同必须执行的上级规定相抵触的决定；

（21）设立有利于完成其工作的必要的委员会；

（22）依照法律规定的权限任免领导人和公职人员；

（23）将其章程提交给全国人民政权代表大会或国务委员会批准；

（24）宪法、法律赋予的或全国人民政权代表大会或国务委员会授予的其他职责。

2. 总理

总理是政府首脑，由全国人民政权代表大会根据国家主席的建议任命，每届任期五年。总理对全国人民政权代表大会和国家主席负责，总理必须向国家主席报告部长会议或其执行委员会的工作。当选为总理必须具备以下条件：必须是年满三十五岁的全国人民政权代表大会代表，充分享有公民权和政治权，生为古巴公民，不具有任何他国公民身份。

宪法第 144 条规定，总理的职责包括：①

（1）遵守和保证尊重宪法和法律；

（2）代表共和国政府；

（3）召集和领导部长会议或部长会议执行委员会的会议；

（4）关注和监督国家中央行政机关、国有企业和地方行政机构的工作情况；

（5）遇到特殊和临时情况时，承担对任何中央行政管理机构的领导和管理；

（6）当相关组织有意更换部长会议成员时，负责向共和国国家主席报告，不论何种情况下都要推荐相应人选；

（7）行使监督中央行政机关负责人的工作；

（8）向省长发出指示并监督其实施；

（9）在紧急情况下，在部长会议职权范围内就执行和行政问题作出决定，事后向部长会议或其执行委员会报告；

（10）依照法律赋予的权力任命或更换各部领导或公职人员；

（11）签署部长会议或其执行委员会通过的法令，并在共和国政府公报上公布；

（12）为完成特别工作建立委员会或临时工作组；

（13）宪法和法律赋予的任何其他职责。

3. 国家中央行政机构

组成国家中央行政机构各部和其他组织的数量、名称、任务、职能由法律确定。根据《格拉玛》报 2019 年 12 月 23 日的报道，古巴第九届全国人民政权代表大会第四次会议任命部长会议成员：总理、6 名副总理、1 位部长会议秘书长和 26 位部长。②

总理：曼努埃尔·马雷罗·克鲁斯（Manuel Marrero Cruz）；

副总理：拉米罗·巴尔德斯·梅嫩德斯（Ramiro Valdés Menéndez）、罗伯特·莫拉莱斯·奥赫达（Roberto Morales Ojeda）、伊内斯·玛利

---

① Constitución de la República de Cuba, http://www.granma.cu/file/pdf/gaceta/Nueva%20Constituci%C3%B3n%20240%20KB-1.pdf.

② Un gobierno con el pueblo y para el pueblo, http://www.granma.cu/impreso/2019-12-23.

亚·查普曼（Inés María Chapman）、豪尔赫·鲁伊斯·塔皮亚·丰塞卡（Jorge Luis Tapia Fonseca）、里卡多·卡夫里萨斯·鲁伊斯（Ricardo Cabrisas Ruiz）、亚历杭德罗·希尔·费尔南德斯（Alejandro Gil Fernández）；

秘书长（José Amado Ricardo Guerra）；

革命武装力量部部长莱奥波尔多·辛特拉·弗里亚斯（Leopoldo Cintra Frías）；

内务部部长胡里奥·塞萨尔·坎达里亚·贝尔梅霍（Julio César Gandarilla Bermejo）；

经济和计划部部长亚历杭德罗·吉尔·费尔南德斯（Alejandro Gil Fernández）；

财政和价格部部长梅西·博拉尼奥斯·维斯（Meisi Bolaños Weiss）；

司法部部长奥斯卡·曼努埃尔·西尔维拉·马丁内斯（Oscar Manuel Silvera Martínez）；

食品工业部部长曼努埃尔·索布里诺·马丁内斯（Manuel Sobrino Martínez）；

工业部部长埃洛伊·阿尔瓦雷斯·马丁内斯（Eloy Álvarez Martínez）；

外交部部长布鲁诺·罗德里格斯·帕尔利亚（Bruno Rodríguez Parrilla）；

外贸外资部部长罗德里戈·马尔米耶卡·迪亚斯（Rodrigo Malmierca Díaz）；

农业部部长古斯塔沃·罗德里格斯·罗列洛（Gustavo Rodríguez Rollero）；

交通部部长爱德华多·罗德里格斯·达维拉（Eduardo Rodríguez Dávila）；

建设部部长勒雷内·梅萨·比利亚凡尼亚（René Mesa Villafaña）；

旅游部部长胡安·卡洛斯·加西亚·格兰达（Juan Carlos García Granda）；

能源和矿业部部长利万·尼古拉斯·阿龙特（Liván Nicolás Arronte）；

公共卫生部部长何塞·安格尔·波特尔·米兰达（José Ángel Portal Miranda）；

科技和环境部部长埃尔巴·罗莎·佩雷兹·蒙托亚（Elba Rosa Pérez Montoya）；

通信部部长豪尔赫·路易斯·佩尔多莫·迪-雷亚（Jorge Luis Perdomo Di-Lella）；

对内贸易部部长贝齐·迪亚斯·韦拉斯克斯（Betsy Díaz Velázquez）；

文化部部长 阿利迪奥·阿隆索·格劳（Alpidio Alonso Grau）；

劳动和社会保障部部长玛尔塔·埃琳娜·费托·卡布雷拉（Marta Elena Feitó Cabrera）；

教育部部长埃娜·埃尔萨·贝拉斯克斯·科维埃利亚（Ena Elsa Velázquez Cobiella）；

高等教育部部长何塞·萨波里多·洛伊迪（José Ramón Saborido Loidi）；

古巴中央银行行长玛尔塔·萨宾娜·威尔逊·冈萨雷斯（Marta Sabina Wilson González）；

古巴电台和电视台委员会主任阿方索·诺亚·马丁内斯（Alfonso Noya Martínez）；

国家运动、体育和娱乐委员会主任奥斯瓦尔多·C·文托·蒙蒂勒（Osvaldo C. Vento Montiller）；

国家水力资源委员会主任安东尼奥·罗德里格斯罗（Antonio Rodríguez）。

（三）人民政权地方机构

1. 人民政权省政府

新《宪法》第 170 条至 173 条的规定：各省由人民政权省政府管理，省政府由省长和省委员会组成。人民政权省政府代表国家，其根本任务是按照国家的总体目标，领导本地的社会和经济发展，是国家中央机构与各市的协调者，协调省市之间的利益，并履行宪法和法律赋予的职责和职能。人民政权省政府在行使职权时，不得承担也不能干涉宪法和法律赋予市人民政权机关的权力。

省长是该省最高行政管理长官,由市人民政权代表大会根据共和国国家主席的建议选举产生,每届任期五年。当选为省长,必须生为古巴公民,不得拥有任何他国公民身份,年满30岁,在该省境内居住,并充分享有公民权和政治权。省长负责向全国人民政权代表大会、国务委员会、部长会议和省委员会负责,报告其履职情况和就它们要求的问题作出相应的答复。省长在下属行政单位的帮助下组织、领导省行政管理工作。2020年1月18日,古巴的市人大根据共和国国家主席的建议选出各省省长和副省长,任期为5年。

新《宪法》第179条规定,省长履行下列职责:

(1) 遵守和保证遵守宪法和法律;

(2) 召集和主持省委员会议;

(3) 领导、协调、监督省政府组织机构的工作,并在其职权范围内发布管理规定,作出相应的决定;

(4) 按照国家主管机关确定的政策,要求和监督实施经济发展计划和省预算;

(5) 要求并监督实施本地和城市发展及组织计划;

(6) 任免省政府领导和公职人员,提交省委员会依法批准;

(7) 经省委员会事先同意后,向部长会议提出有关省整体发展的政策建议;

(8) 经省委员会事先同意后,向部长会议报告上级机关作出的损害社区利益的决定或被认为超出职权范围所作出的决定;

(9) 停止不符合宪法、法律、法令、国家主席令、命令、国家机关其他规定,或损害其他地方利益或者国家整体利益的市行政委员会的决议和命令,并在停止后召开的市人民政权代表大会第一次会议时,分别向各自的市人大会议报告;

(10) 撤销或修改省政府通过的违反了宪法、法律和其他有效法令,或影响其他社区或国家整体利益的命令;

(11) 设立委员会或临时工作组;

(12) 公布省委员会的涉及大众利益的决议,并监督其执行;

(13) 宪法或法律赋予的其他职责。

省委员会是履行本宪法和法律规定职能的议事和合议机关,其决定以简单多数成员的赞成获得通过。省委员会由省长主持，由副省长、相应地方（市）人民政权代表大会的主席和副主席以及市长组成。省委员会按照法律规定定期举行例会，在省长召集或省委员会半数以上成员要求时，可召开特别会议。

新《宪法》第184条规定，省委员会履行下列职责：①

（1）遵守和保证委员会职责范围内的事情遵守宪法、法律和其他法规以及省委员会的决议；

（2）批准并监督其职责范围内的经济计划和省预算；

（3）在宪法和法律框架内通过决议；

（4）指导和协调国家规定的政治、经济、文化、科学、社会、国防和公共秩序方面的工作；

（5）评议市行政管理工作的成效，批准市实施行政管理的措施；

（6）在向部长会议提交之前，批准有助于该省全面发展的政策建议；

（7）根据省长的请求，就影响社会利益或被认为超出职权范围的上级机关事项作出决定；

（8）定期分析省市单位对本地区选民建议以及群众投诉和请求所给予的关注；

（9）就省长的报告和省长与省委员会协商的其他问题向省长提出建议；

（10）当市人民政权代表大会的决议或命令违反上级法律规范或损害社会利益时，向国务委员会提议终止本辖区内市人民政权代表大会的决议或命令；

（11）当市人民政权代表大会的决议或命令违反上级法律规范或者影响社会利益时，向全国人民政权代表大会提议撤销或者修改本辖区内市人民政权代表大会的决议、命令；

（12）建立委员会或临时工作组；

（13）宪法或法律赋予它的其他职责。

---

① Constitución de la República de Cuba，http：//www.granma.cu/file/pdf/gaceta/Nueva%20Constituci%C3%B3n%20240%20KB-1.pdf.

2. 市行政机构

市行政机构的基本目标是满足所管辖区域内集体在经济、卫生、福利、教育、文化、体育、娱乐和其他需求方面的需要，以及完成与预防和社会关怀相关的任务。行政委员会由市人民政权代表大会任命，隶属于市人民政权代表大会并向其报告。行政委员会由市长主持，具有合议性质，履行执行和行政职能，负责市政管理。2020年1月25日，古巴全国167个市的人大代表通过了由相关的市人大提名的市长。

第三节 司法体系建设

一 古巴社会主义司法体系的形成和发展

1959年1月成立的革命政府废除了一切反动法令，成立革命法庭和军事法庭，更换司法人员。最高法院40名法官中有36人被免职，新任命的法官又重新挑选任命了司法部门的中下级人员，约20%的法官因替旧政府效劳而被免职。军事法庭负责审讯战犯，全国各地约有100名军官和警察人员被处决。[①] 1959年2月7日颁布的《1959年根本法》确定，最高法院、高级选举法院和法律规定的其他法院行使国家司法权。1963年，建立起第一批人民法庭，即为处理口角、无关重要的劳工纠纷和公共秩序问题而开的简易法庭。到1960年代末，古巴的法院系统主要有4种类型：普通法庭、军事法庭、革命法庭和人民法庭。最高法院下设普通法庭，武装部队下设革命法庭和军事法庭，内政部下设人民法庭。在1973年中开始进行司法制度和刑法典和程序法典的改革。此次改革反对行政、立法、司法三权分立，确定部长会议是行使行政、立法和司法及宪法职能的最高的、唯一的权力机构，司法系统依照等级从属于行政部门，司法系统最高机关是最高人民法院执行委员会，"由它〔向下级司法机关〕传达革命领导人发出的强制执行的各项指示，而不遵循司法机关独立解释法律的制度。"新的司法系统统一了四个司法部门：普通法庭、军事法庭、革命法庭（政治犯罪）和人民法庭

---

① ［英］休·托马斯:《卡斯特罗和古巴》（上、下册），斯禾译，上海人民出版社1975年版，第385—457页。

（触犯社会道德的轻微罪行）。统一法庭不得对共和国国家主席、总理、副总理和古巴共产党政治局委员行使司法权，他们犯罪只能由党的特别法庭审判。1973年6月23日，古巴政府颁布法院系统组织法，解决了当时法院系统中存在的不同管辖权问题，确保全国各地司法公正的统一运用，其本质是法院是一个合议庭性质的机构，法院由专业法官和人民陪审员组成。

1976年2月通过全民公决通过的古巴宪法确定了古巴法院系统的根本原则，宪法第121条规定："司法权是人民授予的，由法律确定的。最高人民法院和其他法院以人民的名义行使司法权。各级法院的司法权限应符合国家行政区域的划分和司法职能的需要。法律规定法院的组成、法院的职能及行使职权的方式、法官应具备的条件、选举法官的方式、法官的任期和撤换法官的程序。"宪法第122条至127条规定：法院是国家机构的一个体系，其职能独立于任何其他机构，在等级上，只隶属于全国人民政权代表大会和国务委员会。最高人民法院行使最高司法权，其判决是终审判决。法官独立行使司法权，只服从法律。宪法第130条至133条规定：共和国总检察院的首要任务是在维护国家机关、社会经济团体和公民严格执行法律和其他法规的基础上，监督社会主义法制。总检察院仅隶属于全国人民政权代表大会和国务委员会，总检察长接受国务委员会的直接指示。在全国，检察机构垂直组成，仅隶属于总检察院，独立于一切地方机构。1976年宪法的规定，奠定了古巴司法制度的制度化基础。卡斯特罗在古共一大的报告中说："新检察院的主要职能是对法院和国家机关实行监督，以保证社会主义法制得以严格遵守""一个具有高度民主的、与群众密切联系的和统一的司法制度建立起来；它有利于实现社会主义正义和提高社会的法制观念"。为执行宪法的规定，1977年8月18日通过的《法院系统组织法》规定了法院系统的组织、结构和职能，在保留原有的组织基础和基本原则基础上作出了适当的修改。1990年7月12日颁布的72号法律废除了《法院系统组织法》。1992年7月12日，古巴全国人民政权代表大会通过宪法修正案，对司法权做了部分修改，删除了1976年宪法123条法院工作的主要目标，在第124条中增加了"人民陪审员参与审判具有社会意义，因此应该优先选择这种审判方式"；总检察院的职能也有修订，如删除了"总检察长是最高人民法院执行委员会成员"的规定。1998年6月11日颁布82号法律《人民法院法》，该法增强了司法独立性，赋予最高人民法院执行委员会管理原属于司法部管理的省市人民法院的职能。

2019年，古巴以全民公决方式通过新宪法。新宪法与1992年修正的宪法相比，在司法权的规定上有以下变化：一是文本结构的变化。1992年宪法是将法院和检察院作为一章来布局的，即第13章法院和检察院。新《宪法》则分两章来布局，即第5章法院、第6章检察院。二是内容上也做了修改，新增了一些规定，如"第149条 最高人民法院的法官、人民陪审员由全国人民政权代表大会或者国务委员会选举产生。法律决定其他法官的选举""第150条 法官和审判人员独立行使司法职能，只服从法律。此外，只要不是法律原因而停止他们的职责或解除他们的职务，不能解除他们依法行使司法职能""第153条 所有地方法院的审判都是公开的，但因国家安全、道德、公共秩序或尊重受害人或其家属而请求不公开的除外。"三是宪法临时规定中规定：最高人民法院执行委员会将在本宪法生效后十八个月内，向全国人民政权代表大会提交新的《人民法院法草案》，使其符合宪法确定的变化。2019年宪法，进一步完善了古巴的司法制度。

二　古巴的司法体系

古巴司法体系由法院体系和检察体系组成，司法部及其下属机构是推进社会主义法制建设的重要组织。

（一）人民法院体系

法院是一个独立行使职能的国家机构体系，最高人民法院和依法设立的其他法院代表人民行使司法权。古巴的人民法院系统包括最高人民法院、省人民法院、市人民法院和军事法院。法官和审判人员独立行使司法职能，只服从法律，只要不是法律原因而停止他们的职责或解除他们的职务，不能解除他们依法行使司法职能。职业审判员和人民陪审员在参加审判时享有同等的权利和义务。人民陪审员参与审判具有重要社会意义，应该优先选择这种审判方式。所有地方法院的审判都是公开的，但因国家安全、道德、公共秩序或尊重受害人或其家属而请求不公开的除外。国家机关、实体和公民对法院在其职权范围内作出的判决和终审判决，不管是受直接影响者，还是虽无直接利害关系，都必须执行。最高人民法院在全国范围内行使司法管辖权，总部设在首都哈瓦那市，由院长、副院长、法庭庭长、专业法官和人民陪审员组成，其中院长1人，副院长4人、法庭庭长6名、专业法官48名，人民陪审员若干。最高人民法院的内部组织机构包括执行委员会、各种不同的法庭和从属于院长的管理单位，管理单位主要是负责完善法院系统管辖的业务。省人民法院在国家政治行政区划确定的15个省和1个特别市青年岛（松树岛）的管辖范围内行使司法管辖权，根据最高人民法院执行委员会的决定，省人民法院设在每个省府所在的市。省人民法院由院长、副院长、法庭庭长、专业法官和人民陪审员组成，还有负责确保管理秩序的管理单位，这些管理单位关系到省法院和各省下属的市法院的内部管理制度以及保障司法活动的其他制度。按照最高人民法院执行委员会的决定，市人民法院在市所在地区行使司法管辖权，设在市府所在地或本市的其他地方，由院长、根据服务需要成立的不同部门的负责人、专业法官和人民陪审员组成。军事法院根据《军事刑事诉讼法》确定的审批管辖权和职权在全国范围内行使司法权，负责受理应受罚金以上刑事处罚的刑事案件的被告为军人的案件，尽管参与者或被害人中的一人是普通市民。

最高人民法院的使命是：公正地发布和确保处理和解决法律事务，遵循法律、公正感、理性、迅速、尊重诉讼各方、透明、及时和有效地判决，有助于充分实现权利，有助于自然人和法人履行权利和义务，有助于实现人民幸福、司法安全、社会主义社会的可持续和发展。愿景是：成为一个拥有管理人员、法官、书记员和其他工作者的保障宪法和法律得到遵守的机构，因其可接近、专业、透明和可信赖的诉讼活动而享有声望、权威和被社会认可。价值观是：正义感、独立、公正、透明、忠诚、人道主义、诚实、质量、责任、爱国主义。

最高人民法院下设刑事法庭、危害国家安全罪法庭、经济法庭、民事和行政法庭、劳动法庭、军事法庭。最高人民法院的法官、人民陪审员由全国人民政权代表大会或者国务委员会选举产生。最高人民法院依照法律，定期向全国人民政权代表大会报告工作。最高人民法院的职能：最高人民法院行使最高审判权，其判决具有终审效力；通过执行委员会对法院的管理和法定的权力行使立法动议，做出所有法院必须执行的决定和一般规则，开展强制性教育以便在法律的解释和适用方面建立统一的司法惯例。最高人民法院院长的主要职能是代表和领导人民法院系统，召集和主持最高人民法院执行委员会，还可以召集和主持最高人民法院全体法官会议。最高人民法院执行委员会由最高人民法院院长、副院长和每个法庭庭长组成，由院长负责。最高人民法院执行委员会会议邀请司法部长和总检察院总检察长参加，他们有发言权，没有投票权；当讨论的事项关系到国家和政府的利益时，还可邀请国家和政府官员参加，他们有发言权，没有投票权。最高人民法院执行委员会的职权：1. 把国务委员会的一般性指示传达给法院；2. 应全国人民政权代表大会或国务委员会的要求，就法令和其他一般规定发表意见；3. 就法院管理行使立法动议；4. 了解、评价和批准最高人民法院向全国人民政权代表大会提交的报告草案；5. 审查和评价本院法庭和其他法院的司法实践；6. 对所有法院的司法活动进行监督和检查；7. 对本院法庭、法院、总检察院和司法部提出的司法问题进行一般性协商；8. 向法院发出具有约束力的一般性指示，以便在法律的解释和适用方面建立统一的司法惯例；9. 必要时，向国务委员会申请对现行某一法律做出一般性和强制性的解释；10. 调解法院之间因具体案件所产生的管辖权问题；11. 调解中央国家行政机关与法院之间的权力冲突；12. 评估和批准向全国人民代表大会提出的关于选举最高人民法院专业法官的建议；13. 了解并批准由省人民法院执行委员会提出的省、市人民法院专业法官的提名；14. 根据各级法院的需要，组建人民法院法官的职业培训体系，批准各自的计划；15. 组织人民法院辅助人员和管理人员的技术培训，并批准相应的计划；16. 组织、指导和监督涉及人民法院人事的国家干部及其储备的工作制度；17. 决定人民法院司法职务和辅助人员的结构和编制；18. 批准设立最高人民法院分庭，以便审理专门案件或当服务需要时和要求建立时；19. 批准设立或者撤销人民法院、法院的法庭或者部门；20. 当最高人民法院院长临时缺席或者不能履行职责的，决定由最高人民法院副院长代替最高人民法院院长；21. 当最高人民法院院长临时缺席或不能履职时，或者副院长临时缺席或不能履职时，决定由最高人民法院庭长代替院长或副院长；22. 当法庭庭长临时缺席或不能履职时，决定由法庭的专业法官代替法庭庭长；23. 决定人民法院的规章制度；24. 批准人员录用招考或评优的竞争性通知，使其与人民法院系统的人员收入或晋升相匹配；25. 批准向国务院提出的授予人民法院法官和其他工作人员勋章和荣誉称号的建议；26. 批准各级各类人民法院的预算草案和物质技术计划。就前面的第5、6、7条规定执行委员会可以向最高人民法院的法庭庭长提供报告；要求省、市人民法院院长就其各自法院的司法实践情况提出报告；组织最高人民法院的法庭庭长和省、市人民法院院长开会。

古巴的法院在行使审判权的时候，重视司法伦理与理性的作用。司法管理是一件复杂而又富有创建的活动，涉及公民权利、正义感和纠错成效以及革命工作的直接后果。要完全有效地实现宪法规定的"人民法院代表人民行使司法权"的使命，不论男女必须绝对相信司法管理，我们要不断思考我们的司法管理的人民本质的真正意义，我们参与的所有司法活动和每一个案件中所使用的手段和方法应与人民本质相一致。司法的人民性绝不能被认为是一种抽象的东西，不能把它的表现只局限于法院的人员，如专业法官或人民陪审员，或者通过民主机制选举出来承担司法职能的那些人。最终界定这些性质的是司法程序的形式和利用这些程序所做出的判决，它们是否包含和反映了人民的关注、视角和观点，也就是说司法活动是否突出社会利益。在司法程序中法官的工作是采用诉讼的规范和有效的实质性标准处理具体案件，让自己的良知免受他人影响，以法律为准绳。在具体案件中运用法律是永远不能讲情面的，对法律程序的解释具有对审判活动分析的特征。在法律信念的培育、法律分析与解释、做判决的过程中，法官不应该以个人身份而应以社会公职出现，也就是说，审判权是人民赋予的，以人民的名义行使审判权。如果我们按照人民的价值观、人民的特性、人民的智慧、人民的正直和情感开展诉讼，就能够完全地履行这一使命。我们的司法制度的特点是：法院在审理所有案件和在任何情况下都采取合议庭的方式行使职能。这给我们创造了更好的条件，确保我们的司法活动始终符合社会对我们的期望，因为合议过程中标准和观点的交流、集体决定和协商一致减少了分析中的错误和狭隘的余地。因此，如果我们要改进我们的司法活动，就必须最大限度地发挥合议庭分析在司法决定中的潜力。必须理性地对待司法活动，法官的日常工作是对他们在调研中不断提出的问题做出评议并做出哪些问题是更适当的和正确的抉择。这些决定有时比较简单，有时比较复杂，但它们总是对直接参与其中的人和不参与其中的人产生影响。在这个不断作出决定的过程中，法官的常识、推理能力、智慧和敏感性受到考验，而且是永久性的考验，法官例行公事、浅薄、动力不足和不充分发挥自己的能力永远是较好履行司法职能的障碍。我们的每一项司法决定都必须以法律为支撑，是透明的、审慎的以及在尽可能高的层次上将个人利益与社会利益结合起来。在对法律和其他法规的正确理解和应用方面，不应该也绝不能导致我们作出荒谬、非理性或损害人民整体利益的决定；若作出这种决定，不是法律的缺陷，而是法官的不胜任。以合乎逻辑、合理和一贯的方式在我国开展司法活动，这不仅是一个需要的问题和真正的期盼，而且是司法活动的唯一合法方式，我们制定了实体上和程序上的法规来保证这种方式的实施。何塞·马蒂说："法官有责任遵守法律，但不可奴性地遵守；因为这样，他们就不是审判人员，而是奴仆。"

（二）检察院系统

检察院是国家机关，代表国家行使刑事调查监督和刑事公诉，确保国家机关、单位和公民严格遵守宪法、法律和其他法规。古巴的检察院系统包括总检察院、省检察院、市检察院、军事检察院。全国各地各检察机关的活动管理与活动规则都与总检察院相一致。检察机关在全国按垂直组织，只服从共和国总检察长，独立于其他地方机关。

根据1978年3月24日颁布的《共和国总检察院组织章程》，检察院的主要任务是：监督政府各部门、经济和社会组织及公民严格遵守宪法、法律和其他规定，维护社会主义法制。具体任务和目的包括以下七个方面：（1）维护和加强社会主义法制；（2）维护宪法中规定的经济、社会和政治制度；（3）保护社会主义公有制、公民权以及宪法承认的其他权利；（4）保护政府各部门及经济、社会、群众组织的合法权益；（5）保护公民的生命、自由、尊严、声誉、遗产、家庭关系以及其他合法权益；（6）防止发生违法和危害社会的行为；（7）教育公民自觉自愿地履行法律规定的义务，忠于祖国，忠于社会主义事业，遵守社会主义道德规范,提高公民严格遵守法律的法制观念。①

总检察院隶属于共和国国家主席,是一个不可分割的和功能独立的组织机构,依法向全国人民政权代表大会定期报告工作。总检察长和副检察长由全国人民政权代表大会或国务委员会选举产生,并受其罢免。总检察院设有总检察长、副总检察长和检察官,设立专家顾问委员会和检察委员会。专家顾问委员会由大学教授、专业法官、有关机构和组织的代表及特邀法学家组成,对总检察院受理的重要案件提供参考性意见。检察委员会由总检察长、副总检察长、总检察院各局局长、宣传部长及秘书处秘书长组成。总检察院下设法律监督局、审理监督局、刑事民事行政和劳工诉讼监督局、监狱看守所劳教机关执法监督局、干部局、经济服务局和宣传部、秘书处。总检察院的职能是:1. 确保国家机关、经济和社会实体以及公民遵守宪法、法律和其他法规;2. 处理公民提出的侵犯其权利的投诉;3. 应全国人民政权代表大会、国务委员会的要求,就法律、法规、命令和其他一般性规定的合宪性做出裁决;4. 根据社会利益及少数人、未成年人和无行为能力人的利益,代表国家从事符合现行法律的司法业务;5. 依法处理行政管理案件;6. 检查关于未成年人违法、行为失当和社会救助机构接受的未成年人的处置情况的法律、规章和规定的执行;7. 参与预防犯罪和采取必要的措施同犯罪现象或反社会行为做斗争。

总检察院的工作目标是执行党和革命的经济和社会政策纲要及古巴共产党第一次全国大会确定的目标。1. 继续完善总检察院的职能、组织结构和构成,寻求最大效率和最大效力地完成宪法确定的目标任务、法律赋予的职能及党和国家安排的任务;2. 通过高效的思想政治工作、高级职业培训工作、持续改善劳动和生活条件及让机构内所有职工遵守道德规范,不断完善职工素养,增加职工的凝聚力;3. 执行领导干部、检察官、其他专业人员和非检察官的培养和晋升制度;4. 提高总检察院领导工作的效率和效力;5. 根据国家领导人确定的重点,不断调整应对策略,加强制度建设;6. 实现更高质量和更快速度,要求遵守法律保障,完善对刑事诉讼中检察官的领导、监督和培训,特别关注与腐

---

① 作者:古巴《共和国总检察院组织章程》简介,《人民检察》1996年第2期。

败、非法活动和不守社会纪律相联系的行为，特别关注洗钱，逃税，外国投资，食品，燃料，毒品，贩卖人口，未成年人堕落、卖淫、其他危害未成年人正常发展的行为，药品或生物技术产品，国家电力系统、铁路，公共电话和大型家畜；7.有效处理公民的申诉、抗议和投诉，并且进行必要的引导，疏解不满，保证个人人身自由权的行使；8.实现对未成年人和老年人的有效保护；9.实现目标和有效完成经济计划、预算和内部监督；10.强化总检察院所属机构和组成单位的服务质量；11.增强传播战略，提高传播的广度和有效性，引导提高人民的法律教育水平；12.加强准备和完善机构，以便在敌人发动的非常规战争中完成使命，在特殊条件下保证总检察院、省和市检察机关的安全；13.加强国际关系和国际司法援助。

（三）司法部

司法部是中央政府的一个机构，其任务是协助政府在其职权范围内拟订法律政策，一旦获得批准，就参与执行和监测这些政策。具有以下职能：1.指导和协调国家和政府立法计划的制定和实施；2.向国家、政府、行政协调会和其他国家机构提供法律咨询和立法材料；3.协调其他机关、组织和机构评估法律规范的效力；4.推动对刑事案件最终判决的审查程序，给予特别假释，下令将受处罚的外国人驱逐出境，取消刑事判决；5.就法规的有效性提出意见；6.指导和监督行使公证职能的技术、规范和方法；7.指导和监督公共注册机构的注册政策，协调相关机构规范其运行；8.代表国家制定不动产分配、裁决、分割、合并和登记的法律程序；9.根据1996年第80号法律设立和组织"投诉委员会"；10.为行政机关、国有组织、合作社和私营部门的法律咨询制定技术和方法准则；11.规范法律咨询服务；12.针对国家集体律师事务组织所提供的服务行使法定职能；13.规范化民间服务团体提供的法律援助服务；14.处理与教会或宗教机构相关的法律问题；15.指导和监督协会和基金会政策的实施；16.在与中央的部有关的协会中代表国家；17.指导《共和国公报》的出版、印刷和发行；18.推动法律信息技术的发展；19.与有关机关、组织合作，传播法律，提升人民法律素养。

古巴的司法部由中央机关、下属机构和专业的法律服务系统组成。中央机关由部长、第一副部长、3名副部长、15个局、3个独立处和5

个生产和服务单位组成。15个局是法律咨询和立法局，产权局，商品和固定资产登记局，公证局，公共注册局，集体律师事务所全国组织接待局，协会管理局，协会联系局，通信局，国际关系局，经济和规划局，监督和审计局，组织和策划局，干部局，人力资源局。3个独立处是科学、技术和培训独立处，法律统计独立处，保护和防卫独立处。5个生产和服务单位是民事登记部门，通信部门，经济和计划部门，监督和审计部门，人民服务部门。

第四节　社会和群众组织建设

古巴在治理国家的过程中，非常重视社会和群众组织建设。古巴把它们作为党联系群众的桥梁和纽带，培养干部的熔炉，教育群众和提升劳动者觉悟的学校，是古巴人民参加国家政权治理，参与管理国家和社会事务，确保自己国家主人翁地位的重要方式和渠道，是古巴社会主义政治建设的必不可少的组成部分，在国家的政治、经济、文化、社会及日常生活中发挥了重要作用。古巴1976年宪法第7条规定："社会主义古巴承认和保护各社会组织和群众组织，如由我国社会最基本的阶级组成的古巴中央工会、保卫革命委员会、古巴妇女联合会、全国小农协会、大学生联合会、中学生联合会、古巴少年先锋队等。它们是在我国人民斗争历史的进程中产生的，是由不同的各阶层人民组成的，代表着各阶层人民的特殊利益，并组织他们去完成建设、巩固和保卫社会主义社会的各项任务。国家依靠各社会组织和群众组织开展工作；各社会组织和群众组织还直接履行宪法和法律授予的国家职能。"2019年新宪法第7条规定："社会主义古巴承认和鼓励各群众性社会团体的活动，这些团体是在古巴人民斗争历史过程中产生的。社会团体联合各阶层、代表其特殊利益，团结其他参加建设任务、巩固和保卫社会主义社会的各种组织。"卡斯特罗在1961年12月1日的《关于社会主义革命统一党的电视演说》中说："一个居领导地位的党通过群众组织来进行领导和进行工作；群众组织是领导和指导革命工作的工具，是革命工作的基础。一个革命的政党是一个进行领导的精干的党，它基本上通过自己的群众组织、通过工会、通过青年组织、通过妇女联合会、通过保卫革命委员会、通过农民协会、合作社和已经组织起工会的农场来进行领导和进行工作。就是说，它通过各种各样的群众组织来进行领导和指导。"① 古巴革命建立了各种群众机构，例如工会、青年组织、农民组织、学生组织、保卫革命委员会和妇女组织，革命通过这些群众组织获得了干部，争取了群众，获得了力量，取得了对革命的敌人实行必要措施的力量。卡斯特罗在古共一大的报告中指出："我国人民建立了自己的强大的群众组织。这是我国革命进程取得的丰硕果实。人民的这些组织承认并且自愿和自觉地接受我们马克思列宁主义先锋队的最高领导"。"群众和社会组织是我国革命取之不尽的一股强大的政治革命力量。它们是保证党同广大群众保持最密切联系的纽带，是党得以教育、指导和动员群众的保障，是一所提高男女老幼和成百万劳动者觉悟的大学校，是为革命造就无数干部和战士的大熔炉。我们党的领导通过群众和社会组织能够了解到各行各业的想法、问题和意见，因为这些组织分别维护和代表着它们的特殊利益。"② 卡斯特罗 1970 年 10 月在纪念保卫革命委员会成立十周年集会上的讲话中指出："从群众组织开始，〔我们将〕成立其他组织机构，有工人、妇女、青年代表参加，目的是使他们对地方一级的一切活动〔包括党的活动〕实行严密的监督和控制。"③ 卡斯特罗在古共二大的报告中指出："群众组织在同国内外阶级敌人的日常斗争中卓有成效地发挥了自己的作用。在政治领域内，他们从革命胜利之日起到现在，一直在为巩固工人阶级、农民和城乡其他体力和脑力劳动者手中的政权而努力。它们保持革命的警惕性；在街头和工厂开展意识形态领域的斗争；宣传马克思列宁主义思想，让这种思想成为我国的主导思想。努力增产节约，提高生产率，加强我国的社会主义经济；创造和发展社会主义本质所固有的合作和同志式关系。我国革命所以能在教育、卫生、文化、体育，以及在发扬社会道德、引导精神生活方面取得成就，群众组织的动员能力和工作能力起了决定性作用"。"党应继续有效地使用这些不

---

① 〔古〕菲德尔·卡斯特罗：《卡斯特罗言论集》（第二册），人民出版社 1963 年版，第 277 页。
② 〔古〕菲德尔·卡斯特罗：《在古巴共产党第一、二、三次全国代表大会上的中心报告》，王玫等译，人民出版社 1990 年版，第 139 页。
③ 〔美〕卡梅洛·梅萨—拉戈：《七十年代的古巴——注重实效与体制化》，丁中译，商务印书馆 1980 年版，第 91 页。

同的联系手段和途径,关心共产主义青年联盟和群众组织的建设,因为它们是党和劳动群众及全体人民进行必要联系的最好桥梁。"① 在古共三大的报告中,卡斯特罗指出:"我们已作出的努力、已取得的成就、每天所进行的工作以及制订的未来的计划,如果不是由于我们的党同人民保持紧密的联系,这一切都将是永远不可能的。哪里有祖国和活动,哪里就有群众组织。我们的群众组织是无所不在的,在同党的团结中,群众组织自觉自愿地尊重党,它们在工厂、农村、建筑工地、交通部门、学校、医院和大学支持党进行不倦的斗争。它们像永不熄灭的火焰一样保卫祖国和履行国际义务,并经常保持警惕。"② 因此,"党过去和现在都把群众性的社会组织作为可靠的支柱,没有它们,党与广大人民群众的密切联系是不可思议的"。③

一 古巴工人中央工会

古巴工人中央工会是古巴人数最多的群众性的社会组织,原名是1939年成立的古巴工人联合会,其前身是1925年成立的古巴全国工人联合会。1961年,古巴工人联合会召开第11次代表大会,大会决定更名为古巴工人中央工会。20世纪60年代,工会在反对美国侵略和干涉、支持政府改革等方面发挥了重要作用。但因为"政府和工人利益完全一致","工人运动几乎解体",工会"为革命争取工人,同反革命进行斗争,推动生产"等任务也是政府和党的任务,工会便成了"辅助工具",很多人甚至认为,"取消工会对国家没有什么损失,因为政府、行政机关和党显而易见能够做工会所作的事情",致使工会的作用一度严重衰退。1967年,古巴发动了先进工人运动,试图以此来改变上述局面。然而,这种利用极少数先进工人来代替工会的做法没有获得成功,反而使工会的作用问题变得更加严重。1970年5月,卡斯特罗在

---

① [古]菲德尔·卡斯特罗:《在古巴共产党第一、二、三次全国代表大会上的中心报告》,王玫等译,人民出版社1990年版,第275、300页。
② 吴彬康等:《八十年代世界共产党代表大会重要文件选编》(下卷),中国广播电视出版社1989年版,第968页。
③ 于洪君:《古巴共和国社会主义政治体制的形成与发展》,《中国特色社会主义研究》1988年第2期。

广泛批评国家政治——行政管理体制的消极现象时，承认工会运动被忽视了，承认它应该得到加强并应使之民主化。劳工部长建议：全国所有工会的地方分会理事会，都必须通过不附带任何条件的、自由的和公开的选举产生；工会应该有机会发挥其正常的作用，它们的首要责任是注意实施劳工法和保护工人权利。1970年9月，卡斯特罗宣布"准备在所有地区举行工会选举"，并保证"选举将是绝对自由的，工人将挑选候选人，选举自己的领导人"。随后，古巴工会领导机关宣布了选举程序，明确了地方工会的组成和职能，要求每个企业在选举之前都要召开全体工人大会，公开地、自由地提名候选人并进行讨论；候选人应为应选人数的2—3倍，选举过程应由工人组成的选举委员会组织和指导，应采取无记名投票方式，工会总书记也应由工人直接选举产生。1972年公布的选举结果是：古巴全国共建立了37047个工会分会，当选的工会组织领导人为164367人。但选举中所提出的候选人只有262967人，远远低于预先规定的数字和比例。参加候选人选举大会的工人只占预计人数的一半，还有不少与会者没有投票。在普遍选举和组建地方工会的同时，古巴的全国工会也进行了全面改组。根据这次改组的精神，所有的工人都要组织到与中央各部或机构平行的垂直工会系统之中。每个全国性工会以中央部或机构为顶点形成一个宝塔形，下面是行政区分会，最基层的是合成一体的企业和工厂。到1973年9月改组接近完成时，古巴已建成了23个行业工会，拥有200多万名会员。

1973年11月，古巴工会召开了第十三次代表大会。大会之前，约有88%的国营企业的工人参加了大会议题的讨论。会上，每个想要批评政府具体工作的工人都有机会提出批评……对他不施加政治、精神或任何其他压力……大会所通过的决议规定，工会是自治机构，它既不是国家机器的一部分，也不是党组织的一部分，但政治上受党的领导和指导，必须按党的政策办事。它的任务是支持革命政府，参加国家安全和保卫活动，配合改进管理工作，加强劳动纪律，同一切破坏纪律的现象作斗争，提高全员的政治觉悟。卡斯特罗还在大会上建议，邀请古巴工会的代表出席部长会议执行委员会的会议，参与制订计划和重大的行政决策。3年后通过的《中央国家机构组织法》正式确认了古巴工会最高领导人参加部长会议及其执行委员会会议的权利。1976年的宪法，又赋予工会和其他群众组织的领导机构以立法动议权。古巴工会第十三次代表大会不仅使历史悠久的工会运动重新活跃起来并走向新的发展历程，而且使古巴的社会主义政治体制的建设工作在形式和内容两个方面变得愈加广泛和深入。在第十三次代表大会的推动下，加强了工会的组织生活，改进了工会结构，提高了劳动者的政治、文化和技术水平，推动了社会主义竞赛，实现了劳动者的权利，加强了劳动纪律，全面促进了古巴经济、政治和社会的发展。1970年来，古巴一直在努力采取各种途径，继续巩固和加强工会与国家政权体系各个环节的有机联系，不断提高它的各级组织——尤其是基层组织在改善国家和社会管理活动方面的积极作用，提高它的组织社会主义建设，动员广大会员投身于丰富多彩的政治、经济、文化生活的能力和水平。正因为如此，卡斯特罗在1986年古共三大上指出："工人运动——代表近300万工人总数的99.5%，与基层党组织建立了更密切的联系，使它的结构有更高的效率，改善了它的工作的方法和风格，并提高了它在全体群众中的威望和地位。""工会近年来对革命提供了重要的帮助。"

工会的重要职能是：教育提升工人的思想觉悟，引导工人参与制定国家决策和企业管理，关心社会问题，努力改善工作条件，捍卫和保障劳动法和社会法赋予工人的权利。卡斯特罗说："在社会主义条件下，工会的重要职能之一是像运载工具一样帮助革命政权把必须传递的方针、指示和目标传递给工人群众……工会（也）是党和工人群众最强有力的联系纽带。此外，工会的工作要帮助和支持行政部门的工作，主要任务是提高生产率、维护劳动纪律、更有效地利用工作日、搞好定额和组织工作、保证人力物力的质量和储存，以及最有效最合理地加以利用。"在古巴革命的各项战斗中，如捍卫工人政权，把主要财富收归国有，开展扫盲运动，动员参加收割甘蔗，在帝国主义经济封锁的条件下继续生产，以及在其他许多工作中，古巴工人联合会都起了一种独特的作用。工人大军参加的"人民收蔗"运动，成为古巴甘蔗收割的支柱和保障，百万阿罗瓦大队运动极大地提高了甘蔗收割的劳动生产率。中央工会曾在全国掀起建立建筑小队热潮，全国共建立起1150个建筑小队，2700多名个人参加，有力地推动了住宅、学校、工厂、幼儿园、超级市场等经济和社会设施建设。在提高工人阶级的革命觉悟和向他们灌输对工作、公共财产采取新的集体主义态度方面作出了积极贡献。工人阶级的这种觉悟，是在广泛参加保卫工作和义务劳动，在提高文化和技术水平及进行日常生产斗争中培养出来的；也是在实行工会民主和加强自尊感的活动中培养出来的。为提高工人的文化和技术水平，从1974年开始举办成年人培训班，在培训班开班之前六年级毕业的成年人50万多一点，到1986年有1397636人达到六年级毕业水平，67万多人达到九年级毕业生水平。

1980年，中央工会会员达2383000人，占全国劳动人口的97.1%，与1975年的92.4%相比，提高了4.7%；1986年，近300万名工人加入工会，占全国工人人数的99.5%。

二 全国小农协会

1961年5月17日成立的全国小农协会，起初其主要成员是个体农民，后来加入合作社的农民仍保留在全国小农协会中。它是反映和代表劳动农民的唯一的社会性组织，在古巴社会政治生活中也占有重要地位。它的产生和发展，归根到底，是维护和巩固古巴革命胜利成果，加强和扩大革命政权的阶级基础，保证国家顺利展开社会主义革命和建设事业的客观要求决定的。1971年召开的全国小农协会第四次代表大会和1977年召开的第五次代表大会都表明，该组织的一个最重要的任务，就是要加强党和农民的关系，推进和加强农村的合作化运动，充当实现党的农村政策的中间环节。在发展农业合作化的过程中，它拥有较为重要的权力，以至于每个新成立的合作社，都必须征得农业部和它的批准。1977年5月，全国小农协会召开第五届代表大会，开启了合作化进程，农户按照自愿原则参加合作社。1982年，全国小农协会第六次代表大会提出了加强国内的合作化运动，按时完成国家的经济发展五年计划，提高农民的政治思想水平、全面加强国家的边境安全等项任务。农牧生产合作社从1975年前的43个增至1980年的1017个，社员达26454人，1985年达1378个，社员有29500人。1992年，全国小农协会召开第八次代表大会，卡斯特罗在会上表示"农民仍然是革命的基石"。1994年古巴开放农牧业产品自由市场，2011年古共六大后允许农民承包闲置土地，小农的生产积极性进一步增强，全国小农协会的作用更加凸显。2015 年 9 月，全国小农协会召开第十一次代表大会，明确了其在经济社会模式更新中的任务。

全国小农协会在 1975 年底有 232358 名成员和 6162 个基层组织。到 2015 年有 38 万成员，3343 个基层组织。全国小农协会帮助党和国家机关开展农村工作，组织农村的社会主义竞赛，改善农业经营活动，提高农民的物质、文化生活水平，在古巴社会主义建设中发挥了重要作用。卡斯特罗在古共一大报告中指出："全国小农协会在增加产量和提高个体农民的交售量方面发挥了重要作用，这部分农民是一支重要的经济力量，烟草、咖啡等作物的种植主要是由他们承担的；国家收购的瓜果、蔬菜，近一半也是由他们提供的；他们饲养的牲畜和种植的甘蔗，分别占全国总量的 26% 和 18%。此外，全国小农协会为推动农村的社会变革作出了贡献：它动员农民群众参加民兵和革命武装力量，同反革命分子以及美国中央情报局网罗的、在我国山区和平原活动的匪帮进行斗争；它帮助农民发展教育、公共卫生、文化、体育和娱乐事业；向个体农民宣传革命思想，提高他们的政治思想觉悟；努力用革命的观点战胜某些具有明显政治背景的宗教教派所进行的腐蚀性宣传，战胜蒙昧主义和意识形态领域的敌对分子在农村搞的所有其他宣传活动。"[1] 全国小农协会努力让能够学习的农民提高文化水平，在 1975 年至 1980 年使 31376 人达到 6 年级水平。党和国家以及工人阶级全力支持小农协会的工作，为它们顺利发挥自己的职能作用提供了有力保证。

三 保卫革命委员会

保卫革命委员会是古巴政治体制中所特有的一个广泛的群众组织，成立于 1960 年 9 月 28 日，是群众在回击反革命恐怖活动的革命斗争中为回应卡斯特罗关于将人民组织起来建立集体的革命警惕体系的号召而成立的，14 岁以上的居民均可加入，其成员在 1975 年底达 480 万人，吸收了 80% 的 14 岁以上人口；1980 年达 532100 人，1986 年为 653700 人，占 14 岁以上人口的 83.9%；现有成员 800 多万人，占 14 岁以上人

---

[1] [古] 菲德尔·卡斯特罗：《在古巴共产党第一、二、三次全国代表大会上的中心报告》，王玫等译，人民出版社 1990 年版，第 143—144 页。

口的92.6%。保卫革命委员会在各省、市、社区、街道均设有机构，全国共有13.8万个基层保卫革命委员会。该组织成立初期，主要任务是保持革命警惕性，监视敌人和同敌人作斗争，防止发生骚乱和破坏行动，组织警戒和巡逻。但经过多年的发展和随着形势的变化，它更多的是进行防止、检查和反对犯罪行为及反社会行为的全民斗争，开展群众宣传工作，提高他们的思想觉悟；参加多种疾病的预防工作和卫生部发起的各项活动；组织义务劳动，推动人民的文化、体育和娱乐活动，协助有效地开展选举工作，保证辖区内的全体居民自由民主地讨论国家制定的各项基本政策，等等。2013年9月，保卫革命委员会召开第八次代表大会，卡斯特罗在开幕式上对该组织的工作给予了高度评价，要求改变斗争战略和方法，以应对国内外企图颠覆古巴革命的活动。古巴共产党认为，保卫革命委员会"在保卫祖国，对群众进行思想政治教育，解决我国社会所面临的任务中发挥了不可替代的作用"。

保卫革命委员会的各级组织是按地区原则组织起来的，居民点是最基层的组织。全国各级保卫革命委员会的活动，由全国最高机关国家保卫革命委员会来领导。作为最有群众性的社会组织之一，保卫革命委员会的活动领域和方式同样是丰富多彩的。例如，他们按照居民点开办起来的政治教育训练班，吸收了300多万名成员。在训练班中，学员不仅深入学习领会党和政府的重要文献，而且还研究讨论有关当前社会主义建设的一些重大问题。此外，保卫革命委员会还同其他群众组织一起，积极组织广大成员参加选举运动，组织代表向选民报告工作，发动自己的成员自觉地为社会主义建设的胜利开展而斗争。

四 古巴妇女联合会

古巴妇女联合会是古巴全国性的妇女组织，1960年8月23日由当时的所有革命妇女组织联合组建，其宗旨是代表广大妇女的利益，团结、教育并组织妇女贯彻执行党的路线、方针和政策，平等地参加社会主义革命和建设，捍卫革命成果。古巴妇女联合会的领导机构是全国委员会，全国委员会下设秘书处，由秘书长、第二秘书、专职成员和非专职成员组成；在各省、市设有分会。从1960年至2007年，古巴妇女联合会全国委员会主席是劳尔·卡斯特罗的夫人比尔玛·埃斯平·吉略伊斯。比尔玛 2007 年去世后，妇联主席空缺，妇联总书记是特雷萨·玛丽娅·阿马雷勒·布埃。妇女联合会每 5 年举办一次全国代表大会。在 1974 年的全国代表大会上，提出了要让妇女联合会成为妇女开展的争取社会解放和人的尊严的壮丽运动的中心，继续站在一场铲除歧视妇女偏见的残余、争取妇女的完全平等和解放的斗争的中心。妇女联合会成立以来，在组织和动员妇女积极投身社会主义政治、经济、社会、文化、教育工作方面发挥了重要作用。在 20 世纪 60 年代，妇女联合会主要开展了以下工作：近 90 万名妇女参加了战斗母亲教育运动，有 50 多万名妇女从裁剪缝纫学院毕业，11 万多名妇女参加了妇联—小农协会大队，150 万名妇女参加了妇联主办的卫生问题讨论，5 万多名妇女在卫生大队工作，1.3 万多名妇女社会工作者参加了有价值的工作。妇女还投身于多种形式的群众性活动中，如保卫祖国、扫盲、参加培训班、干农活、开展公共卫生运动、开展声援活动、组织政治学习等。20 世纪 70 年代以来，妇女联合会在为实现男女平等、使妇女得到彻底解放上进行不懈努力，越来越多的妇女被提拔到领导岗位；推进妇女的全面发展，发挥妇女在政治、经济、文化和社会建设方面的作用采取了许多行之有效的措施，越来越多的妇女进入职场，1980 年妇女占古巴劳动力的 32%，女性技术工人占全国技术工作总数的 60.2%；1980 年，有 20 多万名家庭主妇达到六年级的文化水平，其中有数千人在争取达到九年级文化水平，到 1986 年有 99392 人达到九年级文化水平；对妇女进行了系统的国防任务的动员，到 1986 年有 180 万名妇女准备参加地方民兵，其中有 2 万名妇女接受了指挥干部的训练。妇女联合会发展迅速，1960 年成立时只有几千人，到 1975 年底发展到 2127000 人，1980 年达 242 万人，1986 年为 310 万人，占全国妇女总数的 89%。目前，古巴妇女联合会有 400 多万名会员，占 14 岁以上女性的 90% 以上。

五　共产主义青年联盟

共产主义青年联盟于 1962 年 4 月 4 日成立，其前身是 1960 年 10 月 21 日成立的起义青年协会。共产主义青年联盟是古巴先进青年组织。1980 年古共党章规定：共产主义青年联盟是青年人的先锋队，是由革命青年组成的具有战斗性的先进组织。它是党的后备力量，是党的积极助手，协助党培养青年人的共产主义道德，引导他们参加革命工作，帮助他们准备加入党，把他们培养成为能够担当起建设社会主义和共产主义责任的全面发展的人才。古巴1976年宪法第6条规定："共产主义青年联盟是先进青年的组织。在党的领导下，共产主义青年联盟努力将其成员培养成未来的共产党员，通过学习、劳动、爱国活动和军事、科学及文化活动用共产主义思想教育新的一代。"[①] 1992年古巴宪法修正案第六条修改为："共产主义青年联盟是古巴先进青年的组织，国家承认和鼓励其发挥推动广大青年参与社会主义建设，使其成为具有责任感且具有为全社会承担更大责任能力公民的基本职能。"2019年古巴新宪法第六条修改为："共产主义青年联盟是古巴先进青年的组织，国家承认和支持其为青年的革命原则和社会道德教育做出贡献，并促进他们积极参与社会主义建设。"卡斯特罗在古共一大报告中指出："共产主义青年联盟的责任是在自己组织内培养未来的党员，直接地或通过青年群众性组织做全体青年的工作；通过古巴少先队员联盟做儿童的工作，为把后代教育成自觉的社会主义建设者作出贡献。"[②] 1972年4月召开了共产主义青年联盟第二次全国代表大会，极大地推动了联盟的工作，推动了教育革命；一方面同少先队员联盟建立了联系，另一方面同党建立了联系，这使我们培养共产党人的工作不致中断；联系了青年群众，加强了在学生组织、共产主义少先队员联盟和在其他青年群众性组织工作中的作用；改进了领导方法，加强了纪律和整个内部生活。在1972年至1975年，有18589名共产主义青年联盟成员入党，1975年入党人数的近40%来自共产主义青年联盟；1976年至1980年有84955名盟员入党，占新党员总数的33.5%。到1975年底，共产主义青年联盟有31200名盟员，1980年6月达42200人，1986年2月升至597853人，现有盟员50多万人。

古巴高度重视共产主义青年联盟工作，古共中央第二书记分管共产主义青年联盟全国委员会工作，共产主义青年联盟全国委员会第一书记

---

① 胡献忠：《在政党与社会之间：国外政党青年组织运行机制透视》，《青年发展论坛》2020年第4期。

② ［古］菲德尔·卡斯特罗：《在古巴共产党第一、二、三次全国代表大会上的中心报告》，王玫等译，人民出版社1990年版，第171页。

一般兼任古共中央委员和国务委员会委员；古共各省委第一书记直接指导本省共产主义青年联盟开展工作，共产主义青年联盟基层委员会的负责人必须列席所在单位党委和行政领导班子会议，或直接担任党委或行政领导班子成员。共产主义青年联盟的最高权力机构是全国代表大会，每5年召开一次。闭会期间，由全国委员会和全国局行使代表大会职权。各省市设有省级、市级委员会，在党政机关、国有企业、学校均设有委员会，每5名盟员可组成一个支部。共产主义青年联盟是古巴党和政府培养干部后备力量的重要基地，其干部达到一定年龄后一般需要转岗，全国和省级委员会干部一般在年满40岁前需要转岗，市级及以下委员会干部一般在年满35岁前转岗。共产主义青年联盟要加强自身发展工作，优先发展直接参加生产、从事教育和服务事业的劳动者特别是青年工人；做好各行业青年的工作，重点是青年学生政治思想教育工作；努力完成国家交给的经济社会发展任务，在教育领域主要是提高学生的升学率，进一步搞好教学活动和育人工作。自成立以来，共产主义青年联盟在宣传和贯彻党的方针政策、团结教育广大青年和组织青年参与社会主义革命和建设事业中发挥了重要作用。

六　大学生联合会

大学生联合会是古巴第一批革命青年组织之一，是1922年12月由胡利奥·安东尼奥·梅利亚创建。1975年底有4万多名成员，现有成员11万人。大学生联合会积极领导青年学生参加反对巴蒂斯塔独裁统治的斗争，在1957年3月13日的攻打总统府和占领电台的斗争中时任大学生联合会的主席何塞·安东尼奥·埃切维里亚英勇牺牲。古巴革命胜利后，大学生联合会的职能是代表学生的要求和利益，并给他们以正确指导；贯彻学习与劳动相结合的方针，动员学生学习重点专业，动员大学毕业生到最需要的地方去；有系统地开展自学和集体学习；培养学生尊师重教、讲礼貌和爱护社会财产；教育学生对学习、工作和社会准则持有始终如一的正确态度；注意大学生的仪表教育和社会行为教育及反对各种学术性的营私舞弊；进行国防教育，动员大学生到革命武装部队的连队中去学习和锻炼。大学生联合会在贯彻执行党的方针政策、领导和教育大学生努力学习马列主义和马蒂思想、掌握专业知识、积极参加社会主义革命和建设、维护民族独立和国家主权、捍卫革命胜利成果等方面，发挥了重要作用。

七　中学生联合会

中学生联合会是古巴高中和中等专科学校学生组织，成立于1970年12月6日，1975年底有50多万名成员，现有40万名成员。中学生联合会的主要工作，是帮助学生树立完成学业是他们的首要社会义务的观念，以提高学生的升学率和学习质量，满足古巴经济发展提出的对熟练劳动力的要求；加强中学生的仪表教育和社会行为教育，反对贪图安逸和不求上进；开展国防教育，要求十四五岁的学生参加民兵，培养保卫祖国、捍卫社会主义思想品德。对此，卡斯特罗在古共一大报告中指出："我国青年负有这样的义务：培养高度的爱国主义和国际主义精神；彻底贯彻执行马克思和马蒂关于学习与劳动相结合的原则；开展科技研究活动；发展体育、文化和娱乐活动。"

八　"何塞·马蒂"少年先锋队组织

1964年4月4日，古巴成立了"起义少年先锋队联盟"。1962年改名为"古巴少年先锋队联盟"，1977年改为"何塞·马蒂"少年先锋队组织。其成员主要是小学生和初中生，小学一年级至三年级的队员称为"蒙卡达"少先队员，佩戴蓝色的领巾；小学四年级至六年级及初中一年级至三年级的学生队员称为"何塞·马蒂"少先队员，佩戴红色的领巾。少年先锋队组织的宗旨是对5—15岁青少年进行社会主义和共产主义的思想教育，培养他们成为革命事业的接班人；培养青少年对学习的兴趣；鼓励他们爱祖国、爱世界各国人民；培养他们从小有爱劳动的习惯和社会责任感。卡斯特罗在古共三大的报告中指出："儿童和少年的工作应该越来越有吸引力，内容应该越来越丰富，工作质量要越来越高。工作的方向是使少先队员提高文化水平、发挥积极性、自觉遵守纪律、举止文雅、诚实勇敢，明白自己的主要任务是好好学习，获得好的成绩。"[1]

---

[1] ［古］菲德尔·卡斯特罗：《在古巴共产党第一、二、三次全国代表大会上的中心报告》，王玫等译，人民出版社1990年版，第421页。

1975年底，有190万名队员，占当年在校少年儿童的98.7%；1980年增至220万人，1986年2月为1722306人，占所有中小学生的99.5%。

第五节　民主制度建设

马克思在《黑格尔法哲学批判》中指出："在民主制中，国家制度本身只表现为一种规定，即人民的自我规定。在君主制中是国家制度的人民；在民主制则是人民的国家制度。民主制是一切形式的国家制度的已经解开的谜。在这里，国家制度不仅自在地，不仅就其本质来说，而且就其存在、就其现实性来说，也在不断地被引回到自己的现实的基础、现实的人、现实的人民，并被设定为人民自己的作品。国家制度在这里表现出它的本来面目，即人的自由产物。"可见，在真正的民主国家，人民是主体，民为国本。人民与国家的关系问题，是民主实践的主要任务，必须坚持的价值取向是保证人的主体地位，保证人的主体性存在与集合性存在的有机统一，保证人在社会和国家中得到全面发展。为此，必须从人对国家及国家对人的两个维度进行制度安排。古巴经过60多年的探索与实践，初步形成了契合自身历史、文化且符合古巴社会主义实际的以人民为本位的人民民主形态。这是一个由价值体系、组织体系和制度体系构成的完整形态：从民主的价值来看，体现了以人为本、尊重每个人的尊严与自由平等。古巴宪法规定国家的基本目标之一就是"保障人的尊严及其整体发展""我们致力于建设一个以人民为中心、面向可持续发展的信息型、知识型社会""人的尊严是承认和行使宪法、条约和法律的权利和义务的最高价值"；《古巴社会主义发展的经济和社会模式概念化》所阐述的古巴社会主义原则的首要原则是，人的存在是主要目标和核心主题；人充分的尊严、完全的平等和自由。从权力来源看，平衡了人民与国家的关系，古巴宪法第3条规定：古巴共和国一切权利属于人民，国家的所有权力都来自人民。人民赋予国家权力，而不是国家授权于人民，体现了人民是权力主体。从民主的运行来看，通过人民政权代表大会制度和民主集中制来保障人民行使治理国家和社会的权利，真正实现人民当家作主。

一　古巴党和政府重视民主建设

（一）古巴为民族独立、人民民主而斗争

古巴革命者在反对西班牙殖民统治中就提出民主诉求，在1868年至1878年的战争中，起义者提出"所有的人都是平等的""我们希望所有的奴隶都获得解放"。1892年4月成立的古巴革命党以"最彻底的民主和最严密的纪律"开展活动，渴望"通过人们充分而积极地发挥自己的真正才能，锻炼出崭新的真正民主的人民"，其目的是争取古巴的绝对独立、为建立一个民主共和国奠定基础。经过1895年至1898年的第二次独立战争，古巴摆脱了西班牙的殖民统治，于1902年正式独立，却成为了美国的附庸。在1933年的反对马查多独裁统治的斗争中，大学生指导委员会应人民的要求建立了一个由大学生任命的革命临时政府，公布了一项包括许多政治、经济、社会和教育改革内容的、具有民主和民族解放色彩的纲领。古巴的人民运动在1938年到1940年逐步取得了重大的民主成果：可自由组织工会，所有反对派组织和政党包括共产党都有合法地位，可方便地进行宣传工作和组织工作；建立了由共产主义领导人拉萨罗·培尼亚领导的古巴工人联合会；举行了人民所呼吁的自由的、主权的立宪大会。1940年2至6月的立宪大会，所有社会阶级和阶层的代表都参加了，共产主义联盟党立场坚定，得到了其他政治派别许多代表的支持；电台将辩论情况向全国广播，人民可密切注视大会的发展；动员起来的群众给大会施加了一定压力，以上因素相互配合，使大会制定的宪法带有那个时代的民主和进步的内容，如承认所有古巴人在法律面前一律平等，"一切性别、种族、肤色和阶级的歧视以及一切有伤人类尊严的事情都将视为非法并将受到惩罚"；规定工人的最低工资，承认"同工同酬"；制定关于伤残、养老、失业和工伤事故的社会保险；确定每天8小时工作制，14—16岁青年6小时工作制，每周工作44小时，领48小时工资；女工产前有6周假期、产后有6周假期；承认工人有组织工会和罢工的权利，承认出身于各阶级的人参加工作的机会均等。[①]

[①] ［古］何塞·坎东·纳瓦罗：《古巴历史——枷锁与星辰的挑战》，王玫译，当代世界出版社1999年版，第163—164页。

1952年3月10日，巴蒂斯塔通过政变再次成为古巴总统，随后在古巴实行反动独裁统治，取消了1940年宪法，解散议会代之以协商委员会，用武力驱散工人和人民组织，停止所有政党活动，逮捕共产党、联合工会领导人，出卖国家利益给美国等。巴蒂斯塔的倒行逆施激起古巴人民的反抗，人民社会党要求恢复1940年宪法及一切民主与自由权利。大学生联合会和中学生也开展了持续的、群众性的活动，揭露独裁统治的反民主的罪行，工人阶级举行了包括集会、游行、罢工在内的反对活动。菲德尔·卡斯特罗于1953年7月26日率领131人攻打蒙卡达兵营，他在自我辩护词《历史将判我无罪》中提出了国家在政治、经济、社会和文化领域进行深刻改革的纲领，反映了在当时客观条件下人民的民主纲领。卡斯特罗领导的"七·二六运动"带领古巴人民通过武装斗争推翻了巴蒂斯塔的独裁统治，建立起革命政府。革命政府经过系列民主改革，逐步走上了社会主义道路，开启了社会主义民主建设新进程。

（二）民主是古巴社会主义建设的重要目标

卡斯特罗在1959年2月16日的总理就职演说中说："人民关心的所有的问题——既然我说了所有的问题，我指的就是全体人民关心的问题——政府一定全部予以处理，予以解决"。"今天，明天，将来，穷人的愿望总是放在我们的身上""关于政府工作方面，我们的最坚定的决心，就是倾听人们的意见""代表人民利益的政府要比任何其他机构工作得好""我们需要把时间用来为人民工作""我们不是高高在上的人，而是从人民中来的人，为人民服务的人。"卡斯特罗明确了古巴革命政府与人民的关系，政府是人民的，是为人民服务，这就从国家形态上肯定了政府的人民本位价值，为古巴社会主义民主的发展奠定了理论基础。此后，卡斯特罗在多个场合阐述古巴的人民中心思想。1959年11月在古巴工人联合会第十次代表大会上的演说中，卡斯特罗说："我们的斗争并不是为了任何人的个人利益，也不是为了任何人的特权，我们从第一分钟起一向是而且永远是为人民、仅仅为人民而奋斗的。"[①]

[①] ［古］菲德尔·卡斯特罗：《卡斯特罗言论集》（第一册），人民出版社1963年版，第136页。

卡斯特罗在拉丁美洲种植园工人第一次代表会议上说："有人民同我们一起，我们的一切属于人民。这是我们的生命，这是我们的生命，人们必须把这一点放在一切之上""我们永远和人民共命运，同呼吸"。在第一届拉丁美洲青年代表大会上指出："在无视人民的地方，怎么能够有民主呢？在人民没有参加行动和人民无足轻重的地方，怎么能够有民主呢？"在纪念攻打总统府四周年大会上说："今天古巴人民和革命政府是一个整体……革命政府不是财主阶级的政府，不是招摇撞骗者的政府，不是有权势者的政府，而是民有、民治、民享的政府！革命是由贫苦人进行的、为贫苦人着想的、属于贫苦人的革命"；"全体政府官员应当遵从这样一条准则：永远同人民商量着办事情，向人民解释，要确信人民永远会同我们合作。"① 在国际学生联合会执行委员会会议上指出："如果没有人民，革命政府又算什么呢？老实讲，革命政府的政权就是人民的政权，事情就是这样。民主是什么呢，还不就是人民的政府？""在古巴，政权和人民是一码事，这就是民主""在任何地方，政府人员和老百姓完全一样，这就是我们国家民主最好的证明。"② 卡斯特罗还在其他场合阐释了民主之义："这才是民主，这次工人代表大会才是民主，它是工人的代议制民主的生动形象""当世界上消灭了人剥削人的现象，世界大同就会出现。等到这一天，人们便会情同手足，家无分主宾，物无分你我。等到这一天，各国人民都会怀着真挚的好客心、真实的手足情谊，欢迎他国人民的子女。"劳尔在古巴共产党全国代表会议上说："如果我们在人民群众的参与和支持下自主地选举，我们应当做的是促进我们的社会更加民主，已开始在我们党的队伍中树立起榜样，这意味着要创造一个高度信任的环境，在各个层面创造更加广泛和坦诚地交流意见的必要条件，不仅在组织内部，而且在与劳动者和居民的联系中，有助于解决将自然形成的分歧，尊重大众传媒。"卡斯特罗对民主的经典思想是："民主就是大多数人的治理；民主就是在这样的治理形式下大多数人的意见得到考虑；民主就是在这样的治理形式

---

① [古] 菲德尔·卡斯特罗：《卡斯特罗言论集》（第一册），人民出版社 1963 年版，第 426 页。

② [古] 菲德尔·卡斯特罗：《卡斯特罗言论集》（第二册），人民出版社 1963 年版，第 144—145 页。

下大多数人的利益得到维护；民主就是在这样的治理形式下保证人们不仅有自由思考的权利，而且有如何思考的权利，知道如何写出其思想的权利，知道如何阅读别人的思想的权利；民主不仅有保证得到面包的权利和得到工作的权利，而且还保证享有文化的权利和在社会中受到尊敬的权利。因此，这就是民主。古巴革命就是民主。"[1] 卡斯特罗等人上述关于民主的阐释，表明古巴社会主义民主是人民的民主，是对人们权利的尊重，是为人民的，是依靠人民广泛自觉参与实现的，政府是人民的政府，是民有、民治、民享的政府。

古共五大通过的《团结、民主和捍卫人权的党》指出：古巴政治制度的基础是人的尊严、平等和真正的人权，是人民广泛参与的真正社会主义民主制度，在政治、经济和社会领域都实现了充分的民主；号召人民警惕敌人瓦解社会主义民主、破坏民族团结的阴谋，要求加强纪律，维护国家安定，同一切危害社会秩序的行为作斗争。《古巴社会主义发展的经济和社会模式概念化》指出：古巴共和国的愿景是独立、主权、社会主义、民主、繁荣和可持续。还确定社会主义民主是古巴社会主义的一个原则，即"社会主义民主，从根本上是在行使最高权力时公民积极参与，通过代表机关直接或间接的方式行使，是人民政权代表大会和由它产生的其他国家和政府机关，代表的范围、人民咨询机关和有积极作用的公民社会，根据共和国宪法和法律确定的规则执行。"《到2030年全国经济社会发展计划：国家的建议、轴心和战略部门》规定规划的目的是：巩固一个主权、独立、社会主义、民主、繁荣和可持续的国家；国家愿景，即国家未来的发展方向，是主权、独立、社会主义、民主、繁荣和可持续发展。规定在社会主义高效政府和社会一体化方面的首要总体目标是：巩固社会主义民主国家，促进各领域公共参与；首要具体目标是：增强社会主义民主及其原则、制度和程序。确定了古巴经济社会模式更新要通过改革达到完善各个层级的民主参与，特别是人民监督和公民参与解决影响每个地区、劳动中心或社区的问题，达到有效的社会交往，重点是提高交往的质量和适时获取公共信息。

---

[1] 毛相麟、杨建民：《古巴社会主义研究》（修订版），社会科学文献出版社2019年版，第87页。

二　民主集中制是党和国家政治生活的指导原则

民主集中制是马克思主义政党的根本组织原则，是社会主义国家政权的基本组织形式。古巴共产党和古巴政府把民主集中制作为基本的指导原则，贯穿于党和政府的各级组织的工作当中。卡斯特罗在古共一大的报告中指出："民主集中制是我党的组织指导原则，其特点是各级领导机关须经选举产生；各级领导机关有义务向选举人和上一级领导机关汇报工作，遵守党规定的少数服从多数的纪律；服从上级机关的决定。"[①] 卡斯特罗在古共二大的报告中进一步强调："大家深深感到，必须切实实行民主集中制，因为这是保证党在思想和政治上的一致以及在行动上的统一的基本条件""实行党内民主、民主集中制和高度的组织纪律性，是党内生活的准则"。古巴共产党党章规定："古巴共产党根据民主集中制原则组织和运行。民主集中制原则规范全部党内生活，是保证党的政治和思想凝聚力及行动团结一致的根本条件。"

什么是民主集中制呢？古巴共产党党章中规定："民主集中制将自觉严格遵守纪律与最广泛的党内民主相结合，践行集体领导与个人负责相结合，面对错误开展批评与自我批评。"进一步解释说："民主集中制原则体现为：第一，党的所有领导机构，从基层到上级机关，均由民主选举产生，有义务定期向选举它们的机构及上级机关汇报工作并对之负责。第二，党的所有机构、基层组织及其成员根据党的纪律行动。所有组织机构及每位党员都必须执行在充分自由讨论的基础上形成并获多数通过的决定。第三，党的机构、基层组织必须执行自身做出的决定，其下属机构及其成员也必须执行。第四，各领导机构针对其职权范围内的问题形成的提议和决定不得违背党的政策和上级组织机构的决议、指示以及本章程的规定。"[②]

古巴宪法第 101 条规定了国家机关的社会主义民主原则，这也是对民主集中制的具体解释和运用，主要体现在：（1）一切国家权力机关

---

① ［古］菲德尔·卡斯特罗：《在古巴共产党第一、二、三次全国代表大会上的中心报告》，王玫等译，人民出版社 1990 年版，第 182—183 页。

② 靳呈伟：《古巴共产党章程》，《当代世界社会主义问题》2016 年第 3 期，第 48—59 页。

的代表由选举产生并定期更新;(2)人民依照法律规定监督国家机关及其领导人、公职人员、人民代表、代表的活动;(3)当选人员必须对选民报告自己的工作,选民有权随时将其罢免;(4)每个国家机关在其职权范围内广泛发挥首创性,以便利用资源和当地可以利用的各种力量,并吸引群众性的社会团体参加自己的工作;(5)上级国家机关的指示下级国家机关必须执行;(6)下级国家机关对上级机关负责并报告自己的工作;(7)一切合议制国家机关必须实行自由讨论、批评和自我批评以及少数服从多数的原则;(8)国家机关及其领导人和工作人员的行为具有公开性。[1]

民主集中制在古巴是如何运行的呢?首先,实行集体领导,个人负责,会议决定。党章规定:"党的所有组织机构应遵循集体领导和个人负责相结合的原则,遵守有关党内民主的规范。"卡斯特罗说:"我认为理想的制度、人类找到的管理一个国家的最完善的制度是以一个以民主方式组成的革命政党为基础的、集体领导的政府制度";"为什么是最好的制度呢?因为民主的准则和集体领导的准则在起作用;……如果坚持内部民主和集体领导这些基本原则,那么毫无疑问,这是一个最完善的政府管理方法。"[2] 党的领导机关和基层组织必须加强集体领导,定期召开会议,经常就各自的重大问题进行正确的分析、研究和作出决定,各单位、各部门最重大的问题,应由所属党委会的全体会议进行审核和作出决定。古巴一大以后"在党的最高领导层,集体领导的原则得到了切实的贯彻执行。党的政治局和书记处这些年来共举办了数百次会议,中央委员会也按期召开了全会。有关国家、党和国际上的各种问题都经过了集体讨论,所有重大问题都是在集体讨论后才决定的。"其次,必须开展讨论,进行批评与自我批评。"为保证民主集中制准则的全面贯彻执行,各级支部和党委必须具备开展自由讨论以及批判和自我批评的一切条件,作出的决定必须真正是集体研究和同意的结果。"党员在参加党代会、会议、大会和所隶属党组织的会议时,有自由讨论党的政

---

[1] 王承就、封艳萍:《从新宪法看古巴国家治理体系的完善及其影响》,《当代世界社会主义问题》2020年第2期。

[2] [古]菲德尔·卡斯特罗:《卡斯特罗言论集》(第二册),人民出版社1963年版,第287页。

策和党所开展的活动并提出建议的权利。党员可以私下，或在集会、大会、会议和党代会上对任何一名党员提出批评，无论这名党员做出何种贡献或担任何种职务，但批评应在合适的地点、适当的时间以正确的方式提出。最后，调动人民参与的积极性、创造性，提高效率。"从根本上说，党支部和党委讨论和研究什么样的内容，应根据以下原则来决定，即提高党在劳动者集体内的工作效率，使党可以有效地发挥它在群众中的作用，引导群众实现经济、政治和社会各个领域内的革命目标和任务。"[1] 社会主义民主的目的是调动人民干事创业的积极性、主动性和创造性，发挥主人翁精神，提高干事创业的效率，不是资产阶级代议制民主的议而不决，党和政府的各级组织必须以民主促进效率。

三　参与制民主的发展

1960年，阿诺德·考夫曼首次提出参与式民主的概念。1970年，卡罗尔·佩特曼出版《参与和民主理论》，使得参与式民主成为民主的一种新的趋向。参与式民主不仅是把民主看做是以政治体制为中心的某种程序，而且把民主看做是如何对待争论、协调集体行动的一种方式。不仅强调政治民主，而且主张将民主扩大到社会的一切领域。参与式民主不是要抛弃代议制民主，是把间接民主与直接民主有机结合起来，是在国家宏观层面坚持代议制民主基础上扩大了直接民主的有效范围，是民主直接化的表现，使民主从精英民主走向大众民主。

（一）古巴参与制民主的形成与发展

古巴在发展社会主义民主过程中，逐步走出了一条具有自身特色的参与制民主之路。古巴革命政权建立之后，取消了独裁政府的国会，却因种种原因致使代表机关没有及时建立起来。在这种背景下，以全民性的群众集会为主要方式的直接民主在古巴应运而生。1960年9月通过的第一个《哈瓦那宣言》及1962年2月通过的第二个《哈瓦那宣言》，就是以群众集会这种直接民主的方式表决通过的，既反映了群众高昂的革命热情，也体现了群众参与国家治理和当家做主的强烈愿望。这种群

---

[1]　[古]菲德尔·卡斯特罗：《在古巴共产党第一、二、三次全国代表大会上的中心报告》，王玫等译，人民出版社1990年版，第300、306页。

众集会是参与式民主的表现,为古巴的参与制民主的形成奠定了基础。群众集会的直接民主方式表面上看起来很民主,实际上很难让每个公民直接参与对国家和社会事务的管理;加上缺乏明确的实施程序和规范等规定,其不足也显而易见。到了 20 世纪 70 年代初,古巴开始反思如何充分发挥工会和其他群众组织在国家和社会治理中的作用、如何让人民真正参与国家和社会治理。1974 年,古巴的人民政权机构在马坦萨斯省试点成功。1976 年宪法将人民政权代表大会制度确定下来,使其成为古巴国家政权的组织形式和根本的民主政治制度,人民选出的代表进入政权机构代表人民行使治理权力,将直接民主与间接民主有机结合起来,为扩大直接民主开辟了更大的空间。一位外国学者说古巴的"人民政权"制度是"一种新形式的参与制民主"。20 世纪 80 年代,古巴学者提出"真正的民主只有通过人民参与行使权力来获得"。1991 年召开的古共四大在有关完善"人民政权"机构的组织和运行的决议中多次提到扩大人民群众参与的问题。1993 年 4 月在哈瓦那举行的第四届圣保罗论坛的声明中提出,必须"用深刻的参与制民主(democracia participativa)去反对新自由主义所倡导的虚假的民主"。此后,在文件和文章中"参与制民主"便成为古巴的一个正式的政治词语了。1996 年 6 月,第六次圣保罗论坛会议,要以"参与制民主、社会公正和可持续性发展"为基本模式代替新自由主义方案。此后,"参与制民主"成为拉美左派民众追求的政治目标。① 劳尔执政之后,更加注重参与制民主的发展。古共六大的主要文件《党和革命的经济社会政策纲要》草案于 2010 年 11 月 9 日在《格拉玛》报上公布,公开向全社会征求意见。随后,在古共高级党校举办了有 500 多名高级干部参加的培训班,在全国所有城市举行了干部研讨会,为《纲要》在全国范围内讨论准备了干部。2010 年 12 月 1 日至 2011 年 2 月底,全国各地组织党内外群众对《纲要》进行了广泛讨论,征求意见和建议。劳尔在古共六大的报告中指出:"从 2010 年 12 月 1 日至 2011 年 2 月 28 日,有 8913838 人次参加,由不同的组织举行了 163000 多次会议,这些组织中的 300 多万人

---

① 毛相麟、杨建民:《古巴社会主义研究》(修订版),社会科学文献出版社 2019 年版,第 112 页。

提出了意见与建议。尽管仍没有确切地确定，我想肯定地说，参与的总人数包括出席了各自单位会议的几万名党员和共青盟成员，也包括参加了劳动或学习中心还有他们所在社区的会议的党员和共青盟成员，还包括了那些参加了他们的劳动中心组织的会议之后又参加了社区组织的会议的非党人士。"《纲要》草案"原文件包括了291条，当中的16条被合并到其他的条款中，94条原封未动，181条的内容已作了修改，增加了36条新的，现在的纲要草案共311条。简单地计算这些数字表明了协商过程的质量，纲要的约三分之二——确切地说是68%，是重新拟订的。"古共六大后，古共首次全国会议的主要文件、古巴新宪法的修订等，都是在全国范围内广泛征求人民群众的意见，所有这些都是古巴参与制民主的实践范例。

（二）古巴参与制民主的主要做法和表现

参与制民主的实质是参与，关键是制度化。古巴参与制民主的主要做法如下：

1. 参与主体是人民，主要是广大群众。古巴宪法规定："人民直接或通过人民政权代表大会和由其组成的其他国家机关行使权力""所有具有法律行为能力的公民，有权直接或通过他们选举的在人民政权机关的代表参与国家管理"。

2. 参与的渠道包括人民政权代表大会，单位会议，社区和群众组织的会议，专门的征求意见会，个人向国家机关、企事业单位、群众组织等提出建议、投诉和请愿，全民公决等。古巴1976年宪法、2019年宪法都是在全民讨论的基础上，以全民公决的方式通过的。1976年宪法是党的各级组织、群众组织、部队和在外工作的共620万左右的人参加了草案的讨论，几乎包括了所有的成年人，其中有580万人同意草案不作任何修改，有16000人提出了各种修改和补充意见。1976年2月15日，宪法草案以全民公决方式通过。古巴现在的宪法是2019年2月24日以全民公决的方式通过的。

3. 参与的范围，涉及公众的一切事务，大至党和国家的重大方针政策及法律，小至所在街区或乡村的具体问题，都需要通过各种方式征求群众的意见方能决定。从古共一大开始，古共代表大会的文件都要通过多种方式征求党内或党内外的意见。卡斯特罗在古共一大报告中指出："本届代表大会筹备工作中的一项极其重要的内容，是把每一项决议都交给我们的党员讨论，很多决议还提交给群众组织的劳动者和共产主义青年联盟的革命成员进行了讨论"；"我国人民过去从来没有进行过如此规模的讨论。通过讨论决议内容，我国人民更了解了党对经济、政治和社会方面的重要问题所持的立场，更加清楚地看到了社会主义建设的发展远景。通过一千九百万人在六十八万五千二百四十一次会议上的讨论，大会决议的内容更加完善了"。"作为党代表大会筹备工作的一项内容，全体党员和党的干部在党支部和党委召开的会议上讨论了党章和党纲。"①古共五大的政治文件草案是在1997年5月公布并交党内外讨论，在历时2个多月的时间里，有14岁以上的650万人参加了讨论，90%的人一致同意这一文件，体现了群众参与的广泛性。2002年通过的《农牧业生产与信贷和服务合作社法案》，经过20多万名农民进行讨论，全国的合作社开了3351次会议，有2万多人发言，提出了约120条修改意见，充分反映了农民的意愿。

4. 参与的方式，直接或通过自己选出的代表或机构参与。人民直接参与国家和社会治理已是一种常见的方式，群众的参与在社区、企业、群众组织内部是经常性的，人民委员会、群众组织是群众直接参与管理的重要渠道，相关内容在其他章节有过论述，这里不再赘述。也会有一些全国性的活动要求群众直接参与。2007年底，劳尔政府自上而下地发动了一场前所未有的全国性大讨论，鼓励古巴人毫无禁忌地批评腐败与裙带关系，并大胆提出解决问题的具体建议。2009年9月，古巴发起群众性讨论，分析现存问题，明确劳尔·卡斯特罗政府提出的增产、节约、增效和反腐等措施。参与制民主中由人民代表或人民选出的机构代表人民参与国家和社会管理，也是人民参与的一种重要方式，如人民代表参与人民政权代表大会、人民选出的人民政权代表大会或其他国家机关代表人民行使管理国家和社会事务的权力。古巴的人民政权代表大会制度就是人民参与的一种制度安排，实践已证明这是人民参与的有效方式。2000年，卡斯特罗在会见联合国教科文组织前领导人费德

---

① [古]菲德尔·卡斯特罗：《在古巴共产党第一、二、三次全国代表大会上的中心报告》，王玫等译，人民出版社1990年版，第182页。

里科·马约尔时说:"不是党,而是人民在公开的大会上提出建议、意见,不是党,而是人民进行选举。在14686个选区,选举出构成古巴选举制度基础的市级人大代表,在此基础上再选出省级、全国的人大代表,组成省级、全国的最高权力机构。在无记名投票中,获得本选区50%以上有效选票的候选人,才能当选人大代表。"①

5. 人民参与的制度化建设。20世纪60年代的群众直接参与国家和社会治理因缺乏制度化规范,出现了不少问题,如工会与群众组织作用的弱化。1975年古共一大的召开,进一步规范了党的各级组织的建设和活动;1976年宪法的公布实施及第一次全国人民政权代表大会的召开,人民政权代表大会制度作为一种政治制度确立起来。至此,古巴民主政治制度的制度化基本形成,人民参与走上制度化、法治化轨道。如古共2012年全国代表会议的主文件就是在党和共产主义青年联盟内部按照各自的规章制度来征求意见的,党和共青盟的各级组织召开了6.5万次会议,提出了一百多万条意见,使原草案96条中的78条作了修改,并新增补了5条。对人民政权代表大会制度这一民主形式,卡斯特罗在古共二大的报告中指出:"人民政权机关的建立,为实行社会主义民主这一民主的高级形式创造了最为有利的条件。现有体制允许群众参加社会管理,无论涉及的是地方事务还是国家事务";"一百六十九个市人民代表大会的一万多名代表,是经过绝对民主的程序选出的。他们接受群众的不断监督,是人民在当地政府中的代表;具有任命和撤换市级行政领导干部和工作人员的权力,对管辖范围内的事务作出基本的决策。他们还选举省人民代表大会和国家最高权力机构全国人民代表大会的代表"。②

综上所述,古巴的参与制民主已渗透到政治、经济和社会生活各方面。"古巴所遵循的社会主义民主作风远不止于选举制度。除了选举领导人,在汇报大会上要讨论政府工作,人民能够提出他们的问题以及其他的参与形式之外,古巴民主的一个特殊而又意义的表现形式,就是

---

① [西班牙]费德里科·马约尔,王玫:《卡斯特罗就社会主义前途、私有化和全球化等答马约尔问》,《国外社会科学文摘》2000年第12期。
② [古]菲德尔·卡斯特罗:《在古巴共产党第一、二、三次全国代表大会上的中心报告》,王玫等译,人民出版社1990年版,第249页。

群众直接讨论他们所致力于实现的、最重要的法律"。"保证全国没有一个角落、没有一个社会阶层对每个基本文件是没有进行研究的,是没有发表意见和提出建议的,所有这些意见和建议都受到欢迎并被转到有关单位。"①

---

① [古]何塞·坎东·纳瓦罗:《古巴历史——枷锁与星辰的挑战》,王玫译,当代世界出版社1999年版,第324—325页。

第六章　古巴社会主义文化建设

古巴高度重视社会主义文化建设，在不断继承和弘扬革命文化的基础上，坚持把丰富人民的文化生活作为革命的奋斗目标，经过60多年的努力，开创了文化繁荣发展的景象。在这一过程中，尽管古巴不断遭受来自美国的各种颠覆活动，但英勇的古巴人民通过开展持续的斗争，坚定地捍卫了古巴人民的思想和文化成果，为古巴始终沿着社会主义道路前进奠定了坚实的思想基础。

第一节　古巴社会主义文化政策

一　建立和完善文化组织机构

革命胜利前，古巴的文化艺术是为资产阶级服务的，唯利是图的垄断资本家把许许多多有决定性的文化传播工具垄断起来，作为他们私人的财产和愚弄人民的工具，这种情况极大限制了知识分子、作家和艺术家的独立性，并使他们缺乏从事创作、发表、传播其作品的物质条件和精神自由。革命胜利后，古巴革命政府实行社会生活民主化，接管和没收了属于独裁政权和反动分子垄断的出版社、印刷厂、报纸和广播电台，为发展文化艺术事业提供了前提条件和基础。① 首先要做的就是建立文化领导机构来领导和推动文化事业的发展。正如卡斯特罗所说："必须有一个委员会来指导，来鼓励，来发展，来工作，为艺术家和知识分子的劳动建立最好的条件。"② 1961年1月4日，为深入实施和推

---

① 章叶：《古巴革命文化和教育事业的发展》，《世界知识》1961年第18期。
② ［古］菲德尔·卡斯特罗：《卡斯特罗言论集》（第二册），人民出版社1963年版，第176页。

进国家的文化政策,培育和发展社会主义文化,古巴建立了全国文化委员会,这是革命政府负责制定和实施国家文化发展计划和政策的第一个政府机构,开始抓起了恢复民族传统、提高文艺工作地位的工作。此后,在20世纪60年代前期和中期先后建立起各种文化机构,以便加强中央的统一领导和促进文化事业的发展。据不完全统计,这一时期建立的文化机构有近20个,涉及文化领域的方方面面。[1] 如:1959年成立了古巴国家舞剧团、国家民间舞剧团、国家合唱团、古巴电影艺术和电影制片学会、美洲之家,1961年成立了国家交响乐团以及全国体育、锻炼和娱乐研究所,1962年成立了科学院、古巴国家出版社、古巴广播协会、录音和音乐出版公司,1963年成立了全国博物馆和纪念碑委员会,1965年成立了革命出版社,1967年成立古巴书籍协会,等等。这些部门多数是政府部门和国有企业,也有社会团体,对推动古巴文化艺术的发展起了重要作用。也就是在古巴革命胜利后的头十年,电影公司、剧院、出版社、杂志、报纸收归国有,文化、出版和电影事业都集中在国家机构领导之下(分别由全国文化委员会、图书局及古巴艺术和电影业委员会领导),在国家主持的古巴全国作家和艺术家联合会的领导下,所有作家和艺术家都能加入联合会组织,使得作家和艺术家完全依赖国家,促使作家和艺术家在他们的作品中体现革命的态度。这一时期发展文化所需要的物质条件有了显著的改进。

同时,卡斯特罗发表《对知识分子的讲话》后不久,古巴召开了第一届全国作家和艺术家大会,成立了古巴作家和艺术家联盟,其任务是坚持不懈地努力发展祖国的文学艺术,鼓励人们创作丰富我国革命人民的思想和生活的作品。后来还成立了古巴记者联盟,旨在帮助记者提高政治思想水平,增强技术和业务能力,从而使记者和大众传播工具能够在宣传和灌输革命思想方面不断提高效率,在社会主义建设事业中发挥更大的推动作用。1976年,在全国文化委员会等机构的基础上,成立了文化部,与此同时,还成立了全国各省、市一级的文化局或文化处。文化部的任务主要是:领导、指导、监督国家和政府文化政策的执行,

---

[1] 毛相麟:《古巴60年来创建文化强国的经验及启示》,《世界社会主义研究》2019年第3期。

捍卫、保护和丰富古巴民族的文化遗产。其主要职责是：制定和执行国家文化政策；促进、监督和评估文学艺术在电台和电视台的传播；领导、监督和评估研究、保护和修复国家的文化遗产；推动广泛的全民社会文化运动；在儿童、青少年中促进创造社会美学价值，促进社会伦理学；领导和监督艺术、文化人才和艺术指导员的培养；领导、控制和监督古巴文化艺术在本国和国际上的推广政策和在古巴介绍及传播国外的文化艺术形式；领导、监督和实施有关古巴文化产品和服务的生产和贸易；领导和控制著作权的政策。文化部设有文化计划司、委员会协调司等14个业务司。① 古巴共产党提出要加强市级、省级和全国的文化和社会文化机构建设，加强它们同社会特别同全国教育系统的联系。1989年，古巴还成立了古巴音乐研究所（ICM）、古巴艺术和电影工业研究所（ICAIC）、古巴图书研究所（ICL）、全国舞台艺术委员会（CNAE）、全国造型艺术委员会（CNPC）、全国文化遗产委员会（CNAP）、文化之家委员会（CNCC），这些委员会都有一定的独立自主权，各委员会的主席经文化部部长提名后由国务委员会任命并参加文化部领导委员会的工作。此外，古巴文化机构还包括："何塞·马蒂"国家图书馆、博物馆、全国著作权中心、古巴艺术网、古巴文化研究机构、艺术院校、文化基金会、文化企业等。

随着古巴文化组织机构的逐步完善，各领域有了相应的组织和领导机构，进一步指导和推动国家文化艺术事业的发展。目前，由古巴文化部领导国家文化事业，设有文化部部长和5名副部长，文化部下设文化计划司、监督和审计司、人力资源司、经济司、BTM投资司、法律事务司、文化产业与服务司、干部司、国际关系司等9个业务司，还包括文化附属机构、文化委员会及全国性机构等。② 同时，还设立了省、市文化局，主要负责文化政策的实施。

二 确立和丰富文化指导思想

古巴共产党和革命政府从一开始就确立了文化建设以马克思列宁主

---

① 徐世澄：《古巴社会主义的文化理论和实践》，《拉丁美洲研究》2013年第3期。
② 参见古巴文化部官方网站，https://www.ministeriodecultura.gob.cu/es/ministerio/sobre-nosotros/estructura。

义为指导思想。卡斯特罗曾说:"我们的指南针是社会主义,是马克思主义—列宁主义。""马克思主义—列宁主义和社会主义是政治定义,明确和准确的政治定义;是把一种政治科学交给人民,使其拥有一种指导思想,拥有北斗坐标和指南针,了解在革命道路上怎样迈步前进。"[1]他还指出:"我们的革命来源于马蒂思想和马克思—列宁主义,是两种理论结合的产物,是继续进行结合的产物。革命所需要做的是更加完善,更加完备,更加全面。"[2] 古巴把坚持马克思主义视为坚持走社会主义道路的必要前提。古共一大通过的《古巴共产党纲领》规定:"在艺术和文学创作方面的文化政策鼓励以马列主义为原则、具有阶级精神的艺术和文学表现形式。"[3] 古共三大通过的《古巴共产党纲领》规定:"党促进和主张根据马列主义的原则批判地研究古巴的和世界的文化遗产,吸收其精华和典范性的成就""要继续安排和鼓励作家和艺术家系统地学习马列主义,以便他们能更广更深地认识社会主义建设的实际问题;能以特殊的方式反对帝国主义意识形态中掀起的反共反古运动;能以其创造性的劳动深入社会现象的本质部分去。"[4] 党纲明确规定了古巴的文化政策以马列主义为指导思想。1976年2月15日通过的古巴第一部社会主义宪法中也涉及文化政策的条款,第38条规定:"国家指导、促进和推动教育、文化和科学的全面发展。国家的教育、文化政策遵循下列原则:国家教育、文化政策的基础是马克思列宁主义确立和发展的科学世界观……"宪法以根本大法的形式明确了文化政策的基础是马克思列宁主义。

何塞·马蒂作为古巴革命的先驱,其思想是古巴本土文化的精髓,象征民族独立、自由平等、国际主义、美洲解放和反对帝国主义等精神。马蒂思想在古巴深入人心,对于古巴革命和建设具有深远的影响。

---

[1] [古]萨洛蒙·苏希·萨尔法蒂:《卡斯特罗语录》,宋晓平等译,社会科学文献出版社2010年版,第151、152页。

[2] [古]萨洛蒙·苏希·萨尔法蒂:《卡斯特罗语录》,宋晓平等译,社会科学文献出版社2010年版,第236页。

[3] 毛相麟、杨建民:《古巴社会主义研究》,社会科学文献出版社2019年版,第316、317页。

[4] 吴彬康等:《八十年代世界共产党代表大会重要文件选编》(下卷),中国广播电视出版社1989年版,第1015页。

1992年7月,古巴第三届全国人民政权代表大会对1976年宪法进行了修改,对原文化政策的条款内容进行了调整和修改。原38条改为第39条,其中:将"国家教育、文化政策的基础是马克思列宁主义确立和发展的科学世界观"修改为"(国家)将其教育、文化政策建立在科学和技术进步、马克思主义和马蒂思想、古巴和世界进步的教育传统上",并在原有内容基础上增加了"维护古巴文化的特性"。① 可以看出,1992年宪法的重大变化之一是把何塞·马蒂思想同马克思、恩格斯、列宁的政治—社会思想并列,作为国家的指导思想在宪法中确立起来,从而更加丰富了国家文化政策的指导思想。

为筑牢社会主义思想文化阵地,古巴在全党、各级学校、党校、媒体上和全社会基层组织开展马克思主义理论教育,并把学校作为主渠道和主阵地。卡斯特罗坚信,不管出身什么阶级,经过马列主义、何塞·马蒂思想教育,都可以成为革命者。但是,卡斯特罗反对教条式地理解马列主义,而是注重结合本国的具体情况创造性地运用和发展马列主义。"特别重要的是必须懂得,马克思—列宁主义不是一种僵死的学说,不是一种教理问答丛书,不是一种拿来就能解决任何问题的方案,不是适合于这种或那种场合的系列套服,而是一种方法,是一种指导思想,是革命者恰恰必须用来解决具体问题的工具。"② 同时,卡斯特罗作为马蒂思想的忠实践行者,卡斯特罗思想是马蒂思想和马列主义在古巴革命和建设实践中相结合的产物,是对马蒂思想和马克思主义的继承和发展。③ 古巴2019年通过了自革命胜利以来的第二部宪法(以下简称新《宪法》),第一次将"菲德尔思想"作为国家的指导思想之一载入宪法,并提出"我们依靠先进的革命思想、反帝国主义思想、古巴马克思主义者、拉丁美洲和世界的思想",④ 突出反映了古巴在坚持马克思列

---

① 徐世澄、贺钦:《古巴》,社会科学文献出版社2018年版,第122页。
② [古]萨洛蒙·苏希·萨尔法蒂:《卡斯特罗语录》,宋晓平等译,社会科学文献出版社2010年版,第150页。
③ 张金霞:《卡斯特罗的社会主义文化建设思想及其特点》,《理论月刊》2012年第9期。
④ Constitución de la República de Cuba, http://www.granma.cu/file/pdf/gaceta/Nueva%20Constituci%C3%B3n%20240%20KB-1.pdf.

宁主义的基础上，丰富和发展马克思主义理论，将本土的马蒂思想和菲德尔思想作为国家的指导思想，从而也进一步丰富了文化建设的理论。

三　坚持和遵循文化发展的原则

古巴制定的文化政策旨在不断推动社会主义文化发展，丰富人民精神文化生活，构筑人民精神家园，提高国家文化软实力，为社会主义建设服务。古共三大通过的《古巴共产党纲领》中指出："党关于文学艺术的政策是，巩固和不断发展革命带来的浓厚的创造气氛，鼓励和推动一切文艺的表现形式向广度和深度发展。这一政策的基本方针，要达到这样的目的：这一领域的创作能力要能全面地反映革命的力量和特点，作品所产生的吸引力要能推动社会主义所特有的社会和人的解放。"[1]文化政策尊重革命内部的创作自由，鼓励产生能够以丰富而多种多样的形式表现古巴生活各个不同方面的新作品；产生忠实、生动和朝气蓬勃地表现现实的作品，反映社会生活和个人生活中的问题以及建设新社会过程中固有的和自然发生的忧虑的作品，并用特殊的美学语言突出客观过程中深刻的真理。古巴经过多年的社会主义文化实践，逐渐探索形成了自己的文化建设原则。根据2019年古巴新宪法对"教育、科学和文化政策的原则"的规定，结合古巴共产党纲领等文件及古巴文化历史、发展及特点所体现的原则概括如下：

（一）坚持文化为革命服务。文化发展首先要弄清楚为什么发展即为谁服务。古巴在1959年取得革命胜利后的初期，国内各阶层人民对待革命的态度和对于建设社会主义的认识还尚未统一。如，在革命前殖民地文化主导下享有特权的知识分子开始时摇摆不定，继而后退躲避，最后明确否定革命；有些冒充博学的知识分子公然反对革命；一些忠于革命的知识分子和出身工人阶级和中产阶级的革命知识分子，对革命的步伐迅速加快、革命的浪潮汹涌澎湃也感到吃惊甚至害怕。面对这种国内形势，如何团结统一全国人民的力量进行社会主义建设成为当时关注的重要问题。卡斯特罗召见了部分进步的作家和艺术家，专门研究革命

---

[1] 吴彬康等：《八十年代世界共产党代表大会重要文件选编》（下卷），中国广播电视出版社1989年版，第1015页。

的文化政策问题。他在谈到古巴文化问题的性质时指出："在1942年著名的延安座谈会上，在流血牺牲的战争尚难预料其结果的环境下，毛泽东就引导忠诚的知识分子同其他阶级的人员、工人和农民一道参加中国新社会的建设。在古巴，当革命已经开始时，却缺乏明确而坚定的导向。"

为进一步认清国内形势，1961年6月30日，卡斯特罗发表了著名的《对知识分子的讲话》，将古巴当时的知识分子分为三类：革命者、反动分子、尚不具备革命态度但是正派的人，他认为对这三类人要采取不同的政策和态度。卡斯特罗说："革命者把革命放在其他一切之上，而最革命的艺术家就是那些为了革命甚至准备牺牲自己艺术才能的艺术家。"对于反动分子，"应该抛弃那种不可救药的反动分子""革命的第一个权利，就是存在的权利，谁也不能反对革命存在的权利，因为革命包含人民的利益，意味着整个国家的利益。"在谈到对于革命和反革命的态度时，卡斯特罗提出一个著名的论断，"参加革命，什么都有；反对革命，什么也没有"，或者说，"参加革命，就有一切的权利；反对革命，就没有任何权利。"这决不是对艺术家和作家们可以例外的法令，这是对所有公民普遍适用的原则。对于尚不具备革命态度但是正派的艺术家和知识分子，卡斯特罗说他们是"能够懂得道理、懂得革命正义性但没有参加革命的正直的作家和艺术家"，应该做到使他们"在革命内得到工作和创作的场所，使他们的创造精神在革命中得到表达的机会和自由"，对于他们创作的作品，"我们将始终用革命的标准来估价他的创造，这是革命政府的权力，和每个人可以表达他愿意表达的东西的权利一样，应该受到尊重。"[①] 革命事业最大限度地发展文化，因为革命恰恰意味着要有更多的文化和艺术。卡斯特罗的讲话旗帜鲜明地指出了古巴社会主义文化的性质和原则。

1960年11月，古巴作家和艺术家发表了以《走向为革命服务的民族文化》为题的宣言书，阐明了革命时期知识分子的历史责任，号召全国的知识分子团结起来，在革命进程中发挥独特的作用。1960年8月

---

① [古] 菲德尔·卡斯特罗：《卡斯特罗言论集》（第二册），人民出版社1963年版，第171—172、181页。

18日，召开了第一届古巴全国作家和艺术家代表大会，大会以"保卫革命就是保卫文化"为主题，提倡创造社会主义和人道主义的文化。①古巴政府认为，艺术家和作家们都要参加到革命中去，以革命的标准评判作家和艺术家，确立了文化要为革命服务的原则。文化部领导人阿曼多·阿特在1977年3月召开的古巴全国作家和艺术家联合会文学组成员会上指出，"为了发展革命文学，作家必须是真正的革命者"，不能深刻理解古巴革命的作家，便"在思想上存在严重的缺陷"。1986年通过的《古巴共产党纲领》指出："作为知识分子的一部分，艺术家和作家在树立我们的社会主义生活方式上起着突出的作用，因为艺术和文学的表现形式将日益成为人民的财产。我们的知识分子将以其创造性的劳动来加强同工人和农民的联系，为共同的目标而奋斗。"② 对于古巴文化在服务革命、服务社会主义中的重要作用给予了肯定。

（二）保障文化创作自由。对于文化如何发展的问题，古巴坚持将文化创作自由同文化发展统一起来，只有给予作家、艺术家们创作自由，才能促进文化繁荣发展。卡斯特罗说，革命的目标之一和基本宗旨之一，是发展艺术和文化，使艺术和文化成为人民的真正的财富，所以革命不可能企图窒息艺术和文化，正如我们愿意人民在物质方面过更好的生活一样，我们也愿意人民在精神方面过更好的生活，我们愿意人民有更好的文化生活。正如革命关心发展那些使人民一切物质需要得到满足的条件和力量一样，我们也要发展使人民一切文化需要得到满足的条件。③ 1976年宪法第38条第6款规定，为提高人民文化水平，国家努力繁荣和发展艺术教育、创作才能、艺术研究和欣赏能力。也就是说，古巴政府致力于文化发展和进步，努力提高人民的创作才能。

作家和艺术家们所担心的创作自由问题，即"革命会不会压制这个自由；革命会不会窒息作家和艺术家们的创作精神"。卡斯特罗认为这个自由包括形式的自由和内容的自由，形式的自由是毫无疑问的，内容

---

① 毛相麟、杨建民：《古巴社会主义研究》，社会科学文献出版社2019年版，第310页。
② 吴彬康等：《八十年代世界共产党代表大会重要文件选编》（下卷），中国广播电视出版社1989年版，第1010页。
③ ［古］菲德尔·卡斯特罗：《卡斯特罗言论集》（第二册），人民出版社1963年版，第173页。

的自由是一个尖锐的问题，是有争议的问题，涉及"艺术表现中是不是应该有绝对的内容上的自由"。内容必须反映人民生动丰富的革命实践，使所有的艺术形式接近人民，是以人民群众为创造者和主人公的文学和艺术。在创作的自由程度上，卡斯特罗强调，"每个人都可以用他认为合适的形式来表现，自由地表现他愿意表现的思想。我们将始终用革命的标准来估价他的创作"。关于革命是否维护自由的问题，在卡斯特罗看来，革命是维护自由的，革命给国家带来了许多自由，革命的本质决定它不可能是自由的敌人，如果有人担心革命会窒息创作精神，那么，这种担心是不必要的，是没有理由的。他还认为，只有革命信心不坚定的人才会在意这个问题，对自己真正创作能力不信任的人才会为这个问题而担心，真正的革命家和艺术家是不会有这个怀疑的。[①] 因此，"党的文化政策尊重革命内部的创作自由，鼓励产生能够以丰富而多种多样的形式表现古巴生活各个不同方面的新的作品；产生不是否认或忽视现实，而是忠实、生动和朝气蓬勃地表现现实的作品，反映社会生活和个人生活中的问题以及建设新社会过程中固有的和自然会发生的忧虑的作品，并用特殊的美学语言突出客观过程中深刻的真理。"[②] 同时，艺术家应最大限度地发挥他的艺术创造力，国家要为艺术家和知识分子创造他们进行创作的理想的条件。不仅如此，革命还应该做到使这些并不真正是革命者的部分艺术家和知识分子，在革命内得到工作和创作的场所，使他们的创造精神在革命中得到表达的机会和自由，尽管他们不是革命的作家和艺术家。因此，古巴创造条件充分保障人民文学艺术创作的自由。

1976 年宪法第 38 条第 5 款规定，要有艺术创作的自由，但其内容不应危害革命，有艺术表现形式的自由。2019 年新《宪法》第 32 条第 8 款规定要促进所有表现形式的艺术创作自由，以此来推动当前的文化事业发展。[③]

---

① ［古］菲德尔·卡斯特罗：《卡斯特罗言论集》（第二册），人民出版社 1963 年版，第 168、181 页。

② 吴彬康等：《八十年代世界共产党代表大会重要文件选编》（下卷），中国广播电视出版社 1989 年版，第 1015 页。

③ Constitución de la República de Cuba, http://www.granma.cu/file/pdf/gaceta/Nueva%20Constituci%C3%B3n%20240%20KB-1.pdf.

宪法规定了艺术创作自由的原则,这意味着,古巴政府基于革命的标准保障艺术家和知识分子充分的创作自由。不仅如此,国家还为革命家和艺术家创造良好的创作环境,还为部分其他艺术家创造条件,体现了国家对艺术创作的保护。当然,古巴也明确了革命政府具有行使法律所规定的审查文艺作品的权力,确保文艺作品的革命性和人民性。

(三)坚决反对资本主义文化。古巴的民族文化是在反对殖民主义和反对帝国主义的斗争中成长起来的,过去它不仅受到国内反动势力的压迫和摧残,还遭受来自外部的腐蚀和破坏。因此,古巴革命胜利前的文化各种表现形式都被畸形化了。同时,由于美国垄断资本和大庄园制所造成的古巴经济的落后性,及单一的畸形的经济结构所造成的贫困的生活条件,在包括艺术家和知识分子在内的各阶层人民中产生消极的影响从而使古巴文艺事业陷于停滞和枯竭。因此,古巴从一开始就坚决反对资本主义文化。

古巴党和政府在多种场合谴责资本主义文化的弊端。卡斯特罗曾说:"资本主义与伴其生存的个人主义、犯罪和恶习一道将成为过去,就像奴隶社会和封建社会一样""资本主义和帝国主义只能给人民带来屈辱、不平等、剥削和野蛮"。[①] 1975年,古巴共产党第一次全国代表大会提出:"社会主义不仅要丰富人民的物质生活,而且也要极大地丰富人民的文化和精神生活,培养出具有强烈的互助精神、不自私自利和不吝啬的人。在资本主义国家里,这些恶习腐蚀了人们的灵魂,使人感到压抑。我们绝不能鼓励挥霍浪费、追求不合理的享受、讲究排场和贪得无厌的自私自利行为;绝不能沾染上资本主义消费社会的低级庸俗的趣味和爱好虚荣的愚蠢思想,因为它们正在把世界引到崩溃的边缘,我们的义务,是集中力量和有限的财力依照轻重缓急的顺序,为人民创造财富,提供劳务,保证人民的物质和文化生活水平逐步有所提高,同时也促使我们以一个新世界的公民所应有的方式去思想、行动和尽职。"[②]这与之前卡斯特罗针对知识分子的讲话精神相一致,古巴坚持物质生活

---

① [古]萨洛蒙·苏希·萨尔法蒂:《卡斯特罗语录》,宋晓平等译,社会科学文献出版社2010年版,第17—18页。

② [古]菲德尔·卡斯特罗:《在古巴共产党第一、二、三次全国代表大会上的中心报告》,王玫等译,人民出版社1990年版,第79页。

和精神文化生活共同促进和发展，以坚决的态度反对资本主义文化。古巴一直以来积极倡导人道主义的价值观，加强社会主义的思想道德建设，与资本主义的本质截然相反。古巴共产党纲领强调，文艺批评要"用高尚的美学观点和道德观点去教育广大的人民群众……也应当揭露帝国主义固有的腐朽、畸形和反人道主义的文化表现形式"。

不仅在卡斯特罗时代如此，2016年4月16日，劳尔在古共七大上继续强调，我们既要在人民群众中捍卫民族的历史记忆，又要完善针对性的意识形态工作，尤其要把重点放在青年和儿童身上，我们要加强反资本主义反帝国主义的文化，坚定地同个人主义、利己主义、物质至上、贪婪和享乐主义等小资产阶级意识形态做斗争。① 再次重申了古巴要坚决反对资本主义和帝国主义文化。

（四）为人民而创作。对于文化为谁发展的问题，古巴提出革命的目标之一就是创造必要的条件，使人民得到一切文化的福利。但这不意味着要降低艺术家的创作水平和创作质量，而是必须在各方面努力，使创作者为人民而创作，人民同时也能提高自己的文化水平，逐渐接近创作者。卡斯特罗认为，应该努力使所有的各种艺术表现形式都接近人民，同时又要用一切可能使人民能够懂得更好、懂得更多，这个原则同任何艺术家的抱负不会有矛盾，而如果考虑到人必须为他的同时代人创作，那就更不会有矛盾了。② 在卡斯特罗看来，作品之所以有历史价值和世界意义，恰恰就是因为作品是为当代人写的，不管当代人是理解它或不理解它，就像革命一样，是在这个世代为了这个世代的人而革命。古巴曾号召，革命要求艺术家为人民贡献出最大的力量，要求他们为革命事业贡献出最大的关心和努力，从而为人民提供更多更好的文艺作品。对革命的艺术家而言，什么是最重要的？卡斯特罗认为是人民，而且永远是人民；人民是主要的目标，首先应该想到的是人民；衡量我们所看到的一切的标准是，对人民是好的、高尚、美丽、有用的东西，对我们也是好的、有用、高尚和美丽的。1986年通过的《古巴共产党纲

---

① 许宝友：《世界主要政党规章制度文献（越南、老挝、朝鲜、古巴）》，中央编译出版社2016年版，第531页。

② ［古］菲德尔·卡斯特罗：《卡斯特罗言论集》（第二册），人民出版社1963年版，第174页。

领》指出:"文化的每一种表现形式都是为人民服务的,取消了过去那种高人一等的特性,发扬了民族财富中最纯洁的成份,吸收了世界文化的伟大而积极的成果";"文化政策每个部分的主要指导思想是,文艺创作的成果实际上应该是人民的财富,人民通过多种多样的途径参加了创作过程""广大劳动人民群众是我国文化革命的中心和动力。他们是文化革命的集体主角,当然,他们同时也是首先享受文化革命非凡成果的人"。[1]

古巴坚持到人民中去、为了人民进行文化创造。同时,也采取多项措施让人民变成文化创造者。卡斯特罗提出,到人民中去发现天才,把人民从实行者培养成创作者,因为归根到底,人民才是伟大的创作者,我们不应该忘掉由于没有发展的条件和机会而埋没在我们的农村和城市里的成千上万个天才。因为有大量的天资聪明的人因为得不到机会而遭到埋没,要给予所有这些聪明的人以机会,要创造条件使得一切在艺术、文学、科学或其他任何方面的天才都能得到发展。[2] 为此,古巴在全体人民中开展了扫盲运动,通过各地学校开展进修运动,以及培养音乐、舞蹈、戏剧的辅导员并派他们到农村去,不断发现人民的艺术才能。此外,古巴还大力发展群众性文化组织,普及大众文化。

(五)维护古巴文化特性的原则。古巴文化有着深厚的民族根基,对于古巴而言,发展社会主义文化就要保持民族文化特性。1992年宪法在原有的基础上增加了"维护古巴文化的特性"的内容。古共六大召开以来,古巴采取了一系列新的被称为"更新"经济和社会发展模式的改革措施,但其对民族文化发展的要求没有变。2011年古共"六大"通过的《党和革命的经济和社会政策纲要》共313条,关于文化的内容有2条,"第163条:继续捍卫民族性,保护文化遗产,鼓励文学艺术创造和欣赏艺术的能力。促进阅读,丰富居民的文化生活,发展社区工作是满足精神需要和加强社会价值的途径。"[3] 2012年1月底召

---

[1] 吴彬康等:《八十年代世界共产党代表大会重要文件选编》(下卷),中国广播电视出版社1989年版,第994、1015、1012页。

[2] [古]菲德尔·卡斯特罗:《卡斯特罗言论集》(第二册),人民出版社1963年版,第185、187页。

[3] Lineamientos de la política económica y social del partido y la revolución,https://www.pcc.cu/sites/default/files/documento/pdf/20180426/lineamientos-politica-partido-cuba.pdf。

开的第一届党的全国代表会议强调，要保持古巴的传统、文化与特性。2019 年古巴新宪法第 32 条第 10 款规定，要维护古巴文化的特性，守护和捍卫民族遗产、艺术和历史财富。[1] 表明古巴在新的历史条件下，继续坚持捍卫文化的特性和革命传统，维护民族文化根基的坚定决心。

第二节　大力发展人民文化事业

古巴在加强经济社会建设的同时，也不断满足人民文化方面的需求，再加上古巴教育领域的巨大改革为文化发展开辟了新的天地。

发展了多种多样的文化形态，其中有些是革命胜利前所未有的，培养了大批艺术家和专家，建立艺术培养学校发展艺术教育，丰富和提升人民的文化生活。自革命胜利后，在艺术和文学领域内，作为社会主义建设成果的有：在全国各地增加了各种类型的文化机构的数量，发展了出版事业，书报的数量和发行量大大增加；密切了同社会主义国家以及同世界进步知识分子和艺术家的联系；随着开展广泛的业余爱好者的人民运动，古巴革命在知识界特别是在拉丁美洲的威望提高了；创作者的政治思想觉悟继续得到提高，他们献身革命精神以及对革命的责任感都提高了。[2] 随着古巴社会主义向前发展，其新闻宣传与出版事业、文学艺术事业及体育事业不断取得新成就。

一　新闻宣传与出版事业

（一）新闻宣传

古巴发展群众性的宣传手段，使其在国家生活中的影响日益增大，其新闻宣传主要依托报纸、广播、电视和网站等媒体进行新闻宣传和信息传播。

1. 报纸与通讯

古巴国内报纸有 18 种，其中全国性的报纸有 3 种，即古巴共产党

---

[1] Constitución de la República de Cuba, http://www.granma.cu/file/pdf/gaceta/Nueva%20Constituci%C3%B3n%20240%20KB-1.pdf.

[2] 吴彬康等：《八十年代世界共产党代表大会重要文件选编》（下卷），中国广播电视出版社 1989 年版，第 994 页。

机关报《格拉玛报》、共产主义青年联盟机关报《起义青年报》和古巴工人中央工会机关报《劳动者报》，其余多为省、市、地区或部门的报纸。《格拉玛报》创办于1965年10月，发行量70万份，由原人民社会党机关报《今日报》和原"七·二六运动"机关报《革命报》合并而成。除发行日报外，还用英语、法语、西班牙语、葡萄牙语、德语和意大利语等文字出版周报，名为《国际格拉玛报》。[①] 它在完成向人民报道消息的同时，指导并积极促进对人民的教育，提高人民的革命觉悟等方面发挥了重要作用，并为其他大众传播工具树立模范执行党的方针的榜样。

古巴的报纸都有自己的网站，《格拉玛报》的网址是：http：//www.granma.co.cu，国际版，http：//www.granma.cu。《起义青年报》，http：//www.juventudrebelde.cu；《劳动者报》，http：//www.trabajadores.cu；《波希米亚》，http：//www.bohemia.cu；《今日古巴》，http：//www.cubahora.cu。

此外，古巴有两家通讯社，即拉丁美洲通讯社和国家通讯社。拉丁美洲通讯社是古巴官方国际通讯社，也是拉美地区最大的通讯社，创建于1959年，在全世界设有37个分社，网址为http：//www.prensa-latina.cu。国家通讯社建于1974年，主要负责国内新闻报道，网址为http：//www.ain.cu。

2．广播电视

古巴的广播电视事业发展迅速。1959年前，在美国商业公司和民族资本集团的支持下，它们对古巴广播和电视实行垄断制度。再加上由于当时实行自由企业原则，这些大众传播工具的体制处于一片混乱状态。革命胜利后，国家接管所有为独裁政权服务的广播电台，并将它们收归国有，成立了自由电台独立阵线。1962年建立了古巴广播协会，统一管理所有广播电台，为革命利益服务。随后，又设立了中央电台和电视台，将广播和电视覆盖到偏远地区。各省广播电台重新进行了整顿，设备进行了现代化改造，并增添了卫星通讯节目，节目的编排开始着眼于人民。广播和电视在新闻报道和对人民进行政治教育方面起到了

[①] 徐世澄、贺钦：《古巴》，社会科学文献出版社2018年版，第283—284页。

巨大的作用，节目编排中有群众喜闻乐见的儿童节目，音乐和戏剧节目，体育以及新闻节目等。① 到 20 世纪 80 年代，国家建立了现代化的广播和电视发射台，增加了中波广播，其覆盖面积达到全国面积的 90% 以上。

据统计，古巴 2006 年全国共有 88 家广播电台，其中，6 家全国性电台，1 家国际电台，17 家省级电台和 64 家市级电台。1 家国际电台是古巴哈瓦那电台，创建于 1961 年，用 9 种语言对外广播。到 2019 年，全国各级广播电台总数为 100 家，全国性和国际电台保持数量不变，省级电台增至 19 家，市级电台增至 74 家。2019 年总广播时数为 560354 小时，其中，全国性电台为 54876 小时，国际电台为 11190 小时，省级电台共 164343 小时，市级电台为 305251 小时。

国家广播电台门户网站：http://www.radiocubana.cu。其中，国际性广播电台：古巴哈瓦那电台（Radio Habana Cuba）；全国性广播电台：时钟电台（Radio Reloj）、进步电台（Radio Progreso）、起义电台（Radio Rebelde）、国家音乐台（Radio Musical Nacional）、新闻电台（Notinet de Radio）、泰诺电台（Radio Taíno）和百科电台（Radio Enciclopedia）。②

2006 年全国共有 49 家电视台，其中全国性的电视台 4 家，国际电视台 1 家，省级电视台 14 家，市级电视台 30 家。到 2019 年，古巴全国电视台总数有所减少，共 43 家，其中全国性的 5 家，国际电视台 1 家，省级电视台 16 家，市级电视台 17 家，新增加了 4 家数字电视台。③ 全国电视台总播放时间从 1999 年的 9425 小时，2000 年的 13900 小时，2005 年的 48255 小时，2010 年的 67297 小时，2015 年的 71888 小时，增长到 2019 年的 74469 小时。

国家电视台门户网站：http://www.tvcubana.icrt.cu。其中，国际性电视频道 1 个：古巴国际频道（Cubavisión Internacional）；普通民众家

---

① [古] 菲德尔·卡斯特罗：《在古巴共产党第一、二、三次全国代表大会上的中心报告》，王玫等译，人民出版社 1990 年版，第 110、111 页。
② 驻古巴经参处：《古巴是个什么样的国家？》，http://cu.mofcom.gov.cn/article/ztdy/201508/20150801072526.shtml。
③ ONEI, Anuario Estadístico de Cuba 2019, Capítulo20：cultura, Edición 2020, p. 15.

庭可收看全国性电视频道 5 个：古巴国家频道（Cubavision）、教育频道（Canal Educativo）、教育二号频道（Canal Educativo 2）、综合频道（Multivisión）和起义频道（Telerebelde）。从 2013 年 1 月 20 日起，总部设在委内瑞拉、旨在推动拉美一体化的南方电视台（Telesur）每天晚上 8 点到第二天下午 4 点半的节目在古巴同步播出，古巴普通民众也可以实时了解全球时事。[1]

（二）出版事业

古巴在革命胜利以前几乎不出版书籍，印刷业仅有印约一百万册书的年生产能力，因此基本上只限于生产商业用的印刷品，几乎没有什么出版社，仅有的几家出版社只是给古巴作者充当中间商。从扫盲运动开始，出版工作向前迈出了有力的一步。革命胜利后，国家把几家最主要的印刷厂收归国有，国有印刷业的规模不断扩大。1962 年成立了古巴国家出版社，1965 年底又设立了革命出版局，以解决大学课本的问题。1967 年成立了古巴书籍协会，由 7 家出版社组成，除满足全国居民的需求外，还负责大部分教学书籍的出版。到 1967 年，国家共出版了 6000 多种书，发行了 850 万册书，1975 年书的发行量达到 2500 万册，年均增长速度为 20% 左右。1974 年成功发行 2330 万册教学书籍。到 1980 年，已经能出版 5000 多种书，发行量共达到 2 亿多册。1985 年全国有 319 家公共图书馆，3200 个学校图书馆，222 个专业图书馆和 70 个大学图书馆。书店的数目达到 311 家。[2] 20 世纪七八十年代，年平均出版 4000 万册书，但当时还不能完全满足教育方面和人民对书籍日益增长的需要。古巴现代的和越来越多的古典作家的许多作品和汇编都大量在外国出版了。20 世纪 90 年代后，由于国家经济困难，图书年出版种类和数量大大减少，到 2000 年的时候逐步得到恢复。

目前，古巴出版事业平稳发展，全国有 16 家出版社，其中包括两家政府出版社，其余为部级或地方出版社。[3] 据古巴文化部 2019 年统

---

[1] 驻古巴经参处：《古巴是个什么样的国家？》，http://cu.mofcom.gov.cn/article/ztdy/201508/20150801072526.shtml。

[2] ［古］菲德尔·卡斯特罗：《在古巴共产党第一、二、三次全国代表大会上的中心报告》，王玫等译，人民出版社 1990 年版，第 107、108、241、372 页。

[3] 徐世澄、贺钦：《古巴》，社会科学文献出版社 2018 年版，第 285 页。

计，古巴当年共出版 929 种不同题材的出版物，其中文学、教育教学、历史等图书位居前列，各类图书总计 605.09 万册，其中教材 86.4 万册，儿童读物 63 万册，青年读物 16.6 万册。①

二　文学艺术事业

革命胜利后，党和国家为古巴人民发展文化事业开辟了崭新的道路，给人民带来了自由享受文化的机会。针对不同时期国内外形势，采取了切合实际的文化政策，对促进古巴文化艺术事业的发展和繁荣发挥了重要作用，推动古巴在文学、戏剧、影视、音乐、舞蹈、美术等方面取得了突出成绩。

文学。革命胜利后，党和国家为作家提供了巨大的工作动力和繁多的创作机会，改变了之前长期遭受歧视的地位，帮助人民了解民族文化和外国文化中的精华部分。古巴作家作品的发行量大幅度增加，成立了古巴作家和艺术家联盟以及赛斯兄弟青年艺术家和作家协会，促进了青年文学运动蓬勃发展。古巴杰出的作家阿莱赫·卡彭铁尔获得了"米格尔·德塞万提斯·萨维德拉"奖，对古巴具有特殊的重要意义。许多作家投身于革命的进程，发表了不少反映巨大变革的现实主义作品，如以反独裁斗争、扫盲运动、土改等内容为题材占据多数，短篇小说成为许多作家主要的创作形式，优秀的中长篇小说不断涌现。古巴国家文学奖是古巴最重要的文学奖项。

戏剧。革命胜利前国家只有一个戏剧团，革命胜利后建立的埃斯坎布拉依剧团为推动戏剧事业的发展起到了特殊的作用。1975 年有 13 个戏剧团，剧目得到增加，民族抒情剧团得到了加强，儿童和青年剧也得到发展。全国剧院从 1959 年的 14 个增加到 1974 年的 65 个，可谓发展迅速。到 1980 年，组团较早的剧团稳定下来，此外还新建了一些戏剧团体，其特点是：内容新颖、加有配乐、舞台不固定。国家剧院建起来了。到 1985 年，全国已有 50 个剧组，其中 24 个是为儿童和青年服务的，哈瓦那的戏剧节稳步发展。② 国家先后涌现出一批新一代剧作家，

---

① ONEI, Anuario Estadístico de Cuba 2019, Capítulo20：cultura, Edición 2020, p.8。
② ［古］菲德尔·卡斯特罗：《在古巴共产党第一、二、三次全国代表大会上的中心报告》，王玫等译，人民出版社 1990 年版，第 105、240、374 页。

以现实主义手法反映了革命前后国家和社会的重要问题。国家设立了国家戏剧奖,以此表彰在该领域做出杰出贡献的戏剧界人士。据古巴文化部2019年统计,古巴共有剧团154家,成员1614人。2019年共举办戏剧活动32924场,参与人数达337.29万人。①

影视。电影在革命胜利初期的古巴是一门新艺术,既没有历史也谈不上传统。在革命胜利前,古巴没有自己的电影事业,不具备拍摄电影的物质基础,上映的电影的99.65%是资本主义国家的,其中50%多是美国电影。古巴革命胜利后,对发展电影业十分重视,于1959年3月成立了古巴电影艺术和电影制片学会,负责领导和管理全国电影的制作、发行、进出口、电影人才的培养和电影资料的收集整理。20世纪60年代是古巴电影业的黄金时代,拍摄了不少反映革命进程和社会现实的影片,使得古巴电影开始在拉美处于领先地位。随着电影业的不断发展,古巴电影的题材更加广泛,内容较为丰富,艺术创作手法趋向多样化。到20世纪70年代中期已生产了71部故事片,541部纪录片,739部新闻片和90部动画片。后来,建立了流动电影院,虽然国家并不富裕,但仍想尽各种办法建立了多种类型的电影院,满足了大批观众的需求。1974年电影观众高达7000万人次,并且还在国际上享有声望,曾在国际电影节上获得136项重要奖。1975年到1980年,古巴电影界拍摄了36部故事片,196部纪录片,260部新闻片和72部动画片,还建了41座电影院,彩色胶卷车间也投入使用。1980到1985年间共生产了45部长片,其中31部是故事片,增长了55%,12部是纪录片,2部是动画片,此外,还制作了209部纪录短片,259部新闻片和41部短动画片,全国共放映了619部新的故事片。② 从1979年起,古巴每年举行拉美新电影节,显示了他们高度的文化水平及欣赏、评价、鉴别和判断影片的能力,对推动拉美电影业的发展起了积极作用。古巴政府还在哈瓦那建立了国际电影学院,旨在培养和提高拉美和第三世界电影工作者水平,为他们国家培养电影人才。进入21世纪以来,古巴电影业

---

① ONEI, Anuario Estadístico de Cuba 2019, Capítulo20: cultura, Edición 2020, pp. 11 – 12.
② [古]菲德尔·卡斯特罗:《在古巴共产党第一、二、三次全国代表大会上的中心报告》,王玫等译,人民出版社1990年版,第108、109、241、373页。

大幅发展。据古巴文化部统计，2018 年古巴拍摄的电影为 102 部，其中电影长片 4 部、短片 8 部、动画片 90 部。① 2019 年制作完成的长片电影 3 部，短片电影 12 部，全国共放映 35 毫米胶片电影 72846 场，观众达 209.71 万人次，放映 16 毫米胶片电影 1397 场，观众 24.4 万人次。②

音乐。古巴拥有丰富的音乐财富，但因长期遭受外国音乐特别是美国音乐的侵蚀，曾经一度阻碍了本土音乐的发展。革命胜利后，良好的国内环境为音乐领域的发展提供了有利契机。1960 年建立了国家交响乐团和 5 个省一级的乐团，使古巴音乐家经过努力终于保存下来的音乐形式得到了继承。国家合唱团也迅速成立并在全国发展起来，这些合唱团继承了政治和社会歌曲的传统风格，传播了革命古巴的信息。古巴发展自己的乐器制造业，为韵律乐队和器乐爱好者成批生产所需乐器。1962 年，古巴建立了录音和音乐出版公司，发行乐谱和推动唱片的生产。随着音乐在人民中的影响不断扩大，唱片生产在 20 世纪 80 年代已达到 800 万张，乐器达 296 万件。国家把 10 月 20 日定为"古巴文化节"，建立了马蒂研究中心和古巴音乐研究和发展中心。1985 年音乐创作不断发展，制作了 2.4 万张新的唱片，乐器生产的产值几乎翻了一番。③

古巴的音乐风格受到欧洲和非洲文化的双重影响，具有西班牙文化与非洲黑人文化风味，其中非洲文化的影响更为深刻。古巴的民间音乐主要有两种类型：一种是瓜希拉音乐（乡村民间音乐），另一种是古巴非洲音乐。古巴人民具有能歌善舞的天性，民族音乐、说唱乐及伦巴等节奏明快的黑人音乐名扬海外。古巴音乐研究院设立了古巴国家音乐奖，表彰在该领域具有突出贡献的音乐人。据古巴文化部 2019 年统计，古巴共有音乐团体 2296 家，成员 13869 人。2019 年共举办各类音乐活动 182049 场，参与人数达到 6129.3 万人次。

舞蹈。1959 年国家组建了古巴国家舞剧团和国家民间舞剧团，各

---

① Series Estadísticas Cultura 1985 – 2018, http://www.onei.gob.cu/node/14786.
② ONEI, Anuario Estadístico de Cuba 2019, Capítulo20：cultura, Edición 2020, pp. 9 – 12.
③ [古] 菲德尔·卡斯特罗：《在古巴共产党第一、二、三次全国代表大会上的中心报告》，王玫等译，人民出版社 1990 年版，第 105、241、372 页。

省相继建立了舞蹈队，促使舞蹈事业取得了显著成就。全国芭蕾舞学校建立后，又建立了国家芭蕾舞剧团，培养了一代又一代新的芭蕾舞演员。其中，卡马圭省芭蕾舞剧团的建立，是国家芭蕾舞发展的一个重要里程碑。20 世纪 70 年代，这些芭蕾舞剧团的演出在国际上获得了很大成功，古巴的芭蕾舞质量赢得了世界的认可。[1] 阿莉西娅·阿隆索是古巴的芭蕾舞大师，16 岁初次登台跳《天鹅湖》，到 72 岁演《蝴蝶》，19 岁患上眼疾几乎失明，却凭着惊人的毅力在舞台上奋斗了 60 多年，演出了《吉赛尔》《堂·吉诃德》《舞者》等经典剧目，赢得了世人的尊敬。阿隆索分别于 1961 年、1964 年、2002 年和 2012 年先后率团来中国演出，受到周恩来、毛泽东等领导人的接见。阿隆索培养了大批优秀的芭蕾舞演员，被誉为古巴芭蕾舞的"教母"，被古巴政府授予"古巴共和国民族女杰""古巴形象大使"等称号，曾获墨西哥、西班牙、法国和联合国所授予的奖项。古巴国家芭蕾舞团、国家舞蹈团和民间歌舞团在国际一流水平中保持高质量发展。古巴主要舞蹈形式有伦巴、博莱罗、康加、曼博、恰—恰—恰、丹松、哈巴涅拉等，各有特点。

舞台艺术委员会设立了古巴国家舞蹈奖，以表彰为古巴舞蹈事业做出重大贡献的文艺工作者。据古巴文化部 2019 年统计，古巴共有舞蹈团体 64 家，成员 1082 人。2019 年共举办舞蹈活动 18501 场，参与人数达 176.61 万人次。[2]

美术。古巴早期是西班牙的殖民地，其绘画吸收了欧洲和非洲古老的文化元素，自成一格。革命胜利前，欧洲先锋派、现代性、超现实主义、抽象派艺术的画风影响了古巴，古巴涌现了大批在国际上著名的画家。[3] 此后由于遭受殖民侵略，国家唯一的一所美术学校一度处于停滞状态。古巴革命胜利后，党和政府一方面强调艺术要为革命、社会主义事业和人民服务，另一方面要给予艺术家创作的自由。从 1959 年起，现实主义开始盛行，宣传画、招贴画、壁画成为宣传革命传统、歌颂英

---

[1] ［古］菲德尔·卡斯特罗：《在古巴共产党第一、二、三次全国代表大会上的中心报告》，王玫等译，人民出版社 1990 年版，第 105、374 页。

[2] ONEI, Anuario Estadístico de Cuba 2019, Capítulo20: cultura, Edición 2020, pp. 11 – 12.

[3] 张金霞：《卡斯特罗的社会主义文化建设思想及其特点》，《理论月刊》2012 年第 9 期。

雄业绩、动员人民的重要手段。1962 年，古巴创建了"国家美术学校"，开始了古巴艺术发展的新时期。到 1974 年，全国共有 17 座画廊供展出作品，全年共举办展览 643 次，古巴的造型艺术家们曾得到国际的好评并获得几十种国际奖。[①] 青年画家继承了古巴造型艺术传统风格的同时，也寻求新的表现形式，主要是宣传画，其抛弃了旧式广告观念，享有很高的国际声望。自 20 世纪七八十年代以来，古巴绘画以其独特的风格和创造力，在国际画坛上产生了重要影响，其一贯的批判立场突显了古巴绘画艺术的特质。目前，古巴美术逐步进入现代化、本土化、世界化的发展轨道，呈现出一派繁荣的景象。古巴国家造型艺术委员会还设立了国家造型艺术奖，以此表彰在该领域贡献突出的艺术家。

三 体育事业

古巴在体育战线取得了显著成绩，是古巴又一亮点。革命胜利前，全国没有什么群众性的体育运动，只有 15000 人参与有组织的体育运动，学校没有开设体育课。为推动国家体育运动的普及，1961 年，国家建立了全国体育、锻炼和娱乐研究所，负责制订和执行有关运动、体育和娱乐的方针、计划，指导古巴全国的运动、学校体育活动，使体育运动普及到全国各地。各省都设有省运动、体育和娱乐委员会，负责领导本省的体育活动。国家相继建立了一批体育学校和机构，主要有："曼努埃尔·法哈尔多司令"体育学院，培养这个专业的干部；体育启蒙学校，省级的体育教育学校和体育医疗学校，建立了过去没有的体育用品工业。原来的贵族俱乐部和体育设施被收归国有，并都为人民服务。学校开辟了进行体育锻炼的场地，各年级都开展体育活动；各工作单位、革命武装力量各部队和内务部都开展了体育活动，体育运动成为了一项全民的活动，国家也采取一切办法鼓励人民锻炼身体和参加体育活动，卡斯特罗也曾号召全国劳动人民和青少年一代都能享受到娱乐和健康带来的无限益处。全国参加体育锻炼的人数 1963 年达 169134 人，1974 年增至 2977308 人。由于在这方面进行了巨大的努力，古巴彻底

---

① [古] 菲德尔·卡斯特罗：《在古巴共产党第一、二、三次全国代表大会上的中心报告》，王玫等译，人民出版社 1990 年版，第 106、374 页。

改变了过去体育的弱势地位，在 1968 年墨西哥奥运会上夺得 10 枚奖牌，1972 年慕尼黑奥运会上获 22 枚奖牌。

政府十分重视发展群众性的体育运动，建立了义务的、由广大群众参与的、免费的体育制度。古巴政府认为，体育活动能锻炼人们的品质，增强保卫祖国的能力，能保护和改善人民的健康，提高工作能力和进取精神。20 世纪 80 年代，群众性的体育活动增长了 43%，建立了 2000 多套初级体育设施，主要供农村开展群众性体育活动之用。当时已经能在中美洲运动会和泛美洲运动会上保持第一、二名的好成绩，在奥林匹克运动会上，古巴从 1972 年的第 14 名提高到 1976 年的第 8 名，在 1980 年莫斯科奥运会上又跨入了前 4 名，其中，拳击、垒球和女子排球比赛获得了世界冠军，很多运动员还打破了奥运会纪录和世界纪录，提升了体育上的国际声望。在学校里，系统参加体育活动的人数翻了一番，革命在体育领域内取得了巨大的进展，为取得更新的成就创造了条件。国家体育师范学校和高等学校也不断向国家输送体育方面的技术人才。2016 年 9 月 21 日，古巴建立了第一个体育科学研究中心，旨在将科学知识应用于体育事业的发展，为提升国家体育运动的全球声望作出贡献。[①]

正因为古巴保证全体人民享有体育运动的权利，体育运动和体育教育的条件不断完善，群众性体育运动迅速发展，古巴的体育运动才取得重大成就，有许多体育项目在国际上名列前茅。据 2019 年统计，全国共有 5134 个体育场所，36721 名专业体育教学人员，参加体育及其他活动的群众人数达到 411.03 万人。国家级运动员 4518 名，其中女运动员 1450 名，另外还有省级运动员 14518 名，市级 117368 名。古巴是泛美洲运动会和中美洲与加勒比运动会的积极参加者和组织者，在历届运动会上长期稳居第一。2018 年，古巴在第 23 届中美洲与加勒比运动会上，共获得 242 枚奖牌，其中 102 金，72 银，68 铜。在 2019 年第 18 届泛美洲运动会上共获得 100 枚奖牌，其中 33 金，28 银，39 铜。多年来，古巴还积极组织运动员参加奥运会，2008 年参加人数达到 2199

[①] The First Cuban Sports Scientific Research Center inaugurated, http://en.granma.cu/deportes/2016-09-22/the-first-cuban-sports-scientific-research-center-inaugurated。

人，2012年参加人数为2656人，并获得优异成绩。2016年里约奥运会上夺得5金、2银、4铜，位列第18名。在国际比赛中比较突出的项目有田径、拳击、柔道、棒球、排球、篮球等。其中，古巴女排曾在20世纪90年代连续获得八项世界冠军，分别是1991年、1995年、1999年世界杯冠军；1992年、1996年、2000年奥运会冠军；1994年、1998年世锦赛冠军。从2001年开始举办全国残疾人运动会，2019年参与的运动员为634人。①

古巴还积极开展国际体育交流。古巴曾向一些国家派出了数以百计的排球、棒球、拳击等项目的教练和运动员，1983年，古巴对15个国家派出了90名体育专家，进入特殊时期后，这种支援也从未中断。到2003年，古巴还派出了1.1万名体育专家到五大洲的90多个国家执教，受到当地人民的普遍欢迎和赞誉。此外，古巴还向国际体育组织派出了100多名国际裁判。联合国教科文组织于2003年9月向古巴颁发了"国际文化奖"。②

总之，古巴积极发展人民文化艺术事业，在文学、戏剧、影视、音乐、舞蹈、美术、体育等领域都取得了不错的成绩，极大地丰富了人民的精神文化生活，一些项目甚至还在国际上享有盛誉，推动古巴向社会主义文化强国迈进。

第三节　不断提升公共文化服务体系

人民文化生活水平的提高离不开公共文化服务体系的建设。革命前古巴仅有的一些文化宣传中心，只能满足少数特权阶层的需要。革命的胜利为人民发展文化事业、享受文化生活开辟了道路，国家公共文化设施不断完善。据古巴文化部统计，2019年古巴放映35毫米影片的影院有235家，放映16毫米影片的影院有4家，录像厅305家，博物馆247家，剧院92家，图书馆383家，书店302家，文化之家350家，民谣

---

① ONEI, Anuario Estadístico de Cuba 2019, Capítulo21: Deporte y cultura física, Edición 2020, pp. 6 – 19.

② 毛相麟、杨建民：《古巴社会主义研究》，社会科学文献出版社2019年版，第363—364页。

之家 13 家，艺术画廊 123 家，杂技团 2 家。①

　　大力发展群众性艺术教育和实践。古巴实行免费教育，自从在古瓦纳干区建立了全国艺术学校后，免费艺术教育的范围在全国不断扩大，很多艺术学校建立了起来。到 1975 年，在全国建有 47 所艺术学校，学生近 5000 人，培养指导教员、教师和艺术家。与此同时，革命后兴起的业余艺术爱好者运动经久不衰，促进了艺术的实践。工人、农民、学生、革命武装力量和内务部的战士也踊跃参加各种业余爱好小组，使这一运动变成了对人们进行美学和政治教育的场所。1964 年，业余爱好小组有 1164 个，1975 年达到 1.8 万个，文艺演出达 12 万多场，指导文艺业余爱好者的教师达到 1903 名。② 这些主要归功于国家扫盲运动和教育改革计划顺利实施，人民的文化知识水平不断提高，对精神文化的追求也不断提升，广大人民群众的业余文化活动十分丰富多彩。也正是因为全民教育的迅速发展，把大多数人民培养成了文艺作品的欣赏者。到了 20 世纪 80 年代，开办了职业艺术学校，建有 16 所初级艺术学校，21 所中级艺术学校和 1 所高等艺术学院，共有学生 5000 多人。业余艺术爱好者的活动不断加强，共有 3.3 万个小组，25 万多人。1985 年，国家业余文艺爱好者人数达到 157.8 万人，人民广泛参与文化生活。建立了 59 所艺术学校，37 所初级学校，21 所中级学校和 1 所高级学校，③ 不断满足人民对艺术教育的需求。到了 2019 年，全国发展了多种艺术专业团体，其中，音乐类的有 296 个，戏剧类的有 154 个，舞蹈类的有 64 个。

　　公共图书馆、书店不断增多。为做好图书管理工作，1962 年还建立了图书管理学校。到 1975 年，在全国建成了 116 个大型图书馆，714 个小型图书馆，分布在全国各地。全国共有 196 家书店为居民服务，每年自己出版发行的和进口的书籍量平均每个读者 4.1 本，而 1959 年只有 0.6 本。到 20 世纪 80 年代平均每个读者购书由 4.1 本提高到 6 本。1985 年全国有 319 家公共图书馆，3200 个学校图书馆，222 个专业图

---

① ONEI, Anuario Estadístico de Cuba 2019, Capítulo20：cultura, Edición 2020, p.9.
② 徐世澄：《古巴社会主义的文化理论与实践》，《拉丁美洲研究》2013 年第 3 期。
③ ［古］菲德尔·卡斯特罗：《在古巴共产党第一、二、三次全国代表大会上的中心报告》，王玫等译，人民出版社 1990 年版，第 104、240、374 页。

书馆和 70 个大学图书馆。书店增至 311 家，每 3.3 万名居民中就有一家书店，全国各个市都受益于这些书店。1982 年和 1984 年在哈瓦那举行了有几十个国家参加的国际书展，展出了 15000 多种书。① 据统计，2019 年举行了有 48 个国家参加的国际书展，共 102 家出版商参展，成交量达 118.17 万本书籍，参观者达到 216.23 万人次。②

文化交流场所和平台不断增多。1959 年成立了美洲之家，负责出版刊物、组织竞赛、颁发奖品，举办联欢会、展览会，主办文学、戏剧、造型艺术和音乐比赛会，通过多种形式，把拉美知识界中最进步的阶层和社会主义国家中研究拉美的人员同古巴革命连接在一起，通过文化的力量增强团结，使整个大陆充满革命的气息。到 20 世纪 70 年代中期，美洲之家成为拉美最负盛名的文化中心，为广大进步的知识分子提供交流和艺术欣赏的平台。20 世纪 80 年代，国家努力为各市的文化工作提供各种基本设施，建立了有 117 个文化之家，开展了 86000 多项活动，在一些城市还举行了文化周和文化日活动，其中最为突出的是，圣地亚哥市的"教堂广场"的星期六活动和爱雷迪亚街的文化晚会，为开展群众性的文化活动提供了更多机会。1985 年全国还建立了 143 个艺术馆供观众欣赏艺术，促进造型艺术的发展。③ 其他的人民娱乐活动和提高科学文化水平的活动也不断开展起来，例如，国家筹建新的植物园，列宁公园、国家水族馆、国家动物园和各省的动物园也都纳入青少年进行娱乐和文化教育的场所。国家公共文化服务能力在不断提升，以不断满足人民日益增长的精神文化需要。据古巴文化部统计，2019 年文化之家共开展了 101.61 万场活动，参与者达到 6196.8 万人次，全国各地上演了数万场音乐、舞蹈、戏剧、表演等多种演出，举办了上千场专业展览，提供全面的图书馆服务，为丰富人民的文化生活提供了重要平台。

国家还持续推进文化遗产保护的工作。古巴恢复和保存文化遗产并

---

① ［古］菲德尔·卡斯特罗：《在古巴共产党第一、二、三次全国代表大会上的中心报告》，王玫等译，人民出版社 1990 年版，第 106、241、372 页。

② ONEI, Anuario Estadístico de Cuba 2019, Capítulo20：cultura, Edición 2020, p. 16.

③ ［古］菲德尔·卡斯特罗：《在古巴共产党第一、二、三次全国代表大会上的中心报告》，王玫等译，人民出版社 1990 年版，第 107、240、373 页。

日益充分地利用它来教育新的一代。1963 年成立了全国博物馆和纪念碑委员会，系统地开展保护和维修国家文化遗产的工作。到 1975 年，博物馆经过维修、扩建，从 6 所增加至 29 所。20 世纪 80 年代，国家把 10 月 20 日定为"古巴文化节"，建立了马蒂研究中心和古巴音乐研究和发展中心，颁布了有关文化遗产、国家及地方纪念碑、市级博物馆以及专利权的法律，建立了 91 座国家纪念碑和 59 座地方纪念碑，博物馆数量达到 78 座，保存了古巴文化的历史特性。此外，到了 20 世纪 80 年代中期，以复制品建立起来的世界艺术馆达到 11 个，让广大人民群众可以广泛地接触到世界最好的博物馆中的珍品。[①] 目前，古巴建有教育博物馆、"蒙塔内"人类学博物馆、音乐博物馆和档案馆、殖民时期艺术博物馆、装饰艺术博物馆、哈瓦那城市博物馆、国家美术博物馆、拿破仑博物馆、革命博物馆等 247 家博物馆，主要展示革命前的历史文化、革命时期的历史成就、各时期的艺术作品等，对加强革命传统教育具有重要意义。

从 2010 年起，古巴不断实现传媒数字化。主要媒体和重要网站纷纷建立了自己的网站，商店出售手机。2012 年，政府宣布将向公众提供网络服务，随后政府开办了 100 多家公共网吧，提供国内和国际网络服务。劳尔曾许诺，在本届政府当政的 10 年内，古巴将开通互联网服务。到 2016 年 6 月，尽管古巴互联网接入还受一定的限制，但在全国范围内已开通运营 125 个公共无线网络（WiFi）热点，665 家网吧，手机用户也达到 300 多万。[②] 2018 年 12 月 6 日，古巴电信公司宣布，从即日起手机用户可以购买接入互联网的 3G 服务。这一措施受到广大民众的普遍欢迎。目前，古巴还建立了 647 家电脑俱乐部。

第四节　古巴社会主义文化建设的重要特征

60 多年来，古巴高度重视社会主义文化建设，党和国家把提高人

[①] ［古］菲德尔·卡斯特罗：《在古巴共产党第一、二、三次全国代表大会上的中心报告》，王玫等译，人民出版社 1990 年版，第 106、241、373 页。

[②] 驻古巴经参处：《劳尔·卡斯特罗执政期间古巴取得的 8 大改变》，http://cu.mofcom.gov.cn/article/jmxw/201608/20160801374191.shtml。

民文化生活的质量作为革命的目标，通过执行正确的文化政策，开展灵活多样的文化活动，不断推动文化各领域建设取得丰硕成果。从古巴文化的历史、形式及内容等方面来看，可以明显感受到古巴文化所展现的深厚革命文化传统；面对敌人的侵袭和威胁，古巴坚持开展意识形态战役来巩固社会主义文化阵线；对于国际社会赋予的责任和使命，古巴积极践行以人道主义为核心的国际主义精神；由于受到多重外来因素的影响，古巴多元文化发展备受瞩目。这些构成了古巴文化发展的重要特征，是保持古巴文化独树一帜、经久不衰的关键所在。

一 继承和发扬革命文化传统

古巴领导人将革命贯穿整个社会主义建设过程，卡斯特罗曾说："未来完全属于革命""革命是前辈人、这辈人和后辈人的事业""革命是一种历史感，是变革一切可以变革的东西……革命是团结、独立，为追求古巴和世界公平正义的理想而奋斗，这是支撑我们的爱国主义、社会主义和世界主义的基石。"[①] 古巴宣布实行社会主义制度后，革命的光荣传统被一代一代传承了下来，"大大发挥了以何塞·马蒂的精神和革命著作为象征的文化和民族思想的精华并吸收了马克思、恩格斯和列宁的科学思想，就是这样建立了我国文化生活的牢固的基础"[②]。革命胜利后，古巴不改国名，国旗、国徽、国歌也均承袭原样，其中国旗上的三角形和星是古巴历史上秘密革命组织的标志，象征着自由、平等、博爱和爱国者的鲜血。国家设立了多个与历史事件有关的节日，如1月1日解放日，1月2日胜利日，2月24日独立战争开始日，7月26日全国起义日；与英雄有关的节日，如1月28日独立先驱何塞·马蒂诞辰，7月30日革命烈士纪念日，10月18日格瓦拉逝世纪念日等，国家还组织开展各种各样的纪念活动，利用官方媒体进行宣传，以纪念革命历史和缅怀革命英雄。同时，国家在多个地方建立了纪念碑、革命领袖的雕像，有些城市和街道、机场等以英雄人物的名字命名，建有何塞·马蒂

---

① [古]萨洛蒙·苏希·萨尔法蒂：《卡斯特罗语录》，宋晓平等译，社会科学文献出版社2010年版，第231、237、238页。
② 吴彬康等：《八十年代世界共产党代表大会重要文件选编》（下卷），中国广播电视出版社1989年版，第1012页。

故居博物馆、弗朗克·帕伊斯和何塞·帕伊斯故居博物馆、马塞奥故居博物馆等多个革命博物馆，弘扬革命文化。1991年古共准备召开四大时，向人民发出的号召书中提出的口号是："我们祖国的未来将是永远的巴拉瓜！"[①] 将独立战争的历史事件作为共产党会议的政治口号，这在其他社会主义国家是罕见的。

1992年古巴宪法将马蒂思想作为全民的指导思想之一，而马蒂思想的核心是爱国、反帝、拉美主义和革命的人道主义。2019年的新宪法将菲德尔思想列入国家的指导思想中，充分体现了现阶段古巴革命的特点，展现了党和国家的思想的本土化、民族化，以便更好地发扬革命精神，领导全国人民继续前进。60多年来，古巴一直高举爱国主义旗帜，从理论上和实践上弘扬爱国主义精神，发扬革命传统，特别是近年来，古巴以坚定不移的信念持续推进国家经济和社会模式更新事业，无疑也充分地体现了古巴优良的革命传统，这种传统保证了古巴革命历史的连续性，符合卡斯特罗关于革命的精辟论述的深刻内涵。

在古巴，以社会主义和爱国主义为核心的革命精神已融为一体，这是古巴人民60多年来，特别是自和平时期特殊阶段开始以来团结一致克服各种困难，坚定地推动社会主义事业不断向前发展的重要因素之一。

二 坚持以马列主义为指导，服务人民的文化方针

古巴在社会主义革命和建设的伟大实践中，始终不渝地坚持文化活动必须以马列主义为指导，不仅要求所有公民学习、掌握和运用马列主义，用马列主义去审视、欣赏文艺作品和文化活动，形成马列主义学风，而且要求知识分子掌握和运用马列主义，用马列主义的思维方法、观点去观察分析客观事物和人民群众丰富的文化活动，形成马列主义文风，创造经得起时代和历史检验的文艺作品。文化活动和文艺创作必须从人民的立场出发，以人民为创作的主角，反映人民的革命和建设实

[①] 即"巴拉瓜抗议"，1878年3月15日，奥特连省起义军司令马塞奥在巴拉瓜会见西班牙殖民军总司令马丁内斯，表示拒绝接受没有独立的和平条约《桑洪条约》，决心继续战斗下去。这次会见后来成为古巴革命者不妥协的象征。

践。文化活动和文艺创作必须为了人民，满足人民不断增长的精神文化需求，让人民的生活更加充裕，享有高质量的生活。人民作为文化活动和文艺创作的评判标准，人民喜欢的、喜闻乐见的及对人民是好的、高尚、美丽、有用的，就是好作品，就是应该倡导的文化活动。

三　开展文化思想领域的斗争巩固社会主义文化阵线

由于古巴特殊的国情，必须进行持续地斗争才能巩固社会主义的思想文化基础。卡斯特罗曾说："是在特殊环境下同帝国主义开展思想领域的斗争的""在帝国主义敌人和古巴革命之间，目前正进行着一场意识形态方面的残酷斗争。这场斗争不仅将在革命政治思想领域展开，而且要围绕我国人民的民族主义和爱国主义感情的问题长期开展下去""我们坚定不移地相信，我们的思想、尊严和道德是正义的，我们有能力拿起这些武器向帝国主义的所谓消费社会的一切腐败现象挑战"。[①]受帝国主义腐朽思想的影响，古巴部分学龄少年儿童既不学习也不工作，学校在校生人数下降；学生缺乏对社会主义财产的关心和责任感，青少年穿着"奢华的外国式样的衣服"，听美国音乐，喜爱"颓废的"文学，甚至出现学生在集会上批评政府。与此同时，文艺界的一些知识分子在其作品中表现出对政府和社会的不满，一批欧洲和拉丁美洲的左翼知识分子对古巴处理诗人帕迪利亚表示关切。在这样的历史背景下，1971年4月底，古巴召开了第一次教育和文化代表大会，大会通过的第一次教育和文化代表大会宣言，提出了文化事业的路线。宣言指出："文化和教育一样，不是也不可能是非政治的或无倾向性的。非政治主义不过是文化领域里一种反动的可耻的观点。艺术是古巴革命的一种武器，一种抵制敌人渗透的武器。"宣言提出，宣传工具"是思想教育的有力手段，宣传工具的利用和发展不应靠自发或临时应付"。宣传工具不应分散在各国家机构手中，而应集中在"一个单一的政治——文化领导之下"。给宣传部门配备工作人员应该与大学和艺术协会一样，"必须考虑政治思想条件"。宣言还建议修改文学作品比赛章程，对"外国

[①] [古]菲德尔·卡斯特罗：《在古巴共产党第一、二、三次全国代表大会上的中心报告》，王玫等译，人民出版社1990年版，第308—311页。

影响"提出了批评：（1）谴责那些"躲在西欧和美国等腐朽、颓废社会的首都充当帝国主义宗主国文化特务"的拉丁美洲作家；（2）警告说"许多假革命作家，他们在西欧冒充左派而实际上坚持反社会主义立场，这些人将被揭露"；（3）同"帝国主义的电影、电视和艺术"可能进行的渗透作斗争；（4）要求对邀请外国作家和知识分子建立"严格的制度"，以免请来的人在工作和思想方面都不符合古巴革命的要求。卡斯特罗在会上批评了古巴"文化运动中的新殖民主义分子"，这些人接受了"外国文化的影响""奴颜婢膝地抄袭颓废艺术"。他要求为图书局规定出版物标准和出版的先后顺序，为以后的文学作品定了规则："任何人要想当评奖团成员或获得奖励，不管是国内的还是国际的，他必须是一个真正的革命者。"即必须是一个"坚定的、不犹豫的、不三心二意的"革命者。[①] 文化部领导人阿曼多·阿特在1973年召开的全国作家和艺术家联合会会议上说，社会主义和资本主义之间的思想斗争已经变得更加尖锐，既然文学领域也是一个战场，就希望古巴作家准备进行（而不是回避）这种斗争，更加关心党的路线，以工人的生活和需要及古巴革命成就为依据，创作出"更具有艺术性的文学作品"。少数以"古巴革命的裁判员"自居的人，散布"异端思想"，损害了文学界，引起人民对作家的工作自然产生的怀疑。他鼓励古巴全国作家和艺术家联合会组织讨论，提高作家和艺术家的思想，使他们"在一整套共同思想的基础上"团结起来。[②]

古巴从不畏惧跟帝国主义之间进行的斗争，在思想文化领域曾集中进行了多次意识形态战役，并且都取得了最终的胜利。最著名的是争取小男孩埃连回国的战役，卡斯特罗说，要回埃连是"古巴人民有史以来打得最漂亮的一仗"。古巴党和政府自1999年"埃连事件"发生后，在全国持续开展意识形态斗争，针对美国的经济封锁、意识形态渗透和"和平演变"等策略，经常举行"反帝论坛"、创办公众论坛和圆桌会议等电视专题节目，揭露西方的阴谋，对广大群众和知识分子进行思想

[①] ［美］卡梅洛·梅萨—拉戈：《七十年代的古巴——注重实效与体制化》，丁中译，商务印书馆1980年版，第141—143页。

[②] ［美］卡梅洛·梅萨—拉戈：《七十年代的古巴——注重实效与体制化》，丁中译，商务印书馆1980年版，第147页。

洗礼，树立正确的价值观。《格拉玛报》发表社论指出，正如卡斯特罗致曼萨尼略露天论坛的信中说，埃连回归后，思想战并没有结束，应该继续下去。①

美国仍然没有解除对古巴的经济封锁，特朗普还颁布了对古巴实行"新政"。对此，古巴政府严正声明："特朗普宣布的美国对古巴新政策使古美关系倒退，任何希望通过外部压力改变古巴政治、经济和社会制度的企图注定会失败"。②面对长期存在的挑战，古巴还将持续开展意识形态领域的斗争，以不断巩固社会主义文化阵线，坚定革命的信念。

四　具有浓厚的国际主义色彩

古巴不仅具有国际主义传统，且革命胜利后一直积极践行国际主义精神，这是古巴区别于其他国家最突出的特点。卡斯特罗曾说："革命的国际主义是我们进行斗争的一项法则""国际主义是一种神圣的原则，它不仅是一种义务而且是一种需要。"③《古巴共产党纲领》中指出："党赞成文艺具有人道主义和革命的国际主义的内容，以此来起鼓舞作用，激发起人和人之间以及人民之间的互助精神，这些内容也应当成为社会主义人的道德原则的根本组成部分。"④古巴将国际主义作为与其他国家互助共济的指导思想，2019年新宪法规定："我们依靠无产阶级国际主义，世界人民特别是拉美和加勒比地区人民的兄弟情谊、援助、合作、团结。"⑤古巴革命在世界上的根本目标是为社会主义事业做出贡献，因此，古巴有义务履行无产阶级国际主义。

古巴把世界进步事业的利益作为己任，为其他国家和地区提供国际主义支持，60多年来，古巴人民始终贯彻了这一原则和精神。在

---

① 徐世澄：《古巴社会主义的文化理论和实践》，《拉丁美洲研究》2013年第3期。
② 徐世澄、贺钦：《古巴》，社会科学文献出版社2018年版，第297页。
③ ［古］萨洛蒙·苏希·萨尔法蒂：《卡斯特罗语录》，宋晓平等译，社会科学文献出版社2010年版，第135页。
④ 吴彬康等：《八十年代世界共产党代表大会重要文件选编》（下卷），中国广播电视出版社1989年版，第1015页。
⑤ *Constitución de la República de Cuba*, http://www.granma.cu/file/pdf/gaceta/Nueva%20Constituci%C3%B3n%20240%20KB-1.pdf。

1976—1980年,"切·格瓦拉"国际主义支队、"富兰克·派斯"小学教师队伍和"奥古斯托·塞撒尔·桑地诺"队伍在安哥拉和尼加拉瓜从事教育工作。古巴有3500多名教师和教学顾问在20个国家提供国际主义援助。古巴在执行国际主义任务的过程中,不仅有数以千计的战士牺牲,而且还有教师、医生等非军事人员的伤亡。古巴进入特殊时期后,虽然由于国际形势的变化而不再进行军事支援,但是古巴仍在道义上、思想上和政治上加强对国际社会的支持,对第三世界国家在经济和社会发展上提供人力支援。到了21世纪,古巴有数以万计的教师、医生、市政和建筑工人在几十个国家中支援别国的建设,同时还有数以万计的外国青年学生在古巴学习,以提供奖学金的形式将别国的青年学子"招进来",为这些国家培养建设人才,其中包括农学、医学、兽学、工科以及教育、经济等,古巴专门为拉美国家的青年创办的拉丁美洲医学院就是最好的证明,该学院为拉美国家培养了大批医学人才。除此之外,古巴在别国遭受突发性灾难时,都会及时伸出援助之手。例如,秘鲁、尼加拉瓜、智利、亚美尼亚、中国等地发生地震时,古巴很快派出医疗队,带上药品、食品和古巴人民所献出的血浆到灾区进行救援。2014年,非洲暴发埃博拉疫情,古巴派遣医生到西非国家抗击疫情,得到世界卫生组织乃至西方国家的报道。2020年新冠疫情暴发期间,古巴已向欧洲、美洲、非洲和中东的31个国家派出了38个医疗队抗击新冠疫情(截至2020年6月30日),与此同时,古巴在59个国家和地区有约2.8万名医护人员进行医疗援助。[①] 古巴政府认为,他们在别国最需要的时候坚持了古巴革命拯救生命的人道主义原则,而人道主义和团结是对抗新冠病毒最有效的疫苗。

  一个并不富裕的、被强大的邻国长期封锁的小国能够向世界上如此多的国家提供如此巨大的援助,有史以来都是罕见的,受到世人的尊敬。这是与古巴人民伟大的国际主义精神和国际主义文化分不开的,正如古巴共产党纲领所说:"高尚的国际主义理想已经深深扎根于我国人民的心中,因此,它已经是我国人民政治文化的财富。"

---

① 参见古巴驻华大使馆官方信息。

五　多重元素交织融合展现多元文化魅力

古巴由于其独特的历史、地理和现实塑造了多元文化的形态。古巴历史上曾经长期是西班牙的殖民地，有着欧洲文化的历史传统。后来又被美国长期占领，美国文化曾经长驱直入，他们曾利用各种手段传播、宣传资本主义文化，甚至长年设立反古电台，以颠覆古巴的社会主义制度。在古巴有大量的非洲移民，他们带来了丰富的非洲文化，并使之繁衍生长，古巴音乐舞蹈等很多领域都深受非洲文化影响，打下了深深的烙印。古巴地处中美洲，难免受到拉丁美洲文化的深刻影响，卡斯特罗也曾号召保持古巴文化的拉美性。从政治上看，古巴曾经是资本主义，后来又走向了社会主义。当前的古巴共产党坚持马克思主义的指导思想，但各种宗教尤其是天主教却在古巴有着很强的势力和影响，古巴还在1991年首次允许教徒加入共产党，这也是十分独特的。正是欧洲与北美、非洲与拉丁美洲、社会主义与资本主义、宗教文化与世俗文化、以及不同宗教之间的相互作用与交织，它们间的不断融合造就了古巴的多元文化。[1] 正是为了保护和发展这种多元文化，古巴政府与社会民间都致力于多元文化建设，充分体现了他们对外来文化的开放与包容态度。1975年通过的《古巴共产党纲领》就提出要在吸收本国文化的优秀传统的同时，批判地赞同、加工和发展世界文化，表示要发展多元文化。同时，古巴还通过建立多个文化机构指导和促进各领域文化建设，利用"美洲之家"开展与拉丁美洲国家的艺术交流活动，大大促进了不同文化间的融合发展。《到2030年全国经济社会发展计划》强调要在人本主义、爱国主义和社会主义的基础上，推动体育文化和娱乐文化的多样化。而在这个过程中，各种形式的文化艺术团体和协会则在这方面发挥着积极的作用，国家也鼓励公民通过各种社会组织和群众组织参与教育和文化政策的落实。[2] 颇具特色的多元文化已经成为展示古巴风土人情的靓丽风景。

---

[1] 欧阳康：《古巴哲学与文化感悟》，《华中科技大学学报》（哲学社会科学版）2002年第7期。

[2] Documentos del 7mo, http://www.granma.cu/file/pdf/gaceta/%C3%BAltimo%20PDF%2032.pdf。

第七章　古巴社会主义社会建设

古巴作为西半球唯一的社会主义国家,经济发展相对缓慢,特别是长期受到美国的经济封锁、制裁和打压,在这种情况下,古巴仍能团结带领广大人民顽强地生存下来,根本原因在于长期坚持在社会建设方面实行一整套惠民、安民政策,以保障古巴人民的权利和福祉,从而获得了绝大多数人的拥护和支持。古巴社会政策的主要方针是改善社会关系的总体,以便根据正在建设中的社会主义社会的特点来改善人民的生活条件和逐步建立新的生活方式,提高所有公民的福利,确保他们的平等权利和就业、医疗、受教育、进行体育文娱活动、社会保险等方面的权利,使所有社会成员对未来充满信心。古巴在60多年的社会建设实践过程中积累了丰富的经验,其社会建设成就在发展中国家甚至发达国家中都居于前列并赢得国际社会的高度赞誉,受到广泛关注。具体而言,古巴在社会建设上的突出贡献主要体现在教育、医疗卫生和社会保障事业三个方面。

第一节　教育事业的发展

古巴政府历来重视发展教育。目前,古巴是拉美识字率和平均受教育水平最高的国家,教育水平居世界前列。联合国教科文组织发布的《2015年全民教育全球监测报告》显示,全世界仅有1/3的国家实现了联合国教科文组织2000年制定的全民教育所有目标,其中位于拉丁美洲和加勒比地区的国家只有古巴。古巴在该组织《2015全民教育发展指数》117个国家中排第28位,在美洲国家中排名第一。2014年在

187 个国家的人类发展排行中排第 44 位。[①] 联合国教科文组织在《2020年全民教育全球监测报告》中表彰了古巴为实现高质量全民教育所做的工作,承认古巴的教育处于世界的领先地位。实践证明,古巴教育在世界上取得了突出成绩,甚至一些教育指标超过了发达国家,这其中很重要的原因就在于古巴已经形成一种卓有成效的、切合实际的、独特的教育发展模式。

一 实行免费教育制度,确保人民的受教育权

（一）改革旧的教育体制,确立免费教育的原则

20 世纪初,古巴取得名义独立后,因美国的军事占领,在独立后的半个多世纪里,古巴历届政府对教育不够重视,教育经费短缺,教育发展缓慢。1953 年攻打蒙卡达兵营时,10 岁以上的人中有 23.6% 是文盲,6—14 岁孩子中就学率只有 55.6%,全国人口 6 岁以上的有 150 万人达不到一年级的水平。15—19 岁青年中,只有 17% 的人受过某种教育。15 岁以上人的受教育水平平均在三年级以下,能进入大学的人就更少,全国成人文盲率高达 37.5%。到了 1958 年,教育状况仍非常糟糕,全国有 100 万名文盲,100 多万名半文盲,60 万名失学儿童,1 万名教师失业。教育资金都毫不例外地被历届官员塞进了腰包,甚至连教室和讲台都被变卖掉。[②]

革命胜利后,在百废待兴的情况下古巴政府把发展教育作为一项重要的革命任务和优先考虑的目标,首先要做的一项重要工作是彻底改革旧教育体制。在新成立的革命政府内成立了教育部,直接主管教育改革事业。随后,在全国和各省、市（县）都设立了教育委员会,由群众组织的代表组成,参与教育改革的领导工作。1959 年 9 月,政府颁布了《教育改革法》,宣布古巴将实行小学义务教育。为达到此目的,在全国新建了一万间教室,把巴蒂斯塔统治时期的 69 座兵营改造成学校,在农村山区设立教育中心,使教育覆盖偏远山区。但这一法律的施行遭

[①] 驻古巴经参处:《古巴是个什么样的国家?》,http://cu.mofcom.gov.cn/article/ztdy/201508/20150801072526.shtml。

[②] [古]菲德尔·卡斯特罗:《在古巴共产党第一、二、三次全国代表大会上的中心报告》,王玫等译,人民出版社 1990 年版,第 97—98 页。

到了反动势力残余的百般阻挠。为排除教育改革的阻力，实现革命确定的教育目标，从根本上解决教育平等，古巴政府1961年6月颁布《教育国有化法》，确立了教育的四项根本原则：第一，入学机会均等，学校大门向工农敞开的教育平等原则；第二，取消私立学校，确立公共教育原则；第三，确立免费教育的原则；第四，教会同教育分离的原则。[1] 这一法律将学校都收归国家并建立免费制度，从此宣布古巴的教育是公共的和免费的，教育工作应由国家负责，规定教育是全体古巴人民平等享有的权利。根据这项法律，政府接管了所有私立学校，将教育同教会分离，对全体国民实行免费教育，从而为普及初等教育，特别是为广大工农群众的子女都能上学提供了保障。1961年12月22日，宣布实行奖学金制度，即扫盲运动结束后的同一天宣布的，不久就有4万名工农子女和扫盲大队的成员成为第一批领取奖学金的学生。制定对所有劳动者进行技术培训的计划，建立"何塞·安东尼奥·梅利亚"工农学校，并在全国所有劳动和服务单位开展大规模的成人教育运动。1962年2月，政府颁布大学改革法，"改变行政管理体制，调整大学结构，开展科研活动，设立更多的专业和教育学院，建立大学奖学金制度，根据国家需要改变学生结构，实行学习与劳动相结合……"。[2] 大学改革法的颁布施行，推动建立了先进的组织和教学制度，成立了师范学院和制定了大学奖学金制度，设立了大量专业课程，实现了大学生活民主化，使古巴的大学发生了根本性变化。至此，古巴改革旧教育的任务基本完成。

随着社会的不断发展，到了20世纪70年代中期，古巴抓紧实行改进教育体制的计划，以便使教育和当时不断前进的社会发展相适应。正如卡斯特罗所说："要从政治、智力、科技、体育、道德、美学、技艺、劳动和爱国主义军事等方面对后代进行正确的教育，同时还要培养出相应的专门人才，为社会提供数量充足的合格的中等技术工人、教师和高级专家，这些人既要能全面发挥自己的才智，又要能为国家经济社会发

---

[1] 曾昭耀、石瑞元、焦震衡：《战后拉丁美洲教育研究》，江西教育出版社1994年版，第79—80页。

[2] 王承就：《古巴教育公平论析》，《理论月刊》2015年第1期。

展的需要服务。这项计划为不断改善教育体制奠定了基础。① 此后的教育基本法规定，逐步推行九年制义务教育，后面再逐步普及十二年制义务教育，确保人民的受教育权。在古巴，实行全民有权享受免费教育的原则，在各种类型和各种水平的教育机构中实行的学校制度、住宿和半住宿制度以及奖学金制度保证了这一原则的实行。

（二）加强立法，将人民受教育权纳入宪法

除上述的有关教育法律制度外，为进一步保障教育发展，古巴将教育的重要地位和人民享受的免费受教育权等内容纳入了宪法，从根本上保障人民受教育权。1976年的《古巴共和国宪法》，一是规定了教育与国家、社会的关系，第38条指出："国家指导、促进和推动教育、文化和科学的全面发展""教育是国家的职能，因此学校由国家所有。教育工作是全社会的工作，它以科学贡献和科学结论，以学习同生活、生产劳动最紧密的联系为基础。"二是明确了教育的目标及实现这一目标的方式，"以共产主义精神教育新的一代，为社会生活培养儿童、青年和成年；为实现这一原则，应把普通教育和科学、技术和艺术的专业教育同劳动、调查研究、体育、体育运动、参加政治、社会和军训活动相结合。"三是保障古巴人享有平等教育权。第42条指出，公民"享受从小学到大学一切教学部门的教育，学校对所有人一视同仁"；第50条规定："所有公民有受教育的权利。这一权利是由各种类型和各种水平的寄宿学校和半寄宿学校，提供助学金的庞大免费体系和免费提供教材给予保证。每个儿童和青年，不管其家庭经济状况如何，都有根据其能力、社会要求和社会经济发展的需要进行学习的机会。成年男女也同样有免费受教育的权利，法律规定要提供特别便利条件。这一权利是通过成人教育、职业和技术教育、国家企业和机关工作培训和劳动者高等教育加以保障。"规定将儿童、青少年及成年人都纳入免费教育体系，从法律上保障了人民的受教育权。四是通过多种方式保障平等教育权的实现；第38条规定："实行免费教育。国家对广大学生实行助学金制，为普及教育，国家为劳动者提供多种学习方便"；第43条规定：

---

① ［古］菲德尔·卡斯特罗：《在古巴共产党第一、二、三次全国代表大会上的中心报告》，王玫等译，人民出版社1990年版，第102页。

"建立幼儿园、寄宿学校和半寄宿学校设施，努力创造一切条件以实现平等的原则。"① 1992 年和 2002 年的宪法修正案，都明确规定了教育与国家、社会的关系，教育的目标和实现这一目标的方式，以及古巴人享有免费的平等教育权和通过多种方式保障平等教育权的实现。

为进一步适应经济社会发展模式更新的需要，发展现代化教育，2019 年古巴颁布了革命胜利以来的第二部宪法，其中规定了国家在教育、科学和文化政策中遵守的原则，第 32 条第 1 款：它以科学、创造、技术、创新、思想以及古巴具有世界意义进步的教育传统为基础；第 2 款：教育是国家的职能，以科学的成就和我们社会的原则和价值观为基础；第 3 款：教育促进对民族历史的了解，培养高水平的伦理、道德、公民和爱国主义价值观；第 7 款：促进国家发展急需人才的教育和就业，以确保科学、技术和创新能力；第 9 款：鼓励和发展艺术和文学教育、创作、艺术修养和鉴赏能力……"。同时，再次明确规定了人民的免费受教育权，"第 46 条，所有公民都有权享有生命、身心完整、公正、安全、和平、健康、教育、文化、娱乐、体育及其全面发展"；"第 73 条，所有公民都有受教育的权利，国家保障公民从学龄前到研究生阶段获得促进其全面发展的免费的素质教育。为了落实这项政策，国家建立了一个广泛的教育机构和教育体系，允许根据个人才能和国家社会发展需求，在人生的任何阶段上学。法律规定了义务教育的范围，社会和家庭有责任接受教育，必须至少达到基本的标准，成人教育及其研究生教育或其他补充性学习教育将获得适当的奖学金。"② 可以看出，古巴实行免费教育制度的政策没有变，新《宪法》更加明确了教育的指导原则，为人民更加广泛、自由地享受教育的权利提供了法律保障。

经过半个多世纪的发展，古巴的教育制度体系不断完善，依靠法律的保障，古巴教育迅速发展，到 20 世纪 60 年代末，已基本普及了初等教育，70 年代重点发展中等教育，到 80 年代，古巴已经建立了完整的社会主义教育体系。

---

① 姜士林：《世界宪法全书》，青岛出版社 1997 年版，第 1521—1522 页。
② Constitución de la República de Cuba, http://www.granma.cu/file/pdf/gaceta/Nueva%20Constituci%C3%B3n%20240%20KB-1.pdf.

二　高度重视教育，为古巴教育发展提供理论和实践基础

（一）大力开展扫盲运动，为教育发展扫清障碍

在革命前的1858年，古巴有文盲100万名，其中50%在农村，还有半文盲100多万名。在一个不足700万人口的国度里，文盲和半文盲就占了近1/3，这一问题是社会发展的一个严重障碍。革命政府在成立初期就十分重视扫盲问题。1959年4月，古巴教育部成立的识字委员会开始组建识字中心和大量的识字班。1960年9月26日，卡斯特罗在联合国大会上向全世界庄严宣告，古巴在1961年将使所有的文盲都学会阅读和书写。他的讲话标志着扫盲运动的开始。古巴政府继承了游击战争时期的成功做法，即实行"每个识字的人都教课，每个不识字的人都学习"的方针。1960年10月成立了新的全国识字委员会，省和市（县）两级识字委员会也相继成立。[①]政府组织了27.1万人的扫盲大军，教师突击队员3.5万人，青年学生组成的"孔拉多·贝尼特斯"突击队员10万人，还有工人突击队和由拉美其他国家的志愿者组成的拉美扫盲队等。在城市中，识字的志愿人员教那些不识字的人。在穷乡僻壤地区，扫盲教师是专职工作人员。作为扫盲队员的志愿者在经过集训后便被派到偏远地区，随身带着一套服装、一只吊床、一条毯子、一只石蜡油灯、一面旗、一幅孔拉多·贝尼特斯的肖像和两本册子：《战胜困难》和《识字课本》。[②]他们奔赴基层社区和边远农村，同广大的工农群众同吃同住同劳动，包教包学。有的扫盲队员还在当地同军队一起抗击侵略者，有些在边远地区甚至被发动叛乱的反革命匪徒和美国特务所杀害。

1961年12月21日，扫盲运动胜利结束。经全国上下共同努力，成效是显著的，全国绝大部分文盲都接受了脱盲教育，为期一年的扫盲运动使70.7万人脱盲，古巴的文盲率从革命前的23.6%下降到3.9%，古巴成为拉美国家中识字率最高的国家。扫盲运动的创举在古巴历史上

[①] 毛相麟：《古巴教育是如何成为世界第一的——古巴教育发展模式的形成和特点》，《拉丁美洲研究》2004年第10期。

[②] [英]休·托马斯：《卡斯特罗和古巴》（上、下册），斯禾译，上海人民出版社1975年版，第628—629页。

是史无前例的,而且在世界教育史上也是一个奇迹。①扫盲运动为古巴教育发展扫清了障碍,对古巴后来教育发展具有十分深远的意义,正如卡斯特罗所说,"我们的扫盲运动不仅仅是不失去任何天才,不让任何人被排斥在依靠自己的力量夺取完全自由的起点。我们从来没有对古巴人民说'要相信',而是说'要阅读'",有知识有文化的人民才能获得自救和拯救人类。"没有文化就没有自由也不可能会有拯救。"古巴政府规定1961年为"教育年",并确定每年的12月22日为"教育工作者日"。紧接着,乘扫盲运动的东风,又开展了成年人教育,为提高人民的就学率和促进古巴经济发展计划的落实作出了极大努力。

(二)高度重视教育,实行教育优先发展的战略

由于长期遭受外部势力的侵略和打压,古巴的教育事业曾经一度处于相当落后的状态。但古巴的革命先驱始终把教育放在优先地位,突出强调教育对古巴的重要意义。早在19世纪后期,古巴的革命先驱何塞·马蒂就指出了教育对民族解放和强国富民的重要意义,他说:"有教养的人民永远是强大的和自由的""最幸福的人民就是使自己的儿女在思想上和情感上能得到最好教育的人民"。他还进一步指出,拉丁美洲教育的症结在于脱离了农村,"在几乎完全依靠农产品生存的人民中,教育却专门只为城市生活而不为农村生活培养人才",这是拉美国家所犯的"一个严重的错误"。②菲德尔·卡斯特罗继承和发展了马蒂的教育思想,他认为,革命与教育是密不可分的,"没有教育就不可能有革命""没有革命就没有教育、没有社会公正和社会主义""一切革命很快会成为一场宏大的教育进程。因此,革命和教育是同一件事情。"③菲德尔·卡斯特罗在《历史将宣判我无罪》这一古巴革命的纲领性文献中把"全面的教育改革"作为古巴革命胜利后要颁布的法律和措施,"土地问题、工业化问题、住房问题、失业问题、教育问题和人民的健康问题,这六个具体问题,我们将在恢复公众自由和政治民主的同时,

---

① 毛相麟、杨建民:《古巴社会主义研究》,社会科学文献出版社2019年版,第238页。
② [古]菲德尔·卡斯特罗:《卡斯特罗言论集》(第一册),人民出版社1963年版,第41页。
③ [古]萨洛蒙·苏希·萨尔法蒂:《卡斯特罗语录》,宋晓平等译,社会科学文献出版社2010年版,第67、69页。

立即采取措施着手解决"。"革命政府将对我们的教育进行全面的改革，使之适应前面提到的任务，给将要在这个幸福国度生活的后代以应有的培养"。在1955年8月发表的《"七·二六运动"致古巴人民的第一号宣言》中，菲德尔·卡斯特罗提出了15条革命纲领，其中第7条就是教育问题，要求"改革教育方式"，使教育"扩展到我国最边远的角落""使每一个古巴人都能在适宜的生活环境中发展其聪明才智和培养出健壮的体魄"。在战争时期，一有机会他就践行其教育思想，在领导1957—1958年的马埃斯特腊山革命期间组织战士军训和学习文化。可见，卡斯特罗在革命胜利前就开始构思古巴教育发展战略，深刻认识到古巴教育改革的紧迫性和必要性，为后来教育改革和发展做好了充分的思想准备。劳尔·卡斯特罗还在奥连特省建立了国家体系，设有教育部、卫生部、土地局等机构。教育部主要执行扫除部队文盲、教育农民子弟的任务，并通过建立的小学培养了成千的农民子女；还建立起何塞·马蒂学校以培养教员，出版了第一批小学教科书和《人权宣言》一类的小册子。①

古巴革命政府一开始就将教育事业放在优先发展的地位。卡斯特罗认为教育同革命一样重要，强调古巴教育的目标是培养社会主义新人，提高国民素质，要重视学生的政治思想素质，思想政治的教育功能对国家的前途和命运至关重要。"最重要的教育是人民的政治教育"。② 卡斯特罗尤其重视对共产主义青年联盟、少年先锋队员联盟、大学生联合会和中学生联合会等组织的教育和发挥其榜样作用，要求把思想政治理论课纳入各级各类学校的课程体系，把马列主义理论纳入高等教育课程中，以强化大学生的理论水平。③ 卡斯特罗在古共一大上提出，"要继续提高教育质量，搞好学习与劳动相结合；发展科技爱好小组以及各项兴趣爱好活动。要进一步改善学校的物质条件，巩固中、小学教育中已完善的部分；提高高等教育的教学质量。要努力使青少年、青年和劳动者都达到九年级水平；继续开展成年人教育工作，妇女教育工作，以及

---

① 王承就：《古巴的教育公平论析》，《理论月刊》2015年第7期。
② [古]萨洛蒙·苏希·萨尔法蒂：《卡斯特罗语录》，宋晓平等译，社会科学文献出版社2010年版，第67、69页。
③ 张金霞：《卡斯特罗社会建设的实践与探索》，《桂海论丛》2012年第3期。

技术和专业教育工作。教育事业在我国人民的奋斗目标中仍将处于优先考虑的地位。"① 在教育优先发展思想的指导下，学校普及、教学水平提高、设备完善，再加上教员人数增加，高等学校的数量和种类都不断增多，古巴教育体系不断健全，结构更加优化，质量不断提高，逐步形成了学前教育、普通科技与劳动教育（包括初等教育、中等教育和高等教育）、特殊教育、技术与职业教育、成人教育、师资培训与进修等完整的教育体系，形成了重视基础教育和文理工科并重的教育结构。这一切都使得人力资源不断增长，掌握知识水平之高是第三世界所不能比拟的，使得国家在培养后代的工作上处于极为有利的状态。

到了20世纪80年代，古共把重点放在提高教育质量上，不断促进教育全面发展，推动古巴教育规模和质量基本达到发达国家水平，居于发展中国家的前列。1985年，近人口的1/3约300万人在各种不同水平、不同类型的学校上学，几乎所有的儿童、绝大部分青少年和成千上万名男男女女劳动者都上了学，成年人参加了成年人的培训班，主要是为了达到九年级的水平，以及培养各种专业和各种水平的技术员。在特殊阶段经济困难的情况下，卡斯特罗坚持："教育就是一切，没有教育什么都不会得到发展""没有教育就不可能有革命，没有教育就不可能有社会主义"②。古巴政府仍然提出"不关闭一所学校，不让一个孩子失学"的口号，千方百计保证教育事业的正常运行。政府对教育的投入仍维持特殊时期前的水平，教育经费约占财政支出的10%，随着后来经济形势的逐渐好转，政府对教育的拨款逐年增加。2001年教育支出占国家财政支出的15.1%，2002年比上年再增加7.5%。③ 也正是由于政府的高度重视，古巴在特殊阶段中教育事业仍能保持先进的水平，受到当时联合国教科文组织的赞扬，这也足以体现出古巴实行教育优先发展战略的正确性。古共六大强调继续保持国民免费教育的革命成果。古共七大强调，"教育、健康、科学技术创新、文化、社会传播、资源和

---

① ［古］菲德尔·卡斯特罗：《在古巴共产党第一、二、三次全国代表大会上的中心报告》，王玫等译，人民出版社1990年版，第239、240页。

② ［古］萨洛蒙·苏希·萨尔法蒂：《卡斯特罗语录》，宋晓平等译，社会科学文献出版社2010年版，第31页。

③ 毛相麟、杨建民：《古巴社会主义研究》，社会科学文献出版社2019年版，第245页。

环境保护等发展维度具有决定性意义。""其中以下几个方面的权利尤为重要：工作、健康、教育、公共安全、信息、社会传播、休假、文化、体育、社会保障和社会救济制度。"正是基于古巴革命先驱和革命领导人对教育重要性的认识，古巴政府一直坚持优先发展教育、优先保障教育，在社会主义建设中对人民实行免费教育、消除教育不公，取得了古巴教育居拉美之首、发展中国家位居前列的好成绩。

为保障教育优先发展，1980年的教育预算为13.4亿比索，人均137比索，比革命胜利前一年提高了15倍，即使是在经济困难的1990年，古巴的教育经费仍比军事开支高一倍。近年来，古巴教育经费不断增长，2002年教育经费占国内生产总值的11.4%，2004年用于教育的投入约占政府财政总支出的20%，远远高于联合国教科文组织建设的6%的比例。① 2016年的教育经费为82.75亿比索，占国家预算总支出的14.4%，占GDP的9.23%。2019年的教育经费为93.57亿比索，占国家预算总支出的22.6%。② 国家对教育持续和优先的经费保障，是古巴教育取得巨大的成绩的有力保障。

（三）重视妇女教育，妇女文化水平和社会地位不断提高

为了普及教育，1961年初开始实行对农村妇女进行教育的"安娜·贝当古"计划，参加学习的农村女青年达15万多人，她们大多来自山区。为提高工人、农民和妇女的文化水平，还举办了"争上游"和"工人赶超"讲习班。1960年成立的古巴妇女联合会，为组织和动员妇女积极地投身于文化、教育工作等方面发挥了重要作用。1980年劳动妇女参加学习的人数占劳动者总数的39.4%，她们在地区一级的工会当选领导人中占42.7%，在局一级的工会当选领导人中占32.6%，妇女同志在单位同事中树立了威信。149.8万参加了战士母亲教育运动，给学校以大力的支持，20多万名家庭主妇达到了六年级的文化水平。古巴妇女在政治和思想上的成长也十分显著，妇联干部27.7%毕业于党校或妇联的"菲·德尔巴耶"学校的中级班和基础班。同时，

---

① 张金霞：《古巴模式的理论探索——卡斯特罗的社会主义观》，人民出版社2012年版，第178页。

② ONEI, Anuario Estadístico de Cuba 2019, Capítulo 6: Finanzas, Edición 2020, p. 9.

妇女为国家发动"九年级战役"作出了巨大努力，共有 9.93 万名妇女达到了九年级水平，还有 1.8 万多名妇女正在参加 9 年级的学习，有 150 多万名妇女参加了"战士母亲教育运动"。到 1985 年，全国初次入学人员中妇女达到 138.6 万人，其中学前教育 4.7 万人，初等教育 50.9 万人，中等教育 58.9 万人，成人教育 9.9 万人，高等教育 12.7 万人。同年有 29.8 万人毕业。2006 年初次入学人数高达 155 万。①

卡斯特罗在古共三大上提出："今后，我们要继续加紧为执行党使妇女得到彻底解放的政策而奋斗，这要求我们持续不断地为达到此目的创造越来越有利的物质条件，特别要求我们坚持做有效的思想工作，主要是教育工作，向在家庭和工作岗位以及社会生活中存在的阻碍发挥妇女全部潜力的偏见和歧视态度进行不妥协的斗争。"随着妇女的受教育水平不断提高，大批妇女同志陆续被提拔到领导岗位上，担任领导工作的比例稳步增长，处于决策性岗位的女性数量也在不断增加，在决定性岗位上有所增加，国家登记在册的女性工作人员比例是 49%，其中 66.8% 承担重体力技术和职业工作，约 38% 女性担任了国家机关、政府机构、国家单位、企业的高层管理职务。目前，古巴妇女在经济和社会发展的多个领域已超过了男性，60% 的医生是女性，66% 的专业人士与技术人员为女性；在议会，女性占有 48.6% 的席位，这是全球女性占有议席比例最高的三个国家之一。②劳尔在古共七大上说："在总体上女性比男性更为成熟，更适合当管理者，虽然我承认已经取得了进展，但我们要继续在党的领导下提拔更多的妇女领导，尤其是决策岗位的领导。"③ 2021 年 3 月 8 日，古巴国家主席迪亚斯－卡内尔签署了 2021 年第 198 号国家主席令——《提高妇女地位的国家方案》，并在古巴共和国第 14 号公报上进行发布，该方案涉及 7 个领域的发展，其中规定了要赋予妇女经济权力、参与决策的权力等，要对教学人员进行性别、性教育、平等和不歧视问题的培训，通过各种教学工具，将这些价

---

① Series Estadísticas Educación 1985 – 2018, http://www.onei.gob.cu/node/14782.
② ［俄］尼古拉·S. 列昂诺夫：《劳尔·卡斯特罗 革命生涯》，魏然等译，中国社会科学出版社 2016 年版，第 202 页。
③ 许宝友：《世界主要政党规章制度文献（越南、老挝、朝鲜、古巴）》，中央编译出版社 2016 年版，第 532 页。

值观以信息知识的形式贯彻到不同的教育水平中，保证在教科书、课程和教学大纲中继续促进平等文化的教育。[①] 可以看出，古巴政府高度重视妇女的教育，妇女享有平等的受教育权，妇女的社会地位得到极大提高，这是古巴教育的一大贡献。

三 实行学习与劳动相结合的原则，增强学生的劳动观念

普遍实行学习与劳动相结合的原则是古巴教育发展的一大特色。早在 19 世纪，何塞·马蒂就推荐过这种学习和劳动相结合的教育原则。1962 年，上万名领取奖学金的学生开赴奥连特省山区收割咖啡，这是在全国教育体制内学习与劳动相结合的最初尝试。在这之后，古巴教育在这个体制的指导下实现了革命化。1966 年，卡马圭省实行大学生从事 35 天农业劳动的第一次试验。紧接着又有一批大、中学生参加了各种生产劳动。随后，这个做法推广到了全国所有城市的中学，学生在每个学年至少劳动 6 个星期。从 1968—1969 学年起，建立了以学习与劳动为基础的、以农村为基地的初中学校并开始上课，学习与劳动相结合的设想因此得以实现。在这一阶段，6—12 岁儿童的入学率达到了 100%，同 1958 年相比，古巴学校的学生总数和各个专业的毕业人数都增加了好几倍。到 1975 年，学习与劳动相结合的原则已在全国教育体制内普遍实行，具体方式因学生年龄及各种教育的不同特点而异。[②] 古巴政府认为，普遍实行学习与劳动相结合的原则，是教育战线一个最突出的成就，它把马克思关于人的全面发展的光辉思想的部分内容，以及马蒂关于应如何教育古巴后代的理论付诸实践。也正是在学习与劳动相结合的原则指导下，古巴青年参加了经济建设，用自己的劳动来为支付不断增加的教育经费贡献一份力量。1986 年 12 月通过的《古巴共产党纲领》指出了实行这一原则的目的，"作为对青年进行经济和劳动教育的一部分，将继续逐步发展学习和劳动相结合的各种不同形式，目的是有助于全面地把生产者的思想培养成受教育者的思想，使他们在很小的

---

① http://en.granma.cu/cuba/2021-03-25/president-diaz-canel-signs-presidential-decree-establishing-national-program-for-the-advancement-of-women.

② ［古］菲德尔·卡斯特罗：《在古巴共产党第一、二、三次全国代表大会上的中心报告》，王玫等译，人民出版社 1990 年版，第 97、98 页。

年龄就生活在劳动者的社会中,同时,为消灭体力劳动和脑力劳力分割所产生的偏见而打下基础,这些是对青年进行培养工作的组成部分,是发动群众参加这些活动的方式。"① 文件中还提出城市大学预科学校等要继续迁往农村,以便向适龄受教育者更广泛地普及学习和劳动的原则,并利用他们现有的能力。卡斯特罗还强调,"我们的教育观念基于马克思主义和马蒂关于学习与劳动相结合的原则""如果一个社会普及学习的权利,就应该普及劳动的义务,否则可能造就完全与体力劳动和物质生产格格不入的知识分子民众"②。这是古巴教育的突出特色。除学习外,无论是城区还是农村的学生,都必须拿出一定的时间参加生产劳动,甚至幼儿园儿童和神学院学生也要到小菜园劳动。各类中高级学校都建有校办工厂和校办农场,给学生提供劳动场地。城区中学生每年要到农村参加 30 天至 50 天的劳动,主要参加收获甘蔗、咖啡、烟草等农作物的田间作业。与此同时,古巴从 20 世纪 70 年代起在农村建立了大批农村基础中学,这种中学实行半日学习半日劳动制。学生参加劳动除为了从小培养他们进行创造性劳动的习惯外,还可用他们的劳动成果来补充教育经费。农村中学基本上都能自给自足,有些学校还能自给有余。③ 卡斯特罗认为该做法对不发达国家来说,既有利于培养学生热爱劳动的习惯,也可解决国家教育经费不足的问题。从另一角度来说,实行学习与劳动相结合的原则,也体现了学习与实践没有相脱离,在学习中锻造实践的品格,从而也更好地坚持了马克思主义理论的指导思想。

四 发展多种教育形式,促进各级各类教育全面发展

古巴的教育政策是以马列主义观点和马蒂关于教育新一代的原则为基础,根本目的是培养个人的信念和行动的习规,培养创造性地思考和行动的全面发展的人。古巴通过发展各级各类教育来落实教育政策,实

---

① 吴彬康等:《八十年代世界共产党代表大会重要文件选编》,中国广播电视出版社 2010 年版,第 1013 页。
② [古] 萨洛蒙·苏希·萨尔法蒂:《卡斯特罗语录》,社会科学文献出版社 2010 年版,第 31、268 页。
③ 毛相麟:《古巴教育是如何成为世界第一的——古巴教育发展模式的形成和特点》,《拉丁美洲研究》2004 年第 10 期。

现教育目标。古巴坚持不断发展多种教育形式，自20世纪80年代起就已经建成了完整的全国性教育体系，主要包括学前教育、普通科技与劳动教育（初等教育、中等教育、高等教育）、特殊教育、技术与职业教育、成人教育、师资培训与进修等。据古巴官方统计，2019/2020学年，古巴共有10626所学校，教师29.5万人，在册学生201.9万人，奖学金获得者14.36万人。

（一）发展学前教育，满足儿童教育需求。早在20世纪70年代末，古巴就制订了加强学前教育的计划，保证所有儿童都能受到至少为期一年的幼儿教育。古巴的学前教育不属于义务教育的范畴，目标是6个月至5岁的儿童，由教育机构和非教育机构两种渠道提供。教育机构主要是学校和幼儿园，学校承担5—6岁的介于幼儿园和小学间的孩子的学前班教学任务。1958年，古巴有38所托儿所，入托儿童平均每年1600名。1961年，古巴革命政府创立的第一批幼儿园开学，主要针对1—5岁的孩子。① 1965年，全国幼儿园达165所，入园儿童13861名。1980年的政府577号决定规范了对幼儿园的管理，幼儿园在组织上已归属教育体系，幼儿园容纳量从4.7万增加到8.7万，幼儿师范毕业生从1975年的2%增至20%。1981年的430号决定确立了幼儿园的新课程。到1989年，古巴有幼儿园1072个，教务人员10.02万人，在册儿童14.47万人。据古巴官方统计，2019/2020年，古巴共有幼儿园1085所，在册儿童达到13.49万人，教务人员20549人。② 在专业儿童机构中，其主要任务是满足儿童基本需要（饮食、卫生和睡眠），按照生活时间表和教学时间表的要求来进行管理，开展促进儿童全面发展的各种教育活动。不仅如此，这些机构还提供医疗服务（一名护士）和其他专业（文字游戏、艺术教师）教育。这些教育机构根据儿童在不同年龄阶段的身心发展特点，制定了不同的教育方案，但不论其组织形式如何，都以一套原则为基础，这些原则既涉及影响教育进程的因素，也涉及儿童的特殊性和特点。这些原则是：1. 孩子是整个教育过程的中心；2. 成人在儿童教育中发挥指导作用；3. 将活动和交流融入教育过程；

---

① 王承就：《古巴的教育公平论析》，《理论月刊》2015年第7期。
② ONEI, Anuario Estadístico de Cuba 2019, Capítulo18: Educación, Edición 2020, p.8.

4. 儿童教育与环境相联系；5. 家庭在儿童教育中发挥重要作用；6. 教育过程中不同组成部分之间的相互联系、相互依存；7. 注意个体之间的差异。其教育方案的内容包括：一是结合不同发展领域的内容，制定符合儿童群体特点、教育工作者条件的计划活动，促进培养儿童的创造力和独立性；二是根据儿童兴趣爱好各不相同的特点，设计不同的活动内容，要充分发挥教育工作者、非教育机构工作者和家庭三者的作用，启发孩子实现既定的目标；三是创造条件丰富儿童的活动内容，为他们提供多种选择；四是合理制定时间安排表，使儿童基本需求得以合理满足。① 对于没有进入幼儿教育机构、留在家里的儿童，主要由非教育机构通过"教育你的孩子计划"来实施的，该计划主要针对没有进入教育机构的那些孩子，目的是指导家庭去鼓励他们的孩子全面发展。"教育你的孩子计划"涵盖了孩子们在这一成长阶段的基本领域如有效沟通、智力开发、语言能力的发展、身体发育、良好习惯的养成等，是在区域和地区辅导员的指导下实施的，家长带着孩子每周两次接受辅导员的辅导。这些辅导员是由教师、家庭医生、护士和志愿者组成，其中，古巴全国妇联、卫生部、体委、文化部等机构负责学前教育的志愿者，这些志愿者定期（一周两次，每次1—2小时）无偿地到有幼儿的家庭对幼儿进行学前教育。2002年前后，古巴有0—6岁儿童88.5万名左右，大约有61万名儿童参加了"教育你的孩子计划"。2019年共有47.12万人参加该计划。"教育你的孩子计划"较好地调动了家长、社区和其他社会资源参与学前儿童教育，使学前儿童特别是人数少、没有幼儿园的偏远山区的学前儿童的教育权得到保障。②

（二）推动普通科技与劳动教育，不断提高教育质量。

普通科技与劳动教育分为初等教育、中等教育和高等教育。

1. 普及初等教育。古巴的初等教育即小学教育，共六个年级，大多数学校都包括学前教育，其主要任务是与社会团体、组织和机构合作，科学地指导和培养新一代共产主义接班人及促进教师发展。从一年级开始，从学生的情感、思维方式和行为着手，促进知识和

---

① 参见古巴教育部网站：https://www.mined.gob.cu/。
② 王承就：《古巴的教育公平论析》，《理论月刊》2015年第7期。

价值观的内化，培养具有责任感、爱国主义、勤劳、诚实、团结等良好素质。① 小学一般入学年龄为 6 岁，分初小和高小两个阶段。初小即一——四年级，推行计算机教学，学习科目有西班牙语、数学、自然社会常识、体育、劳动和美学。高小即五—六年级，学习科目有古巴历史、古巴地理、自然、公民教育、爱国教育、体育、劳动和美学。此外，学校还组织学生到学校的菜园从事劳动，以及组织学生参加文体活动和公益活动。② 小学原来一个班平均有学生 30—35 名，2002 年开始第三次教育革命后，一个班的学生平均缩减至 10—20 名；初小从上个世纪 70 年代开始实行包班制，一个教师包一个班，四年不变，第三次教育革命后，包班制教学扩大至初中，要求教师直接负责 10—20 个学生的全面成长，中小学教师需具有教授各个学科的能力。到 20 世纪 60 年代末，6—12 岁儿童的入学率就达到 96%，初等教育已基本普及。1975—1980 年，全国教育体系的六年级毕业生达到 129.3 万人，比上个五年计划增加了近一倍，1979/1980 学年的六年级毕业生几乎全部升学。到 1985 年，6 岁至 12 岁儿童的入学率几乎达到百分之百，全日制小学生数已增加到小学生总数中的 58%。之后，义务教育成果不断得到巩固。2019/2020 学年，共有小学 6921 所，其中城市小学 2081 所，农村小学 4840 所，初次入学为 72.16 万人。拥有小学教职员工 106454 人，74.1% 拥有大学学历，城市教职员工 70228 人，农村教职员工 36226 人。③

2. 发展中等教育和高等教育。1959 年以前，古巴几乎不存在基础中等教育。革命胜利时，六年级毕业生不到 40 万人。从 20 世纪 60 年代开始，随着扫盲运动的大力发展，推动国民教育达到六年级水平。从 1975 年开始执行新的教育计划和研究方案以及其他指标，这导致了被称为完善国家教育体系的重大变革，20 世纪 80 年代，国家教育体系得以巩固，努力在全体国民中实现九年义务教育，即在争取九年级的斗争中提高人民的文化水平。1975—1980 年，初中毕业生 57.5 万人，是上

---

① 参见古巴教育部网站：https://www.mined.gob.cu/。
② 徐世澄、贺钦：《古巴》，社会科学文献出版社 2018 年版，第 250 页。
③ ONEI, Anuario Estadístico de Cuba 2019, Capítulo18：Educación, Edición 2020, pp. 10 – 11.

个五年计划期间的 7.2 倍，高中毕业生 10.5 万人，是上个五年计划期间的 4.4 倍。到 1985 年，13 岁到 16 岁少年的入学率达到 87%。2019/2020 学年共有初中 994 所，初中教师 36736 人，初次入学人数达 31.4 万；高中 299 所，高中教师 15200 人，初次入学人数达 13.39 万。[1]

古巴的中等教育分初中和高中两个阶段，各为 3 年，共 6 年。中学阶段包括不同类型的学校，包括初中、中等技术教育、技术和职业教育、大学预备教育、师范学校的教师教育等。初中又包括城市基础中学（ESBU）和农村基础中学（ESBEC），包括 12 至 14 岁的学生，与小学教育一起构成义务基础教育的一部分。它的目标是通过提供基本的知识和发展母语、数学、自然科学和社会科学、英语、美学知识、体育文化及基本技术原理、与生产活动密切相关等技能，为青少年个性的全面发展奠定基础。10 年级至 12 年级是职业技术学校或大学预备学校。其中，大学预备学校是专门的大学预科学校，其任务是在具备坚实的政治觉悟和知识水平的基础上，培养具有学习科学的强烈动机以攻读学士学位的学生，为继续接受高等教育做好准备。因此，他们是不同大学的主要生源。城市的中学生大多数不住校，每年有 5—7 周到农村劳动。而农村早在 20 世纪 70 年代就兴建了大量的农村基础中学，实行寄宿制，实行半日学习、半日劳动的教学制度，教学知识既有知识课又有农业技术课，其校办农场的产品收入用作学校的发展经费。进入 21 世纪以来，古巴中学教育不断改革，并于 2006 年颁布了《古巴初中规划》，对古巴初中教育的目的、原则和模式做出了新的规定。2018 年古巴已经制订了新的学习计划，其中就包括初中和高中，并在选定的学校分阶段试行。[2]

古巴的高等教育主要由高等教育部门主管，它是负责指导、建议、执行和监督国家和政府关于高等教育的政策的机构，致力于培养高素质、高效率、具有深厚人文意识、有能力、有文化、有正确价值观、有献身精神的专业人才，及通过忠于革命的和在各个知识领域工作的年轻人的加入推进医生的培养。古巴高等教育主要包括本科生和研究生人才

---

[1] ONEI, Anuario Estadístico de Cuba 2019, Capítulo18: Educación, Edición 2020, pp. 10–11.
[2] http://en.granma.cu/cuba/2018-01-23/educational-reform-progress-made-to-date.

培养、科学技术创新性人才培养、人力资源培养、大学进修教育及信息、通信和计算机化和国际化人才培养等内容。① 古巴高等教育设有大学、教育中心和学院（包括师范学院）三类学校，学制一般为5年，医科为6年。大学和学院属同一档次，但培养的目标有所不同，大学一般是综合性的、培养不同专业的学生，而学院一般是专科学院，为社会培养专门人才。古巴只有政府办教育，没有民办教育或私立教育。到1985年，全国共有大学46所，包括军校和党校在内，达到大学水平的已有28万多人。② 古巴的研究生教育有两种：一种是专业进修，不授予学位；另一种是攻读学位，分硕士学位和博士学位，2017年共有30.27万人参加研究生教育，女性达到18.23万人，博士学位有4592人。此外，建立大量的教育中心，将大学带入社区，吸引在职人员和中学毕业生先进行短期的培训，然后便开始一边学习大学课程，一边工作。如于2003年1月开学的赫苏斯·加拉伊教育中心便开设了八门学科，吸收了1.2万名青年人。③ 同时，在全国教育电视台开播"人人上大学"节目讲授大学课程。2019/2020学年，共有大学41所，其中有22所归属于高等教育部，16所归属于卫生部，3所归属于其他机构，设有市立大学中心124个，初次入学有25.73万人，教职工54059人。2018/2019学年毕业人数为22803人，参与研究生教育达到295349人。④

近年来，古巴实施高等教育改革主要集中在提高大学本科教育的培养水平、调整高等教育的招生方式（CPE）和远程教育（EaD），以及提高大学英语教学。⑤ 为满足国家对合格专业人员需求，古巴将替代性的高等教育作为一项战略重点，通过三种本科学习模式（日间课程、工人课程和远程学习课程）进入大学学习，并且为了提高这些领域的入学率和毕业率，高等教育部管理委员会决定取消这些学习模式的入学考

---

① 参见古巴高等教育部网站：https://www.mes.gob.cu/en/ministry。
② ［古］菲德尔·卡斯特罗：《在古巴共产党第一、二、三次全国代表大会上的中心报告》，王玫等译，人民出版社1990年版，第369页。
③ 毛相麟、杨建民：《古巴社会主义研究》，社会科学文献出版社2019年版，第246页。
④ ONEI, Anuario Estadístico de Cuba 2019, Capítulo18: Educación, Edición 2020, pp. 10 – 11.
⑤ 参见古巴高等教育部网站：https://www.mes.gob.cu/en/approved-policies。

试，改为在第一学年通过这些考试即可。①

（3）开展特殊教育，保障特殊群体的受教育权。古巴的特殊教育主要是对智障、聋哑、盲人等残疾人及低能人的教育，1956/1957 学年只有 4 所特殊教育学校。革命刚胜利时，国家为保障特殊教育，建有 8 所学校，有 134 名儿童和 20 名教师。菲德尔·卡斯特罗曾说，从一开始"革命就把所有人记在心上，绝对不把任何人忘掉，不论是盲人还是聋哑人，都不忘掉"。古巴力求把特殊教育普及到社会上，让需要这一教育的人都能在社会上积极入学。20 世纪 80 年代初，政府采取"上门教育"的方式，由学校派教师登门授课，让残疾和低能学生在家中接受正规教育。到 1985 年，古巴政府在全国范围内建立了特殊教育体系。古巴宪法明确规定了一切古巴公民都享有平等的受教育权，保障了残疾人和低能人的受教育权。古巴政府十分重视残疾人和低能人的教育，给这一弱势群体的教育提供了充分的人力和物力支持。2019/2020 学年古巴全国设有 341 所机构，有 33639 名学生，这些机构主要为智力、视觉、听觉或肢体运动障碍、沟通障碍或学习障碍、自闭症患者等提供教育服务；每个城市至少有一所特殊教育学校，全国有特殊教育教职工 14129 人，2019 年新招收 1400 多名师范生到特殊机构担任教师；建有一个诊断和咨询中心，超 1000 名专家在诊断和咨询中心工作。②

古巴特殊教育的主要特点是：覆盖所有有特殊教育需要的人员；对整个国家教育系统具有影响；采用通识教育的基本课程；教育过程是在良好师生关系中进行的；每个小组不超过 12 名学生，在某些情况下甚至更少；与家庭和社区一起工作；与全国残疾人协会密切合作；特殊教育由一位专业教师指导。为了给有特殊教育需要（NEE）的学生提供全面的教育服务，学校配备了专业的、高素质的人员，包括教师、心理学家、精神病学家、心理治疗师、语言治疗师、物理康复师、手语口译员、艺术教师、图书馆员、体育教师和音乐教育工作者等。为有特殊教育需要（NEE）的青少年和青年提供工作培训是古巴特殊教育制度内的

---

① http://en.granma.cu/cuba/2016-01-25/cuba-promotes-continuing-education.

② http://en.granma.cu/cuba/2019-09-03/more-than-1400-new-teachers-for-special-education.

一项优先事项，因此，残疾人协会和各机构，同劳工和社会保障部一起，正在采取行动，确保所有毕业生更好地融入和继续就业，从而提高社会参与水平。①

（4）发展技术与职业教育，满足经济与社会发展需求。20世纪60年代开始，古巴政府就采取了多项措施促进职业教育的发展，其主要任务是科学地指导中等技能劳动力的初步与持续培训，推动其作为国家经济和社会发展的一个积极因素，总体目标是培养具有全面的职业技术文化的中级专业人员。1975年古巴政府提出《1976—1981年完善全国教育体系计划》中强调要"使教育同我们正在建设的社会相一致"。根据上述计划，古巴政府一方面增建由教育部主办的职业技术学校，另一方面鼓励企事业单位举办自己的技术学校，实行边生产边学习的教学制度，主要培养7—12级熟练工人和中等技术员。培养对象是初中毕业生和在职工人，主要目的是满足经济社会发展对不同劳动者的需求。全国150个糖厂都先后开办了这样的技术学校。20世纪70年代以后，古巴职业教育获得了迅速的发展。1975—1980年，熟练工和中技毕业生就已达到19.4万人，是上个五年计划时期的5倍，为国家培养了大批熟练工人和技术人才。2015/2016学年，古巴共有432所技术与职业学校。根据政府增加中级技术与职业专业人员数量的政策，2016年的九年级学生中有44.36%进入大学预科院校，而55.63%继续接受技术与职业教育。② 最新统计的2019/2020学年共有414所技术与职业学校，属于教育部的有365所，属于其他机构的有49所，共有注册学生19.39万人，教职工26360人。③

（5）大力发展成人教育，创造终身学习机会。1962年，为使广大脱盲群众继续提高文化水平，古巴成立了全国工农教育委员会，领导工农成年教育。20世纪60年代中后期，教育部成立了成人教育局，各省、市也成立了相应的机构。尽管政府重视成人教育，但仍出现发展不平衡现象，主要表现为大部分人知识水平停留在一——二年级水平，少数

---

① 参见古巴教育部网站：https://www.mined.gob.cu/。
② http://en.granma.cu/cuba/2016-05-16/secondary-education-a-priority-for-2016-2017.
③ ONEI, Anuario Estadístico de Cuba 2019, Capítulo18：Educación, Edición 2020, pp. 10-11.

人达到六年级以上的水平。针对这种情况,古巴政府于 1973—1980 年发动"六年级战役",1979 年开始实施 1981—1985 年"九年级战役",到 1980 年全国六年级的成人毕业生超过 90 万人,基本上普及了成人初等教育;到 1985 年,九年级毕业生达到 67 万多人,基本普及成人初中教育。至此,古巴逐步形成了覆盖小学到大学的成人教育体系。具体而言,古巴的成人教育分为以下几种:工农教育,学制四学期,小学水平;工农初中,学制四学期;工农系,高中水平,学制六学期;夜校;企业或机关办的学校;技校或大学办的工农进修班;语言教育中心等。中等成人教育主要集中在对劳动者进行技术培训,主要提高工人、农民和家庭主妇水平。专业工人、中等技师和高等专业人员的培养,需同国家各个部门和地区的发展计划相适应。成人高等教育一般由高等教育部负责,旨在与各机构、群众组织和社会机构协调合作,帮助年轻人和成年人实现全面的文化教育,使他们为适应国家经济和社会发展而做好准备。大学中设有两年制短期大学,晚间授课的夜大学、函授大学等,均以成人为教学对象。2019/2020 学年共有成人教育学校 447 所,其中,包括工农教育学校 11 所,工农中学 6 所,工农专科学校 318 所,语言教育中心 112 所,初次入学人数达 10.42 万人,共有教职工 4221 人。[1]

(6) 注重师资培训与进修,不断提升师资力量。1959 年 12 月 23 日通过的关于全面教育改革的第 680 号法令,决定在农村地区设立 1 万间教室,要求不断提高教育质量,师资短缺问题变得十分突出,需要将教师人数增加一倍以上。1960 年组织了扫盲运动,许多扫盲工作者在运动结束后继续担任教师。为满足教育需求,20 世纪 70 年代初,各省成立了小学教师培训学校和幼儿园教师培训学校。古巴政府对此十分重视,特别强调要培养教育人才,大力培养师资力量,希望拥有一流的教师队伍和一流的教育水平。从 20 世纪 70 年代中期开始,古巴师资发展方针从数量的增加转向质量的提高。教师的培养主要分为两种:一种是正规的师范教育,招收的高中毕业生或中专毕业生进高等师范学院或综合性大学教育系学习,学习期限师院为 3—4 年,综合性大学为 5 年。

---

[1] ONEI, Anuario Estadístico de Cuba 2019, Capítulo18: Educación, Edición 2020, pp. 10 - 11.

另一种是培训现有教师，让在职教师轮流到师范学院或综合性大学进修，时间一般为一年。① 此外，政府还采取措施扩大师范院校的招生人数，组织种种短期师资培训班，结业后及时输送到所需要的学校去。20世纪 90 年代以来，古巴绝大多数教师已具有大学水平，其中数以万计的小学教员已拥有硕士学位，数以千计的大学教师拥有博士学位。②2010/2011 学年，重新开放了小学教师、学前教育工作者和特殊教育教师培训学校，2013/2014 学年增加小学英语教师专业培训。根据最新统计，2019/2020 学年共有 29 所教师培训学校，该学年培训达到 28526人。目前全国教师总人数达到约 29.51 万人。③

经过 60 多年的发展，古巴通过建立完整的教育体系，大力发展多种教育形式，促进古巴各级各类教育都取得了不错成绩，满足了不同年龄、不同类型的公民对教育的需求，保证了所有公民的受教育权，取得了教育居拉美之首的成绩。

五 利用先进技术，促进教育现代化

从 2001/2002 学年开始，在各级学校中（包括幼儿园）均开设了计算机课，使所有学生都能学习计算机技术。在这一学年中，向全国的各类学校共增拨了 44790 台计算机，新培训出计算机教师 1.2 万人。④ 同时，加强全国的电化教育，教育电视台设两个演播室，其中一个教授大学课程，另一个教授小学至高中课程。此外，在两个全国性频道中还每天分别播出 10 小时和 12 小时的教育节目。在 2003 年，已经实现全国各类学校的每一个教室配备电视机。2015 年第一批智能教室出现在古巴，配备了数字互动白板、平板电脑或笔记本电脑、WiFi、服务器和投影仪。⑤

---

① 徐世澄：《古巴》，社会科学文献出版社 2018 年版，第 251 页。
② 张金霞：《卡斯特罗社会建设的实践与探索》，《桂海论丛》2012 年第 4 期。
③ ONEI, Anuario Estadístico de Cuba 2019, Capítulo18: Educación, Edición 2020, pp. 10 - 11.
④ 梁宏等：《变革中的越南朝鲜古巴》，深圳出版发行集团、海天出版社 2010 年版，第 229 页。
⑤ http://en.granma.cu/cuba/2018-06-15/education-in-cuba-the-2030-agenda.

目前，古巴也正在不断深化教育改革，2017年9月起，新的学习项目正在学校试行，在最初6个省份的试点基础上逐渐推广到更多城市。中央教育科学研究所教育科学中心主任 Alberto Valle Lima 博士指出，"整个社会都在发生着巨大的变化，尤其是经济和社会的变化，教育必须适应这种变化，必须准备好提供多样化的教育，为加强我们青年的政治思想教育作出贡献。"[1]

六 坚持教育"引进"与"输出"，加强国际教育交流

古巴除积极发展国民教育外，还善于吸收别国的先进经验，其教育研究机构一直与国际和地区性教育组织保持密切联系。苏联解体、东欧剧变前，每年派出数以千计的留学生到苏东国家学习。古巴教育的现代化基本与国际先进水平同步。古巴在教育领域取得令人瞩目成绩的同时，大力输出教育资源，积极向其他国家提供教育援助。早在20世纪80年代，古巴就派出切·格瓦拉国际主义支队、"富兰达·派斯"小学教师队伍和"奥古斯托·塞撒尔·桑地诺"队伍到安哥拉和尼加拉瓜从事教育工作。当时共有3500多名教师和教学顾问在二十多个国家提供国际主义援助。[2] 1987年，古巴曾对40多个国家派出了2万多名中小学教师，主要派到非洲和中美洲国家。古巴还同其他社会主义国家和亚非拉发展中国家签订了教育方面交流的协议，选派大批青年学生到社会主义国家留学。古巴不仅将自己的大量人力资源派出去帮助别国的建设，而且还以提供奖学金的形式将别国的青年学子"引进来"，为这些国家培养建设人才。主要接受了包括中国在内的大批来自亚非拉发展中国家、社会主义国家的青年学生以及来自一些发达国家的青年学生到古巴留学。20世纪70年代，古巴在青年岛建立了规模宏大的国际学校，每年免费吸收大批第三世界国家的青年人进来学习。1999年以前，古巴就为外国培养了数以万计的各类人才。同年，古巴又专门为拉美国家的青年创办了拉丁美洲医学院，接收包括来自美国的贫穷学生，为其他

---

[1] http://en.granma.cu/cuba/2018-01-23/educational-reform-progress-made-to-date.

[2] ［古］菲德尔·卡斯特罗：《在古巴共产党第一、二、三次全国代表大会上的中心报告》，王玫等译，人民出版社1990年版，第239页。

国家培养了大批医学人才。2000年，古巴还创立了国际体育学校，为来自全世界的其他国家培养大批专业体育人才。到2004年，古巴为世界上123个国家培养了共计4.1万名青年学子在古巴进行中等和高等教育学成毕业后回国。[①] 此外，自1998年以来，已经有来自30多个国家/地区的1000余万人接受了古巴的"我能够"扫盲教学方法实现了脱盲。

古巴教育一般性指标　　　　　　　　　　单位：所/人

	2014/2015	2015/2016	2016/2017	2017/2018	2018/2019	2019/2020
学校	10510	10516	10561	10584	10598	10626
教师	301558	296000	299572	289003	285309	295060
在校人数	2016750	1993857	2030432	2016574	2012703	2018986
毕业人数	404735	400507	394885	386787	371939	—
奖学金人数	144887	141492	147203	144852	144610	143583
半寄宿人数	834885	834850	820414	813545	812841	824312

资料来源：ONEI, Anuario Estadístico de Cuba 2019, Capítulo18: Educación, Edición 2020, p. 10。

古巴各类学校统计　　　　　　　　　　单位：所

		2014/2015	2015/2016	2016/2017	2017/2018	2018/2019	2019/2020
总数		10510	10516	10561	10584	10598	10626
幼儿教育		1078	1083	1084	1084	1088	1085
小学教育		6827	6837	6863	6887	6908	6921
中等教育	总数	1766	1764	1756	1744	1735	1736
中等教育	基础中学（初中和高中）	1002	1010	1015	1010	996	994
中等教育	大学预备学校	295	299	296	302	302	299
中等教育	技术与职业教育	447	432	421	406	410	414
中等教育	教师培训学校	22	23	24	26	27	29
成人教育		371	375	409	425	429	427

---

① 毛相麟、杨建民：《古巴社会主义研究》，社会科学文献出版社2019年版，第364、365页。

续表

	2014/2015	2015/2016	2016/2017	2017/2018	2018/2019	2019/2020
特殊教育	363	360	354	349	342	341
艺术	37	37	37	37	37	37
体育	17	17	17	17	18	18
高等教育	51	43	41	41	41	41
市立大学中心	123	123	126	121	120	124

资料来源：ONEI, Anuario Estadístico de Cuba 2019, Capítulo18：Educación, Edición 2020, p. 10。

古巴各类教师人数统计　　　　单位：人

	2014/2015	2015/2016	2016/2017	2017/2018	2018/2019	2019/2020
总数	301558	296000	299572	289003	285309	295060
幼儿园	23292	23010	22032	20476	20843	20549
学前教育	8305	8466	8577	8452	8377	8686
小学	106429	107694	106224	102745	101503	106454
中学	92374	88176	84780	79886	77447	81354
艺术学校	3354	2593	2214	2272	2214	2369
体育学校	2929	3220	3218	3548	3127	3239
成人教育	4003	4072	4221	4295	4166	4221
特殊学校	15382	15278	14679	14016	13877	14129
高等学校	45490	43491	53627	53313	53755	54059

资料来源：ONEI, Anuario Estadístico de Cuba 2019, Capítulo18：Educación, Edición 2020, p. 11。

第二节　医疗卫生事业的发展

古巴经过60多年的努力在医疗卫生方面取得了显著的成绩，实现了病有所医与医有所保，医疗卫生保健的基本指标达到了世界先进水平，到1988年就实现了WHO关于发展中国家"2000年人人享有卫生保健"的所有指标，2020年的人类发展指数达0.783，属于高人类发展指数，预期平均寿命78.8岁，显示出古巴社会主义的伟大成就。

一 实行全民免费医疗保健制度，让人民看得起病

1959年革命胜利前，古巴医疗资源匮乏，卫生状况十分糟糕，全国只有一所医学专科学科，平均每年毕业生约300人，全国只有6000名医生；全国只有一家血库，28000多张病床；周岁内婴儿的死亡率在千分之六十以上，因小儿麻痹症致死或致残的儿童每年约300名，患白喉的儿童平均每年约600名，疟疾患者每年有3000人，人均寿命不到55岁；卫生资源分配极不平衡，首都人口仅占全国人口的22%，医院床位却占全国的61%、医生占全国的60%，农村更加没有任何医疗条件可言，广大农村只有一所医院，政府的医疗覆盖面仅占农村人口的8%。革命胜利以后，古巴革命政府以《蒙卡达纲领》作为指导行动的文件和原则，极大关注人民的健康，第一个《哈瓦那宣言》规定"生病的人有享受医疗的权利"，政府制订紧急计划来改变国家的医疗卫生状况，成立公共卫生部负责国家医疗卫生工作和疾病防疫，积极推进国家的医疗卫生事业发展。古巴政府决定实行全民医疗卫生保健免费制度，宣布享有医疗卫生服务是全体公民的权利，医疗待遇人人平等，一切费用由国家负担。1963年4月颁布了第一部《社会保障法》（"第1100号法"）规定：实行面向所有人的免费医疗。1976年宪法和1983年颁布的卫生法规定健康是人的基本权利，每个公民都享有免费获得预防、治疗、康复等卫生服务的权利。1976年宪法第8条规定：人民政权应该保障"病人可以就医"；第42条规定："任何人在一切医疗机构得到医疗救助"；第49条规定："所有公民，其健康应受到关心和保护，国家保障如下权利：通过农村医疗服务设施、诊所、医院、防疫站和专科医疗中心，提供免费医疗服务；提供免费口腔医疗服务；发展卫生普及和健康教育，实行定期体检；普遍接种和其他预防疾病措施。"[1] 2019年宪法第69条规定"国家通过对不幸事故和职业病的相应预防，保障保护、安全和卫生的权利。在合同期间遭到不幸事故或者感染职业病，有权获得医疗照顾"，第72条规定"所有人享有健康的权利，国家有责任保障公民免费获得高质量的医疗、保护和康复服务。为了落实这

---

[1] 姜士林等：《世界宪法全书》，青岛出版社1997年版，第1521—1522页。

一权利，国家在社会和家庭的帮助下，建立了可供民众使用的各级医疗保健体系，并制定预防和教育方案。"①《古巴社会主义发展的经济和社会模式的概念化》中对人民的经济社会权利作了规定，强调教育和健康服务是由国家按照国际标准免费提供。古巴无论是宪法还是其他制度文件，都明确规定了全体古巴人民享有免费医疗的权利，国家通过多方面努力保障人民这一权利。

经过几十年的不懈探索和努力，古巴建立了较完善的全民免费医疗保健制度，医疗保健单位的常备药品都是免费提供，曾经有段时间住院治疗的患者及其陪护者享受免费饮食供应，陪护者的休息场所也由医院提供，全民免费医疗和住院的制度普及到国家最偏远的角落。就算在20世纪90年代最困难的时期，古巴仍然坚持给予公民免费的医疗保障。20世纪90年代后期，国家对公共卫生项目的预算支出逐年增加，从1996年的11.1亿比索上升到2001年的17.97亿比索。这些费用全部由国家承担。到了2009年，国家在卫生方面的支出为70.05亿比索，2016年增至106.67亿比索。多年来，古巴公共卫生支出的比例在拉美地区是最高的，古巴的医疗网络也不断完善，有关医疗卫生保健的基本指标达到了世界先进水平，真正做到使所有社会成员"病有所医和医有所保"，受到世界卫生组织等国际机构和有关人士的高度赞誉。

二 建立三级医疗卫生保健体系和家庭医生制度

（一）三级医疗卫生保健体系的形成

古巴革命胜利后，国家卫生医疗战线进行了巨大的变革。革命前存在三种医疗服务机制，即公办的、私人的和互济会机构，而公办的又有不同的服务计划。革命胜利后的当务之急是把这些遗留下来的机制融合为由卫生部领导的统一的医疗卫生体系。经过15年的努力，到1974年国家摆脱了医疗领域中的困境，初步建立起了新型的医疗体系，面向农村，深入了基层。到1975年，共建立225所医院，所需设备一应俱全，很多医院还配有医学科学的尖端设备，病床从1959年的2.85万张增加

---

① Constitución de la República de Cuba, http://www.granma.cu/file/pdf/gaceta/Nueva%20Constituci%C3%B3n%20240%20KB-1.pdf.

到1974年的4.6万多张。特别是农村医院网的建设速度很快,到1975年农村医院就建了56所,医疗站118个,改变了国家几百年来农村人口缺医少药的状况;城市从以前只有161个急救站,逐步建立了现代化的综合门诊部236个,负责疾病的防治工作。出诊看病的制度也逐步建立了起来,所有大城市和大部分城镇都实行了该制度。不仅如此,国家的医疗卫生机构也逐步建立了起来,其中有96个口腔医院,47个接生站,35个卫生和流行病化验站以及10个生物医学研究所,医疗卫生工作者达14万人。国家卫生部统管卫生医疗工作,预算从革命前2000万比索增加至1975年的4亿比索,提高了19倍。① 正是由于古巴政府的高度重视,政府的大量投入,全国统一的医疗卫生服务体系逐步建立起来。公共卫生部是整个体系的中央管理部门,集中分配卫生资源,并负责医学毕业生的考核,医疗卫生人员均为政府的雇员,不允许私自开设诊所营业。但因受经济发展和美国封锁等因素的影响,医疗卫生领域仍存在一些突出问题,主要体现在该体系以医院为中心,预防和治疗服务不能达到好的结合,地区间的发展不平衡,覆盖面不足,这也就意味着国家医疗改革的任务还没有完成。

到20世纪70年代中期,医疗卫生保健的三级体系开始建立,一般市(县)以下的小医院和综合诊所为初级医疗网,省会和重要城市的中心医院为二级医疗网,中央级全国性医院属三级医疗网。其中,初级医疗网是建设的重点,与居民的联系最密切,也是古巴人民的一大创举。最开始提出的"社区医疗模式"也主要是为了服务于初级医疗网,这种医疗模式更好地适应了新形势的发展需要,有效地发挥了基层群众社会参与的作用。其主要组织形式是综合诊所,政府把每一个市(县)所辖的范围划分为若干个卫生区,每个区都要求成立综合诊所,负担起初级医疗网的主要职责。综合诊所一般由10—12名家庭医生组成,负责全区人口的一切卫生事宜,其医务人员被编成若干卫生队,每个队均由四方面的专科医生(内科、小儿科、妇产科和牙科)、护士、心理医生和其他业务人员所组成,负责在社区内开展以下9项服务:妇女卫

---

① [古]菲德尔·卡斯特罗:《在古巴共产党第一、二、三次全国代表大会上的中心报告》,王玫等译,人民出版社1990年版,第113—115页。

生、儿童卫生、成人医疗、口腔疾病防治、传染病控制、环境服务、食品控制、学校卫生服务、职业病和劳工医疗等。综合诊所还负责组织卫生教育工作,开展业务培训和科研活动。[1] 这一体系的建立在古巴医疗体制建设中迈出了一大步,事实表明发展综合诊所的方向是正确的,国家医疗卫生工作也随之取得了一定成效。1975—1980年共建立了50个综合门诊部,增设了一批医疗器械,居民就诊从1975年的人均4.1次提高到1980年的4.6次,不足周岁婴儿的死亡率从1975年的27.3‰降低到1979年的19.3‰,1岁至4周岁儿童的死亡率下降了10%,随着医疗水平的不断提高,男女平均寿命也增至73岁。[2] 免疫接种已覆盖至全国的儿童,三种主要传染病包括小儿麻痹、疟疾和白喉已在20世纪70年代初被根绝,急性传染性脑炎也在1981年被根绝了。到1985年,人平均寿命达到74.2岁,同许多高度工业化国家一样或高于它们,儿童死亡率也显著下降,在革命胜利时是每1000名活婴中有60人死亡,而到1985年则降到16.5名,其他一些基本指数已接近发达国家指数。[3]

毫无疑问,国家对"社区医疗模式"的推广取得了一定成效,但由于每个诊所服务的人口太多,平均每个综合诊所负责2.5万人,在城区甚至有的诊所要服务6万人,并且每个诊所只配备4个医疗队,古巴政府认为"社区医疗模式"所取得的成绩与设想仍有差距,需要进一步改革。[4] 这也意味着,"社区医疗模式"仍存在缺陷,主要表现为它们未能完成所赋予的任务,预防工作做得不够和未能广泛深入居民中去,而根本原因在于综合诊所的服务区域太大,任务过重,影响工作质量。

(二)家庭医生制度的建立和运行

随着国家大力推进医疗事业,成倍地增加培养医生、口腔医生、

---

[1] 毛相麟、杨建民:《古巴社会主义研究》,社会科学文献出版社2019年版,第258页。
[2] [古]菲德尔·卡斯特罗:《在古巴共产党第一、二、三次全国代表大会上的中心报告》,王玫等译,人民出版社1990年版,第236—237页。
[3] 吴彬康等:《八十年代世界共产党代表大会重要文件选编》(下卷),中国广播电视出版社2010年版,第993页。
[4] 张静、代涛、黄菊:《古巴全科医生制度的经验与启示》,《中国全科医学》2015年第31期。

护士和技师并努力提高他们的素质，引进新的科学成果，医疗服务质量得到不断提升。为进一步扩大医疗服务覆盖面，切实满足广大人民特别是基层群众的健康需求，在群众的积极建议下，古巴在1984年开始实行"家庭医生"制度，并完善了一系列的培养制度，明确了服务范围，并于20世纪90年代逐步推广到全国，这种制度一经实行便显示其突出的优越性和强大的生命力，成为初级医疗网更好的组织形式。

一是家庭医生制度为居民提供便捷全面的医疗卫生保健服务。古巴政府根据综合诊所辖区内的人口数量和分布情况，在社区、街道、乡村配备家庭医生，一般每个家庭医生负责120个家庭600—800个居民的医疗卫生保健工作。通常每个家庭医生有一个诊所，家庭医生住在诊所的楼上或附近，诊所24小时对外开放。所内配备一名护士，协助医生工作，诊所一般由就诊室、候诊室、监察室、小厨房和卫生间组成，配有必要的医疗设备。家庭医生要负责居民的医疗保健工作，如接种疫苗、病人愈后家访、孕妇保健及产后跟踪检查、疾病普查和定期体检等。同时还为每个家庭建立家庭卫生档案，内容包括家庭经济、住房基本情况、饲养何种动物、有无传染病源、住地附近环境卫生等情况。还为每位居民，包括儿童建立个人健康卡。如果没有特殊情况，家庭医生上午在诊所接待病人，下午外出巡诊，还要定期轮流到综合诊所去值班。家庭医生的职责除了要对上述居民进行一般病症的诊治外，定期为他们进行体检，充分掌握每个居民的健康情况，还要负责这些居民的卫生保健和卫生知识的宣传教育，同时协助解决居民的环境卫生和饮水卫生问题。家庭医生制不仅在城市的街区和农村村庄中大力推广，而且在学校、工厂、船舶、合作社和其他工作单位中也建立起来，遍及城乡每个角落，受到当地群众的大力支持。

二是家庭医生具有较高的综合素质。古巴对家庭医生的政治思想和业务水平要求都很严格，从事家庭医生职业的人在医科大学毕业后还要再学习两年的综合性医学科目。古巴的本科毕业生要先成为全科医生才有机会再次进入高校或研究机构学习其他医学专科。古巴政府要求每一位医生应该对病人抱有最高尚的人类感情，因此他们必须通过政治思想和职业道德方面的考核，符合"为人民的幸福而奉献"的职业要求。

从 1960 年起，要求凡医学院校毕业生必须服从国家的分配，到农村或城市的基层单位工作二年至三年，然后才可以自由流动。为培养合格的家庭医生，自 1983 年起，古巴的医学院校专门制订了培养家庭医生的教学大纲，内容包括：内科、外科、儿科、妇科、精神心理卫生、卫生防疫等，其目的是将家庭医生培养成能全面掌握医学各学科知识和本领的全科医生。完成了按培养家庭医生的教学大纲所进行的业务培训后，参加专门委员会组织的考试，合格的可以成为家庭医生。家庭医生和护士每周有半天时间到综合卫生所集中学习或培训，更新理论知识、掌握新技术。另外，不定期地安排家庭医生或护士到上级医疗单位进修。①

三是国家为家庭医生提供全面保障。在工作分配上，古巴家庭医生本科毕业后通过国家统一考试即具备行医资格，其执业方式是由政府雇佣，不允许受雇于私人机构。公共卫生部负责整个体系的规则制定、机构设置和人员分配。在生活上，政府对家庭医生的生活十分关心，其住房和生活设施都由国家提供，诊所的投资和建设也都由政府负责，促使他们把更多的精力投入医疗服务事业中。在工资待遇上，古巴医务人员的工资完全由政府支付，根据专业、参加工作时间、职称或学历等不同条件，2015 年统计的月工资为 500—1000 古巴比索（相当于 20—50 美元），高于古巴国家统计局数据显示的国有行业月平均工资（466 古巴比索，约相当于 19 美元），家庭医生的工资水平虽然总体不及专科医生，但差距不大。② 2019 年古巴公共卫生和社会援助工作人员平均月工资为 965 比索。古巴政府正进一步改革分配制度，提高医务人员的工资，并且希望实现多劳多得和效仿其他行业允许私有化等改革来提高医务人员的积极性。

古巴通过家庭医生制度，居民的绝大部分"小病小灾"都能在社区得到及时而妥善的解决，从而有效地降低了"小病变大病"的可能性。对于少数疑难杂症或重症患者，家庭医生及时将其转往综合诊所或综合

---

① 王承就：《古巴的家庭医生制度及对中国农村医改的启示》，《社会科学家》2008 年第 7 期。

② 张静、代涛、黄菊：《古巴全科医生制度的经验与启示》，《中国全科医学》2015 年第 31 期。

医院，并参与患者的治疗工作；治疗结束后，家庭医生负责其后续治疗或康复工作。通过聚焦基层社区的工作，古巴实现了健康教育、疾病预防、诊断治疗以及康复保健等服务的有机结合。各级医疗单位间有效互动既较好地保证了国民的身体健康，又有效地减少了不必要的住院治疗，提高了古巴医疗保健资源的利用率。[①]

（三）三级医疗卫生保健体系的完善

由于国家用于社会保险和社会援助的款项显著增加，在卫生方面取得了很大进展，同1985年相比，医疗卫生机构增长了几十倍，并普及到全民，建立起了岛国最现代化的医院——"阿梅赫伊拉斯兄弟"临床外科医院，还有马里阿纳奥的"胡安·曼努埃尔·马尔凯斯"儿科医院。全国医院的诊所和网点较为完善，人口中的90%受到了家庭医生的照顾。

目前，古巴不断完善由社区性的家庭医生诊所、地区性的综合诊所、全国性的综合医院与医学研究中心等单位组成的三级医疗保健体系。其中，初级医疗单位即家庭医生诊所已经遍布各个社区，仍然是古巴医疗保健体系的核心。中级医疗单位是分布在古巴的地区性综合诊所，综合诊所是20—40个家庭医生诊所的组织和管理中心，由全科医生与专业护士组成。它们配有X光机、超声仪等专业医疗设备，为辖区内2.5万—3.5万名社区居民提供儿科、牙科、眼科等专科诊治以及透视、化验、康复等辅助服务，解决大多数患者的住院诊治问题。综合诊所主要承担常见病和多发病的诊治，并负责地方病的防治等工作。综合诊所也会直接与患者的家庭医生沟通，并进行必要的随访。高级医疗单位是古巴的综合医院和医学研究中心，主要负责疑难杂症等的诊治、研究与教学等工作。这些机构的医疗水平、设施条件等享誉美洲乃至全球。[②] 据统计，2019年古巴共有公共卫生部医务人员294723人，卫生部医疗卫生机构12958家，其中，家庭医生诊所11297家，综合诊所449家，综合医院150家，研究所12家；社会援助机构480家，包括养

[①] 张登文：《为人民群众提供优质高效的医疗保障——透视古巴的全民医疗制度》，《中国党政干部论坛》2018年第9期。

[②] 张登文：《为人民群众提供优质高效的医疗保障——透视古巴的全民医疗制度》，《中国党政干部论坛》2018年第9期。

老院、老年之家、残疾人之家。①

　　劳尔上台后对医疗卫生系统进行了改善，关闭了一半的家庭诊所，对人员进行整合，并提高了医务人员的工资水平。医疗部门总的形势是好的，医生人数、诊病次数、预期寿命都在增加，婴儿死亡率继续下降，但家庭医生人数有所减少，2010年古巴家庭医生人数为36478人，到2011年锐减为13367人，到2019年家庭医生人数为26173人。家庭医生承担的任务不变，但推动了其服务效率和质量的改善。同时，国家为进一步提升初级医疗诊治水平，全面加强了综合诊所的作用，增加和配齐医疗设备，增加综合诊所的职能，开设康复服务和急诊服务等，让大多数患者在初级网范围内就能得到诊治。开展大规模的培训工作，包括对医生、护士和其他医务人员的业务教育，不断提高综合诊所医务人员的医疗水平，从而从整体上提升三级医疗体系的服务质量。随着三级医疗体系日臻完善和定型，全社会已能做到"哪里有人民，哪里便有医生"。古巴在争取实现人人享有健康的目标中取得了丰硕的成果。

三　不断提高医疗保健水平

　　在发展中国家中，古巴的医疗保健水平是很高的。这不仅与古巴自革命胜利以来高度重视人民的医疗健康状况有关，还与长期以来坚持不懈提高医疗服务质量，积极组织群众采取预防和保健措施分不开。1975年，医院、卫生所、口腔诊所、血库、产院、卫生和流行病实验室及生物医学研究所等都有了惊人的发展，卫生方面的毕业生和专业人员的人数增加了好几倍，已经根除了脊髓灰质炎和疟疾，胃肠病、结核病、破伤风和其他传染性疾病已大为减少。婴儿死亡率从1958年每千名新生婴儿死亡65.8人下降到1990年每千名新生婴儿死亡10.7人，婴儿死亡率已减少了50%以上，平均寿命从65.8增长到75.2岁。1990年，医生人数已经达到每284个居民中有1名医生。据卫生部统计，2008年，古巴医生人数达到历年最高，约33.56万人，随后，医生人数有所减少，2013—2018年，古巴医生人数一直

---

① ONEI, Anuario Estadístico de Cuba 2019, Capítulo19: Salud, Edición 2020, pp.10, 13.

保持在 26 万多人。① 古巴每 1000 个居民就配备有 8.5 名医生，达到世界上最好的水平之一②。

2017 年全国医疗卫生结果统计显示，2017 年古巴婴儿死亡率创历史上最低水平，每 1000 个活产婴儿中有 4.040 个死亡，与 2016 年相比，1 岁以下儿童的死亡人数减少了 35 人；每 1000 个活产婴儿中有 0.9 个死于先天性缺陷；学龄儿童的死亡水平每 10 万人从 2.1 下降到 1.7，当年的死亡人数减少了 67 人；出生时体重不足的婴儿比例从 5.2% 下降到 5.0%；孕产妇死亡率由 0.419‰ 下降到 0.391‰，即每 10 万孕产妇死亡人数为 37.8 人。2017 年古巴人的平均预期寿命为 78.45 岁（女性为 80.45 岁，男性为 76.50 岁）；现 19.8% 的古巴人口年龄在 60 岁以上，老年人的死亡率仍然是每 10 万个 60 岁或 60 岁以上的人中有 29 人死亡；75 岁或 75 岁以上的人的死亡率不断下降（从 62.4 降至 61.9）；现有 287 个老年之家，服务 9838 人，150 个敬老院，床位 11912 张；目前全国医疗机构中有 51 个老年医学部门，医院床位 1049 张，即平均每 2000 名老年人拥有一张床位；全国 62 家药店提供的助听器、轮椅、拐杖、助行器和病床等医疗技术和设备有所增加，受益患者达 101582 人。为了保障人民的癌症治疗，开设了 45 个区域肿瘤中心，25 个专门从事核医学，9 个专门从事放射治疗。③ 过去三年癌症死亡率保持不变，19 岁及以下人群的癌症死亡率下降了 14.2%。截至 2019 年，古巴医疗卫生机构的总床位数为 62049 张，医疗卫生系统为 47205 张，其中医院为 39597 张，科研所为 917 张，其他医护单位为 6691 张，社会救助系统为 14844 张。④

古巴人还享有良好的保健待遇。职工每年带薪休假 1 个月，女职工妊娠假和产假照发全额工资，一般公民每年可享受一次体检，慢性病患者和老人每 3 个月接受 1 次体检。全国儿童免费接种 8 种疫苗。2015 年，世界卫生组织证实，古巴成为全球第一个有效消除艾滋病病毒和梅毒母婴传播的国家。⑤

---

① Series Estadísticas Salud y Asistencia Social 1985 – 2018, http://www.onei.gob.cu/node/14784.
② http://en.granma.cu/mundo/2019 – 05 – 30/cuban-medical-collaboration-a-source-of-life.
③ http://en.granma.cu/cuba/2018 – 04 – 11/new-medical-services-offered-in-2018.
④ ONEI, Anuario Estadístico de Cuba 2019, Capítulo19：Salud, Edición 2020, p. 16.
⑤ 徐世澄、贺钦：《古巴》，社会科学文献出版社 2018 年版，第 237 页。

2015—2019年古巴公共卫生部医疗机构统计　　　单位：所

		2015年	2016年	2017年	2018年	2019年
医疗卫生机构	合计	11958	11955	12042	12049	12478
	医院	151	150	150	150	150
	研究所	12	12	12	12	12
	其他医疗卫生机构	11795	11793	11880	11887	12316
社会救助机构		442	454	467	478	480
总计		12400	12409	12509	12527	12958

资料来源：ONEI, Anuario Estadístico de Cuba 2019, Capítulo19: Salud, Edición 2020, p. 13。

2015—2019年古巴公共卫生部医务人员统计　　　单位：人

	2015年	2016年	2017年	2018年	2019年
医生	87982	90161	92084	95487	97202
其中：家庭医生	12883	12883	13131	13070	26173
口腔医生	17542	16852	18675	18910	19825
药剂师	2927	3099	3060	3005	2913
护士	89999	89072	87637	85732	84220
技师（中等和基本卫生技术人员）	35702	35492	33834	31911	29245
技师（技术人员和其他卫生毕业生）	61291	61914	61568	60622	61318
人员总计	295443	296590	296858	295667	294723

资料来源：ONEI, Anuario Estadístico de Cuba 2019, Capítulo19: Salud, Edición 2020, p. 10。

古巴医生及口腔医生平均接诊人数（1958—2019年）　　　单位：人

年份	医生		口腔医生	
	总人数	人均接诊人数	总人数	人均接诊人数
1958	6286	1076	250	27052
1965	6238	1252	1200	6507
1970	6152	1393	1366	6276
1975	9328	996	2319	4007

续表

年份	医生		口腔医生	
	总人数	人均接诊人数	总人数	人均接诊人数
1980	15247	641	3646	2682
1985	22910	439	5335	1885
1990	38690	274	6959	1524
1995	56836	193	9148	1200
2000	65997	170	9917	1128
2005	70594	159	10554	1066
2007	72416	155	10887	1032
2008	74552	151	11234	1000
2009	74880	150	11572	972
2010	76506	147	12144	925
2011	78622	143	12793	878
2012	82065	137	13998	804
2013	83698	133	15249	732
2014	85563	130	16630	671
2015	87982	128	17542	640
2016	90161	125	16852	667
2017	92084	122	18675	602
2018	95487	118	18910	595
2019	97202	116	19825	556

资料来源：ONEI, Anuario Estadístico de Cuba 2019, Capítulo19: Salud, Edición 2020, p.12。

四　大力开展对外医疗合作

自1963年以来，古巴向世界164个国家提供了40.7万名医疗保健专业人员的服务。[①] 古巴利用其优势医疗卫生体系，向其他国家与地区直接派遣医疗团队开展灾难救援与医疗服务，援建医院，帮助受援国家与地区开展传染病控制和检测、医护人员培训、疫苗接种等，捐赠药品和医疗设备，为受援国留学生提供奖学金供其赴古巴进修、科学技术交

---

① http://en.granma.cu/mundo/2019-05-30/cuban-medical-collaboration-a-source-of-life.

流等,与世界上其他国家特别是第三世界国家建立了友好合作关系,形成了古巴特有的对外医疗合作模式。

(一)提供灾难与紧急援助。虽然古巴是一个小国,经济并不富裕,但在地震、海啸、核泄漏、传染病等大规模灾难中,古巴医疗队都会冲锋陷阵提供无偿援助。1960年智利大地震发生后,古巴便首次对外派出医疗团队。1963年,古巴向遭遇地震的阿尔及利亚派遣了由56名医护人员组成的医疗队,提供了为期14个月的援助。1986年,古巴为受到切尔诺贝利核电站事故影响的儿童提供医疗援助,约2.4万个孩子在古巴的医院和康复中心获得治疗。2010年海地地震后,古巴派出60名医务人员组成的医疗队赴海地震区进行救援,完成了3000台手术,救助了5000民众,古巴医护人员照顾的伤员占总数的40%,在抗击地震中发挥了重要作用。2005年卡特琳娜飓风之后,古巴政府提出愿意派遣医务人员到新奥尔良诊治伤者。据《纽约时报》报道称:"作为一个贫穷、相对封闭的岛国,古巴与埃博拉正在肆虐的西非大陆远隔7000多公里。尽管如此,通过承诺派遣数百名医务人员前往疫区中心,古巴成为国际社会抗击埃博拉表现突出的一员。"据悉,面对埃博拉这种高风险的疫情,尽管美国和其他一些国家表示愿意提供资金,但只有古巴和少数几个非政府组织提供了当时最急需的帮助:诊治病人的医务人员。在世界卫生组织的支持下,古巴政府对460名医务人员进行了针对性的培训,并分批到达西非疫区中心执行防疫任务。[1] 2008年5月12日,中国汶川发生8.0级特大地震,古巴派出35人的医疗队携带60余种药品和制剂到汶川,在5月24日至6月4日期间,共诊治伤员1159例次,开展各种救治医疗活动2366例次,为中国抗震提供了及时的帮助。2020年新冠疫情在全球肆虐,古巴在本国同样遭受疫情影响的情况下,第一时间向欧洲、美洲、非洲和中东的31个国家派出了38个医疗队抗击新冠疫情,其后还陆续向墨西哥、巴拿马、坦桑尼亚等国家派出医疗队,帮助其他国家抗击疫情。至2020年12月,古巴已派出由3000余名古巴医护人员组成的53支抗疫医疗队支援其他国家和地区抗

---

[1] 纽约时报:《古巴在抗击埃博拉方面的贡献令人瞩目》,http://cu.mofcom.gov.cn/article/jmxw/201410/20141000771280.shtml。

疫，有40多个国家受益，对国际社会做出了突出贡献，受到世人瞩目和称赞，体现了伟大的国际主义精神。

古巴在拉美地区开展医疗援助的数据统计（截至2018年8月30日）[①]

国家（地区）	接诊患者（次）	开展手术（次）	接生婴儿（次）	接种疫苗（次）
伯利兹	4891988	115101	32858	227352
玻利维亚	70416664	1486774	56998	21149
巴西	107624299	1602	15681	15681
厄瓜多尔	5881576	194951	3530	1539
萨尔瓦多	182250	18997	1	0
危地马拉	4295159	459596	185153	1421550
圭亚那	5778747	166006	39305	9808
洪都拉斯	29634656	826479	174492	1014806
墨西哥	69355	584	421	13487
尼加拉瓜	732282	225642	20883	42781
秘鲁	641329	18645	206	2283
苏里南	317529	14638	856	8815
乌拉圭	660286	96943	0	0
委内瑞拉	1297676453	3365152	132163	183393
安提瓜和巴布达	380050	10588	9	0
库拉索	2847	0	0	0
多米尼加	185847	6063	807	7251
格林纳达	324902	26667	10599	0
海地	30142151	632088	178819	1649672
牙买加	1264413	24907	2	71594
圣基茨和尼维斯	215326	8318	762	0
圣文森特和格林纳丁斯	285078	4735	2052	45
圣卢西亚	299841	15829	1975	0
特立尼达和多巴哥	1898027	38586	15	325750
总计	1603801055	7758891	857587	1945734

---

① 曹廷：《古巴医疗外交的特点、动因与意义——兼论新冠肺炎疫情给古巴医疗外交带来的契机》，《拉丁美洲研究》2020年第3期。

（二）提供长期医疗服务。古巴在受援国接诊病人的同时帮助当地健全医疗体系，1980 年就向 27 个国家派遣了 2500 多名医疗卫生人员。拉美地区是古巴开展长期医疗服务的"主战场"，目前有超过 30100 名古巴卫生医疗合作者在加勒比国家联盟（ACS）25 个成员国中的 18 个国家工作。古巴卫生医疗工作者在 ACS 国家治疗了约 12 亿患者，为 689365 名新生儿提供了治疗，实施了 460 万例手术。古巴在拉美 9 个国家致力于眼科手术以恢复患者视力，并且还促进了重要的疫苗接种和预防性卫生保健活动，赢得了当地政府和民众的高度赞赏。[1] 其中，以古巴与委内瑞拉的医疗合作不仅规模最大而且影响深远。2004 年，古巴与委内瑞拉开展"石油换医生计划"，古巴帮助委内瑞拉建立起 600 个医疗中心、600 个康复室和 35 个高科技研究中心，而委内瑞拉则以优惠价格向古巴提供石油。2014 年古巴与委内瑞拉举行两国政府间的高级别会议，签署了 62 项涉及 2015 年经济社会发展的合作协议，根据协议要求，古巴再为委内瑞拉培训 518 名医务人员，以不断扩大委内瑞拉的医疗卫生系统人员队伍。[2] 2016 年，委内瑞拉经济遭受困境，但其已经持续 15 年向古巴提供数额不详的资金和每日约 9 万桶原油，所提供的原油占古巴石油需求的一半。与此同时，古巴向委内瑞拉提供医疗和其他专业服务作为回报。外界普遍认为，委内瑞拉提供的援助帮助古巴走出了 1991 年苏联解体后所产生的经济黑洞。[3] 2019 年，委内瑞拉加强医务人员培训领域进一步深化与古巴的合作，并提出 2019 年培养 3000 名国内医生的目标。目前，双方不断深化医疗合作，继续推动两国已故领导人查韦斯和菲德尔·卡斯特罗共同倡议的社区医生培养计划。同时，古巴还于 2013—2018 年累计向巴西派遣了 2 万多名医护人员，接诊患者达 1.13 亿人次。古巴还为最不发达国家海地提供大量医疗援助，2010 年古巴在委内瑞拉的资助下为海地建立了 5 所综合诊疗中心，并派遣医护人员提供门诊和急诊服务。古巴还与安哥拉和阿尔及

---

[1] http://en.granma.cu/mundo/2016-05-30/cuban-medical-cooperation-makes-positive-contribution-in-the-caribbean.

[2] 驻古巴经参处：《古巴委内瑞拉签署 62 项 2015 年社会经济发展合作协议》，http://cu.mofcom.gov.cn/article/jmxw/201412/20141200837274.shtml。

[3] 驻古巴经参处：http://cu.mofcom.gov.cn/article/jmxw/201607/20160701368359.shtml。

利亚等政府签订合作协议,为他们提供医疗服务的同时也换取了外汇收入。2018年,古巴称其通过向外国提供医疗服务所获得的外汇收入是80亿美元,占其出口额的40%。21世纪以来,古巴还在伯利兹、玻利维亚、多米尼加、危地马拉、洪都拉斯、尼加拉瓜、巴拉圭等拉美国家实施"综合医疗计划"。古巴分别为多米尼加、安提瓜和巴布达建立了一所综合诊疗中心,并协助牙买加和苏里南建立医疗体系。同时,古巴本土医院也为其他拉美国家的民众提供大量免费医疗服务。

此外,古巴在非洲和亚洲地区的医疗合作也十分活跃,1976—1986年期间,古巴在也门、埃塞俄比亚、乌干达等国援建了多所医学院。21世纪以来,古巴在博茨瓦纳、乍得、赤道几内亚、加纳、几内亚比绍、马里、津巴布韦等十多个非洲国家开展"综合医疗计划"。截至2019年9月,古巴已与撒哈拉以南非洲地区的28个国家展开医疗合作,累计派出约4500名医护人员提供医疗服务。近年来,古巴与中国的医疗合作进展良好,古巴先后在安徽合肥、河南周口和鹤壁、青海西宁等中西部地区建立中古友谊眼科医院,并派遣眼科专家长期驻扎、接诊病人。除了中国等地区大国,古巴还对东南亚地区的东帝汶和太平洋岛国等偏远地区开展医疗援助。例如,2004年,古巴向瑙鲁派遣了11名医生,占瑙鲁全国医生总数的78%,将其医生数量提高了367%。[1]

(三)提供医疗卫生教育和培训。1999年古巴政府在哈瓦那建立了拉美医学院,这是古巴提供国际医疗教育培训的最主要机构,其国际联合项目向包括中美洲和加勒比国家在内的外国留学生提供在古巴学习医学、护理、医疗技术等课程的全额奖学金,并且提供在职培训。申请项目的留学生须完成高中学业并且取得优异成绩,同时还须通过考试方可获得进修资格。其中,委内瑞拉是拉丁美洲医学院外国留学生最大来源国,根据2004年古委签署的协议,古巴同意为委内瑞拉培训4万名医生和5万名护理人员,并为1万名医学和护理学专业学生提供全额奖学金。古巴和委内瑞拉在医学教育培训方面也开创了"无墙大学"的全新模式,古巴医生通过这种模式为委内瑞拉培训医护人员,每位古巴医

---

[1] 曹廷:《古巴医疗外交的特点、动因及意义——兼论新冠肺炎疫情给古巴医疗外交带来的契机》,《拉丁美洲研究》2020年第3期。

生监督和培训两名委内瑞拉学生，每天一半的时间在诊所培训和实习，剩下的时间则在教室与由 25 名学生组成的小组共同学习。2017 年有来自 55 个国家（包括美国）的 1 万多名学生在该医院求学，为世界各国医疗行业培养了人才。古巴公共卫生部长何塞·安赫尔·波特尔·米兰达（José Ángel Portal Miranda）博士 2019 年 5 月 20 日至 28 日在瑞士日内瓦举行的第 72 届世界卫生大会指出，"来自 136 个国家的 35000 多名专业人员在古巴的大学接受了培训，来自 121 个国家的 8478 名专业人员目前正在学习。这对非洲、亚洲、拉丁美洲和加勒比地区成千上万社区的数百万人的生活产生了积极影响，这是毫无疑问的"。[①] 此外，古巴还协助其他国家建立自己的医学院。在驻在国工作的古巴医生还承担对当地医学专业学生进行教学指导的工作。

（四）开展多边合作与救济。古巴对外医疗合作不只局限于单边的医疗援助和服务，还重视与其他国家的医药开发与合作、发起国际多边卫生倡议与行动。一是加强国际医药合作。古巴坚持医药自主创新的同时，与巴西、中国、英国、加拿大和法国等国家共同合作研发新药，例如：古巴生物技术和医药产业集团与中国企业合作，成立多家合资企业，生产多甘烷醇（PPG）、干扰素和抗癌药物等，在 2020 年暴发的新冠疫情中，古巴和中国合作开发的重组人干扰素 α-2b 亦可用于治疗新冠肺炎，该药物已证实对包括乙型和丙型肝炎、带状疱疹、艾滋病和登革热在内的病毒性疾病有疗效，据称该药物已在中国投入临床试用，同时还在其他国家展开试用。古巴还持续地向多国出口药物和技术，其中一些药物是世界各国的贫困人口可以负担的急需药物。与此同时，古巴还向一些国家和地区捐赠医疗用品和设备，开展流行病控制和流行病学监测，通过出版医学期刊和召开国际会议来交流和转让一些医疗研究成果和知识。二是重视国际多边卫生倡议与行动。古巴同其他国家合作制定和实施相关的卫生倡议，其中与委内瑞拉合作开展"奇迹手术计划"影响很大。根据该计划古巴将在 10 年内在拉美地区完成 60 万台眼科手术，实际上到 2007 年底就已救治了 100 多万名眼疾患者，且在委内瑞拉、厄瓜多尔、玻利维亚、危地马拉、洪都拉斯、海地、巴拿马、

---

① http://en.granma.cu/mundo/2019-05-30/cuban-medical-collaboration-a-source-of-life.

巴拉圭、尼加拉瓜、乌拉圭等国建立了 61 个小型眼科诊所。"奇迹手术计划"还扩展到非洲，为安哥拉、马里建立了眼科诊所。在菲德尔·卡斯特罗的直接指导下于 1998 年 11 月针对中美洲和加勒比国家的"综合医疗计划"，帮助受援国家建设卫生体系并提高医疗水平，后该项目扩展到拉美地区 20 多个国家以及亚洲、非洲等国家。古巴在海外的医疗援助也常常得到他国及一些国际组织资金资助。比如，德国、利比亚和尼日利亚为古巴在尼日尔的卫生援助提供资金保障；古巴在海地的卫生救助工作得到法国、日本、巴西和挪威资助，在西非抗击埃博拉疫情得到世界卫生组织的资金支持。

此外，旅游医疗也是古巴开展对外医疗合作的重要方式。近年来，古巴大力发展旅游业的同时，依靠其在脑外科、眼科、器官移植等方面的先进技术及医疗费用低廉的优势，先后开办了保健旅游的若干医疗和康复项目，不少来自拉美、西欧、大洋洲和日本等国家的外国患者都来到古巴就医，1996 年曾接待这样的外国旅游者 7600 多人，到 20 世纪 90 年代后期，保健旅游进一步发展，1999 年仅接受眼科治疗的患者多达 1 万人以上，其中大部分来自德国，古巴也通过这种方式增加了外汇收入。[1] 如今，眼科、康复、整形美容、癌症治疗已成为古巴医疗旅游的优势项目。

总之，尽管古巴遭受美国政府 60 多年的残酷的经济、商业和金融封锁，目前封锁还正在加剧，并成为该国发展的主要障碍，但古巴仍然坚持分享他们在初级卫生保健领域发展的积极经验，提供世界卫生组织及其成员国合作项目，提供医学院校专业人员和技术人员的培训，及医疗制药和生物技术行业的产品，采取一切力所能及的手段为其他国家人民的福祉作出了重要贡献。古巴通过这种方式提高了国际声誉，推动了左翼国家团结合作，也获得了实际经济利益，带动国际医疗合作新模式的出现。

五　大力发展医药工业

古巴革命作出巨大努力挖掘潜力，发展制药工业，其产量持续增长。早在 20 世纪 70 年代中期，古巴药品生产已经可以满足国内需要的 80%，

---

[1]　毛相麟、杨建民：《古巴社会主义研究》（修订版），社会科学文献出版社 2019 年版，第 265 页。

到 20 世纪 80 年代已能生产出一批具有国际先进水平的药品和医疗器械，其中有些产品已向国外出口。20 世纪 90 年代以来发展迅速，2003 年古巴已能生产 1100 多种医药产品，提供国内所消费的药品的 80% 以上，并有部分药品和医疗机械出口国外，成为古巴外汇收入主要来源之一。2012 年 12 月成立的古巴生物医药集团，主要生产和销售高技术含量的药品并提供相关医疗服务，力图使医药工业成为古巴出口创汇的第一支柱行业。古巴生物医药集团受古巴部长会议执行委员会领导，该组织由 34 个附属企业和 61 个生产中心组成，拥有 22000 名高素质的专业人员，其中包括 6325 名大学毕业生、262 名博士、1170 名硕士毕业生、1300 名技术人员和 719 名研究人员。古巴现行的基本药物目录中的 761 种药品，64% 由集团提供，为国家的免疫保健计划、传染病和非传染病的大规模研究、应对糖尿病及其相关疾病做出了贡献，利用现代古巴开发的产品和国家公共卫生系统使用的基本药物与癌症作斗争。同时，也致力于开创性的科学项目，如开发新药、诊断系统和医疗设备及其他健康产品。该组织还涉及农业和牲畜生物技术领域，作为其促进该国粮食生产任务的一部分。古巴生物制药行业预示着繁荣和可持续的发展未来，是古巴最大的生产部门之一，在古巴的社会主义国营企业制度中具有巨大的出口潜力。[1]

经过多年的研究与实践，古巴在卫生领域取得了可比肩发达国家的重大成就。据古巴国家免疫中心主任何塞·路易斯·费尔南德斯（José Luis Fernández）称，古巴在孕妇甲胎蛋白检测的标准化、先天性艾滋病感染与甲状腺感染等疾病防控方面所取得的成绩最为突出。古巴是全球第二个对所有孕妇进行甲胎蛋白筛查的国家，据悉，甲胎蛋白筛查有助于防控胎儿先天性畸形。借助于这项技术及其知识产权下的超微分析设备（SUMA 设备），古巴成为第一个完全杜绝艾滋病病毒垂直传播的国家。同时古巴也是美洲第二个实行新生儿先天性甲状腺功能衰退症监测全覆盖的国家。[2] 古巴在生物医药领域坚持自主创新，过去 20 年间投入约 10 亿美元研发费用，其疫苗、干扰素、降血脂药物、癌症化疗药物等技术处于世界领

---

[1] http://en.granma.cu/cuba/2016-03-24/biocubafarma-a-globally-renowned-industry.
[2] 驻古巴经参处：《古巴防疫工作成绩斐然》，http://cu.mofcom.gov.cn/article/jmxw/201708/20170802620691.shtml。

先地位，已申请了 1200 项世界专利，出口 30 种医学生物技术品牌产品，带来了巨大的经济效益。值得一提的是，古巴分子免疫中心研发的肺癌疫苗经过 3 期临床验证，对非小细胞肺癌有较好疗效，目前已在古巴、秘鲁上市，在英国和中国等地做临床实验。[①]

2020 年全球遭受新冠疫情，古巴报告的每百万人口累计新冠肺炎确诊人数为全世界的 1/9，每百万人口死亡人数仅为全球的 1/18，不仅是拉丁美洲国家中治愈率最高的国家，也是世界上治愈率最高（百分比）的 20 个国家之一。古巴在全面加强疫情防控的同时，也加快新冠疫苗的研发工作，候选疫苗 Soberana 02 于 2021 年 3 月 1 日启动第 III 阶段临床试验，该疫苗在 II A 和 II B 研究阶段表现出了较高的安全性和强大的免疫反应，并具有持久的免疫记忆，古巴正在努力创造条件以达到生产 1 亿剂的能力，从而满足本国以及其他需要注射疫苗国家的需求。同时，古巴芬莱疫苗研究所还研发了候选疫苗 Soberana 01，基因工程和生物技术研发中心也开发出了另外两款候选疫苗，充分突显了古巴生物技术的实力。至 2022 年 3 月，候选疫苗 Abdala 的三剂方案的疗效达 92.28%，远高于世界卫生组织要求的抗 covid-19 疫苗的疗效至少要达 50%，这款疫苗在古巴圣地亚哥、巴亚莫、关塔那摩和哈瓦那进行临床试验，有 48000 名志愿者参与其中。古巴的生物技术还获得联合国工业发展组织的肯定，其指出古巴成功地建立了可行的国家制药行业，在迅速有效地发现紧急疫苗的角逐之中，古巴这个加勒比海小国领先了许多发达国家，古巴的候选疫苗可以为发展中国家提供一线生机。[②]

第三节　劳动就业、住房和社会保障体系建设

一　保障劳动就业，确保劳有所得

（一）古巴的就业形势

革命胜利前的 1958 年，全国总人口 670 万，古巴约有 70 万人没有

[①] 陈宁姗、田晓晓、杨小川：《古巴医疗卫生体制及对我国的启示》，《中国卫生政策研究》2015 年第 9 期。

[②] http://www.cubadebate.cu/noticias/2021/02/10/agencia-de-naciones-unidas-reconoce-desarrollo-de-candidatos-vacunales-contra-la-covid-19-en-cuba/.

工作，占经济自立人口的1/3，其中45%集中在农村；每年有10万多名青年进入经济自立的年龄，却没有就业机会；就业中存在肤色和性别歧视，黑人和混血人只能找到条件恶劣且报酬低的工作。革命胜利后，长期失业的现象被消灭了，所有公民没有任何区别地一律享有劳动权。国家通过发展农业、建筑业、工业和社会服务业，提供了140万个就业机会，解决了就业问题，到1975年止，就业人数平均每年增加82300人，年均增长率3.6%，女性就业人数是1958年的3.3倍，服刑人员也参加劳动，领取相应报酬。到20世纪80年代，就业状况继续好转。20世纪90年代初，苏联解体、东欧剧变给古巴经济发展造成了巨大的困难，原先来自苏东的原材料一下子停止了，动摇了国家的工业体系，大量建筑工程和类似的项目陷入瘫痪，许多工厂纷纷倒闭，国民经济发生剧烈变化。其中，蔗糖生产由原来的600万—700万吨下降到250万—300万吨，糖厂从150个减少到70个，工业要作大的改组，大批工人无工可做，下岗和失业人数剧增。1995年前后，失业率高达8%，给政府和工会工作带来很大压力。时任外交部副部长格拉门切罗说："虽然革命胜利多年，但形势就像革命刚成功时那样，面临巨大挑战。"随着国家改革开放政策的推行，允许个人或家庭从事服务业和餐饮业，大部分国营农场转变为合作社性质的合作生产基层单位，农场工人成为合作社社员或个体农户，就业渠道逐渐扩大，在非国有部门就业工作的人数不断增加，从1989年的22.9万人，增加到1998年的89.9万人，个体户从2.5万人增加到11.3万人。① 失业率也逐渐下降，2005年失业率不到2%，2006年古巴失业率为1.9%。② 20世纪初，古巴有1120万人，其中农村人口占了1/4（半数以上的耕地用于种植甘蔗），460万从业人员中，85%在国营单位工作，其余的分布在合作企业、合资企业、私营企业和个体户。女性劳动力占44%，熟练工人中2/3是女性。③ 2007年古巴经济人口495.64万，就业人口486.77万，失业率1.8%，平均工资408比索，同比增长5.4%。2008年就业人数同比增长1.7%，

---

① 徐世澄、贺钦：《古巴》，社会科学文献出版社2018年版，第222—223页。
② 王承就：《民生：始终是古巴党和政府的要务》，《国外理论动态》2008年第7期。
③ 梁宏等：《变革中的越南朝鲜古巴》，深圳出版发行集团、海天出版社2010年版，第218—222页。

失业率为1.6%，平均工资414比索。受国际经济环境的影响，2014年失业率为2.7%，有所上升。

（二）解决失业问题的对策与措施

卡斯特罗说："每个人都有劳动的权利，都有不受剥削和不遭失业的权利。"古巴在社会主义建设进程中采取多方举措解决人民的就业问题，取得较好的成绩。

1. 法律保障人民的就业权。古巴1976年宪法第9条规定：人民政权保障"一切有劳动能力的男人和妇女应有就业的机会，以便为社会做贡献并满足自身的需要；一切丧失劳动能力的人有体面的维持生活的手段"；第44条规定："社会主义社会的劳动是每个公民的权利、义务和光荣的事业。劳动者的报酬按劳动的数量和质量支付。根据经济和社会的需要、劳动者的愿望以及他的工作能力和熟练程度安排工作。劳动权的保障为：社会主义经济制度，它保证社会经济无危机地发展，永远消灭失业现象。"第45条规定："全体劳动者有八小时工作制度保障的休息的权利；有报酬的周休息和年休假的权利。"第48条规定："遭受工伤或患有职业病的劳动者有权接受治疗和补贴；在暂时或永久丧失劳动能力的情况下，有权退休。"[①] 2019年宪法第31条规定："劳动是我们社会的首要价值。它是一项权利、一种社会责任，是所有能工作的人获得荣誉的源泉。有偿劳动必须是维持有尊严的生活条件，是改善物质和精神福祉以及实现个人、集体和社会项目的主要收入来源。"第64条规定："任何有劳动能力的人都有权根据自己的选择、资格、才能以及经济社会的需求获得有尊严的就业。"第65条规定："劳动的报酬按照劳动的数量和质量支付，这体现了社会主义的各尽所能、按劳分配原则。"此外，劳动法、社会保障法也对人民的就业保障作出了具体而明确的规定。

2. 发展提供就业机会。卡斯特罗曾说："我们的问题是发展，我们的问题是未来！"唯有发展才是解决所有问题的硬道理。发展是解决人民就业的最重要渠道，只有经济社会发展了，才能创造更多的就业机会。古巴革命政府从一开始就创造了很多就业机会，发展农业、建筑业

[①] 姜士林等：《世界宪法全书》，青岛出版社1997年版，第1521—1522页。

和工业生产来根除失业现象。1973年颁布了社会服务法保障大、中学毕业生根据国家经济和社会方面的需要,在所分配的单位工作三年。革命胜利后的17年中,平均每年增加8.23万就业人数。妇女在工作中遭受歧视的现象不复存在,就业人数也大大增加了。1975年仅在国家民事部门就业的妇女就达64.7万人,占这些部门全体人员的28%。1981—1985年,增加了63万个就业岗位,1985年妇女劳动力占比从总占比32%增至37%。调整经济结构,大力发展服务业,也是解决就业的重要方式。20世纪90年代前,古巴以工业为主,其次是农业,第三是服务业。为适应苏联解体、东欧剧变后的经济社会形势变化的需要,政府把发展服务业放在优先位置,第二是工业,农业排到第三位。为此,国家出台了一些政策,如为促进旅游业发展,允许两种货币(比索和美元)在国内流通。同时,从过去禁止私人开办小企业改为鼓励私人投资,并积极吸引外商投资。针对东部地区经济发展落后,就业压力大的问题,政府在城市发展大棚农业,引进先进技术生产农作物,既解决了老百姓的蔬菜副食需求,又缓解了就业压力。针对企业关闭、改组带来的失业问题,古巴政府没有采取休克疗法,而是对因企业关闭、改组失去工作的工人照发工资,第一个月发全额,随后11个月按60%计发,通过这种方式保障劳动者及家人的基本生活,所需资金由国家预算安排。同时,进行技术培训,安排他们去做其他工作,超过一年还没有找到新工作的再转为失业。

3. 教育解决就业。1958年前的70万失业人员中有45%集中在农村,这些人大多是文盲,城市中的失业人员文盲半文盲占多数。何塞·马蒂说:"有教养的人民永远是强大的和自由的""最幸福的人民就是使自己的儿女在思想上和情感上能得到最好教育的人民"。卡斯特罗说:"何塞·马蒂说:有知识的人才能成为自由人,还要加上一句格言:没有文化就不可能有自由。"这说明教育对促进人民掌握文化知识进而有一份体面的工作是非常重要的,事实上文盲和半文盲只能从事一些简单劳动。古巴革命政府把发展教育特别是职业教育、职工培训和成人教育作为解决失业和促进就业的重要举措。发展技术和职业教育解决社会对熟练工人和中等技术人员的需求,促进人民就业;发展成人教育特别是职工培训,确保人民能够适应工作岗位的职业需求,避免失业;发展高等教育培养高素质劳动者,既满足复杂劳动岗位的就业需要,也可创造新的就业岗位；发展特殊教育培养残疾人和低能人的基本生存能力，让他们能做一些力所能及的工作，满足其就业和发展的需要。针对没有工作而有继续学习、上大学的愿望的年轻人（其中60%是女生），政府千方百计提供机会，在一些地区开设大学分校，或开办专门学校，让这些年轻人去学习，使这部分年轻人掌握一定的技能和专业，有利于他们找到合适的工作。这些青年在就学期间，处于就业准备之中，可以享受一定的津贴（白天在大学听课的其他工人享有同样待遇），也不计算为失业人员，因此很自然地降低了失业率。再者，政府在加强学校教育的同时，从2000年开始，委托共青盟在各个城市开办社会工作者学校，培养一批青年人加强社会工作。这类学校招收高中毕业生，学制一年，主要学习与社会工作相关的课程，他们毕业后从事社会工作，有工资收入，也可以继续上大学，但必须承诺大学毕业后再做10年社会工作。他们活跃在城市的社区和乡村，开展了几十项活动，包括同社会青年交朋友，为残疾人服务，帮助老百姓解决困难，通过与群众的广泛联系和沟通，建立相互信任，保持密切联系，预防、发现和解决一些问题，取得很好的社会效益。[1]哈瓦那大学设立了一个专门的学院，主要任务是培养社会工作者，学生有一定的基础知识，在校期间学习法律、哲学、历史、心理等学科，密切接触社会，学制两年，毕业后授予社会工作证书。毕业后面向社区，主要服务于社会弱势群体。2002年哈瓦那大学有该类专业学生2040人。[2]

4. 改革创造就业。卡斯特罗在古共三大的报告中指出："关于就业——人民的基本权利之一，全国很多地方缺少劳动力，而有些地方却有剩余劳动力""控制行政编制和继续精简工作，在我们整个国家机构中普遍是弱的。很多各种专业的技术人员都在国家的不同办公室里从事作用不大的工作，而没有到本可以作出有价值的贡献和发展成为有前途的技术干部的生产工作岗位上去"。古巴自1959年以来实行充分就业政策，劳动年龄人口大多被安排在国有部门、合作社工作。长期的积累之后，导致国有部门的预算单位、国有企业存在机构臃肿、人浮于事的现

---

[1] http://www.chinajob.gov.cn/FAQs/content/2006-11/15/content_487703.htm.
[2] 周满生、李韧竹：《古巴高等教育的发展与改革》，《世界教育信息》2002年第11期。

象；也存在一些专业技术人员从事非专业技术工作，造成人才浪费。随着国家经济形势的变化，出现结构性失业，如苏联解体、东欧剧变引发的企业关闭而导致的失业。与此同时，人民生活需要而产生的一些就业岗位则因政策的禁止没有人就业。为解决受苏联解体、东欧剧变影响而造成的高失业问题，古巴政府通过改革开放来增加就业岗位，允许人民从事135种过去禁止的行业，允许外国公司到古巴投资兴业给国人提供就业机会，大力发展旅游业吸纳更多人就业，改革国有企业优化就业。劳尔执政以来通过更新经济社会模式来扩大就业，实行国有部门裁员再就业，把发展非国有经营方式作为合法就业渠道；允许法人和自然人承包闲置土地扩大就业，设立经济发展特区吸引外国投资以增加就业机会。实行改革开放政策以来，古巴经济活动人口及就业结构发生了一系列变化，失业人口稳步减少，私营部门从业者和个体经营者数量显著增多，在国民经济的占比中，国有职位从2010年的81%减少到2015年的70.8%，非国有经济继续扩大，到2017年8月止，共有578421人注册为个体户，大部分是从事食品加工和销售工作，其次是货物和客运运输、住房出租、电信代理商，其余的作为被雇佣工人。其中，退休人员占个体经营的11%，另有16%作为第二职业，青年占32%，女性占33%。[①]古巴劳动和社会保障部部长玛格丽特·冈萨雷斯·费尔南德斯（Margarita González Fernández）说，2009年以来实体和国有企业登记就业数已经减少，而私营部门的就业却不断增加，从大学、技术专业高中、贸易学校和现役军人计划毕业的学生，以及在监狱获释的个人、残疾人和失业者应优先就业。到2018年中期，有4474800人有劳动收入，其中300多万人在国营部门工作，约130万人任职于非国营部门（自营职业、合作社成员等）。国家主席迪亚斯－卡内尔强调要促进将所有有能力的人，特别是青年纳入劳动大军，使他们能够以有意义的方式对社会作出贡献并满足他们的需要，中央国家行政机关必须确保其下属机构关注应届毕业生，确保他们在完成了一年的社会服务后继续留在工作岗位上。[②]

---

① http://en.granma.cu/cuba/2017-10-19/self-employment-rates-in-cuba.

② http://en.granma.cu/cuba/2018-06-27/cuban-president-leads-analysis-of-the-countrys-employment-and-investment-programs.

2019 年新宪法明确规定要促进和保障外国投资，并承认私营经济的发展，无疑将更大促进自主就业。

当然，随着国有岗位不断减少，私营从业者的增多，提升了经济活力，增加了就业机会的同时，导致社会收入差距进一步扩大，劳动力转向技术要求低的活动或移居国外等。对此，国家对私营经济的范围和规模进行一定的管控，其所有制形式的运行实现受法律的管制，古巴宪法规定私营经济是在一定范围内进行的。劳尔曾指出，可以允许个体户作为一个群体继续存在，但不允许财富的日益集中。一些古巴个体户表示，应让民众充分发挥想象力，自由而不受限地从事经营活动，政府应允许而非阻碍其发展。这类言论代表了古巴 50 多万个体户的心声，虽然 80% 的人对其当前收入感到满意，但古巴私营行业仍呼吁政府改善原料供应、降低价格、减少税收、限制和监管，并给予其更多的自由。① 除上述消极影响外，私营经济活动在古巴得到一定政策支持后蓬勃发展，还出现了一些不法行为，主要包括原材料来源不合法、拒不履行纳税义务和瞒报收入等。对此，2017 年 8 月，古巴劳动和社会保障部出台新规，对出租房屋、经营餐馆和商铺等 27 类行业暂时停发私营许可，不再对农副产品批发和零售商以及流动商贩发放新的经营许可，已拥有经营许可的私营经济从业人员可继续正常经营。古巴官方称此举主要是为了让私营经济更加健康、稳定发展，以推动经济模式更新，待相关行业的私营经济发展模式趋于完善后再发放新的许可。②

此外，随着人口老龄化加剧，古巴为解决劳动力问题，延缓退休年龄的同时，制定相应政策促进熟练劳动力的就业。根据《到 2023 年全国经济社会发展计划》，古巴政府强调要在不同产业、不同所有权和经营权实行有利于公众的各项政策，扩大就业来源，使公民的就业权得到保障；要不断提高就业能力，尤其是技术和知识密集型产业和经济活动的就业能力。对此，政府提出让更多的学生投身于自然科学、精密科

---

① 驻古巴经参处：《古强化对私营行业的控制》，http://cu.mofcom.gov.cn/article/jmxw/201708/20170802634581.shtml。
② 驻古巴经参处：《古巴出台新规完善私营经济》，http://cu.mofcom.gov.cn/article/jmxw/201708/20170802622435.shtml。

学、技术科学和科学教学领域,以此来适应国家和地方经济发展需要,这也为未来就业提供了发展方向。① 古共六大通过的《纲要》规定的就业政策是:根据劳动性质帮助人们就业,作为奉献社会和满足人们的需要的形式;扩大非国有部门的劳动,把它作为更多就业机会的一种选择,属于已建立的生产和服务的新组织形式;在已显示的能力的基础上,在国内展开劳动重组进程,这有助于消除膨胀的编制和家长式管理,以激发劳动的需要和缩减经济开支和国家预算。

(三) 几类特定群体的就业政策

在日常工作中,政府将就业安置的重点放在各类学校的毕业生和退役军人、刑满释放人员、有劳动能力的残疾人等几类特定群体上。对于各类学校毕业生和退役军人,由政府负责安排工作,具体做法是:对退役军人,政府要负责为其联系并落实工作单位,对其中愿意且有能力上大学的,工作单位要提供一段学习时间,以便他们做升学准备;对大学和技术学校学生,毕业前学校要召开会议,劳动保障部门要前往介绍国家的需要和能力,介绍各类用人单位的特点,由学生根据自己的情况做出选择。政府部门还广泛发动社会各方面的力量,根据国家的经济发展不断开发新的就业岗位,特别是动员企业加强技术人员和熟练工人的培养,吸收在校学生到车间实习,待其毕业后从中招收录用新职工。对于刑满释放人员,古巴劳动保障部门采取了"提前介入"的特别措施,他们同法院进行协调,设立专门机构,帮助他们联系原居住地附近的工作单位,包括社会工作者、街道居委会及妇联组织都给予关心和帮助,取得了良好的社会效果。对于有劳动能力的残疾人,古巴政府承诺愿意工作的都可以就业,保证给残疾人学校毕业生和其他有就业要求的残疾人提供工作机会。一是将残疾人安排到普通单位工作,二是根据不同情况安排到专门开设的工作车间。他们同样适用于"同工同酬"的原则。残疾人当中有些是先天残疾,对他们先送到学校培训,待其掌握技能后再安排工作,并在他们工作初期配备技术人员专门辅导。如有些残疾人需要特别帮助和照顾,劳动保障部门同卫生部

---

① Documentos del 7mo,http://www.granma.cu/file/pdf/gaceta/%C3%BAltimo%20PDF%2032.pdf.

门和有关机构协调配合，协助企业解决残疾人特殊需要的设施，保证其健康和卫生。①

二 推动住房建设，不断实现住有所居

住房是《蒙卡达纲领》提出的6个必须解决的问题之一。古巴革命胜利后政府努力解决人民的住房问题。古巴1959年革命在没收了大房产主的房产后，头两年对城市住房制度进行了两次大的改革，让城市许多居民实际上拥有了自己的房产。20世纪60年代，哈瓦那住房并不紧张，但后来随着城市的发展，内地人源源不断流入，以及住房分配上的混乱，虽然国家也陆续盖了不少房，但住房问题仍然突出，纠纷也很多。1963年4月颁布了第一部《社会保障法》，即"第1100号法"，该法规定了对人民在教育、卫生、食品和住房4个方面进行的全面保护。在住房方面，先是减免50%的房租，后来又通过支付固定费用使承租人成为所居房屋的所有人。这部法律一直实施到1979年。② 20世纪60年代，古巴加快了住房建设，除个别年份外，每年约新建住房4000—7000套，其中，1959—1963年共建了17089套。为满足群众不断增长的住房需求，政府从1973年起要求各部委和各工矿企业成立建筑小分队建房，1975—1980年年均新建住房2.2万套，1981—1987年年均新建住房6万—7万套。

为进一步妥善解决人民的住房问题，1985年古巴颁布新的住房法，试行对现行的由国家分配、用户缴租的住房制度实行改革，让现有的住房承租户通过同国家签订买卖合同直接拥有房产权，将国家的住房转为居民所有。法律只允许一户拥有一处永久住房，海滨别墅除外。房产归个人支配，房价债务从买方的月工资或其他收入中扣除，每月最多不超过个人收入的10%，这实际上是一种分期付款的方式。同时，房产归个人所有后，房管部门不再承担维修任务，而由房主自己负责维修，如维修费用太大，则由国家负担。不仅如此，房主一旦确认后，一切权利

---

① 黄南婷：《古巴特殊教育发展的特点》，《国外中小学教育》2011年第4期。
② 袁东振：《古巴的社会保障制度：发展、挑战与改革》，《拉丁美洲研究》2009年第2期。

均受国家法律保护，可以扩建和改造，国家也可适当地贷款。国家允许房产所有者出租自己的住房，房主可以根据自己的意愿临时出租房间，房租由出租人和承租人双方商定。房主也可以转让自己的房产，可以自行决定让外人同住。鼓励私人单独或合作建房，国家给以物质和资金上的方便与援助。古巴可供建房的地皮很充分，但以前国家在政策上管得比较死，法律手续特别烦琐。同时，国家缺乏建筑材料。经过改革，国家鼓励私人建房，政府还建立了专门机构，负责将城市闲着的地皮卖给个人，价格由买卖双方协定，私人买方如果在六个月内仍不能动工建房，国家将地皮收回。[①] 1985年，住房建设大大加快了，合作社和居民自己建的住房加上国家在城市和乡村建造的12.6万套，总共修建了33.5万套，是前五年建房的3倍。

20世纪90年代初，住房建设放缓，到20世纪90年代后期才有所回升。卡斯特罗1996年在纪念扫盲运动35周年的讲话中指出："我们即使是在特殊的时期，也努力建设低消费住房，我们在没有燃料生产水泥的时候仍然修建了几万套。"从1996年起，居民自建住房占新建住房的1/3左右，这在相当大程度上缓解了政府所建住房的不足。1997年出台的新法规允许古巴居民对外出租自有房屋的两个房间，但不得用于旅游等商业目的，该法旨在弥补住房租赁黑市使政府失去的部分收入损失。由于该法废止了公寓买卖，外国居民仅被允许租住古巴住房。[②]

21世纪以来，古巴遭受了频繁的自然灾害，国民经济受到严重影响，居民住房的建设和修缮计划受到延误，致使约39%的家庭住房情况一般或不理想。为满足民众迫切的住房需求，政府启动了鼓励个人建房的住房发展战略，即政府为相关居民提供信贷、补贴和其他有利条件用以支持个人建房，而无须国有企业的介入。2006年完成了11万套房的建设，达到当时的最高水平。不仅如此，古巴还开发了新的建筑材料，不断满足住房需要。据阿根廷《号角报》报道，古巴21世纪初成功地建成了以甘蔗渣为材料的住房，并计划建设一座建材厂，以建造更

---

① 颜为民：《古巴试行住房商品化》，《瞭望周刊》1984年第49期。
② 徐世澄、贺钦：《古巴》，社会科学文献出版社2018年版，第227页。

多的新材料住房。甘蔗建筑企业家集团的总经理冈萨雷斯（Gonzalez）说："2004年古巴建造了20栋甘蔗住房，预计2007年将建成700栋这样的房屋。这种建筑板材以甘蔗渣和粘合胶混合制造。"冈萨雷斯（Gonzalez）对这种技术在古巴的使用持乐观态度。他说："甘蔗住房技术可帮助我们解决住房短缺问题。"并承认，这项技术用于低造价的房屋最理想，但也可以用于高大的楼房，无疑将有效地解决部分地区的住房短缺问题。首批甘蔗住房建在西恩富戈斯，计划逐步扩展到全国。古巴甘蔗制品研究所研制的材料具有强度高、耐火、抗菌和便于使用的特点。①

2011年召开的古共六大正式放开了居民个人住房买卖的禁令，其中强调住房问题关系到社会繁荣发展，国家将有计划地联合民众的力量，保证存量住房的修复和保存及新住房的建设，不断满足所有公民对住房的需求，包括那些因家庭经济情况需要补助金的公民，这些关乎人民生活条件的改善问题是一项国家优先关注的长久目标。古共六大通过的《党和革命的经济和社会政策纲要》和七大通过的《党和革命的经济和社会政策纲要更新》规定：重点关注住房的保护和修复；重点关注市级住房的保障计划，增大当地的产量和建筑材料的营销，使用现有的原材料和技术，提高大众的参与，改进质量和减少产品的成本；推动引进新类型和使用节省材料、能源、劳动力及将容易被居民实施的建筑技术，保障材料的地方生产，以满足居民建设、保养和维修住房的需要；采取相应的行动以优先建设、保存和修复农村住房，考虑到改进生活条件和鼓励出生率的需要；在自然人之间建立买卖房屋和以其他方式转让财产，更新、整理和简化办理改建、修复、建设、出租房屋和所有权转让的手续；使住房法律适应经济和社会发展模式，将确保合理和可持续地解决住房问题，保持革命获得的社会原则，多样化房屋获取和筹资的方式。据统计，2013年，官方登记的不动产转移共20万笔，包括买卖、赠送、遗产继承、置换等不同形式。其中，住房买卖共成交8万笔，保持增长态势，并取代了房屋置换而一跃成为最主要的不动产转移形式。2014年全年建成住房2.50万套，当年住房买卖达到了4万套，

---

① 何君林：《古巴建造甘蔗住房》，《建筑工人》2007年第2期。

此举推动了古巴正处于起步阶段的房地产业的发展。①

2017年5月，据古巴部长会议执行委员会第8093号决议，古巴实施新的房产法修订案，新政策将使受损房屋及自建民居获得政府补贴。该法案共有五处修改，包括向自然人提供补贴、国有在建不动产项目转由私人续建完工和受灾房屋产权认定及永久化、合法化等内容，此外还涉及国有及政府补贴建造房屋产权转让以及房屋捐赠或买卖衍生的计税问题。为保障经审批通过的项目均能获得资金支持，上述补贴每年至少发放两次。新法还将对受资助者死亡或放弃古巴国籍等情况提供解决方案，并在第一时间对待办案例作研究分析。② 由于2017年受飓风"伊尔玛"的严重影响，古巴17.9万套房屋受损，灾后古政府发起了"没有人会无家可归"的行动，住房紧缺问题依旧突出。古巴建设部长雷内·梅萨（René Mesa）表示将保障飓风灾后重建所需的建筑物资供应，并将继续增加古巴住房数量。2017年，古巴全国新增2.3万套住房。2019年，国家主席迪亚斯-卡内尔在与各省有关部门负责人的工作会议上说："尽管古巴还面临美国的经济封锁和物资匮乏方面的问题，但到2019年8月为止古巴已经完成逾2.45万套住房的建设任务，达到该年度计划的75%。各省的水泥储备足以完成年度的住房建设计划。"③ 这也意味着，古巴政府高度重视关乎民生建设的住房问题，尽管国民经济仍然受到经济封锁的严重影响，住房建设不能满足所有公民需要，但国家一如既往积极采取切实可行的政策，不断改善人民的住房状况。

古巴的住房建设主要由建设部领导，2015年，建设部进行机构重组，实行政企分开，成立了3个高级企业管理机构（OSDE），分别负责建筑、建材制造、设计与工程三个领域。

---

① 驻古巴经参处：《劳尔·卡斯特罗执政期间古巴取得的8大改变》，http://cu.mofcom.gov.cn/article/jmxw/201608/20160801374191.shtml。

② 驻古巴经商参处：《古巴出台住房新政策》，http://cu.mofcom.gov.cn/article/jmxw/201705/20170502578056.shtml。

③ Cuba advances in housing construction，http://en.granma.cu/cuba/2019-10-09/cuba-advances-in-housing-construction。

三 构建了完善的社会保障制度

（一）社会保障制度的主要内容

社会保障是革命保证所有劳动者都有的权利。在古巴革命胜利前，国家失业率高，社会保障的覆盖面只及职工的一半。卡斯特罗曾在《"七·二六运动"致古巴人民的第一号宣言》提出了该运动的15条革命纲领，其中第13条便是要建立社会保障制度和设立国家失业补偿金，为后来古巴创建社会保障制度奠定了思想基础。革命胜利后，1959年政府采取的第一项措施就是为养老基金提供资金，使其能够支付工人的养老金，救助解放战争中牺牲者的家属，满足那些没有享受社会保障人群的需要，同时为那些因为政府政策或革命的各种活动而处于社会底层的人提供补偿。为此，成立了社会福利部。随后推出第二项措施，对已经建立的各种社会保障方案在管理和资金上进行整合，成立了一家社会保障银行，负责养老基金的统一管理。到1959年底，所有劳动者都能享受到社会保险，并规定每月最低有40比索补助金。1960年，社会保障工作移至劳动部，设立了专门司局。[①] 1963年政府颁布了《社会保障法》即"第1100号法"，按照社会主义的原则和理念，建立了统一的社保制度，实现了社会保险制度到社会保障制度的转变。1979年，政府颁布了新的《社会保障法》，即"第24号法"，一直实施到2009年。这期间，古巴社保制度进一步扩展和完善，不仅为劳动者及其家庭提供了更广泛的保障，而且扩大了覆盖面，在统一的社保制度内设计了两个体制，即社会保障体制和社会救助体制。[②] 1984年12月，古巴全国人民政权代表大会通过古巴第一部《劳工法》，对劳动者的社会保障作出了明确规定。同时，古巴1976年宪法、2019年新宪法都明确规定了公民享有社会保障的权利，并对人民享有的社会保障权利作了详细的规定。

一般来说，古巴的社会保障制度主要包括两方面的内容：

[①] http://www.chinajob.gov.cn/FAQs/content/2006-11/15/content_487703.htm.

[②] 袁东振：《古巴的社会保障制度：发展、挑战与改革》，《拉丁美洲研究》2009年第2期。

一是古巴 2019 年新宪法中规定的有关社会保障的条款，如全民免费教育、全民免费医疗。此外，宪法对特定群体予以保护，新宪法第 68 条规定，"劳动者有权享有社会保障，国家通过社会保障制度，依法保障老年人和未成年人，保障因年龄、父母、残疾或疾病而无法工作时得到充分的保护，在工人死亡或退休的情况下，向其家庭提供同等的保护。"第 69 条规定："国家采取适当措施，预防职业事故和疾病，保障劳动者的工作安全和健康权利。在劳动或合同期间遭到不幸事故或感染职业病，有权获得医疗照顾，在暂时或永久丧失工作能力时有权获得补助或退休金，或获得其他形式的社会保障。"第 70 条规定："国家通过社会救助，依法保护没有财产或住所、无法工作、没有家庭成员照顾以及因收入低需要帮助的家庭。"①

二是社会保障法所规定的社会保障内容。古巴于 1979 年颁布的《社会保障法》，即"第 24 号法"，对退休金和抚恤金、产妇的保障待遇、劳动者患病、工伤及致残者的社会保障都作了详细的规定。除此之外，政府对低收入和无收入家庭提供经济保障。也正是通过该法的规定在社会保障制度的总体框架下建立了两种体系，即社会保障体系和社会救助体系。前者将原有的保障对象全部纳入其中，通过一般性计划保障他们的养老、生育、医疗和工伤等需求。后者的救助对象主要包括无退休金的老年人、残疾人和所有失去劳动能力而无人照顾的人。通过该法国家的社会保障制度覆盖面扩大到全社会的每一位成员，无论其境况如何都能得到社会的照顾，至少能使其能维持基本生活需求。②

从以上内容可以看出，古巴人民在遇到疾病、普通的和职业的事故、分娩、致残等情况时，上述制度为人民提供保护，同时，这一制度特别保护老人、失去工作能力的人，总而言之，保护所有那些基本要求得不到保障的人或是由于生活和健康状况没有社会援助就解决不了困难的人。可以说，革命建立的社会保障制度和社会救助制度同革命胜利时刻的状况相比，是一个巨大的飞跃，古巴社会主义为所有公民毫无例外

---

① Constitución de la República de Cuba, http://www.granma.cu/file/pdf/gaceta/Nueva%20Constituci%C3%B3n%20240%20KB-1.pdf.

② 毛相麟、杨建民：《古巴社会主义研究》，社会科学文献出版社 2019 年版，第 278 页。

地享有这一权利创造了物质条件。

(二) 社会保障制度改革

"第24号法"自1980年实施后的近30年期间,古巴的社会经济社会形势发生重大转变,社保支出不断增加,人口结构发生很大变化,特别是人口老龄化问题日益突出,传统社会保障制度中的许多缺陷也日益暴露,国家在社会保障方面出现一些困难。为不断适应新形势需要,2008年12月27日古巴全国人大通过了新的《社会保障法》,即第"105号法",新法已于2009年1月22日起实施。第105号社会保障法改革内容主要涉及劳动者缴费制度的建立、退休年龄的延长、养老金计算方法的调整、允许退休后继续工作、社保特殊计划范围的扩展和社会救助体系的完善等。具体内容如下:

一是退休金。新规定将退休年龄提高了5年,职工退休年龄男性为65岁,女性为60岁,工龄须达到30年后才有资格领取退休金。退休金根据个人在过去15年工作期间收入最高5年的平均工资来计算。退休金数额原来是工资的50%,工龄超出25年,每增加1年,增发收入的1%。按照新的社保法,前30年工龄,退休金按工资的60%计算,超过30年工龄者,每增加1年工龄增发收入的2%,最高不得超过90%。在7年过渡期内,养老金的计算仍按过去的办法。

二是退休后有权重新参加工作。新的社保法规定,退休者可继续工作,并获得收入。退休人员可以自愿选择合适的工作,也可以选择与退休前不同的岗位。如果所从事的工作岗位与退休前不一样,在获准劳动和社会保障部门授权的情况下,可以同时领取退休金和所从事工作的工资,享有与其他工人同样的权利。① 这些措施将激励就业人数增加,并有利于解决自2015年以来出现的劳动力下降的问题,与此同时,延长个人养老金的计算时间也将鼓励人们继续留在工作岗位上。

三是病患、工伤及残疾者的社会保障。新规定的另一项变化与全额残疾金有关。与旧的法律不同,遭受意外事故或丧失工作能力的古巴工人有权领取全额残疾金,不论他们已工作多久,只要他们一直在工作就

---

① 袁东振:《古巴的社会保障制度:发展、挑战与改革》,《拉丁美洲研究》2009年第2期。

可以全额领取。

四是抚恤金。关于保护丧偶对象，以前只有女性丧偶时才受到保护，但现在福利也扩大至男性，这意味着任何 65 岁以上或有残疾的人，一直依靠死者为生，有权领取可与其退休标准相结合的抚恤金。涉及孤儿方面的规定也有所改变，如果父母双亡，其孩子在完成学业之前都能领到补助金。如果父母中只有一人死亡，在确认其家庭情况后，可以给予子女补助，直到他们完成学业为止。①

五是现在的新法改变了过去劳动者不用缴社保费的一贯政策。新法规定，社保资金将来自三个方面，即国家拨款、企业和劳动者按规定的数量和比例缴纳的费用，有助于减轻国家"大包大揽"的负担。

此外，新法还进一步扩大社会保障范围，完善社会救济体系。新法规定，除保持原有的所有社会保障特殊计划外，再建立两个特殊计划：一个是从事种植咖啡、烟草、可可的农业生产者计划；另一个是自我就业者计划。至此，社会保障的范围已全部覆盖所有劳动者。新法还强调，社会救助具有临时性的特点。当需要救助的原因消失后，应减少或取消救助。救助时限为一年，如有必要可延长。要鼓励和推动长期接受救助的人和部分残疾者就业。②

以上表明，新《社会保障法》对原有的社会保障制度进行了多方面的修改和完善，通过向劳动者收费、延长退休年龄等措施有效化解社会保障实施的困境；调整养老金的计算方法使之更加公平合理，进一步扩大了社会保障的范围；不断完善社会救助体系，制度更加符合形势发展需要，为人民提供切实可行的社会保障。

（三）社会保障制度的主要特点

一是全民保障。古巴 2019 年新《宪法》规定，所有公民都有受教育的权利，国家保障公民从学龄前到研究生阶段获得免费的素质教育。这也就意味着，所有儿童、青年和成年人都有免费接受教育的权利，其学费和书本费全部由国家承担。新宪法还规定，所有公民都享有健康的

---

① http://en.granma.cu/cuba/2017-07-18/social-security-in-cuba-a-civil-right.
② 毛相麟：《古巴社会保障制度的建立和完善进程》，《当代世界社会主义问题》2016 年第 2 期。

权利，国家有责任保障公民免费获得高质量的医疗、保护和康复服务。① 表明享受免费医疗的不仅包括在职或退休职工，而且包括全部职工家属、全体农民（农业工人、合作社社员和小农）和个体劳动者，可以说，国家在教育、医疗方面予以保障的对象已经涵盖了不同年龄段、不同领域的所有公民。

国民除享受免费教育和免费医疗外，还可得到各种社会保险和社会救助。社会保险的范围包括孕妇、产妇、儿童、退休人员、病患者、伤残者、低收入者等。在社会救助方面，对孤寡老人、无依无靠的病人、残疾人、孤儿的照顾都做了具体和详细的规定。此外，还有针对军人、内政部士兵、艺术从业者、土地出租者、个体户、非农牧业生产合作社成员等特殊群体的社保制度。② 社会保障的覆盖面还因国情的变化而进一步扩大。例如，古巴原来没有失业保险，但 20 世纪 90 年代初进入"特殊时期"后失业问题突出，失业率曾一度高达 7.9%。政府便出台失业保障政策，通过这种方式保障劳动者及家属的基本生活，所需资金由国家预算支出。国家对少数特殊群体失去社保的状况，同样给予关注。例如，在关塔那摩美军基地工作过的古巴工人由于美国停发退休金和养老金，古巴政府便接过来向他们发放。③ 可以说，古巴的社保制度不仅覆盖了所有劳动者及其家属，而且直接或间接地覆盖了需求没有保障和需要救助者在内的所有古巴人，切实实现了全民保障。

二是全面保障。按社保法的规定，古巴人一生中的生、老、病、死，即对婴幼儿的抚养、青少年的教育、患病时的医疗、劳动中的伤残、退休后的养老，直至死亡后的丧葬等所有费用均能得到直接或间接的社会保障或救助。社会保障的形式是多样化的，概括地说可分货币、实物和服务三种。第一种货币待遇是指劳动者患病期间所领取的收入，其中又分短期和长期两种：患病、一般事故、工伤事故、职业病、生育补助等属于短期货币待遇；养老金、残疾、遗属抚恤等属于长期货币待遇；第二种实物待遇

---

① Constitución de la República de Cuba, http://www.granma.cu/file/pdf/gaceta/Nueva%20Constituci%C3%B3n%20240%20KB-1.pdf.
② 徐世澄、贺钦：《古巴》，社会科学文献出版社 2018 年版，第 232 页。
③ 毛相麟：《古巴社会保障制度的建立和完善进程》，《当代世界社会主义问题》2016 年第 2 期。

是指患病取药不花钱、住院期间提供膳食、治疗工伤和职业病所需的矫形器具和假肢等；第三种服务待遇是指免费提供医疗、疾病的预防、住院的全科或专科服务，身体、精神和劳动的康复，以及丧葬服务等。[1] 意味着古巴社保制度几乎实现了"从襁褓到坟墓"的全面保障。

三是国家主导。直到1994年10月，古巴的社会保障资金全部由国家及国有企业负担，个人无需交纳任何社会保险费。到2008年底以前，只有合作企业劳动者、渔业劳动者缴纳工资总额的5％、独立艺术工作者缴纳收入的12％，缴费的劳动者合计约有10万人，其他劳动者仍不缴费。古巴劳工法第267条和第268条规定，古巴的社会保障资金来自国家财政预算，职工所在单位根据有关规定应交纳一定的社会保险费，即使单位不交这笔费用，职工及其家属所享受的社会保障权利也不受影响。到2008年通过的新社会保障法才要求劳动者缴纳一定比例的社保金。2014年，国家支出的社会保障费用占财政预算总额的11.4％，占该年国内生产总值的10.7％。这也意味着古巴传统的缴费模式有所改变，但全民保障、全面保障和国家主导的社会保障模式将不会动摇。

在这些法律的框架下，古巴构建了由国家主导的比较完善的社会保障体系，其范围覆盖全体国民，对国民进行全面保障，不仅包括免费教育和免费医疗，而且还涵盖社会保险和社会救助。古巴的社会保障体系已十分完善，覆盖率达到100％。国际劳工组织赞扬说，古巴是拉丁美洲四个拥有最先进社会保障制度的国家之一。

总之，古巴在社会保障方面取得了举世公认的成就，到20世纪80年代中期，社会保障体系的覆盖率已达100％。政府在社会保障方面的开支从1959年的1030万比索，增加到1985年的10.15亿比索，到21世纪初，古巴社会保障开支约占政府总支出的11％，达到18.62亿比索以上。2008年，社会保障和社会救助支出占当年国家预算的13.8％，如加上卫生、教育、体育和文化，这一比重高达55％。2017年古巴的社会保障预算超过60亿比索，这一数字预计到2030年将翻一番，国家

---

[1] 袁东振：《古巴的社会保障制度：发展、挑战与改革》，《拉丁美洲研究》2009年第2期。

计划为社会保障分配更多的资源，以确保公民受到更多的保障。[①]

（四）社会保障面临的问题及解决办法

古巴的社会保障取得了显著成绩，但国家在这方面也面临不少困难和问题，苏联解体和美国加强封锁使古巴在经济方面遇到了巨大困难，失业和下岗人员增加，国家难以维持社会保障的庞大开支。再加上，拥有1100万人口的古巴已经成为西半球出生率最低的国家之一，每名古巴妇女生育1.7个孩子，使得经济活动人口减少和老龄人口增多。此外，每年有6万至8万人（其中许多为年轻人）为寻找更好的就业机会移民美国、欧洲及拉美其他国家，这也加快了古巴老龄化的进程。2017年古巴人口与住房普查结果表明，2021年，古巴退休人口的数量预计将超过工作年龄人口，到2025年，古巴将成为拉丁美洲人口老龄化最严重的国家。另外，2019年古巴国家统计局最新结果显示，目前古巴60岁及以上人口占总人口的20.4%，人口老龄化正在加速。2011年至2025年，人口的绝对数量预计将下降；近26%的人口将在60岁或以上，80岁或以上人口绝对增长。到2030年，老年人人口将达到330万，直接影响家庭和劳动力。[②] 这也意味着人口老龄化将对其人口、经济和社会秩序形成巨大挑战，古巴社会保障的压力倍增。

古巴政府高度重视人口老龄化问题，采取切实可行的措施不断缓解经济和社会压力，其解决措施主要以三个目标为基础：刺激生育率和在中期实现人口更新；保障日益增长的60岁以上人口需要，促进老年人参与国家的经济、政治和社会生活；努力使最大数量的人口适合就业。[③] 古共七大提出，要推出76项措施和252项行动并根据经济情况逐步实施，要提供专业的健康和养老服务，满足老年人的需求，促使他们积极参与社会经济生活，鼓励所有适宜工作的老年人就业。[④] 古巴还相继推出了《老龄医疗全面保障计划》等针对老龄化社会的医疗和社会

---

① http://en.granma.cu/cuba/2017-07-18/social-security-in-cuba-a-civil-right.

② http://en.granma.cu/cuba/2019-08-20/revolutionizing-our-thinking-about-employment-issues.

③ http://en.granma.cu/cuba/2017-07-18/social-security-in-cuba-a-civil-right.

④ 许宝友：《世界主要政党规章制度文献（越南、老挝、朝鲜、古巴）》，中央编译出版社2016年版，第566页。

保障政策，并制订了社区扶助计划、医护培训计划、老龄跨学科研究计划、社保支付计划、老龄生活服务计划等配套机制。为高效推进老龄服务工作，古巴还设立了老龄专业委员会，制定了全方位、可持续的老龄发展政策和措施。[①]

同时，古巴出台新规保障生育妇女权益以提高人口出生率，延缓人口老龄化问题。2017年2月10日，古巴政府发布7号特别公报，公布了旨在保护生育妇女权益的两项法令和四个决议。具体政策如下：1. 古巴国务委员会发布关于产假的第339号法令规定，生育妇女在产前与产后假结束后决定重返工作岗位的，在子女未满一周岁前，可在获得工资的基础上继续领取生育社会保障金。此外，国家还有可能将产假适用范围扩大到新生儿的祖父母（之前适用范围为新生儿父母）；从事多份工作的母亲，可按照实际工作时间获得报酬，而之前规定"可获得最合适的报酬"；2. 第340号法令修订了几个母亲权益保护社会保障特别法，规定古巴妇女在生育、伤病和其他法律规定期间可免于纳税；3. 古巴财政价格部与教育部联合出台1017号决议，对生育两个孩子以上的母亲实行幼儿园保育费减半的政策；4. 第6017号决议为新规定，若一个11个月大的婴儿已经学会走路，不需要等到满一周岁才能送托儿所，而托儿所的托管期申请由原来的每两月一期更改为每月一期。此规定适用于所有国有企业、私营企业或个体户的女职工；5. 第2017号决议对寄宿制和走读制小学及幼儿园的入学作出新的规定，在报名中赋予地方教育机构更大权利；6. 第2017号决议对非国有企业女职工的纳税额作出规定：有两个以上17周岁以内孩子的母亲可享受个人所得税减半的优惠政策。古巴官方称，新规的出台有助于提升古巴妇女的福利保障，并尽量保证生育妇女能获得完整的产假及照顾新生子女、产假期间原工作岗位保留的权利。[②]

（五）古巴社会保障制度的重要意义

古巴社会保障制度除了对教育、医疗和养老、社会救助等实现了全

[①] 徐世澄、贺钦：《古巴》，社会科学文献出版社2018年版，第236页。
[②] 驻古巴经商参处：《古巴出台新规保障生育妇女权益以提高人口出生率》，http://cu.mofcom.gov.cn/article/jmxw/201702/20170202517800.shtml。

民和全面保障外，还有特殊内涵，即被作为维护社会主义制度的重要政策手段。"社会主义发展以人为本"，全体古巴人民从出生起就可以享受国家给予的各种保障服务，即使在国内经济十分困难时期，国家也全力确保社保制度正常运转，社会保障早已成为古巴社会主义发展的重要标志性成果。同时，社会保障制度对维护古巴政治和社会稳定具有特殊作用，古巴由于长期受美国经济封锁等影响，物资供应贫乏，人民生活比较困难。但长期以来，古巴政治和社会相对稳定，人民对党和政府满意度高，其中很重要的原因就在于，古巴政府60多年来一直坚持对全体国民实行免费教育、免费医疗及系列社会保障政策，确保人民"劳有所得""病有所医""老有所养"，这是古巴社会主义革命的重要成果，也是古巴特色社会主义模式的鲜明特征。

第八章　古巴共产党是古巴社会主义的最高领导力量

古巴共产党是古巴国家和社会的最高领导力量，承担人民赋予的领导和协调全国在革命原则的基础上努力建设具有真正古巴特色的社会主义的重任。古巴共产党的根本目标是建设社会主义，党动员群众投身经济和社会发展。党自身的建设关系到古巴社会的安全稳定，关系到古巴特色社会主义的发展，关系到古巴人民的福祉。

第一节　古巴共产党对古巴社会主义的探索和坚守

一　古巴共产党是所有立意要搞社会主义的革命力量紧密团结的结果

现在的古巴共产党组建于1965年10月，是由"七·二六运动"、人民社会党和"三·一三革命指导委员会"合并的。"古共是何塞·马蒂为争取民族独立而创建的古巴革命党的忠实继承者，是胡利奥·安东尼奥·梅利亚和卡洛斯·巴利尼奥为代表的古巴第一个共产党的忠实继承者，是所有参与1959年1月1日推翻亲帝国主义独裁政权的斗争的革命组织的忠实继承者。"[①]

古巴第一次独立战争失败后，许多移居美国的工人受到了美国社会主义者的启迪，成为古巴最早受社会主义思想影响的人。1892年的古

[①] 靳呈伟：《古巴共产党章程》，《当代世界社会主义问题》2016年第3期。

巴第一次全国工人代表大会，提出"工人阶级未接受革命的社会主义思想便得不到解放"，把古巴人民争取社会主义的斗争同争取民族独立与自由的斗争联系起来了。1892年4月，何塞·马蒂在纽约成立古巴革命党，以争取古巴的绝对独立和建立民主共和国。马蒂领导古巴革命党发起和推动了1895年的古巴民族解放战争。建立于1904年的古巴工人党在1905年改名为社会主义工人党，公开接受马克思主义理论。从1922年开始，哈瓦那的社会主义小组就已执行第三国际的纲领和策略。1923年，哈瓦那社会主义小组改名为哈瓦那共产主义小组，并出版了报纸《阶级斗争》，在工人和学生组织中开展政治思想工作，传播革命思想。与此同时，在古巴其他一些地方也开始建立了类似的共产主义组织。1925年8月16—17日，近20名来自不同地方的共产主义小组代表齐聚哈瓦那，召开了第一次全国代表大会，会上成立了古巴第一个马列主义政党——古巴共产党。① 通过了党的组织机构和党章，制定了两个纲领性目标，即首先寻求国家的完全独立，随后进行巩固独立和完善独立的社会主义革命，确定把参加选举作为一种斗争策略，还制定了有关工会、农民和妇女运动的策略，并决定加入共产国际。古巴共产党是古巴工人阶级的革命政党，强调了工人阶级的先锋作用，赋予工人阶级组织以新的意义，古巴共产党的诞生促进了马克思列宁主义在古巴的传播，是古巴工人运动和争取民族独立与自由斗争高涨的合乎逻辑的结果。1939年，古共同革命联盟党合并为共产主义革命联盟党。1944年，共产主义革命联盟党改名为人民社会党（简称"人社党"）。人社党在1953年被巴蒂斯塔独裁政府宣布为非法，可人社党并没有放弃反巴蒂斯塔的独裁斗争，人社党于1956年11月答应支持"七·二六运动"的登陆行动。当"七·二六运动"的成员于1956年12月2日武装登陆后，人社党号召所有的反对派政党和团体、工会、农民协会、大学生联合会等组织组成反独裁统一战线，抗议政府的罪行、保护"七·二六运动"的战士。同时，采取多种形式帮助卡斯特罗领导的起义军。1957年12月，人社党决定支持武装斗争，输送其党员加入游击队，并在拉斯维利亚斯省的雅瓜哈伊地区组织了一支游击队。在推翻独裁政权的最

---

① 王承就：《古巴共产党建设研究》，人民出版社2011年版，第83页。

后日子和革命胜利初期，人社党都以积极的行动支持以卡斯特罗为首的"七·二六运动"的革命斗争。①

1959年革命胜利后，古巴出现了"七·二六运动"、人社党和"三·一三革命指导委员会"（简称"革指委"）三个革命组织并存的局面。革命政权掌握在卡斯特罗和"七·二六运动"领导的起义军手中。人社党积极参与新政权的建设，继续支持卡斯特罗和"七·二六运动"，支持新政府的革命行动。1959年1月6日，人社党发表"今天的基本任务是保卫革命和使革命前进——古巴人民社会党关于目前形势的提纲"的宣言，认为新政权是由民族资产阶级和小资产阶级掌握和领导，应改变成为在工人阶级领导下的真正工人、农民、小资产阶级和民族资产阶级的广泛人民联合政府。1960年8月，人社党召开八大，重新评价了"七·二六运动"，赞扬该运动和卡斯特罗的历史功绩，承认自己在武装斗争问题上犯了错误，并继续支持和促进卡斯特罗领导的革命向前发展，以便向新的目标社会主义前进。人社党的这种态度对"七·二六运动"在思想上和组织上同该党的合作起了重要作用。卡斯特罗审时度势，高瞻远瞩，坚定和果断地排除干扰，确保革命事业的发展和各革命力量的团结。1960年12月建立了具有党校性质的"革命指导学校"，给学员讲授《古巴社会主义的基础》等，希望提高革命队伍的社会主义觉悟。1961年6月24日，人社党全国委员会决定自行解散并与"七·二六运动"、"革指委"共建一个统一的党。"七·二六运动"和"革指委"随即也做出了类似的决定，并于1962年3月9日联合成立古巴革命统一组织，同年5月改名为古巴社会主义革命统一党。卡斯特罗认为：党的宗旨是建设一个社会主义的古巴，一个民主、独立统一的国家。1965年9月30日至10月2日，古巴社会主义革命统一党在哈瓦那召开重要会议，会议决定把党更名为古巴共产党，成立党的中央委员会，卡斯特罗担任党的第一书记；把"七·二六运动"的机关报《革命报》和人社党的机关报《今日报》合并为一份报纸，即古巴共产党的机关报《格拉玛报》。古巴共产党的重建是"所有立意要搞社会主义的革命力量紧密团结的结果""这一团结之所以能够取得和持久

---

① 王承就：《古巴共产党建设研究》，人民出版社2011年版，第86页。

地保持下去是由于革命的最高领袖菲德尔·卡斯特罗的团结能力和为确保和发展这一团结所进行的不断斗争。"① 菲德尔说："这个党的产生有两个必不可少的、不可估价的根本因素：革命者的团结，这个团结程度之高是我国历史上前所未有的；这个团结是战斗的人们从雅拉斗争时期起到反马查多的英勇战斗时止盼望了近 100 年的，我们这一代在先锋党内第一次达到了这样的团结，这个党继承了马蒂进行争取独立的斗争的党的事业，继承了巴利尼奥和梅利亚等第一批共产党人在我们祖国建立的那个党的事业。另一个因素是科学的理论，政治革命的哲学——马克思列宁主义。"②

二　古巴社会主义在古巴共产党的探索和坚守中不断发展

古巴共产党是在古巴革命由民族民主革命阶段转向社会主义阶段之后由三个革命组织重新组建起来的，建设社会主义是其天然使命。古巴共产党自重建以来，围绕什么是社会主义、怎样建设社会主义、建设什么样的社会主义进行了不懈的探索，在美国等国家的封锁、威胁、和平演变及苏联解体、东欧剧变的重重压力下，始终坚守社会主义，确保了古巴社会主义不断前行。

（一）对什么是社会主义作出了明确回答

古巴党领导社会主义建设过程中对社会主义做出了重要阐述，回答了社会主义是什么的问题。第一，社会主义是一种崭新的社会制度。卡斯特罗说："社会主义是一个新的社会制度，它具有巨大的创造力，能够发展新的思想和新的经验。在思想和经验方面我们也应该采取行动，应该进行创造，力争最好地解读马克思、恩格斯和列宁的思想，也在我们所处的环境和条件下作出自己的贡献。我们应该充分发展有关党的作用的思想，发展确保群众和作为先锋队的党之间密切联系的机制"。"作为一种制度，社会主义是为了保护人，支持人，帮助人和使人不断参与创造一个最公正、最人道和最团结的社会的事业"。第二，社会主

---

① 王承就：《古巴共产党建设研究》，人民出版社 2011 年版，第 91 页。
② 吴彬康等：《八十年代世界共产党代表大会重要文件选编》（下卷），中国广播电视出版社 1989 年版，第 991 页。

义是科学。"社会主义是引导人民投身国家发展,引导群众直接参与祖国发展、争取群众参与这一伟大事业的科学;社会主义是建立、保持和发展党和群众之间最广泛和深刻关系的科学,是以正确方式进行领导的科学,是榜样的科学。"第三,社会主义是人的自由联合体,社会主义的主人是人民,是为人民利益服务的。"社会主义是人的事业,是人的理智的事业,是人的预见、计划和解决问题能力的事业,不是盲目的规律和盲目的机制的事业""我们的社会主义社会,我们的共产主义社会应该首先是一个真正的公民的自由联合体""这应该写在社会主义的教义上:所有的制糖厂之间开展合作,因为它们只有一个主人:人民;所有的农业企业和各种合作社之间开展合作,因为它们只有一个主人:人民;所有的科研中心之间开展合作,所有的技术员和科研人员之间开展合作,因为它们都为一个目标、一个利益服务:人民的利益。这就是社会主义,这就是我们的社会主义。"第四,社会主义通过创造丰富的物质和精神财富满足人民的需要,具有合理利用资源、团结、反对战争等特性。"社会主义不仅意味着物质的丰富,而且意味着给人民提供创造巨大的文化和精神财富的机会,培养具有深刻的人类团结感情的人,这些人是与资本主义社会折磨人的自私自利和吝啬小气格格不入的";"社会主义是不同的事物,在社会主义社会,人们不用为饥饿、绝望而操心,不用为失业的可怕后果、为家人因看不起医生买不起药死去而担心,不用为受不到教育而担忧,不用!不用因为需要最起码的保障而绝望地劳动"。"什么是社会主义?社会主义是以最佳方式利用人力资源和自然资源,为人民的利益服务。什么是社会主义?社会主义是要克服生产力的发展与生产关系之间的矛盾""社会主义寻求人类的福祉和进步,它不可能是好战的;它不需要军备竞赛,不需要国际紧张局势"。"社会主义究其本质而言,是反对战争、反对剥削其他国家人民的血汗和自然资源的""社会主义是完全不同的事物,在社会主义社会中,一起主要靠觉悟,靠团结,靠人与人之间的合作,靠自觉的纪律,靠反对个人主义和自私自利的斗争。"[1] 古巴共产党还阐述了社会主义的一些

---

[1] [古]萨洛蒙·苏希·萨尔法蒂:《卡斯特罗语录》,宋晓平等译,社会科学文献出版社 2010 年版,第 258—267 页。

基本特征，主要体现在 1986 年 12 月古巴共产党第三次代表大会通过的《古巴共产党纲领》中："在社会主义阶段，对生产资料的全民所有制尚未成为唯一的所有制，同它一起还存在合作所有制。还存在社会阶级，尽管其矛盾还不是对抗性的。体力劳动和脑力劳动之间、城市和乡村之间还存在差别。劳动主要还是谋生的手段，因此，在精神奖励的同时还需要利用物质刺激。货币——商品关系仍然是需要的，虽然将具有新的内容。生产力的发展还不能完全满足人的物质和精神需要，社会实行在这一时期能保证社会利益和个人利益最紧密结合的分配原则：各尽所能，按劳分配"。"在这一阶段，共产党的领导作用还在增长和发展，还存在着代表工人阶级同农民以及同其他脑力和体力劳动者联盟利益的国家，从而使国家成为人类历史上曾经存在的一切国家中最民主的国家"。"建设社会主义意味着：消除社会经济生产资料的各种私有制，从而建立只存在国有和合作社两种基本生产资料所有制形式的唯一的经济制度；生产力达到高度发展，即社会生产建立在工业和农牧业基本生产过程机械化和自动化的基础上，把社会主义的优越性和科学技术革命的成果结合起来，以及社会劳动生产率达到相应的水平；使马克思列宁主义思想广泛地在大多数人民头脑中占统治地位，成为他们的信念，并用来衡量人们的社会行为；不断改善社会主义民主和古巴共产党的领导作用。"[1] 古共七大通过的《古巴社会主义发展的经济和社会模式概念化》丰富了 1986 年党纲对社会主义所有制形式的认识，使不同所有制形式符合生产力发展不同的层次。

（二）对怎样建设社会主义进行了不懈探索

自 1961 年宣布古巴革命的社会主义性质起，古巴便开始探索怎样建设社会主义的问题。在 20 世纪 60 年代，古巴党和政府试图依据古巴自身的情况和力量"搞出一套自己的办法来"，曾经围绕着财政预算制和经济核算制哪个更合适的问题展开过讨论，但没有作出任何决定，使得两种体制并存了好几年。最后，做了一个错误的决定：采取经济簿记制度。实施经济簿记制度后，企业不计成本，只关注生产指标，采取了

---

[1] 吴彬康等：《八十年代世界共产党代表大会重要文件选编》（下卷），中国广播电视出版社 1989 年版，第 999—1000 页。

些无助于培养人们经济意识的方法。加之，党和国家的职能混淆不清，以党代政，忽视工会和群众组织的作用。种种因素的叠加，致使古巴1970年1000万吨糖的指标没有完成，国民经济比例严重失调，经济状况恶化。这表明古巴首次探索怎样建设社会主义的尝试失败。吸取20世纪60年代忽视其他社会主义国家经验的教训，古巴从20世纪70年代开始学习苏联东欧社会主义国家建设社会主义的经验和做法，1972年加入经互会后实现了与苏联东欧社会主义国家的一体化。1976年开始实施经济领导和计划体制，利用价值规律和其他经济杠杆管理经济，起初取得较好的效果，却也出现了偏差和一些不良倾向。卡斯特罗说，经济领导和计划体制实施的错误在于照搬别国的经验，苏联和其他社会主义国家的改革不适合古巴国情，"我们必须寻找我们的道路和运用我们的经验"。从20世纪90年代开始，古巴进入和平时期特殊阶段，古巴社会主义面临生存危机。古共四大适时提出"拯救祖国，拯救革命，拯救社会主义""古巴革命的最高目标是在古巴建设社会主义"，强调"不管苏联发生什么，古巴都将捍卫社会主义"，卡斯特罗呼吁"不惜一切代价捍卫社会主义"。为捍卫社会主义，古共作出了改革开放的决策，采取了一系列更加贴近古巴实际的经济、政治、社会政策，使古巴逐渐走出苏联解体、东欧剧变导致的深度困境。劳尔2008年执掌古巴政权后，提出进行"结构和观念上的变革"，实施经济和社会模式更新，探索古巴社会主义发展的经济和社会模式，其成果体现在《古巴社会主义发展的经济和社会模式概念化》和《党和革命的经济和社会政策纲要的更新2016—2021年》中，对社会主义原则、所有制形式、经济和社会发展的计划管理、各种经济政策等作了较为详尽的阐述，从理论和政策层面阐释了古巴对怎样建设社会主义的思考和做法。

（三）对建设什么样的社会主义给出了肯定性答案

根据马克思主义理论与实践相结合、实事求是的原理，古巴共产党不懈地探索把马克思主义的普遍真理与古巴实际相结合，实现马克思主义本土化，回答了建设什么样的社会主义这一重大理论和实践问题：古巴特色社会主义。古巴特色社会主义是古巴土生土长的产物。2009年9月1日，古巴外长布鲁诺·罗德里格斯说：古巴正在建设一个"有古巴特色的、土生土长的、更新的、现代的、民主的、有人民大众广泛参与的社会主义"。2010年10月31日，劳尔在古巴中央工会第八十六届全国理事会扩大全会的闭幕式上强调：古巴的做法是根据本国特点的"土生土长的产物"。2016年的《古巴共产党章程》指出："作为国家和社会的最高领导力量，古共承担人民赋予的领导和协调全国在革命原则的基础上努力建设具有真正古巴特色的社会主义的重任。"古巴特色社会主义是对建设什么样的社会主义的回答。古巴特色社会主义的古巴特色主要体现在两方面：一方面是总结了古巴革命的经验，既包括两次独立战争，也包括古巴人民反帝反独裁的革命运动，集中体现在古巴社会主义建设以马蒂思想、菲德尔思想为指导，是古巴革命观念、理想和思想的传承与延续。古巴目前实施的经济社会模式更新在本质上是基于古巴革命时期的经验，并顺应了古巴国内的新形势。另一方面是古巴人民在社会主义建设实践中将科学社会主义原理与古巴国情相结合形成的建设社会主义的理论、政策以及政治、经济、文化、社会体制机制等，表现出不同于其他社会主义国家的独有特色。[①]（1）政治领域。第一，政党制度方面，古巴实行共产党一党执政制，古巴共产党是古巴唯一的政党。中国实行的共产党领导的多党合作和政治协商制度，有8个民主党派。朝鲜实行劳动党领导下的多党合作制，劳动党外还有两个保障劳动党执政的友好合作党。越南在1988年前实行的是共产党领导下的多党合作制，现在实行的是共产党一党执政（共产党是唯一政党），但越南祖国阵线作为统一战线组织参与党和国家的建设。与越南、老挝的一党执政不同，古巴尤其强调群众组织在党和国家治理中的作用。与中国、朝鲜不同，古巴、越南允许信教群众入党，老挝既不倡导也尽量避免教徒入党。第二，国家权力机关及其运行。古巴实行人民政权代表大会制度，代表由选民自由、直接选举产生。中国实行人民代表大会制度，人民代表采取直接或间接的方式产生。越南和老挝实行国会制度，国会代表（议员）由选民直接选举产生。朝鲜实行最高人民会议制度，最高人民会议代表由选民直接选举产生。第三，党和国家的指导思想。除朝鲜劳动党只强调本国领导人的思想外，中、越、老、古四国的党都强调以马列主义及马列主义本国化的思想作为指导思想，其中古巴共产党还

[①] 王承就：《古巴特色社会主义模式的形成与发展》，《国外理论动态》2018年第9期。

特别强调将本国民族英雄马蒂的思想作为指导思想，马蒂思想是激进的民族民主革命思想。(2) 经济领域。古巴正在进行经济模式更新，中国、越南等国则称为改革。古共六大、七大通过的纲领性文件都强调社会主义计划仍然是领导经济的主要手段，承认市场的存在，计划要考虑到市场，但没有承认社会主义市场经济的存在和发展。古巴承认非国有经营模式是国家经济的存在形式，鼓励非国有经营模式特别是私营经济的发展，发挥私营经济对社会主义经济的补充作用，但不允许所有权和资产集中于非国有经营模式。(3) 社会领域。古巴强调社会领域的公平，从20世纪60年代开始实行城市居民基本消费品平价定量供应（著名的供应本）、免费教育、免费医疗和社会保障制，惠及全体国民，人民普遍感受到社会主义的优越性。但是，这些无所不包的平均主义做法实际上有损社会公平，也增加了国家的负担。在经济和社会模式更新进程中，古巴仍然坚持实施免费教育、免费医疗和全面社会保障，但逐步取消了不少不合时宜的免费项目，并将逐步有序地取消供应本。

古巴特色社会主义坚持科学社会主义的基本原理，是世界社会主义多样化模式中的一种。这主要表现在四个方面：(1) 坚持社会主义道路，绝不走资本主义的老路和新自由主义的邪路。劳尔在古共七大开幕式上强调：绝不允许在古巴采取所谓的"休克疗法"，损害社会低收入群体的利益；加速国有资产和社会服务（如卫生、教育和社会保障）私有化的新自由主义配方永远都不适用于古巴社会主义；古巴要建设繁荣和可持续的社会主义。(2) 坚持共产党的领导。自重建以来，古巴共产党一直是古巴社会主义建设的领导核心。古共六大通过的《古巴共产党章程》明确规定："古巴共产党忠诚于共产主义理想。作为国家和社会的最高领导力量，古共承担人民赋予的领导和协调全国在革命原则的基础上努力建设具有真正古巴特色的社会主义的重任。"[①] 劳尔在古共七大中重申：必须坚持共产党一党制不动摇，发挥党在领导经济社会模式更新中的核心作用。(3) 以马列主义为指导。古共一大强调，古巴共产党是马列主义的先锋队，国家主权和全部政权"是在工人阶级及

[①] 靳呈伟：《古巴共产党章程》，《当代世界社会主义问题》2016年第3期。

其马克思列宁主义先锋队组织古巴共产党领导下的坚定的工农联盟"。①1976 年通过的古巴宪法规定:"我们的指导思想——无往不胜的马克思列宁主义学说。"古共四大将马蒂思想同马列主义并列为古巴共产党的指导思想,这被吸收到 1992 年修订的古巴宪法中。2012 年召开的古巴共产党第一次全国代表会议通过的《古巴共产党的工作目标》指出:"古共是马克思主义、列宁主义的党,是马蒂思想的党。"②（4）坚持生产资料社会主义公有制。1959 年至 1963 年间,古巴建立起生产资料社会主义公有制,并以根本大法的形式确认其地位。现行古巴宪法规定:"古巴共和国实行以生产资料社会主义全民所有制和消灭剥削制度为基础的社会主义经济制度。"③古共六大强调:"经济制度继续以社会主义全民所有制作为生产的根本方式";古共七大强调:"社会主义基本生产资料全民所有制是国民经济和社会经济制度的主要形式"。这表明,古巴经济社会制度的更新不是要改变生产资料的社会主义公有制,而是要增强公有制的活力和竞争力。

在其形成和发展的过程中,古巴特色社会主义模式借鉴了世界其他国家根据自身条件和所处环境的特点进行社会主义建设的经验,但没有照搬照抄别国的经验。菲德尔·卡斯特罗在古共一大的报告中指出:先实事求是地把其他社会主义国家的经验收集起来,然后再根据我国的情况加以改造。劳尔反复强调会学习中国、越南的改革经验,但不会照搬不符合古巴历史、文化、传统和现实的模式。

第二节　古巴共产党领导团结人民建设社会主义

党的领导主要是政治、思想和组织领导。古巴共产党是古巴国家和社会的最高领导力量,主要是通过政治、思想和组织领导来团结人民进行社会主义建设的。

---

① 王承就:《古巴特色社会主义模式的形成与发展》,《国外理论动态》2018 年第 9 期。
② 徐世澄:《从古共六大到古共第一次全国代表会议》,《当代世界》2012 年第 2 期。
③ 许宝友:《世界主要政党规章制度文献（越南、老挝、朝鲜、古巴）》,中央编译出版社 2016 年版,第 146 页。

一 坚持把党的政治领导摆在首位,把握古巴社会主义的正确航向

党的政治领导,主要体现在党的路线、方针、政策等重大决策的领导,是在政治立场、政治方向、政治信仰、政治原则、政治道路方面的领导。古巴社会主义建设伊始,就面临着复杂严峻的国内外形势,"世界上最富有、最具有侵略性的资本主义国家仅同我国海岸相距几十海里,那里又是个人主义、赌博、吸毒、卖淫以及其他使人异化的恶习的天堂,因此,我们不得不勇敢地去接受这个公开的长期挑战。"尽管古巴的社会主义建设不断取得成就,"也还会产生非无产阶级分子、社会不良分子和流氓,他们本身的性质就决定他们很容易上帝国主义的圈套,接受帝国主义的思想",对共产党的领导和社会主义,古巴国内一直存在着不同的声音。在20世纪60年代,有部分原来随卡斯特罗一起参加革命的人以不赞成共产党或社会主义为由走上反革命之路。流亡国外的古巴人中有部分人也借反对共产党和社会主义而开展形形色色的反古活动。20世纪80年代中期开始出现反对派组织,现有包括古巴人权委员会、古巴人权与民主和解委员会、古巴和平生态运动、社会民主党等50多个反对派组织,1000多人,反对派组织的活动危及古巴政权;古巴国内一直有民众在美国的煽动和唆使下逃离古巴以改变生活处境,1994年1月1日至8月9日,有5270名古巴人从海上漂渡至美国;1980年4月至7月,有12.5万人从古巴逃亡到美国和一些拉美国家,民众的逃亡伤及政府的群众基础。苏联解体、东欧剧变后,古巴国内部分党员、群众思想上陷入迷茫,动摇了对古巴共产党和古巴社会主义的信心,使古巴社会主义面临危机。在国外,美国对古巴持续进行经济封锁、意识形态渗透与和平演变、外交孤立、军事威胁,受美国的影响,欧洲和拉美国家与古巴的关系也时而紧张,严重威胁古巴政治安全;卡斯特罗说:"帝国主义正在等待着革命到了一定时候就像一个烂苹果……帝国主义死不甘心地希望革命垮台……敌人睁着眼睛,注视着眼前的动静,注意寻找并利用我们的弱点"[①] "帝国主义并没有停止同古

[①] [古] 菲德尔·卡斯特罗:《在古巴统一革命组织马坦萨斯省委会上的讲话》,人民出版社1962年版,第20页。

巴民族主义精神的较量，仍在不断进行挑衅""不断用贿赂的手法，煽动我国公民逃离或背叛祖国"。美国支持和怂恿古巴的反对派组织开展反古活动；在国外的古巴侨民希望古巴发生变化，有的是主张通过政治孤立和经济封锁促使卡斯特罗政权倒台甚至主张诉诸武力推翻古巴现政权；有的主张同古巴政府对话，进行民主选举或进行民主改革；古巴侨民中的反对派与国内反对派串通一气，配合美国对古巴实行和平演变，曾一度在古巴知识界的部分人中引起混乱，也使一些研究机构的某些党员受到影响。古巴共产党积极应对国内外严峻挑战，把政治领导放在第一位，通过加强党的政治领导把稳政治方向之舵。

（一）始终坚持正确的政治方向，确保古巴沿着社会主义道路奋力前行

政治方向是指一个政党所认定的奋斗目标，体现了一个政党的阶级基础、立党宗旨及理想信念，通常包含长远目标和在某一特定历史阶段的近期目标两个层次。把准政治方向，坚持党的政治领导，夯实政治根基，遵守政治纪律和政治规矩，涵养政治生态，防范政治风险，永葆政治本色，提高政治能力，这是一个政党永葆生机的源泉。古巴共产党是1925 年在哈瓦那社会主义小组（共产主义小组）基础上成立的，其理想是实现社会主义和共产主义。1939 年，古巴共产党同革命联盟党合并为共产主义革命联盟党。1965 年，"七·二六运动"、人社党和"三·一三革命指导委员会"重建古巴共产党。从党的建立过程来看，古巴共产党旗帜鲜明地把实现社会主义和共产主义作为政治方向。1980 年通过的《古巴共产党章程》开宗明义地指出：古巴共产党的产生是所有立意要搞社会主义的革命力量紧密团结的结果；这些力量团结在菲德尔·卡斯特罗同志的领导下，开始解决在我国建立共产主义社会的历史任务。古巴共产党"以马克思列宁主义为指导，为建设社会主义和实现共产主义目标而积极工作"；古巴共产党为实现最高纲领目标而活动，这个最高目标就是建立共产主义社会，在整个社会主义建设和发展过程中使自己的活动和努力适应这个目标。卡斯特罗在古共一大的报告中谈到党纲时指出："今天，我们要像昨天一样，我们党、我国革命应把新纲领作为斗争的旗帜和未来行动的指南高高举起。新纲领总结了革命的历史进程以及革命的性质和成果的主要方面，制定了今后为实现纲领向

人民提出的近期的主要目标所应完成的主要任务和所应遵循的政治路线。这个目标就是：继续进行社会主义建设直到基本完成这一任务，进入共产主义社会的第一阶段。"①1976年颁布施行的《古巴共和国宪法》序言指出："在一切革命力量和人民紧密团结的基础上，革命取得了民族完全独立，建立了革命政权，实行了民主改革，开始了社会主义建设。在共产党领导下，革命将朝着建设共产主义社会的目标继续前进。"第5条规定："古巴共产党组织和引导国家和社会朝着社会主义建设和向共产主义社会前进的崇高目标共同努力。"1986年的《古巴共产党纲领》指出："古巴共产党的最终目标是在我国建设共产主义。为了实现这一目标，古巴共产党以马克思列宁主义关于共产主义社会两个阶段——社会主义即低级阶段和共产主义即高级阶段的理论为基础。"为消除苏联解体、东欧剧变对古巴党和群众的影响，古共四大提出"古巴革命的最高目标是在古巴建设社会主义""拯救社会主义"，"不惜一切代价捍卫社会主义"。劳尔执政后，多次强调："大家选我当主席不是为了在古巴复辟资本主义，也不是为了出卖革命，是为了捍卫、维护和继续完善社会主义，而不是摧毁社会主义""在更新古巴经济模式的进程中，绝不会放弃社会主义建设""我们正在采取的措施和所做的修改都是更新经济模式所必需的，是旨在维护和巩固社会主义，使社会主义不可取代""古巴绝不搞休克疗法"。2016年古共七大通过的《古巴共产党章程》明确规定："古巴共产党忠诚于共产主义理想。作为国家和社会的最高领导力量，古共承担人民赋予的领导和协调全国在革命原则的基础上努力建设具有真正古巴特色的社会主义的重任。"2018年7月公布的古巴新《宪法》《草案》在序言和第5条中删去了原宪法所提及的"共产主义"或"共产主义社会"，引发了古巴国内外的很大争议。在全民讨论过程中，不少民众反对删去"共产主义"和"共产主义社会"。②根据民众的意见，在2019年全民公决通过的《古巴共和国宪法》序言中规定："革命依靠一切革命力量和人民本身的紧密团结，

---

① [古]菲德尔·卡斯特罗：《在古巴共产党第一、二、三次全国代表大会上的中心报告》，王玫等译，人民出版社1990年版，第183页。

② 徐世澄：《古巴新宪法："变"与"不变"》，《唯实》2019年第6期。

已经获得了完全的民族独立、建立了革命政权，进行了各项民主改革，开始了社会主义建设，并且在共产党的领导下，为建立共产主义社会而继续前进"，第5条中规定：古巴共产党"组织人民实现建设社会主义和向未来的共产主义崇高目标推进"，仍坚持把共产主义作为远大理想。

坚持正确政治方向，体现在谋划和制定重大战略与重大政策、部署重大任务、推进重大工作上，坚决纠正偏离和违背党的政治方向的行为，确保党和国家各项事业始终沿着正确政治方向发展；必须把各级党组织建设成为坚守正确政治方向的坚强堡垒，教育广大党员、干部坚定不移沿着正确政治方向前进。古巴共产党作为古巴唯一的执政党，是古巴路线方针政策的制定者和重大工作的推动者。1986年的《古巴共产党纲领》指出："我们共产党是古巴社会的领导力量。它确定国家发展的总路线和革命每个阶段的政策；制定经济、社会和文化领域的主要方针；掌握国家的对外政策。"采用和推进经济领导和计划体制，实行"纠偏运动"，在和平时期特殊阶段果断实行改革开放，实行"思想战"以抵御美国的和平演变策略，允许信教群众入党，更新经济社会发展模式以确保古巴社会主义的不可逆转，出台与实施《党和革命的经济和社会政策纲要》《党和革命的经济和社会政策纲要更新》，领导制定和修改《古巴共和国宪法》等重要法律法规，确定和改革国家治理结构体系及其运行规则，制定和调整教育、医疗、社会保障等重大民生政策和实施工程，不断强化党组织建设和党员教育，通过党组织的纯洁性和党员的模范作用团结带领人民建设社会主义，实现党对国家和社会的政治领导。

（二）培育良好的政治文化，确保党的领导行稳致远

政治文化是政治生活的灵魂，对政治生态具有潜移默化的影响。党内政治文化为党的各项建设提供价值引领，既是一种评判标准，也是一种行为规范，决定了党组织和党员普遍性的价值取向和行为方式，是党员干部融入血液、深入灵魂的精神动力，为净化党内政治生态、解决党内突出问题提供了基本价值遵循。古巴共产党重视政治文化建设，要求党组织和党员以马克思列宁主义、马蒂思想和菲德尔思想为指导，弘扬和践行社会主义价值观，"建立在革命思想、爱国主义、集体主义、团结一致、权利和机会平等、社会公正、相互信任、纪律自觉、谦虚、诚

实、批评与自我批评的精神、对社会主义未来的坚定信心的基础之上";"坚决同颂扬资产阶级思想、个人主义、任何形式的种族偏见和歧视、怀疑主义、对社会主义缺乏信心、自由化倾向、失败主义、民众主义、机会主义、任人唯亲、吹毛求疵、阳奉阴违、道德虚伪、家长作风、平均主义、无纪律、腐败和所有形式的违法犯罪和反社会行为作斗争。"党员"在任何地方、任何时刻以及任何情况下都捍卫革命""坚决反对所有形式的官僚主义、腐败、非法行为及其他消极和不道德行为以及不遵守劳动和社会纪律的行为；反对过分软弱、不行动及对违法行为的容忍，不使违法者逍遥法外"；"坚决反对因肤色、性别、宗教信仰、性取向、出生地而产生的偏见和歧视行为，坚决反对损害民族团结、限制人民行使权利以及其他违反宪法和法律的行为"。"在合适的地点、适当的时间，以正确的形式，开展批评与自我批评。揭露工作中存在的明显缺点和错误，并坚决改正"。"所有党员，无论做出多大贡献或担任何种职务，都应遵守党、国家和社会纪律，最忠实地履行和遵守现行司法规定与纳税要求。"① 古巴共产党党章中规定的上述要求，既是党规党法对党组织和党员的行为约束与规范，更是要培育良好的党内政治文化，进而推动整个国家和社会良好政治文化的形成，为古巴社会主义建设提供强大的精神动力。

对党员和群众进行马克思列宁主义教育，是培育良好政治文化的前提。在20世纪60年代，古巴加强对党员、群众的马克思列宁主义教育，特别是强调对文化和教育战线的人进行马列主义教育，用马列主义指导工作。在20世纪70年代，古巴便开始在政治思想培训中心、党校、共产主义青年联盟和群众组织的学校进行马克思列宁主义教育，同时，在初中、高中和大学讲授马克思列宁主义，列入这些学校的教学计划。学习和掌握马列主义，深化了人们对历史规律的认识，增强了古巴人民的革命觉悟，坚定了人民进行革命和社会主义建设的信心。卡斯特罗在古共二大报告中说："马克思列宁主义的教育工作在全国教育体系下进行得十分顺利""新闻、艺术、教育和科学工作者学习马克思列宁主义还不够。国家机关、社会团体以及各单位的工会组织对这一重要任

---

① 靳呈伟：《古巴共产党章程》，《当代世界社会主义问题》2016年第3期。

务要更加重视起来。"卡斯特罗说:"我国人民接受了马克思主义、马克思主义思想、马克思主义原则,也接受了马克思主义关于党的领导作用的原则。"1986年党纲明确"我们要努力使全社会都以马列主义的观点认识历史和社会生活"。正是靠了掌握马克思主义原则,靠了运用马克思主义原则,古巴党、革命和社会主义才不断克服艰难险阻走向胜利。反对宗派主义、官僚主义和形式主义,开展批评与自我批评,是培养良好政治文化的重要手段。卡斯特罗认为:"宗派主义成了一种工具,一种政策的工具;一套政策的工具;然而这种政策的内容并不止于宗派主义。宗派主义不过是一种工具,实际上这是一个脱离马克思主义原则的问题,是一个特权的问题,是一方面偏激另一方面放任的问题,是等级观念,甚至于出现腐化堕落、讲亲戚关系、朋友情面、徇私苟且、机会主义的萌芽的问题""宗派主义甚至于可能是一种反动的宗派主义,它的作用更多的是妨碍革命思想,使革命发展开倒车"。"宗派主义的产物是严重脱离群众,使革命的政治机构遭到削弱,使革命遭到削弱,使革命患了贫血症,丧失朝气,失去力量。""宗派主义势必产生特权,一方面是纵容,另一方面是不信任。产生了普遍的不信任,凡是没有一定的条件、没有一定的经历的人,具体地说,没有老党员的资历的人,都是不可靠的,都被认为未经受过考验的人。"[1] 卡斯特罗说:"我们没有宽容这些宗派主义,我们非常严厉地批评了它。"对官僚主义的本质及其危害,卡斯特罗如斯说:"官僚主义首先是一种观念,认为在办公室就可以解决一切问题。这是百分之百的小资产阶级意识,蹲在办公室,处于一种与无产阶级氛围完全不同的环境,根据小资产阶级的想象和类比去构思世界。另外,官僚主义是某些管理机构的膨胀,而这通常是由思想观念造成的""官僚主义是无产阶级国家中小资产阶级思想的表现""官僚主义浪费人力资源,把人变成没有用处和寄生的公民,挥霍人的精力和才智。这些精力和才智应该用在有益于社会和人类的地方。"[2] 党还"反对劳动中的不良表现,诸如不遵守管理和财经纪律、

---

[1] [古]菲德尔·卡斯特罗:《在古巴统一革命组织马坦萨斯省委会上的讲话》,人民出版社1962年版,第12—20页。

[2] [古]萨洛蒙·苏希·萨尔法蒂:《卡斯特罗语录》,宋晓平等译,社会科学文献出版社2010年版,第12—13页。

官僚主义、不履行规章制度，浪费或抽逃物质等等的斗争；反对思想上不坚定的表现，诸如任人唯亲和阿谀奉承等等的斗争。"古巴共产党一直把反对宗派主义和官僚主义等作为党内政治生活的重要内容，纯洁党内关系，密切党群联系。古巴共产党将批评与自我批评作为党内政治生活的重要武器，也是古巴重要的政治文化。1986年党纲指出："报纸和党对政府及各单位的工作以及社会上不良倾向所作的批评，应有助于人们采取切实的具体措施解决提出的问题。大众传播媒介要把批评的最好结果及时告诉人民"；"报纸能否坚持开展批评，反映出报界领导人和记者是否具有相应的能力、职业道德和高度的责任感，同时也反映出国家官员以及党员和党的干部是否敏感、成熟，阻碍和逃避批评的做法都是与党员的称号不相符的"；"报纸上开展的批评深度和广度如何，在很大程度上取决于党内、各个工作单位内和整个社会内的批评与自我批评进展得如何，两者可以相互影响。"[①] 卡斯特罗在古共二大上指出：在过去的五年，"还对一切官僚主义、工作肤浅、形式主义、墨守成规以及其他背离党的生活和活动准则的表现进行了斗争，并取得了可喜的成果。"古共三大上，卡斯特罗说"我们进行了一系列的努力来更好地进行批评与自我批评""通常有一些党员，甚至担任负责工作的领导人，他们只是在纯理论的范围内来理解批评和自我批评，完全脱离具体实践，脱离个人的行为；只联系别人的缺点，不联系自己的缺点。应该在原则的基础上，永远以教育和建设性的精神，大力而勇敢地同这些现象作斗争"，要求"在思想战线上必须朝着更高的形式前进，摆脱掉形式主义和一切官僚作风"。切·格瓦拉是开展批评与自我批评的模范。"切曾一再作自我批评，批评自己的性格喜怒无常，批评自己不善于在一大堆问题中选出最为重要的、首先需要解决的问题来处理，批评自己并不总是能够对决议的执行情况进行有效的检查。""切批评同事们的缺点时，往往很尖锐，一针见血，而有过失的人却并不见怪，他们中间很少有人认为他的批评是不公正的，是没有道理的，因而进行申辩。切并不单单批评几句就了事，他总是帮助人家弄清楚产生缺点的原因，并

[①] 吴彬康等：《八十年代世界共产党代表大会重要文件选编》（下卷），中国广播电视出版社1989年版，第1025页。

找出克服缺点的办法。"①

古巴共产党在和平时期的特殊阶段，为摆脱困境，对党员特别是党员领导干部的道德、工作作风等提出具体而严格的要求，1996 年 7 月 18 日颁布了《古巴国家干部道德法规》，从 27 个方面对干部提出了要求，规范干部的政治生活和政治纪律，为营造一种积极向上的政治文化创造了良好条件。

（三）营造良好的政治生态，确保党在社会主义建设中的领导权

政治生态是指从政的环境，是党风、政风、社会风气的综合体现。党内政治生态是党员和各级党组织在政党权力、党内制度和党内文化等生态因子的影响下形成的政党内部活动及相互关系的整体表现形态。做好各方面工作，必须有一个良好的政治生态。政治生态污浊，从政环境就恶劣；政治生态清明，从政环境就优良。古巴共产党十分重视政治生态特别是党内政治生态建设，引导各级党组织和广大党员、群众团结在党中央周围，以高度的政治自觉干好自己的事，积极应对来自国内外的一切风险与挑战，成功抵御了美国等国家对古巴的经济封锁、外交孤立、军事威胁乃至入侵，使古巴社会主义大旗屹立于美洲大地。党政合理分工，不以党代政，是营造良好政治生态的前提。古巴共产党是唯一的执政党，党的领导主要是政治领导，不是包办一切事务。卡斯特罗说："必须发挥党的政治作用。党不管理行政事务，党对各地完成革命的最高领导机构制定的各项计划起指引、领导、推动、帮助和保证的作用""党的领导作用不能代替政府和群众组织的作用，党的领导作用首要的是政治领导作用"。② 党对国家政权机构、群众组织和社会团体的工作实行监督，督促它们履行宪法和法律所规定的职能，推动它们在社会主义建设中发挥更大作用。党员、领导干部没有特权，在法纪面前人人平等，是涵养良好政治生态的风向标。在古巴，党员意味着奉献，除了人民的利益外没有任何个人私利；所有党员权利平等，没有特权人物。卡斯特罗说："各个革命组织的全体成员在加入社会主义革命统一

---

① [苏]约·罗·拉弗列茨基：《格瓦拉传》，上海人民出版社 1974 年版，第 274 页。
② [古]菲德尔·卡斯特罗：《在古巴共产党第一、二、三次全国代表大会上的中心报告》，王玫等译，人民出版社 1990 年版，第 92 页。

党时都有同等的权利和受到同样的尊重。一个有二十年党龄的人民社会党党员并不意味着有任何特权,一个'七·二六运动'或革命指导委员会成员也不意味着受任何歧视。所有的人在入党时都具有完全同等的权利!"① 作为党员要工作在先,牺牲在先,吃苦在先。"所有党员,无论做出多大贡献或担任何种职务,都应遵守党、国家和社会纪律,最忠实地履行和遵守现行司法规定与纳税要求。"政府公职人员不是高高在上的人,而是从人民中来的人,为人民服务的人。卡斯特罗说:"我们这些当政的人,就必须进行艰苦的奋斗,让大家看到,我们真正过着艰苦的劳动的生活,免得其他的人以为我们在吃喝玩乐,以为我们担负着这个或那个职位的人过的是舒坦的生活。""今天要在部长会议提出的第一个措施,是降低薪金,从取消某些特别开支开始;我们拿的钱只要够最基本的需要就行了。汽车不要坐大的,小的就行了。""我们并不要求减少工作,我们要求增加""我们没有在银行开立户头,没有干私人买卖,不讨好朋友亲戚,也不讨好特权人物"。②《古巴共产党纲领》规定:"所有国家政权机构、政府官员和领导人员,所有政治组织、群众组织和社会团体以及所有公民,都应坚决地严格遵守法律。在这方面,党员和共青联盟成员应成为旗手和表率。"以良好的政治文化涵养政治生态是古巴共产党持续倡导和坚持的做法,已发挥出了应有的作用。反对和惩治腐败,正风肃纪,是古巴维持良好政治生态的重要抓手,无论是小腐还是大贪,都坚决查处,是零容忍的态度。党要注意联系群众,决不能脱离群众,永远不要凌驾于群众之上,永远和群众在一起,永远在人民的心中,不要认为是革命的政党而有权力,或是党自己给自己权力,党的权力永远来自人民对党员和党的干部的看法和观点。给党输送血液、赋予力量的是群众,脱离群众,与群众失去联系,就等于割断了革命组织和群众之间的脐带,割断了党组织吸收养料、吸取血液、朝气、力量。古巴共产党通过处理好党政关系、党群关系、干群关系,营造积极向上、干事创业、风清气正的良好政治生态。

---

① [古] 菲德尔·卡斯特罗:《卡斯特罗言论集》(第二册),人民出版社1963年版,第278页。

② [古] 菲德尔·卡斯特罗:《卡斯特罗言论集》(第一册),人民出版社1963年版,第93—101页。

二 加强思想理论武装，筑牢建设社会主义的思想根基

理论只要能说服人，就能掌握群众；而理论只要彻底，就能说服人。理论一经掌握群众，也会变成物质力量。党只有通过思想领导，才能凝心聚力，筑牢思想基础，带领人民群众进行社会主义建设，并一步一步地走向胜利。所谓党的思想领导，就是理论观点、思想方法以至精神状态的领导，即党通过对广大干部和群众进行思想政治教育从而引导人民走社会主义道路，实现社会主义建设目标。卡斯特罗说："所谓思想，首先是觉悟，而觉悟则意味着斗争态度、尊严、原则和革命道德。思想也是纠正一切错误，克服弱点，反对特权和不道德行为的斗争武器。今天对所有革命者来说，思想斗争就是战斗的第一线，就是第一道革命战壕。"① 思想政治工作是党的思想领导的重要内容和途径，做好思想政治工作就能更好地实现党的思想领导。古巴共产党把思想工作作为领导人民进行社会主义的重要方式，放在党的工作的突出位置。卡斯特罗说："我们的基本思想武器和可靠的行动指南将是党的纲领，党纲中不仅规定了我们应当在国家经济和社会发展中开展工作的根本内容和目标，而且也规定了我们在提高我们共产党员觉悟方面开展工作的根本内容和目标。"《古巴共产党纲领》规定了思想工作的指导思想、任务、方式方法和内容等。党纲指出了思想工作的指导思想："古巴共产党在意识形态领域内的工作是以马列主义理论、古巴人民的斗争传统和历史经验以及其他社会主义国家的经验为基础，以本纲领为指导的""统一的思想，共同的原则和理想，才是今天和将来永远保持现在这种模范团结的根本保证。今天，我们把所有共产党员像兄弟一样团结起来，在人民中建立了党和群众的密切联系。""我国人民的绝大力量，英雄气概和不胜利毋宁死的共同决心，如果不是来自对无产阶级革命学说的正确思想的理解，又是来自何处呢？这种力量、精神和决心使我国人民成为巨人，挫败了帝国主义的一切侵略和颠覆活动。""除了马克思列宁主义给予我国人民的坚定的革命觉悟，难道还有别的因素可以使我们粉碎

---

① ［古］菲德尔·卡斯特罗：《在古巴共产党第一、二、三次全国代表大会上的中心报告》，王玫等译，人民出版社1990年版，第317页。

帝国主义对古巴革命进行思想渗透的所有企图吗？"① 党在思想工作的任务主要是："党要决定和制定思想工作的主要方针，指导党的基层组织和国家各个不同的社会和地方部门的思想工作的具体内容。同时，党还要不断地促进加强共产主义青年联盟的作用和支持工会运动以及群众和社会组织的活动，指导群众性的宣传刊物选择题目，特别重要的是要经常帮助和恰当地监督国家机构在这领域内所进行的工作。"② 思想工作是一个系统工程，不只是党的事情，全社会都要承担思想政治工作的职责，形成思想政治工作的合力，实现思想政治工作全覆盖，方可取得良好的效果。党纲明确了党的各级组织、每个党员、政治和群众组织、劳动集体、传播媒介、家庭的思想工作任务，要求它们相互配合，协同做好思想工作。"思想工作不仅仅由党来作，而要由全社会来作。这项工作包括：教育和文化机关培养新一代的基本任务；家庭中的教育；对党员和共青联盟盟员进行政治培训；在群众中特别是在劳动集体中进行宣传和指导；在军事单位中进行特殊的工作；党的刊物要起作用，群众性的宣传刊物要起社会作用；对社会和舆论进行调查，在古巴国内外宣传革命的著作和革命的政策。"古巴共产党设有初级、中级和高级形式的政治思想培训中心，从理论和政治上对党员和预备党员进行系统、正规的教育，是马列主义教育机构。各级党校、共产主义青年联盟和各群众组织所办学校分别对党员、共产主义青年联盟盟员和人民群众进行思想政治教育，报纸、书刊、电影、电视、广播等大众传播工具是党对群众开展思想政治教育的重要工具和手段，满足人民政治和精神上的基本需求。《格拉玛报》指导并积极促进对人民的教育，提高人民的革命觉悟。在家庭中，新的一代在父母和照顾他们的成人的影响下培养起社会主义公民的社会行为和道德品质，家庭在未成年人教育中还是连接学校和社会的纽带。

思想工作不是抽象的，不是脱离实际的空洞说教，更不是无病呻吟，必须同我们的具体问题即在各个时期提出的经济社会问题及国内

---

① ［古］菲德尔·卡斯特罗：《在古巴共产党第一、二、三次全国代表大会上的中心报告》，王玫等译，人民出版社1990年版，第184页。
② 吴彬康等：《八十年代世界共产党代表大会重要文件选编》（下卷），中国广播电视出版社1989年版，第1019—1020页。

和国际问题联系起来,同我们的工作生活、同经济社会建设相结合,切实解决人民群众在工作生活中产生的疑问和问题、冲突及思想斗争等。党纲规定:"关于宣传的内容和对群众的指导方针,应当把思想工作的主要方针,即与社会觉悟的发展有关的最广泛的志愿同伟大的经济与社会目标结合起来;同全国和全国人民对付和挫败任何一种帝国主义侵略的准备,同每个五年计划的方针,同各省市的计划以及同反映具体情况的思想性的问题等等结合起来";"把思想工作同经济建设的任务以及组织和政治活动进行必要的结合。中级领导机构、党的委员会和小组所提出的政治工作和宣传的内容,首先应当反映出同劳动者一起进行讨论时所制定的计划的目标。"① 思想工作必须注意方式方法,必须采用说服的办法,不能机械地说教,不能简单地灌输,要利用现代科技手段增强思想工作的说服力、感染力和表现力,进而达到预期效果。党纲指出:"从本质上说,思想工作的方式方法,从最一般的宣传工作到集体单位中的对个人的直接的工作,都应采取说服的办法,要有令人信服的依据";"思想工作的进一步改进要求这一工作摆脱掉陈规陋习、形式主义和老一套的条条框框;摆脱掉机械论和墨守成规所造成的缺乏生气和想象力的状况";"在恰当地使用我们所能掌握的最现代化的手段的同时,还要求创造性地运用心理学、社会学和教育学的方法,使传统的方式现代化并提高党的宣传形式的质量和传播能力。"②

用什么去教育人民群众,怎样教育人民群众,是事关培养什么样的人的重大问题。古巴在 20 世纪 60 年代就提出建设社会主义新人的目标,格瓦拉号召人们成为"一颗革命车轮上有觉悟的、有自己特点的、幸福的齿轮",应该是能够起示范和动员作用,有强烈的人道感、强烈的正义感、强烈的是非感。1980 年通过的《古巴共产党章程》指出:"古巴共产党同时把重点放在提高群众的觉悟和思想教育方面,为的是用共产主义道德教育群众,培养完全摆脱了以个人主义和利己主义为基

---

① 吴彬康等:《八十年代世界共产党代表大会重要文件选编》(下卷),中国广播电视出版社 1989 年版,第 1020 页。

② 吴彬康等:《八十年代世界共产党代表大会重要文件选编》(下卷),中国广播电视出版社 1989 年版,第 1020—1021 页。

础的资产阶级和小资产阶级思想道德的新人。"[1] 为塑造社会主义新人，古巴从以下方面对人民进行思想政治工作。一是对劳动者进行经济和劳动教育，使劳动者了解党和国家制定的经济政策和劳动政策，促进和巩固生产者的觉悟、荣誉和责任，确保与党和国家思想和行动的一致。对劳动者进行经济教育，是大众传播工具工作中和党的所有宣传工作中的一项重要内容。二是对新的一代进行共产主义培养，把儿童和青年培养成当代所要求的具有政治觉悟、丰富的科学知识和一般的文化修养的能担当党和政府的任务和责任的人。"共产主义觉悟不是从结构变革中自动产生出来的。它要在阶级斗争的活的实践中，在政治教育和对国内外情况的了解中逐步树立起来。在这方面，我们有党，有党的指导机构和学校，有革命的报纸和其他大众传播工具的可贵的和富有战斗性的工作；有共产主义青年联盟以及工人、农民、妇女、学生、青年、儿童和全体人民的群众组织的极为宝贵的帮助；……还有我们的出版、文化和科学机构。这就是我国革命在思想斗争中得以向前迈进和取得胜利的巨大力量。"[2] 此外，还要培养他们不仅坚决而热情地在敌人和诽谤面前捍卫革命，而且在对事业的缺点进行建设性的批评时都能发挥自己的才干和能力；要培养忠于社会主义事业的原则，坚决、勇敢、热情地做事的精神；还要使他们感到个人对祖国和革命的命运应负的责任。三是加强爱国主义和国际主义教育。对群众特别是青少年进行社会主义的爱国主义和无产阶级国际主义的思想教育，通过历史教育把爱国主义传统同社会主义相结合，教育人民热爱自己出生的土地，爱它的传统，它的文化，教育人民尊敬和爱戴党的先驱和创始人，教育每个公民为自己人民的智慧和胆略而感到由衷的骄傲，忠于国际主义传统，加强同社会主义大家庭其他国家的友好和合作的联系。四是以科学的方式同反社会的行为进行不懈的斗争。在古巴，还存在个人的或集团的反对社会主义共同生活准则和企图以这种或那种方式损害集体利益的行为，其根源是彻头彻尾反社会的。为此，思想政治工作者必须区分哪些是资产阶级和小资

---

[1] 吴彬康等：《八十年代世界共产党代表大会重要文件选编》（下卷），中国广播电视出版社1989年版，第942页。

[2] ［古］菲德尔·卡斯特罗：《在古巴共产党第一、二、三次全国代表大会上的中心报告》，王玫等译，人民出版社1990年版，第187页。

产阶级的思想残余，哪些是由经济不发达、依附性、落后状态、社会不平等、种族和性别歧视等所决定的物质和社会因素造成的情况，有针对性地采用不同的方式、办法和措施予以疏导，不要回避古巴的不发达状态、帝国主义对古巴的封锁和敌视以及自身的缺点，客观地引导人民去看待和分析存在的不足和在就业、教育、卫生、工业和农牧业等方面所取得的进步。五是以社会主义的思想和道德与不坚定行为作斗争。努力反对思想上的不坚定，如缺乏坚定的道德修养，对坏事不闻不问或熟视无睹，不正当地把国家财富用于个人目的等；反对歧视妇女，同阻碍妇女行使社会平等权利的偏见和小资产阶级的软弱性作斗争，确保男女平等；反对种族歧视，坚定地同种族主义偏见作斗争，实现不同种族、肤色人民平等相待，团结和谐。六是加强社会主义法制观念，创造一种尊重法律、自觉遵守法律的社会氛围。所有国家机关、政治组织、群众组织和社会团体，所有政府官员及全体公民，无论职务多高，无论功劳多大，无论业绩多少，都应无一例外地执行法律，任何人没有权力和特权违反法律，超越法律。七是宣扬社会主义的优越性。用充实的证据宣传古巴社会主义在经济、政治、文化、社会和道德上的优越性，用雄辩的事实宣传社会主义兄弟国家的经验，增强人民对社会主义的信心。八是向群众宣传科学的唯物主义世界观。向群众宣传科学的唯物主义自然观、社会观和思想观，是思想政治工作的重要组成部分；通过科学的自然观和社会观教育，铲除旧的偏见，同时树立新的风俗习惯，加强社会主义社会的互帮互助的关系；同时，坚持信仰自由，公民有信教和不信教的权利，有依法信仰自己喜爱的宗教的权利，但不允许任何人利用宗教反对革命和社会主义。九是通过加强团结，巩固社会主义的人际关系，保障马列主义思想的主导地位。古巴思想政治教育的基本目标是：把全国人民进一步团结在党的周围，巩固工人、农民、知识分子和其他阶层劳动者之间的社会主义关系。这种关系的基础是共同的原则和理想，是手足情谊和相互支持，是在古巴各族人民头脑中占主导地位的社会主义思想、文化和道德。古巴开展思想政治教育和思想斗争的全部意义就在于，要让成百万的男女继续同心协力，自觉地发挥他们的才能和干劲，继续为达到社会主义建设目标贡献力量。卡斯特罗在古共二大的报告中指出："我们对干部、党员和全体人民要继续进行理论教育，继续毫不动摇地捍卫马克思列宁主义，同篡改马克思列宁主义的人进行斗争。"① 党纲指出："菲德尔·卡斯特罗的讲话是我们党的理论宝库和战斗纲领……菲德尔同志的分析和论点是当代马列主义思想的财富，系统地研究这些分析和论点，对全面了解这些问题的深度和复杂性将仍然是重要的。"② 理论教育，是巩固马列主义主导地位的最有效方式。巩固马列主义的主导地位，必须掌握、忠于并创造性运用马列主义，同各种非马列主义作斗争。1980年党章指出，古巴共产党"忠于马列主义，认为它是先锋队的理论和行动的指南；努力把它创造性地运用于我国的具体情况，并根据自己的经验和其他兄弟共产党的经验发展它；捍卫它免受来自右的和左的方面的干扰，免受资产阶级、修正主义和假马克思主义、教条主义的理论家的攻击和歪曲。"③

三　加强组织建设，团结带领人民搞社会主义

党的组织领导，就是通过党的各级组织、党的干部和广大党员，组织和带领人民群众为实现党的任务和主张而奋斗。

（一）加强和改进组织建设，发挥党的各级组织在社会主义建设中的领导作用

1. 发挥党的全国代表大会和高级机构的最高领导作用，确保党对社会主义的集中统一领导。根据《古巴共产党章程》，全国代表大会是古巴共产党的最高机构，决定党的政策、组织和活动方面的重大问题，审议并指明解决社会主义建设中重大问题的道路，批准国家经济、社会和文化发展的战略方针和纲领，讨论和通过中央委员会的报告，批准并在认为必要时修改党纲和党章，选举产生中央委员会。全国代表大会应该是全体党员或大多数党员意志的表达，其决议是最后的决议，党的各级组织和全体党员都必须贯彻执行。全国代表大会通常是5年召开一

---

① ［古］菲德尔·卡斯特罗：《在古巴共产党第一、二、三次全国代表大会上的中心报告》，王玫等译，人民出版社1990年版，第313页。
② 吴彬康等：《八十年代世界共产党代表大会重要文件选编》（下卷），中国广播电视出版社1989年版，第1020页。
③ 吴彬康等：《八十年代世界共产党代表大会重要文件选编》（下卷），中国广播电视出版社1989年版，第943页。

次，由中央委员会全体会议召集举行的会议为特别会议。遇到战争威胁、自然灾害及其他特殊情况，全国代表大会可延期。古巴共产党自1965年重建之后至1975年前，十多年间一直没有召开全国代表大会。古共第一次代表大会是1975年召开的，至今为止共召开了8次全国代表大会，其中第一次至第五次全国代表大会都基本正常召开，第六次全国代表大会应该于2002年召开，可因种种原因延至2011年召开，第七次全国代表大会和第八次全国代表大会分别于2016年4月、2021年4月如期召开党的全国代表大会，是党正常有效运转的制度化安排，使党能够适时对国内外形势的变化和人民群众的需要进行科学研判，作出决策和安排，调整政策，促使社会主义建设的理论和实践与时俱进，极大推进社会主义建设。古共一大确定实行经济领导和计划体制，开启了古巴经济发展的制度化和合理化进程。一大通过的党章和党纲，为工人阶级革命政党特有的组织上的团结、纪律性和统一行动的意志打下了牢固的基础，促进了党和群众的密切联系，推动了古巴社会主义政治、经济、文化和社会的发展。古共六大、七大、八大先后围绕古巴经济社会模式更新分别作出了重大决议，推进了古巴社会主义的不可逆转、完善。2012年，古巴共产党召开第一次全国代表会议，这是一次特别会议，讨论和通过了《古巴共产党的目标》，对党的建设和党政体制调整作出重要部署，极大地推动党在经济社会模式更新进程中的领导作用。

在全国代表大会闭会期间，中央委员会是党的最高领导机关。中央委员会全体会议每年至少召开两次会议，由政治局召集，也可多次召开全体会议。关于中央委员会的职权，在不同时期的党章的规定略有不同。1980年党章规定中央委员会全会具有两项职能："确定政治局委员和候补委员人数、书记处书记人数及全国监察委员会人数。在政治局内，候补委员是一种级别，正式委员出缺时，不一定是候补委员上升为正式委员""在中央委员会内选举第一和第二书记、政治局其他委员和候补委员、书记处、全国监察委员会主席及其他成员。这些成员可以是中央委员，也可以不是中央委员"。在全国代表大会闭会期间，中央委员会行使13项职能：（1）执行全国代表大会批准的党纲、党章、决议和决定。（2）领导并监督党的所有领导机关和基层组织，指导它们的工作。（3）为国家机关制定政策，监督并积极协助贯彻执行这种政策。

（4）制定共产主义青年联盟的工作路线和目标，指导群众组织及其他社会团体的工作，监督其进行工作的情况。（5）审查经济发展的总体规划和年度计划，制定有关的方针和目标。（6）加强对领导干部的教育和培养，根据每个人的能力、才干、对革命的忠诚和革命的决心安排工作，主意帮助他们不断提高文化、技术、政治和思想水平。为党员提高政治思想、文化和技术水平制定总目标。（7）在不违背本章程的前提下，决定党在结构和工作方面每一个必要的改变或改动。（8）批准有关的规定，促进本章程的贯彻执行。（9）批准和执行对包括中央委员会在内的党员和预备党员的处分，以及整个集体严重违反党的原则、路线和纪律的基层组织和领导机关的制裁。（10）批准党的预算和资金的分配。（11）建立制度，保证定期检查收支账目、各种表格，以及所有同基层组织和领导机关使用的资金和财产有关的情况。（12）建立为更好开展党的工作所必需的机构和公司，并进行领导。（13）代表古巴共产党同其他国家的革命政党和组织进行联系。① 可 2016 年通过的《古巴共产党章程》只规定了中央委员会全体会议的职能，却没有对中央委员的职能作出规定。2016 年党章的规定把党的中央委员会的工作重心放在了关系到党和国家全局、长远的重大问题和政治局与书记处上面，使中央委员会、政治局、书记处的职责更加清晰，相互之间的关系更为明了，有利于各司其职，各负其责。

  政治局在中央委员会全体会议闭会期间是党的最高领导机构，领导期间党的所有工作。关于政治局的职能，1980 年党章规定："执行党的全国代表大会和中央委员会全会的决定。在中央委员会全会闭会期间，根据全国代表大会和中央委员会的决议和决定确定党的政策，定期向中央委员会全会解释和汇报自己的工作和书记处的工作。" 2016 年党章规定："政治局实施党的全国代表大会、全国会议及中央委员会全体会议做出的决议，并在中央委员会全体会议闭会期间，决定党的政策。响应中央委员会全体会议的号召并向其汇报工作"；"为处理职权范围内的事务，政治局内设执行委员会，执行委员会由中央委员会第

---

① 吴彬康等：《八十年代世界共产党代表大会重要文件选编》（下卷），中国广播电视出版社 1989 年版，第 947 页。

一书记主持。该委员会对政治局负责,并在必要情况下事先征求政治局的意见。"① 两次党章的规定没有实质性差异,新的党章为了加强政治局的作用,设立了执行委员会处理政治局日常事务。

书记处是中央委员会下设机构,协助政治局负责党的日常运转。1980 年党章第四十八条规定:"书记处是由中央委员会选举产生,从属于政治局,协助政治局领导党的日常工作。书记处负责安排并保证党的全国代表大会、中央委员会全会和政治局会议的决议及决定得到贯彻落实,负责执行党的干部政策。党与共产主义青年联盟,与国家的最高机构和领导机关以及社会和群众团体之间进行联系的所有机构,其工作也全部由书记处负责。书记处还负责指导和监督党的路线在国家所有政治、经济和社会领域内的贯彻落实。"② 2016 年党章只规定了"政治局在中央委员会书记处的帮助下负责党的日常运作",没有对书记处的职能作具体规定,说明书记处就是在政治局的领导下负责党的日常运作。

中央委员会设有专业机构,配合其开展工作,协助其行使职能,中央委员会的专业机构隶属于中央政治局和书记处。

古巴共产党作为领导古巴社会主义的唯一政党,是通过古巴共产党全国代表大会、中央委员会、政治局和书记处来统领全党,它们按照民主集中制原则在各自职权范围内开展工作,确保全党的政治和思想凝聚力及行动的团结一致,进而领导和团结人民群众聚精神搞社会主义。

2. 加强党的中间层级的大会和领导机构的作用,确保党组织运行良好和政令畅通。党的中间层级的大会和领导机构是介于全国代表大会和高级机构与基层组织之间的,包括省、市、区大会及其领导机构。在中间层级,相应的大会是其最高机构,由其选举产生相应党委,即省、市、区党员代表大会是党在省、市、区的最高领导机构,通常负责总结工作、审批下一个时期的工作计划、选举相应委员会和工作委员会,以及根据上级机构的指导处理其他事务;省、市、区党员代表大会选举产生省、市、区党委,党委是党的中间层级领导机构,各级党委委员均应

---

① 靳呈伟:《古巴共产党章程》,《当代世界社会主义问题》2016 年第 3 期。
② 吴彬康等:《八十年代世界共产党代表大会重要文件选编》(下卷),中国广播电视出版社 1989 年版,第 947 页。

由大会、会议或全国代表大会的代表个人以无记名投票方式直接选举产生,党委全体会议选举产生第一书记及执行局的其他成员。2016年党章第四十二条对党的中间层级领导机构承担的任务作出明确规定:"领导和开展思想政治工作,组织、推动增强党的作用和影响;提高党员和人民的革命意识,推动其支持革命举措;协调、协助、整合属地所有机构和单位为完成经济和社会计划而奋斗,避免干涉或取代其职能;提高效率;增强防卫实力以应对、抵消敌人的宣传和活动。应特别关注旨在预防和反对违纪、违法、腐败、犯罪及其他消极行为的行动。"第四十四条规定:"中间层级领导机构的执行局在相应委员会闭会期间管控并组织完成党的任务。执行局隶属并对委员会全体会议及相应上级机构负责。"① 中间层级党委设有专业机构,配合其开展工作,协助其行使职能,中间层级党委的专业机构隶属于其执行局。

1980年党章没有中间层级这一说法,第五章的标题是"省市党员代表大会和领导机关",指出:"党在省市的最高机构是同一级的党员代表大会""党员代表大会审查、讨论并评价党委会的工作报告,并根据党的最高机构和上级领导机关的指示,以及本地区的具体问题,决定下一阶段的工作内容";"另外,市党员代表大会选举省党员代表大会代表,省党员代表大会在必要的时候选举全国代表大会代表""不召开党员代表大会时,工作总结由同一级的党委会全会进行"。② 省市设立党委会对其下属的基层组织和领导机关的工作实行领导,其具体任务是:(1)在群众中领导和开展政治、组织和动员工作,促进群众积极参加政治社会生活,在国家和司法部门的机构内和领导机关内努力工作,从而保证完成捍卫祖国任务,完成我国革命为社会主义建设制定的工业和农牧业生产计划,以及为建筑、运输、服务、教育、科学、文化、体育、娱乐和公共卫生等各个方面制订的计划。(2)开展思想工作,宣传和捍卫马克思列宁主义和革命的政策,提高人民的共产主义革命觉悟。(3)推动地方的人民政权机关、地方政府和司法部门以及共

---

① 靳呈伟:《古巴共产党章程》,《当代世界社会主义问题》2016年第3期。
② 吴彬康等:《八十年代世界共产党代表大会重要文件选编》(下卷),中国广播电视出版社1989年版,第948页。

产主义青年联盟、工会和其他群众及社会团体的地方机构，贯彻执行党的方针政策，但又不取代这些机构和组织，不越俎代庖。（4）对自己管辖内的地方的人民政权机关以及地方政府和司法部门的工作实行监督；听取它们的工作报告，通过参加它们的活动，推动并帮助它们在执行自己的义务时采用正确的工作作风和工作方法。（5）努力培养领导干部。在自己的职权范围内批准、建议或任命担任政治或行政领导职务的人选。（6）管理由自己负责的党的资金。[1]

2016年党章和1980年党章相比，对中央和基层组织之间的党的代表大会和领导机构的规定更为简洁和宏观，着重在党的工作，强调党要管党，党不管政府、群众组织及社会团体职责范围内的工作；将中间层级由省、市扩大到省、市、区，增加了市所属的地区作为该区域的党的一级组织和领导机构以领导和指导该区域的基层组织开展工作，增强了党对基层组织的领导，有助于党的政策的贯彻执行。

3. 发挥基层党组织联系群众的桥梁作用，确保党各项工作落地落实。

古巴共产党的基层组织是党的组织架构的主要组成部分，是按生产原则和区域原则在至少有3名党员的劳动中心和生活的社区或军事部门建立起来的党组织机构。根据其复杂性、所开展的活动及党员人数等情况，基层组织有三种组织形式，即党支部、有两个或两个以上支部的党委、有一个或一个以上基层委员会和两个或两个以上支部的党委，其中党支部是基本形式。在党员数量较多或开展活动的情况复杂以及有需求的工作单位或其他部门，可以成立多个党支部并选举产生负责领导这些党支部的委员会。

支部党员大会总结工作，审批工作计划，选举支部领导，在相应时间选举大会代表以及上级机构成员的预候选人。党支部直接负责指导和督促党员发挥模范带头作用。党的基层组织将有效完成所在地的特定活动作为中心工作任务，对党员的社会、政治和工作能力及表现进行综合、系统的考核，有权利和义务监督领导人和行政管理人员的活动，使

---

[1] 吴彬康等：《八十年代世界共产党代表大会重要文件选编》（下卷），中国广播电视出版社1989年版，第948页。

他们在工作单位和社区中的政治、思想和道德表现处于适宜状态,旨在预防和反对违反劳动和社会纪律及腐败、违法犯罪、裙带关系、干扰思想政治及其他消极行为。1980年党章对党支部的职能作了明确规定,共列出22条,涉及吸收党员与预备党员、联系群众、学习、发挥先锋作用及与工会、共产主义青年联盟和其他组织的关系、批评与自我批评、思想政治工作等内容。2016年党章则简化了党支部的职能,把党支部的职能放在了其他党规中予以规定。

党的基层组织是作为党与劳动者和人民群众沟通的不可割断的桥梁,有责任代表劳动者和人民群众的利益,了解和疏导其忧虑与不安;直接与群众打交道,劝说群众信服并支持党的主要任务和决议;在其辖区内的居民中开展思想和政治工作,支持群众组织的工作。"党的基层组织机构应遵照党章、条例以及上级组织机构的决定、决议、方针和指示开展活动";"党的组织机构必须经常性地同其所在地的劳动者、社区居民保持联系,视情况解决他们的问题,倾听他们的意见,向他们学习;发起与他们的对话以交换意见、阐明政策、解释当前的紧迫事务及正面临的困难和匮乏;分析他们针对党和政府的活动提出的批评性建议;直接或借助共产主义青年联盟和其他群众组织教育、动员他们自觉地贯彻落实党的政策。"① 卡斯特罗说:"支部在先锋队与劳动群众和人民之间建立起不可分割的联系,在其所处的地方践行党的政策""从根本上说,党支部和党委讨论和研究什么样的内容,应根据以下原则来决定,即提高党在劳动者集体内的工作效率,使党可以更有效地发挥它在群众中的作用,引导群众实现经济、政治和社会各个领域内的革命目标和任务。"② 正是因为党的基层组织领导人和党员深入群众当中,或者通过群众组织,必要时,邀请非党群众出席基层组织党员大会、例会甚至特别会议,察民情,集民智,纳民意,并适时地把党的政策传达给群众,赢得了群众对党的理解和支持,调动了群众跟党进行社会主义建设的积极性、主动性和创造性,不断攻坚克难,确保社会主义不断前行。

---

① 靳呈伟:《古巴共产党章程》,《当代世界社会主义问题》2016年第3期。
② [古]菲德尔·卡斯特罗:《在古巴共产党第一、二、三次全国代表大会上的中心报告》,王玫等译,人民出版社1990年版,第183页。

（二）发挥党员的先锋模范作用，影响带动群众积极投身社会主义建设

党员是党的肌体的细胞和党的活动的主体，党员的状况直接关乎党的形象和党的生机活力。党员队伍建设是党的组织建设的基础工程，是组织建设必不可少的任务。党员队伍建设主要聚焦两方面，一是如何提高党员质量，即提升党员素质；二是如何发挥党员的先锋模范作用，保持党的纯洁性和先进性。古巴共产党在其几十年的发展中，在提高党员质量与发挥党员先锋模范作用上采取了许多卓有成效的政策和做法。

1. 通过提高党员质量以保证党员的先进性和模范性，激发人民干事创业的自觉性。首先，严把入党关，保证每一个党员都是古巴人民最优秀的儿女。古巴共产党是"作为工人阶级和劳动人民的最广泛阶层以及所有爱国者和革命者的有组织的先锋队"，自愿的基础上集中了从最出色的劳动者中挑选出来的人民最优秀的儿女，"党所关心的，永远是质量而不是数量"。卡斯特罗说："要特别注意保证起领导作用的先锋队的男女在群众中的模范性、政治道德品质、权威和威信""我们的挑选办法包括民主地听取党的发展对象所在单位的全体劳动群众对其入党的意见"。入党的人必须是在群众中最有威信、最有权威和工作最突出的人，党章规定："入党应通过劳动模范选举会议或征求群众意见的其他方式，最重要的是入党申请者的个人品质，这将是得到人民承认的保证"，年龄未满25周岁的青年申请入党一般要求是共产主义青年联盟盟员。也就是说，要成为预备党员就必须符合以下条件之一：一是在单位的职工大会上被推选为劳动模范；二是未满25周岁又未能被推选为劳动模范的青年，加入共产主义青年联盟3年以上；三是自愿申请入党，但既不是劳动模范又不是共产主义青年联盟盟员，须由群众大会或其他方式征求群众意见，群众认可申请人个人品质的。为保证预备党员的质量，古巴共产党规定了发展党员的10项程序：（1）召开支部会议，就开启入党培养程序特别是召开劳模推选大会的条件和现实可能性作出评价。会前，支部领导人要通过社会政治调研以确定入党申请人是否具备了入党的必要条件。（2）支部的上级机关召开会议，了解支部评议的情况，批准或不批准支部关于开启入党培养程序的建议。（3）准备推选劳模大会或群众协商会。（4）召开劳模推选大会或群众协商会，推

荐入党考察对象人选。(5) 与每个入党考察对象单独谈话。在以上的这些步骤中，被考察的同志必须向支部交一份自传。(6) 核实被列入入党程序的每个同志的重要资料的真实性，重视前面的程序中提出的资料，特别是单独谈话中的资料。(7) 召开党支部会议，对每个被考察同志的情况分别作出详细评估，作出同意或不同意入党的决定。9人以下的支部至少有80%的党员参加会议，10人以上的支部至少有85%的党员参加会议，获出席支部会议党员的至少2/3赞成票，才能同意被接纳为新党员。(8) 党支部的直接上级机关或被授权的委员会召开会议，评价和批准或不批准支部决定。(9) 召开支部会议，宣布被考察的同志加入支部的决定。(10) 召开群众大会，把新入党的同志介绍给群众。从上述发展党员的条件和程序可以看出，劳模推选大会的推选，是能否成为预备党员的关键，既坚持了榜样原则，也坚持了群众协商认可原则。让群众监督发展党员的质量，是古巴共产党的一贯做法，也是独特的发展党员的理念和原则，是对马克思主义群众路线的一个创举。卡斯特罗在古共一大报告中指出："我们的挑选办法包括民主地听取党的发展对象所在单位的全体劳动群众对其入党的意见""党的建设和成长过程就包含了同群众的经常对话。党保留选择党员的权利，但也时刻倾听群众的看法和意见"；"我党在始终坚持质量是建党工作的指导原则的前提下，于1962年开始建立党的支部组织。这在以后的十三年中保证了党组织的不断发展"。[①] 2016年的古共七大召开时，古巴有67万多名党员，54500个党支部。2021年古共八大召开时，古巴有70多万名党员，有58000个党支部。

允许信教群众入党不仅没有降低党员质量，反而扩大了党的群众基础。古巴革命胜利之初，教会上层反对革命政府的改革，一些人参与策划反革命活动，非法拥有武器，窝藏犯人，政府与教会的关系极为紧张。古共为保持党的纯洁性，作出不允许教徒入党之规定（也不能在社会组织中担任任何职务）。但从20世纪60年代后期开始，教会的态度逐渐改变，到80年代教会与政府的关系走向正常。进入特殊时期后，

[①] ［古］菲德尔·卡斯特罗：《在古巴共产党第一、二、三次全国代表大会上的中心报告》，王玫等译，人民出版社1990年版，第176页。

古巴举国上下忙于拯救革命,发展经济,走出困境。许多教徒愿意在古巴共产党领导下为社会主义事业奋斗,积极支持和参加国家建设,反对美国的霸权行径。1990年4月2日,卡斯特罗同普世会代表举行会晤,教会表示基督原则与革命理想之间具有同一性,支持古共维护国家主权和民族尊严的立场,愿意为革命做贡献。与此同时,古共内部也就教徒入党问题展开了认真、反复的讨论和研究,认为信徒也可能成为马克思主义者,可以与共产党一道进行社会主义革命和建设。禁止教徒入党,实质上是一种歧视,对教徒是不公正的。古巴历史上,古巴革命党、"七·二六运动"和"三·一三革命指导委员会"中有相当数量的领导人是虔诚的教徒,为革命作出了杰出贡献。但是,信教的同志申请入党,必须在思想上和行动上支持古巴革命和社会主义,符合党员条件,能够发挥先锋模范作用。也就是说,党不会降低对党员的要求和标准,严格按党章规定的入党条件和标准来决定包括教徒在内的所有人的入党申请。就现实情况而言,在古巴居民中,信教群众占很大比例,绝大多数人与宗教有千丝万缕的联系;并且,拉美、美国的宗教界普遍反对美国对古巴的政策,支持古巴革命。在这样的历史背景下,古巴共产党在其第四次代表大会上作出决定:"停止古共在发展进程实践中对目前党章做任何这样的解释,其中包含以宗教信仰为由否定先进的革命者要求被接收入党的权利。"古共作出了允许教徒入党的决定在古巴1992年宪法中也得到体现,受到宗教界和国内外舆论的普遍欢迎。在1993年的全国人民代表大会代表的选举中,宗教界人士第一次被推选为候选人并当选为代表,扩大了古巴议会制民主的内涵,改善了政教关系。到2002年上半年,有2000多名宗教人士被批准入党。允许信教的人入党,团结了一切可能团结的人为党和人民的事业共同奋斗,扩大了党的群众基础,为古共赢得了更广的发展空间;改善了古巴的国家形象,赢得了更多的国际同情和支持。[1]

教育是持续提高党员质量的必要条件。教育的根本目的是培养个人的信念和行动的习惯,培养能创造性地思考和行动的全面发展的人,他们要能够建设新社会和捍卫革命成果。古巴共产党对党员的教育主要是

---

[1] 王承就:《古巴共产党建设研究》,人民出版社2011年版,第156—157页。

通过学习和思想政治工作来实现的。首先,古巴共产党把学习作为党员的权利和义务,通过学习提高党员素质和本领。教育权是《蒙卡达纲领》所倡导的基本权利,古巴革命胜利后,于1961年颁布施行《教育国有化法》,保证了公民的教育权利。古共把学习作为党员的义务,要求每个共产党员都有义务通过一切可能的方式不断学习,除了那些因年老、有病或其他正当理由不能到学校参加学习的同志外,所有党员都要毫无例外地履行这个革命义务,掌握、理解党的理论政策,提高本职工作的技术水平,更好为党和国家、人民奉献自己的力量。为此,开办了政治思想培训中心,建立起各级党校,给党员和预备党员提供学习机会。卡斯特罗在古共一大的报告中指出"全党越来越认识到学习的必要性",提出"要在1980年使我党大多数党员至少达到八年级的水平"。在1976年至1980年的五年间,"有八万一千三百二十四名党员和预备党员攻读了马克思列宁主义理论,其中一万六千零三十四名从省一级党校的初级班毕业,六万五千二百九十名从政治思想培训中心毕业",80.7%的党员和预备党员具有八年级或更高的文化水平。到2019/2020学年,古巴高等教育毛入学人数达257347人,党员和预备党员中受过高等教育的人数占了很大比例,2021年召开的古共八大有94%的代表是大学以上学历,党员队伍素质实现了质的飞跃。其次,把加强党员的思想政治工作作为提升党员队伍质量的重要手段。虽然入党的人是群众中最优秀的人,但受国内外环境、个人的经历与健康状况、受教育程度、工作环境与业绩、家庭情况等因素的影响,党员的思想意识是会发生变化的,会产生困惑、迷茫、不安乃至不满,需要党组织和领导干部或思想政治工作人员经常地对党员和预备党员开展思想政治工作。加强基层党组织的思想工作,对党员进行组织纪律和工作作风方面的教育,帮助党员纾困解难,轻装上阵,"使得我们的党成为一个由优秀的模范人物组成的纯洁的党,在群众中有威信,有名望",始终保持先进性和纯洁性,努力使每个支部和每个党员都成为党的政策的积极捍卫者和宣传者、社会主义建设积极拥护者和参与者,全身心投入党和人民的事业中去。

2. 发挥党员的先锋模范作用,引导人民积极投身于社会主义的伟大实践。

古巴共产党是工人阶级和劳动人民的最广泛阶层以及所有爱国者和

革命者的有组织的先锋队，以模范的态度对待工作，对待保卫祖国的事业，对待反帝斗争，对待争取实现革命主张的斗争。1980年的《古巴共产党章程》把发挥先锋模范作用作为党员义务，其规定包括："积极参加社会主义社会的建设，成为以共产主义态度对待工作的典范，掌握本职工作的技能；为提高生产和生产率作出自己最大的贡献，以取得最高的效益；尽力开展和推动社会主义竞赛，并在竞赛中取得出色成绩；在保卫国防，圆满地完成备战和革命警戒任务方面树立模范态度；成为学习的模范，不断努力提高自己的文化、政治思想水平，扩大知识面，提高技术和专业能力"；"开展批评与自我批评，揭露工作中的缺点和错误，并坚决设法克服；给一切对坏事漠不关心的现象和浮夸的倾向作斗争；给一切压制或阻挠批评的企图以有力打击；对一切损害党、国家、革命和社会主义社会利益的现象和事情保持警惕，用自己的模范作用、言论和行动同它们作斗争，必要时直接向基层组织以及向包括中央委员会在内的党的领导机关反映"；"在实行人道主义、关心依靠自己生活的家属，尤其是关心自己子女在思想、政治和社会方面的成长上，要起到模范作用。在与集体的关系上，也要做关心和帮助他人的典范。此外还应遵守社会和睦共处的原则，对此采取正确的态度""在履行社会义务方面起模范作用"，支部"要经常不断地努力提高党员和预备党员在本单位或本地区的工作和经济、政治及社会活动中的先锋作用"，[①]等等。卡斯特罗说："我们要成为先锋队，不是靠自封，而是由人民来决断。要在先进分子组成的人民中作一名先锋分子，在由共产党人组成的人民中作一名真正的党员，是很困难的，但又是值得努力，令人神往的。"

在如何发挥党员的先锋模范作用方面，古巴共产党采取了许多措施去推进。首先，严格要求党员和预备党员，对确有错误的党员和预备党员给予党内处分，唤起全体党员的警觉，"加强他们的组织纪律性，把他们培养成整个社会效仿的楷模。卡斯特罗说："党内处分是党进行教育的一个内容，同时，党内处分也是为了保持党的队伍的纯洁性。我

[①] 吴彬康等：《八十年代世界共产党代表大会重要文件选编》（下卷），中国广播电视出版社1989年版，第944页。

们曾大力工作，使群众了解，党不允许那些不符合党员称号的行为存在。如果党员犯了错误，在群众中造成了一定的影响，那么就要根据情况把对这个党员或预备党员的处分向他的工作单位和居住区通报。"①其次，设立监督和检查委员会（简称"监察委员会"），监督党员、预备党员、党的工作人员的工作和活动，确保其严格执行党的路线方针政策，永葆党的先进性和纯洁性。1975年党章规定了党的监察委员会担负着五方面职责，之后的党章有所变化，但其基本职能没有变化。监察委员会在1978年成立后，其工作一直受到古共领导人的重视。卡斯特罗在古共二大报告中指出："一年半前，党的中央及各省的监察委员会开始工作。监委的工作方针是，开始时使用少量干部，对每一个案件都进行细致深入的分析，为铺开如此复杂的工作积累必要的经验。监委的工作取得了积极的和令人鼓舞的成果。党的纯洁性得到了认真的捍卫，同时，部分党员和预备党员的错误和不公正的做法有的也得到了纠正。监察工作对监督党的财政和资金起到了重要作用。"卡斯特罗在古共三大上强调要进一步强化监察委员会的职能："党的监督和检查委员会要施加影响，使人们对缺点、不足之处和不正确言行的不满和揭露给予应有的注意，采取措施并对提意见的人给予必要的支持，制止以某种方式来妨碍批评精神——这是革命者应有的特点的一切行为"。"党的监督检查委员会在今后几年还要继续扩大其职能，改进其工作，以便对发扬党内民主、遵守纪律和发扬批评与自我批评的精神以及对开展党的机构和党组织的一般政治工作，作出决定性贡献。"②再次，密切党群关系，让群众监督党员的言行，确保党员不褪色。党通过党员直接联系和服务群众，群众给党输送血液、赋予它力量，脱离群众、与群众失去联系，就等于割断了党和群众之间的脐带，割断了党吸取养料、吸取血液、朝气、力量。卡斯特罗说："我们党和党员永远不能脱离同群众最牢固、最紧密和最深入的联系。"因此，必须不断加强和扩大党群关系，领导和指导群众，向群众讲解党的方针政策，使群众与党保持一致。把党员

---

① ［古］菲德尔·卡斯特罗:《在古巴共产党第一、二、三次全国代表大会上的中心报告》，王玫等译，人民出版社1990年版，第426页。

② 王承就:《古巴共产党建设研究》，人民出版社2011年版，第222—223页。

置于群众之中，接受群众监督，避免脱离群众，要求党员对群众的意见、批评、建议和要求给予应有的注意，关心和善于理解群众的要求、需要、忧虑和不安，为群众排忧解困，永葆共产党人的本色。最后，加强党员的学习教育，不断提高服务群众和社会主义的境界和本领。加强党员对马克思列宁主义的学习，提升思想境界，自觉发挥党员模范作用。加强党员的业务和文化学习，提升党员干事创业的能力和水平，做好本职工作，在本职工作中体现党员的模范性。

（三）发挥领导干部的关键作用，团结带领人民建设社会主义

卡斯特罗说："干部工作对党的整个工作来说是至关重要的""党的工作的成效，在很大程度上取决于领导班子的成分是否合适，领导班子是否有能力承担和完成它们在党的组织中所担负的任务。"① 古巴共产党把制定干部政策的指导原则和标准作为党的最高机构的首要责任，党要为干部培养和发挥以下品质创造条件：创造精神、才能、谦虚精神、坚定意志、政治上的忠诚、正义感、革命的热情和不屈不挠的精神、热爱劳动，批评与自我批评，密切联系群众，关心群众的问题和要求。干部政策涉及党有关干部的选拔、培训、安置、晋升、考核、纪律、关怀与激励等方面，这是一个系统性工程，关系到每个干部的成长、作用的发挥。因此，如何完整准确地执行党的干部政策，激发干部干事创业的积极性、主动性和创造性，成为干部政策的重要课题。卡斯特罗说："党的干部政策的贯彻执行，密切关系到党在经济、政治和社会领域的领导作用。"按规定的标准选拔干部，通盘考虑各种主客观条件，如政治、思想和道德品质，文化、技术和专业水平，以及必不可少的实践经验，真正把政治和品德可靠、被证实有领导能力及业务能力强的人选拔为领导干部。定期对干部进行深入的、恰如其分的、客观的和系统的考核和评价，是党培养和选拔干部的必要方式，也是督促和激励干部的有效途径。古共1986年纲领规定："应对干部从辩证、全面和长期的观点进行必要的评价，要了解他们完成任务的情况，他们的知识是否同他们所担负的工作相称，他们的体力和智力状况，革命精神，同群

---

① ［古］菲德尔·卡斯特罗：《在古巴共产党第一、二、三次全国代表大会上的中心报告》，王玫等译，人民出版社1990年版，第178—179页。

第八章　古巴共产党是古巴社会主义的最高领导力量　365

众的联系,对群众问题的敏感程度,他们享有的威望,他们什么时候从事政治工作和劳动任务,对待所提出的任务他们是前进、停滞不前,还是完全后退。"① 干部评价的重点在于干部的履职情况,古巴 2020 年 6 月发布的第 13 号法令《国家和政府干部及其储备的工作制度》规定的干部职责包括了以下 15 个方面:(1) 遵守和执行共和国宪法、国家和政府的法律、指示和计划、公共政策以及在其工作业务中使用的任何其他指导文件;(2) 按所要求的效率、效力和质量去履行其所属的职权、职能、义务、目标和任务,并领带其下属履行他们的职责;(3) 在其职能和职权范围内做决策时,使用和激励其他下属干部是一种灵活和创造性的领导风格;(4) 对可能出现的和影响工作结果的任何问题保持警惕,及时报告,并迅速和有意地采取行动解决问题;(5) 直接负责监督、管理和适当使用在其责任范围内的人力、物力和财力资源,制定旨在开发当地资源和潜力的举措;(6) 向下属指出错误和不足之处,采取必要措施维护秩序和纪律,并在适当情况下追究违反者的责任;(7) 遵守和执行《道德法规》和革命原则的规定,这些规定必须成为干部行动和行为的特征;(8) 与劳动者和人民保持系统的联系;以及对公众提出的问题和投诉作出适当的回应;(9) 确保职工积极参与单位的管理和青年的教育;(10) 向上级机关提出或报告工作;(11) 采取和尊重讨论、批评和自我批评的自由,并在其实施中保持适当的透明度;(12) 采取行动保护遗产和环境;(13) 系统地提高他们的技术、专业水平、政治、思想素养和整体文化水平,同时也鼓励和要求其下属和储备干部提高他们的技术、专业水平、政治、思想素养和整体文化水平;(14) 按照规定的规则和程序交接职位;(15)《条例》和《补充规定》赋予它的其他职责。② 干部评价应反映每个干部的履职情况和思想品德,包括他的成绩、问题和发展前景,进而纠正干部的不足,促进干部的发展。干部评价更应重视干群关系,干群关系应视为考察干部宣传、组织、发动群众和为群众办实事的指标,一个重要方面是干部是否

---

① 吴彬康等:《八十年代世界共产党代表大会重要文件选编》(下卷),中国广播电视出版社 1989 年版,第 1030 页。

② DECRETO-LEY No. 13:"Sistema de trabajo con los cuadros del Estado y del gobierno y sus reservas",http://www.gacetaoficial.gob.cu/.

起模范作用。卡斯特罗说："干部、党员和人民之间，应建立起最紧密、最牢固的联系，这种联系主要应当建立在这样的基础上，即干部和党员要起模范作用，而人民要相信革命者是为人民而生，为人民而死的。"[①]在实事求是评价干部的基础上，应给予干部关怀和激励，既保证干部的合法权利和正当利益，又要对他们所取得的成绩予以精神和物质方面的奖励，确保干部队伍健康成长，在工作中发挥更大作用，带领所管辖的单位、地区、领域、行业在社会主义建设中取得更好成绩。

四　加强作风建设，为社会主义建设保驾护航

古巴共产党是执政党，党的作风关系党的形象，关系人心向背，关系党的生死存亡，作风问题核心是党同人民群众的关系问题，根本上是党性问题，在作风问题上，起决定作用的是党性。古巴共产党始终重视党的作风建设，在古巴共产党重建的过程中，面对帝国主义者对古巴革命的诋毁、攻击以及革命阵营中出现的宗派主义，卡斯特罗于1962年在古巴统一革命组织马坦萨斯省委会上的讲话中批评了宗派主义并指出其对古巴革命的种种危害，并反复强调党是工人阶级的先锋队组织及党群关系的重要性。卡斯特罗说："革命是由群众来进行并且为了群众而进行的，进行革命要有一个为群众着想的群众的党。这是一个党存在的理由，它的全部声望和权威决定于它同群众的实际联系。这个党并不因它是一个党就在群众中有权威，而是因为它在群众中有权威和声望，才成其为一个党。假如它同群众没有联系，在群众中没有声望、没有权威，它就不算一个党；它就变成了一个患了残疾的可怜的组织，越来越不成其为政党了，因为它的生存的依据就在于它同群众的联系。"[②]强调马克思主义者、共产党人对人民群众有深厚的感情，首要的一点是"一个共产党员必然首先是一个有人性的人，一个善于尊重他人、善于尊重他人的感情、善于尊重他人的尊严的人"，这样就能"得到群众的热爱、同情、钦佩和尊敬"。实际上，古共在历次党代会和其他一些会

---

　　① ［古］菲德尔·卡斯特罗：《在古巴共产党第一、二、三次全国代表大会上的中心报告》，王玫等译，人民出版社1990年版，第318页。
　　② 人民出版社：《菲德尔·卡斯特罗在古巴统一革命组织马坦萨斯省委会上的讲话》，人民出版社1962年版，第12—13页。

议及古巴领导人的一些讲话中都强调党的作风建设,指出党风方面存在的一些问题,强调作风建设的必要性。卡斯特罗在古共一大的报告中说:1962年出现了宗派主义的现象,经过及时的分析批判,被迅速克服了。这次又出现了其他一些错误倾向。党内还存在旧社会残余和偏见,如对妇女的偏见、主观主义、自由主义、贪图舒适、官僚主义、追求特权、虚荣心和个人野心等。卡斯特罗在古共二大的报告中指出:"人民过去对社会渣滓的唾弃,在很大程度上就是对存在的不遵守纪律、过寄生生活、贪图安逸、粗枝大叶和其他不正之风的鄙视";"在一些地区,只注重形式、安于现状的态度,以及本质上属于小资产阶级的不干预任何人的问题的态度泛滥起来,似乎我国革命不是一场永远要干预一切不公正现象和坏事错事的革命。"①劳尔在古共六大的报告中谈道:"我们认为反思与党在社会中的先锋模范作用背道而驰的旧习惯的适得其反的影响是值得的。这些影响包括思想政治工作中的肤浅和过多的形式主义特征;不顾党员的教学水平而使用陈旧方法和术语;会议过长和常常在工作时间举行——工作时间应当是神圣的,尤其对共产党员——有时由上级指令刚性的日程而不顾党员开展他们的活动的环境;频繁地召集流于形式的纪念活动,纪念活动中更多的仍是流于形式的演讲;在假日组织毫无真实内容或充分协调的义务劳动,造成浪费,引起同志们心烦意乱和灰心丧气的影响。"劳尔在2012年古巴共产党的全国代表会议上的讲话中指出:"我谈到一个观点,在现阶段腐败是革命的最大敌人之一,远远超出了美国政府以及它在国内外的同盟的大量破坏和干扰计划所造成的损害。"2012年通过的《党的工作目标》指出:"在工作作风方面,在寻求每天所遇到的不同的问题解决方案时,多数干部表现出缺乏责任感、计划性和迟疑不决,很少有创新,几乎不联系群众,缺乏法纪要求,官僚主义的领导方法,随之而来的是因态度消极导致威信和榜样的丢失,从而导致腐败。"迪亚斯-卡内尔在2021年古共八大的闭幕式上说:"还有不必要的障碍和官僚主义,以及阻碍我们经济发展的其他罪行。"对党内存在的作风问题,古共持零容忍的态度,采取不

---

① [古]菲德尔·卡斯特罗:《在古巴共产党第一、二、三次全国代表大会上的中心报告》,王玫等译,人民出版社1990年版,第312页。

同的措施予以纠正。卡斯特罗认为："必须继续不断地同政治战线上、行政战线上、工作战线上、农业、工业、一切地方的所有弱点进行不留情的斗争，我们必须成为同一切缺点、一切弱点进行斗争的勇士，不屈不挠地进行斗争。"① 在古共第一次至第二次全国代表大会上，卡斯特罗表示："由于近几年来党员人数大大增加，因此要经常对他们进行组织纪律和工作作风方面的系统教育"，"应当保持警惕，防止胆小怕事的小资产阶级情绪，它夸大了勤俭节约的原则，使严格遵守纪律绝对化；出现哪怕极小的作威作福的苗头都要进行批评。不管在哪里出现哪怕极微小的资产阶级化和腐化堕落的表现形式，都要消灭它。"《党的工作目标》中指出："党应该加强并要求适时与那些社会不法分子、官僚主义、家长式领导、玩忽职守、裙带关系、道德歪曲、谎言和安逸作斗争。同样，与这些腐蚀我们社会基础的违法行为、腐败和其他错误作斗争将是我们的工作""预防、严格惩治腐败现象、无纪律现象、不道德行为或违法行为。加强群众监督，发挥主管部门的作用，加强同任何形式的赏罚不明的现象作斗争"。② 劳尔在 2021 年的古共八大的中心报告中指出："我们必须改变旧习惯和坏习惯，培养积极进取的品质""我们必须消除在家长式作风和平等主义的掩护下出现的一种陈腐的幻想，即古巴是唯一一个不工作就能生活的国家"；这就为党的作风建设指明了方向，把保持党的先进性和密切党群关系作为重要内容和目标。

在党的作风建设方面，古巴共产党重点做了以下工作：

（一）用马克思主义理论强化思想作风

古巴革命胜利后，古巴人民对马克思列宁主义抱着美好的想象，抱着深深的信心，认为马克思列宁主义思想是革命和共产主义不可战胜的科学，是工人阶级的思想，是古巴人民百年来的伟大斗争所取得的具有重大历史意义的成就之一。卡斯特罗说："古巴人民接受了马克思主义思想和原则，要求努力使全社会都以马列主义的观点认识历史和社会生活，正是靠了马克思主义，靠了马克思主义原则，靠了运用马克思主义

---

① 人民出版社：《菲德尔·卡斯特罗在古巴统一革命组织马坦萨斯省委会上的讲话》，人民出版社 1962 年版，第 27 页。

② https://www.pcc.cu/sites/default/files/documentos/2020 - 07/objetivos_de_la_conferencia.pdf.

原则，才实现了古巴革命者的团结，巩固了各阶层与革命领导人之间以及领导人与人民之间的团结，诞生了古巴共产党，走上了社会主义道路"。古巴共产党将马克思列宁主义作为指导思想，成为领导古巴社会主义建设的行动指南。马列主义及古巴民族英雄何塞·马蒂的不朽理论和实践哺育古巴共产党和古巴人民，它们与古巴革命和社会主义建设的发展相结合，创造性地发展了古巴本土特色的马列主义思想——菲德尔·卡斯特罗的思想。菲德尔·卡斯特罗的思想既是马列主义古巴本土化的产物，也是土生土长的马克思主义，是古巴革命和社会主义建设的经验总结和理论升华。2016年的《概念化》指出：古巴共产党是马蒂、马列主义和菲德尔主义的党。

古巴共产党将在党员中开展马列主义、何塞·马蒂思想、菲德尔·卡斯特罗思想的教育，作为党的思想作风建设和思想政治工作的重要内容，用马列主义武装全体党员，确保全党在思想、政治和行动上保持高度统一，努力使他们用马列主义科学理论去认识和改造现实，带领人民去创造财富，去谋求幸福生活。卡斯特罗说："应当优先解决群众的具体问题，并把马克思列宁主义理论的学习同我国社会主义建设的具体实践结合起来。"学习马列主义，不能把马列主义当教条，要立足于解决群众的实际问题，着眼于古巴社会主义建设的伟大实践，这样才能学懂弄通，学以致用，才能成为真正的马克思主义者。古巴共产党正是因为依靠马列主义理论武装和强有力的思想政治工作，才在严峻的国际形势中顶住内外压力，保持了古巴社会主义的连续性和不可逆转，朝着主权、独立、民主、繁荣和可持续的社会主义国家努力前行。

（二）将密切党群关系作为工作作风和领导作风建设的根本

在古巴，群众是党的一切。党源于群众，是由群众中的模范、先进分子组成的。党是为人民群众而生的，党的宗旨是为群众谋福祉，党员意味着奉献，为人民工作在先、牺牲在先、吃苦在先。群众是党的力量源泉，为党输送血液、提供养分和食粮；离开群众，党成为无源之水无本之木。党纲指出："我们的党是在同群众经常联系的情况下建立和发展的，它从来都是，也应当是所有革命者——不论他们是否加入了党的队伍的真诚努力的结果，所有革命者都发自内心地把党视为劳动人民中最先进、最有贡献的分子所组成的、工人阶级的有组织的先锋队。"① 劳尔在古共六大的报告中指出："我们应当与群众发展保持一种动态的联系，会考虑到有效反馈群众的关切和不满意，致使群众能够指出变化的速度"；"党的刚毅根本上存在于它的道德威信上，它影响群众和人民的信任。首先，党的行动是建立在它动机的诚实和政治路线的公正的基础上。"迪亚斯－卡内尔在古共八大的闭幕式上说："一个真正的革命者，总是不满意他所领导的工作，关注社会动态，对任何为人民服务或伤害人民的事情都很关注。"古巴共产党把与人民群众保持最密切、最持久的联系作为行动的指南，并在长期的联系群众的实践中形成了"四个一切"的群众路线，保证了党的纯洁性和先进性。

"四个一切"的群众路线，即一切立足于群众，一切依靠群众，一切重大决定要广泛听取群众的意见，一切活动要有群众配合，是古巴共产党的工作方法和领导方法。是否坚持和真正落实"四个一切"，是检验古巴共产党各级组织和每一个党员的工作作风和领导作风的试金石。一切立足于群众，就是党的一切都是为了群众，是为了群众的一切，把群众利益放在首位。党无论做什么，其出发点和归宿点都是群众，是群众的一切，情为民所系，利为民所谋，只要是群众关心的、需要的或群众的急难愁盼都必须纳入党的工作日程，群众利益无小事，再小各级党组织和全体党员都要放在心上，扛在肩上，不遗余力地解决。一切依靠群众，就是一切社会过程的进行都有赖于人民群众的实践，一切社会变革也最终需要通过人民群众的实践来完成。党是为人民的党，党的根基在每一个劳动场所，在每个社区，劳动场所和社区的群众是党的依靠。卡斯特罗说："党具有怎样的职能呢？指导。在各级工作中给予指导，而不是在各级工作中发号施令。培养群众的革命觉悟，同群众打成一片，以社会主义思想和共产主义思想教育群众，号召群众投身于工作，发挥干劲，保卫革命。宣传革命思想，监察，监督，警惕，报告，讨论必须讨论的问题。"② 党深入群众做调查研究，问需于民，问计于民，

---

① 吴彬康等：《八十年代世界共产党代表大会重要文件选编》（下卷），中国广播电视出版社1989年版，第1029页。

② ［古］菲德尔·卡斯特罗：《卡斯特罗言论集》（第二册），人民出版社1963年版，第330页。

才能发现群众中所蕴藏的创造力和无穷智慧，方能制定符合群众需要的正确的路线方针政策并组织带领群众贯彻实施，为群众建功立业创造机会。卡斯特罗说："让我们随着时间的推移、随着革命的进展而养成这样的习惯：在人民中发现伟大的情操，伟大的智慧，伟大的功勋，懂得在人民中有着巨大的潜力"；"党应该成为引导人们创立功勋的巨大纽带，成为培养革命才能的巨大纽带，成为发挥革命智慧的巨大纽带；这个党应该永远超越于个人之上，因为这个党所包含的不是一个人的智慧，而是几万、几十万人的智慧，不是一个人的英雄业绩，而是所有人的英雄业绩，不是一个人的牺牲精神，而是几十万公民的牺牲精神，战斗精神，热爱革命的精神。"① 党不是包打天下，党领导一切，不能取代一切，不能代替群众做各种具体的工作，古巴社会主义的主要建设者和力量是人民群众，也只有群众才能将社会主义不断推向前进。一切重大决定要广泛听取群众的意见，一切活动要有群众配合，这是古巴共产党领导方法和工作方法的精髓，是一切立足于群众和一切依靠群众的方法论。古巴共产党历次代表大会的重要文献、重大决定，一般都在会前或会后正式发布前向群众征求意见。古巴共产党六大的主要文件《党和革命经济社会政策纲要》草案于 2010 年 11 月 9 日在《格拉玛报》上发布，从那时起，举办了大量的研讨会去阐释和研究纲要的内容，目的是充分培训那些要带领党员、群众组织和普通居民讨论这个文件的干部和官员。讨论持续了三个月，从 2010 年 12 月 1 日至 2011 年 2 月 28 日，有 8913838 人次参加，由不同的组织举行了 163000 多次会议，这些组织中的 300 多万人提出了意见与建议。原文件包括 291 条，当中的 16 条被合并到其他的条款中，94 条原封未动，181 条的内容已作了修改，增加了 36 条新的，最终的纲要草案共 311 条。参与讨论的总人数包括出席了各自单位会议的几万名党员和共青盟成员，也包括参加了劳动或学习中心还有他们所在社区的会议的党员和共青盟成员，还包括那些参加了他们的劳动中心组织的会议之后又参加了社区组织的会议的非党人士。古巴 1976 年宪法、2002 年的宪法修正、2019 年的新宪法，都是通

---

① ［古］菲德尔·卡斯特罗：《卡斯特罗言论集》（第二册），人民出版社 1963 年版，第 291 页。

过全民公决通过的。在古巴，一切活动要有群众配合，主要是通过群众组织来实现的。古巴的群众组织无处不在，哪里有祖国和活动，哪里就有群众组织。古巴现有 8 个群众组织，群众组织覆盖了全国各阶层人民，它们在社会主义建设的各个方面和各个领域均发挥重要作用。卡斯特罗说，古巴"所以能在教育、卫生、文化、体育，以及在发扬社会道德、引导精神生活方面取得成就，群众组织的动员能力和工作能力起了决定性作用"。

"四个一切"是一个有机整体，一切立足于群众是党的一切工作的宗旨和立足点，一切依靠群众是党的一切工作的力量源泉，一切重大决定要广泛听取群众的意见及一切活动要有群众配合是党的工作的方法论。坚持"四个一切"，党和国家的决策、各项工作更加贴近群众，贴近实际，贴近生活，党群关系、干群关系更为融洽。卡斯特罗说："地球上没有任何力量能把我党同我国人民分开，没有任何力量能使我国人民偏离革命的轨道"。①

（三）把惩治违纪违法和腐败作为作风建设的重要抓手

古巴是在经济发展水平不高的基础上建设社会主义的，美国的长期封锁和意识形态的渗透，严重地腐蚀了部分人，违法违纪现象无法根除，贪污腐败禁而不止。进入和平时期的特殊阶段以来，古巴的经济发展更为艰难，国家实行改革开放，出现了收入差距加大，部分人心理失衡加剧，违法违纪乃至贪污腐败行为呈现出新的态势。从严治党，从严治吏，成为古巴党和政府的重要职责。卡斯特罗说："在腐败未侵蚀党的肌体之前，就必须把毒瘤切除"。"古巴人对贪污腐败行为是绝对不会宽恕的。对执政党和政府的所有权力部门，是绝对不赋予任何腐败的特殊权力的。对所有的领导者来说，贪污腐败就意味着他首先是政治上的死亡。"劳尔说："革命不仅受到美国的威胁，而且也受到腐败和容许腐败滋生的自由化立场的威胁""我们必须将腐败控制在踝关节以下，决不能让它达到我们的脖子位置。"② 劳尔在 2012 年古巴共产党的全国代表会议上的讲话中指出："幸运的是，我认为我们的国家可以在

---

① 王承就：《古巴共产党建设研究》，人民出版社 2011 年版，第 184 页。
② 王承就：《古巴共产党建设研究》，人民出版社 2011 年版，第 195 页。

打击腐败的斗争中取得胜利,首先遏制腐败,然后毫不犹豫地采取任何方式消灭腐败。我们已经警告说,在法律的框架内,我们将对腐败现象毫不留情""对腐败行为的制裁,除了开除出党,还要追究行政或刑事责任"。迪亚斯在古共八大的闭幕式上说:"党员有义务在反腐败斗争中成为旗手,并将计算机化、社会交流、创新和科学作为政党工作的支柱""我们有责任带头打击腐败、不诚实的行为方式、滥用权力、偏袒和双重标准"。

为了同腐败和不良现象做坚定不移的斗争,古巴党和政府建立起一套严密的党政齐抓共管的惩治不良现象和反腐倡廉机制。首先,加强思想政治工作,反对违法违纪和腐败,筑牢奉公守纪、廉洁清正的思想防线。党纲指出:思想工作"反对劳动中的不良表现,诸如不遵守管理和财经纪律、官僚主义、不履行规章制度,浪费或抽逃物质等等的斗争;反对思想上不坚定的表现,诸如任人唯亲和阿谀奉承等等的斗争""为人民服务的集体应当在其内部反对腐化现象、反对对亲朋好友给予优待和任何的贿赂现象"。古巴的《国家干部道德法规》规定:"扬廉弃耻,维护荣誉和尊严""自觉遵守纪律,忠于党,尊重宪法和法律""反对腐败和姑息腐败现象的行为"。通过纪律和廉政教育,让广大党员、干部、公职人员遵纪守法、洁身自好,一心一意为人民服务。其次,建立起一套分工协作的监督机构,促使人们不敢腐、不能腐。古共中央设全国反腐败委员会,领导和指导全国的反腐败工作,中央要求各级党组织包括省市党委和各基层支部,每月讨论一次防止和反对腐败问题,检查本地本单位是否存在问题,出现问题及时纠正。同时,设有监督和检查委员会、申述委员会和全国群众举报委员会,加强对各级党组织和党员的党内外监督。最后,严惩违纪和腐败行为。古巴第一次规模较大的肃贪反腐运动是在 1989 年,奥乔亚(Ochoa)中将和马丁内斯(Martinez)上尉因腐败和滥用公款的严重罪名被捕并接受审查,并被判处死刑。古巴规定,凡贪腐受贿 300 比索以上者,不论职务高低,一律免去领导职务;高级干部子女不得经商,部以上干部及其配偶不能担任企业领导或名誉领导,高级干部不能去旅游酒店消费,企业领导人不能把家属和亲戚安排在本企业工作,等等。除了惩治严重的腐败行为,古巴对一般违纪行为也不姑息,以整肃党纪政纪。1994 年,有 3 万名党员受纪律处分，占党员总数的 4.5%；1999 年，全国共处分党员 34000 人；2000 年，处分 43539 人。2005 年 11 月 17 日，卡斯特罗在哈瓦那大学的讲话中指出："腐败是当前古巴面临的最主要问题之一，号召全体人民对腐蚀国家的一切坏现象进行"殊死斗争"。这是一场针对各类问题的战斗，包括小规模偷盗、在任何地方出现的任何类型的铺张浪费。"2012 年古共全国代表会议通过的《工作目标》要求加强对腐败现象、无纪律现象、不道德行为或违法行为的预防与惩治，将它作为党的一项重要工作长期坚持下去。在 2021 年的古共八大上，劳尔和迪亚斯都重申了党对腐败、违法违纪和不道德行为的惩治态度，要求每个党员成为与之斗争的模范。

　　古巴共产党自 1965 年重建以来，立足古巴社会主义建设的实践，始终坚持用马列主义、马蒂思想和菲德尔同志的思想作为行动指南，用马列主义立场、观点、原理观察、分析和处理纷繁复杂的现实问题，不断解决社会主义建设实践中遇到了理论和实际问题，持续推进古巴社会主义的理论和实践沿着符合本国实际的方向前进，实现了马列主义本土化，初步探索出一条古巴特色的社会主义道路。在这一过程中，古巴共产党坚持抓党的建设，通过思想建设、组织建设、作风建设等使各级党组织始终成为坚强堡垒，使广大党员始终保持先进性、纯洁性和模范性，使党真正成为国家和社会的最高领导力量。劳尔在古共八大的报告中指出："党是人民的先锋队，是人民的安全，是人民的保障，是人民的根本组织。你知道革命的保障是什么吗？党。你知道是什么使革命经久不衰吗？党。你知道革命的未来是什么，革命的生命是什么吗？没有党，革命就不可能存在。"这是对古巴共产党领导古巴特色社会主义建设的高度总结，也预示着古巴特色社会主义的未来。

第九章 古巴社会主义模式的特色、启迪与借鉴

第一节 古巴社会主义模式的特色

一 古巴社会主义模式的古巴特性

古巴社会主义模式，是古巴共产党团结带领古巴人民在进行社会主义建设过程中不断探索和实践的结晶，是对社会主义原则的巩固、坚持和在古巴特定的历史、文化、环境等条件下对建设什么样的社会主义、如何建设社会主义的认识和发展，具有浓郁的古巴特色。古巴社会主义模式既不同于中国也不同于越南的社会主义，是古巴土生土长的产物。2009年9月1日，古巴外长布鲁诺·罗德里格斯说：古巴正在建设一个"有古巴特色的、土生土长的、更新的、现代的、民主的、有人民大众广泛参与的社会主义"。在2010年10月31日的会议上，劳尔强调古巴社会主义是"土生土长的产物"。古巴土生土长的特色主要体现在两方面：一方面是总结了古巴革命的经验，既包括了两次独立战争，也包括了古巴人民反帝反独裁的革命运动，集中体现在古巴社会主义建设以马蒂思想、菲德尔思想为指导，是古巴革命观念、理想和思想的传承与延续；古巴目前实施的经济社会模式更新在本质上是基于古巴革命时期的经验，并顺应了古巴国内的新形势。另一方面是古巴人民在社会主义建设实践中将科学社会主义原理与古巴国情相结合所形成的建设社会主义的理论、政策以及经济、社会、政治、文化体制机制等，表现出不同于其他社会主义国家的独有特色。

（一）在政治领域

1. 政党制度方面，古巴实行共产党一党执政制，古巴共产党是古

巴的唯一政党。中国实行的共产党领导的多党合作和政治协商制度，有8个民主党派。朝鲜实行劳动党领导下的多党合作制，劳动党外还有两个保障劳动党执政的友好合作党。越南在1988年前实行的是共产党领导下的多党合作制，现在实行的是共产党一党执政（共产党是唯一政党），但越南祖国阵线作为统一战线组织参与党和国家的建设。与越南、老挝的一党执政不同，古巴尤其强调群众组织在党和国家治理中的作用。

2. 国家权力机关及其运行。古巴实行人民政权代表大会制度，代表由选民自由、直接选举产生。中国实行人民代表大会制度，人民代表采取直接或间接的方式产生。越南和老挝实行国会制度，国会代表（议员）由选民直接选举产生。朝鲜实行最高人民会议制度，最高人民会议代表由选民直接选举产生。古巴人民政权代表大会的设置也不同于其他国家，1976年宪法设立了全国人民政权代表大会、省人民政权代表大会和市（县）人民政权代表大会三级，且地方（省、市）人民政府从属于地方（省、市）人民政权代表大会，是地方人民政权代表大会的一部分。2019年宪法则取消了省人民政权代表大会，只设立全国人民政权代表大会和市（县）人民政权代表大会，省一级成立人民政权省政府，省政府由省长和省委员会组成。市（县）一级成立市行政委员会履行执行和管理职能，负责市政管理，代替市人大过去履行的市人民政权机关的行政职能。

3. 党和国家的指导思想。除朝鲜劳动党只强调本国领导人思想外，中、越、老、古四国的党都强调以马列主义及马列主义本国化的本国领导人思想作为指导思想，但古巴共产党还特别强调将本国民族英雄马蒂的思想作为指导思想，马蒂思想是激进的民族民主革命思想。

（二）在经济领域

古巴正在进行经济模式更新，中国、越南等国则称为改革或革新。古共六大、七大和八大通过的纲领性文件都强调社会主义计划仍然是领导经济的主要手段，承认市场的存在，计划要考虑到市场，没有承认社会主义市场经济的存在和发展。古巴承认非国有经营模式是国家经济的存在形式，鼓励非国有经营模式特别是私营经济的发展，发挥私营经济对社会主义经济的补充作用，但不允许所有权和资产集中于非国有经营模式。劳尔在古共八大的报告中强调,对非国有经营模式的一些限制如不能私有化、不能从事国家对外贸易等是不能超越的,因为其后果将是不可逆转的,并将导致战略错误和社会主义的毁灭,从而破坏国家主权和独立。同时,他又批评对非国有经营模式的偏见。

(三) 在社会领域

古巴强调社会领域的公平,从20世纪60年代开始,实行城市居民基本消费品平价定量供应(著名的供应本)、免费教育、免费医疗和社会保障制,惠及全体国民,人民普遍感受到社会主义的优越性,被古巴党和政府视为引以为自豪的革命成果。但这些无所不包的平均主义做法实际上有损社会公平,也增加了国家的负担。在经济和社会模式更新进程中,古巴仍然坚持实施免费教育、免费医疗和全面社会保障,但逐步进行变革,取消了不少不合时宜的免费项目,将有序和逐步地取消供应本。劳尔在古共八大报告中说:"我们必须消除在家长式作风和平等主义的掩护下出现的一种陈腐的幻想,即古巴是唯一一个不工作就能生活的国家。古巴人的平均生活水平和消费水平应由他们获得的合法收入决定,而不是由过度补贴或不适当的免费补贴决定。"

古巴特色社会主义模式在其形成和发展过程中,借鉴了世界其他国家根据自身条件和所处环境的特点进行社会主义建设的经验,但不是照搬照抄别国的经验。卡斯特罗在古共一大的报告中指出:"先实事求是地把其他社会主义国家的经验收集起来,然后再根据我国的情况加以改造"。劳尔反复强调会学习中国、越南的改革经验,但不会照搬不符合古巴历史、文化、传统和现实的模式。

二 古巴社会主义模式的基本特征

古巴社会主义模式在其形成、发展和更新过程中呈现出一些基本特征,既体现出对社会主义基本原理的坚守与继承,也反映了古巴的历史文化传统与现实。[①]

(一) 以人为本。人是古巴革命和建设的出发点、依靠和目的。卡斯特罗计划在夺取蒙卡达兵营后宣布的第一项法律就是"把最高权力还

---

① 王承就:《古巴特色社会主义模式探析》,《马克思主义研究》2019年第2期。

给人民",并计划在革命胜利后立即采取措施解决人民所关心的土地、住房、失业、教育和人民的健康等问题。革命胜利后,古巴革命政府通过土地改革、企业国有化、城市改革等系列措施兑现了革命的承诺,初步满足了人民对土地、住房、工作、教育等的需求。古巴宪法规定国家主权和全部政权都真正完全地属于全体劳动者,国家的一切权力属于劳动人民,国家体现劳动人民的意志并指导人民努力参加社会主义建设,保障人的自由和完全的尊严;国家作为人民的政权并为人民服务,保障一切有劳动能力的人有可能得到工作、一切失去劳动能力的人都有适当的生存条件、一切病人都能得到医疗服务。① 古共五大强调:古巴政治制度的基础是人的尊严、平等和真正的人权,是人们广泛参与的真正的社会主义民主制度。卡斯特罗说:"政府应该为了保卫大多数人的利益而存在。""政府不是人民的就不是民主的,政府不是来自人民的就不是民主的,政府不是为了人民的就不是民主的。""作为一种制度,社会主义是为了保护人,支持人,帮助人和使人不断参与创造一个最公正、最人道和最团结的社会的事业。""社会主义就是为每个公民提供福利、幸福。"② 社会主义要发展,首要的是要解决发展为了谁、依靠谁等重大理论和实践问题,才能在发展道路、理论等方面做出符合本国国情的创新。卡斯特罗坚持:"发展主要在于关心人,人是所有发展的主角和努力发展的目的。"经济社会发展"起决定作用的不是武器,而是人;不是武器,而是人民。"《概念化》所阐释的古巴社会主义原则中的首要原则便是"人是主要目标和核心主题"。正是因为坚持了执政为民、发展为了人民、发展依靠人民,古巴社会主义才能在美国等西方国家的经济封锁、外交孤立、和平演变下顽强地生存并不断发展进步,走出了一条具有自身特色的社会主义道路。

(二)团结。古巴社会主义的建立、古巴共产党的成立是在团结的旗帜下进行的,更是古巴革命组织和人民团结的结晶。在1961年4月抵抗美国雇佣军入侵古巴吉隆滩时,古巴军民团结一致,同仇敌忾,并

---

① 许宝友:《世界主要政党规章制度文献(越南、老挝、朝鲜、古巴)》,中央编译出版社2016年版,第142—144页。

② [古]萨洛蒙·苏希·萨尔法蒂:《卡斯特罗语录》,宋晓平等译,社会科学文献出版社2010年版,第93、261—264页。

果敢宣告古巴革命是社会主义性质的革命,开启了古巴社会主义进程。当时的古巴存在三个革命组织,在组织内部成分、革命策略等方面存在较大差异。随着古巴革命由民主主义转向社会主义,三个革命组织在革命实践中联合组成"古巴革命统一组织",随后改名为古巴社会主义革命统一党,1965年10月1日改为古巴共产党。可见,古巴共产党的建立过程就是古巴各种革命力量在社会主义旗帜下实现团结的过程,是各革命力量团结的结晶。

古巴社会主义的发展和更新,是古巴共产党团结全体古巴人民共同奋斗的结果。古巴的社会主义建设是在以美国为首的西方国家的政治颠覆、经济封锁、外交孤立、意识形态渗透和军事威胁下进行的,团结一切可以团结的力量建设社会主义成为古巴党、政府和人民的重要方略。卡斯特罗认为,"团结是首要的","我国人民有一个方针:我们的任务是国内外的团结,消除使我们在国内外发生分裂的一切,为那些能使我们在国内外团结起来的一切而斗争。我们的路线是根据原则的团结。""我们需要团结以便斗争,我们需要团结以便取得胜利,我们比以往任何时候更需要团结以便大踏步前进。只要我们保持团结、保持坚定以及坚持我们的路线,我们就将继续前进,战胜任何困难,战胜任何障碍"。[①] 团结是社会主义价值的应有之义。卡斯特罗说:"社会主义是人们生活的彻底变革,是新的价值、新的文化的创建,它主要应该建立在人与人之间的团结的基础上,而不是建立在自私自利和个人主义的基础上。"[②] 在苏联解体、东欧剧变的特殊条件下召开的古共四大,取消教徒入党禁令和把马蒂思想作为党的指导思想,使党更加深得人心,广大群众更加紧密地团结在党的周围,进一步密切了党群关系。古共五大的中心文件《团结、民主和捍卫人权的党》指出:没有党的领导和人民的团结,就无法捍卫自由、民主和社会主义的古巴。《概念化》提出:古巴拥有一个重要优势:人民的团结;解决古巴问题最好的办法:团结一致地工作。《概念化》把团结视为古巴社会主义模式的特征,号召

[①] 王承就:《古巴共产党建设研究》,人民出版社2011年版,第151—152页。

[②] [古]萨洛蒙·苏希·萨尔法蒂:《卡斯特罗语录》,宋晓平等译,社会科学文献出版社2010年版,第264页。

"我们开始向前走，我们完善我们应该完善的，以高度的归属感和团结的力量，永不停止地前进"。劳尔在古共八大的报告中指出："绝大多数古巴人团结在党的周围，团结在革命工作和理想的周围，这是我们成功地面对各种威胁和侵略的基本战略武器。"因此，这种团结必须得到认真对待，决不能以更大的民主为借口，接受革命者之间的分裂。

（三）生产资料公有制为主导。古巴《宪法》第十四条规定："古巴共和国实行以生产资料社会主义全民所有制和消灭剥削制度为基础的社会主义经济制度。"[①] 古巴在 1963 年已确立起全民所有制主导的社会主义经济基础，"全民所有制在农业中占 70％，在工业中占 95％，建筑业中占 98％，运输业中占 95％，贸易批发业中占 100％，贸易零售业中占 75％。"苏联解体、东欧剧变后，古巴进入和平时期的特殊阶段，为尽快摆脱经济困境，古巴不再追求 100％ 的公有制，而是在坚持公有制主导地位的前提下，承认个体经济等非公有制经济的作用，允许个体经济在一定范围内发展。劳尔执政以来，实行经济社会模式更新，坚持以公有制为主导的多种所有制形式和经营方式共同发展。古共六大、七大和八大通过的文件都强调："我们国家占主导地位的经济制度将继续建立在把社会主义全民所有制作为生产的主要方式的基础之上"，[②] "古巴社会主义经济社会发展模式承认基本生产资料的社会主义全民所有制是国民经济的主要形式"。[③]《概念化》将社会主义全民所有制的主导作用作为社会主义经济制度的本质原则，同时承认其他所有制和经营方式存在的必要性与作用。

（四）革命具有更加深刻的意义。与其他社会主义国家不同，古巴在进入社会主义建设之后，革命仍在继续，赋予了更深刻的含义和特别的意义。从 1961 年至今的 50 多年里，以美国为首的西方国家一直对古巴进行经济封锁、外交孤立、意识形态渗透和军事威胁，甚至对古巴领

[①] 许宝友：《世界主要政党规章制度文献（越南、老挝、朝鲜、古巴）》，中央编译出版社 2016 年版，第 146 页。

[②] Lineamientos de la política económica y social del partido y la revolución, http://www.granma.cubaweb.cu/secciones/6to-congreso-pcc/Folleto%20Lineamientos%20VI%20Cong.pdf.

[③] Documentos del 7mo. Congreso del Partido, http://www.granma.cu/file/pdf/gaceta/último%20PDF%2032.pdf.

导人卡斯特罗实施恐怖暗杀；美国扶植古巴国内外的反对派势力和组织向古巴开展政治攻势，打着"民主""自由""人权"的旗号，对古巴实行"和平演变"，意图颠覆古巴革命政权和社会主义。严峻的环境使得古巴一方面要高举革命的大旗抵御国外的各种敌对行动和应对国内的各种反对势力，捍卫国家独立、主权和社会主义；另一方面要进行社会主义建设以巩固革命成果和改善人民生活，确保社会主义的不可逆转和可持续。因此，革命一直是古巴社会主义发展的题中之义。卡斯特罗在古共一大指出："从光荣的拉德马哈瓜时期起直到今天，革命的旗帜一代又一代地被传了下来。我们党现在正擎着这些旗帜……"[①] 他在古共四大上说："古巴革命的最高目标是在古巴建设社会主义。"古共六大和七大批准的文件分别为"党和革命的经济和社会政策纲要""党和革命的经济和社会政策纲要更新"，文件指出"经济和社会模式更新为了巩固和继续我们的革命"。《概念化》认为：古巴社会主义模式的根本基础是菲德尔·卡斯特罗对革命概念的阐述，"革命是一种历史感；是改变所有应该改变的东西；是完全平等，充分的自由；是被人当做人和把他人当做人；是为了解放自己和依靠自己的力量解放自己；是向强大的国内外和社会上的统治势力的挑战；是不惜牺牲一切为代价去捍卫坚信的价值；是谦虚、无私、利他、团结互助和英雄主义；是勇敢、机智和根据现实情况开展斗争；是从不说谎，也不背弃道德原则；是深信世界上不存在任何能够镇压真理和思想的力量；革命是团结，是独立，是我们为在古巴和世界上实现公正的梦想而奋斗。这种梦想是我们爱国主义、社会主义和国际主义的基石。"[②] 卡斯特罗关于革命的含义阐释了五十多年来古巴社会主义发展的要义，表明了古巴革命的必要性和特别意义。

（五）经济和社会平衡发展。古巴根据本国的历史发展、革命进程的愿景和现实情况选择了社会主义建设的路径：经济建设和社会建设平衡发展。1959年前的古巴，经济发展所创造的财富被殖民统治者和古巴的富人占有，广大劳动人民极度贫困，疾病、文盲充斥。古巴革命胜

---

① ［古］菲德尔·卡斯特罗：《在古巴共产党第一、二、三次全国代表大会上的中心报告》，王玫等译，人民出版社1990年版，第1页。
② 于蔷：《古巴社会主义发展的经济和社会模式概念化草案》，《当代世界社会主义问题》2016年第3期。

利后,革命政府把发展经济和解决民生作为重要任务。在古巴60多年的社会主义发展历程中,发展经济的同时始终注重社会建设,大力发展教育、医疗卫生、社会保障,关注人民最直接最现实的就业、住房等社会问题,使经济和社会发展保持适当的平衡,在社会建设上取得了举世瞩目的成就。卡斯特罗在古共一大报告中指出:"我们在社会方面取得了非凡的成就,解决了本半球其他任何国家都还未能解决的问题。今天,我们可以自豪地宣布,我们国家没有失业,没有种族歧视,没有饥饿、乞丐、赌博、卖淫和吸毒,没有文盲和赤脚失学的儿童,没有穷人区,也没有被遗弃的病人。我国的教育和卫生事业是社会成就的样板,博得了世界上许多人的钦佩。"[1] 从20世纪80年代开始,古巴党和政府将社会发展与经济发展并列纳入国家发展规划,强调经济和社会的平衡发展。苏联解体、东欧剧变后的古巴经济陷入严重困境,古巴一方面采取措施恢复和发展经济,另一方面在连续4年的经济负增长的情况下仍尽最大努力确保教育、医疗卫生、社会保障等不被弱化。在经济实现恢复性增长后,社会建设的投入也随之增加。2006年,在教育、卫生、文化和艺术事业、科技、体育和社会保障及社会救济方面的投资比2005年实际增长20%,国家预算中70%的经常性开支用于保障居民社会福利。[2] 劳尔执政后开启了古巴经济社会模式更新,古共六大和七大通过的纲领性文献均称为"经济和社会政策纲要",一方面坚持经济建设是工作重心,另一方面继续保护和改善社会建设,让经济建设的成果惠及人民群众,让社会建设成果进一步推进经济建设,实现经济和社会的平衡发展。

(六)党的领导是保证。古巴共产党是在社会主义革命中由三个革命组织联合组建的,承担人民赋予的领导和协调全国在革命原则基础上努力建设古巴特色社会主义的重任。卡斯特罗在古共五大的报告中指出:"坚持社会主义和共产党的领导,是维护国家独立、主权以及抵抗美国封锁、获得生存的保障;以马列主义、马蒂思想为指导的古共,是国家可靠的捍卫者和中流砥柱,社会主义和共产党的领导,是古巴的唯

---

[1] [古]菲德尔·卡斯特罗:《在古巴共产党第一、二、三次全国代表大会上的中心报告》,王玫等译,人民出版社1990年版,第44页。

[2] 王承就:《民生:始终是古巴党和政府的要务》,《国外理论动态》2008年第7期。

一选择。"① 劳尔在古共七大上指出:"在古巴只有唯一的一个充满荣誉的政党,代表并保证国家团结,是我们进行革命建设的最核心的战略武器,保卫革命免受各种威胁和攻击。"古巴共产党团结带领古巴人民抵御风险,经受考验,保证了古巴社会主义的不可逆转和连续性。古共 2012 年全国会议通过的《古巴共产党工作目标》,明确要通过加强党的建设去推动和保障经济社会模式更新的有序进行。《概念化》要求,党要推动、指导、监督和评价符合本概念化的"模式"的更新,发展政治和意识形态教育,使其具有吸引力和创造性。现任古巴国家主席、古共中央第一书记迪亚斯－卡内尔在古共八大闭幕式上的讲话中指出:"革命中最具革命性的是而且必须永远是党,党是革命的力量。"古巴共产党将继续承认和捍卫我们的本质:独立、主权、社会主义民主、和平、经济效率、安全以及社会正义。我们还必须为从食物到娱乐的繁荣而奋斗,包括科学发展、更高的精神财富、幸福。

第二节　古巴社会主义模式的启迪和借鉴

古巴自 1961 年 4 月 16 日宣布进入社会主义至今已有 60 多年的历史。在这期间,古巴经过对社会主义的自主探索、学习其他社会主义国家建设经验、和平时期的特殊阶段不断捍卫和坚持社会主义、经济社会模式更新等不同的时期,在面临苏联解体、东欧剧变、美国实施恶意封锁和颠覆活动及国内经济社会发展困境时,古巴仍始终坚持和捍卫社会主义,不断实现对社会主义的创新与发展,其中的一些做法和经验值得重视和借鉴。

一　始终坚持走社会主义发展道路和不断探索符合本国国情的社会主义模式

古巴经过 300 多年的西班牙殖民和被美国控制 50 多年,最终在

---

① 徐世澄:《卡斯特罗评传——从马蒂主义者到马克思主义者》,人民出版社 2008 年版,第 280 页。

1959 年取得革命胜利，并于 1961 年坚定地选择了社会主义，这是历史的必然选择。在革命胜利初期，古巴建立起了革命政权并进行了一系列民主改革，包括改变旧的经济制度，实行土地改革，建立新的生产关系等，为不断实现向社会主义转变作了重要准备。1961 年 4 月 16 日，以卡斯特罗为核心的领导选择了将民族民主革命转变为社会主义革命的正确道路，开启了社会主义建设的新征程。在这一过程中，古巴尽管面临来自国内外各方的压力和挑战不断，但其仍然坚定不移地走社会主义发展道路，就算是在东欧剧变、苏联解体后，世界社会主义转入低潮，古巴经济遭受重创和党的执政遭到质疑的情况下，古巴政府依然坚定地捍卫社会主义制度，采取一系列应急措施，调整经济计划和工作重点，实行生存战略，并提出"不管苏联发生什么，古巴都将捍卫社会主义"，卡斯特罗呼吁"要不惜一切代价捍卫社会主义"，无不体现出古巴对社会主义的坚定信心和对共产主义社会的崇高向往。进入 21 世纪特别是劳尔执政以来，古巴政府反复强调不会采用西方的所谓"休克疗法"，始终通过变革来坚持和发展社会主义，劳尔实施的经济社会模式更新的目标就是要确保古巴社会主义的持续性和不可逆转性，古共六大、七大、八大所批准通过的决定无一不体现了对社会主义的坚守，批准实施的政策都是为了巩固和发展社会主义。

在坚持走社会主义发展道路的同时，古巴还不断探索符合本国国情的社会主义模式，尝试回答建设什么样的社会主义这一重大理论和实践问题。斯特罗说："建设社会主义的确是一条人家已经走过的道路，但是这并不是说各国的条件都是完全一样、各国所建设的社会主义都要一样、应该丝毫不差地抄袭人家已经使用过的方式。不！每个国家都有它的特点，正因为如此，每一个国家应该使自己的纲领、方法和策略适合本国的特点，这也是我们应该做的事。" 20 世纪 60 年代，古巴尝试自主探索社会主义，想搞出一套自己的办法，不仅理论上存在两种截然不同的观点，未能形成共识，而且在具体的实践过程中也出现了诸多失误，最后以失败告终。1970 年的开始反思自主探索失败，古巴选择重视其他社会主义国家建设经验，开始学习和借鉴苏联等其他社会主义国家的建设模式，对国家政治、经济和对外关系进行了一系列的改革与调整，经济上逐步实现与苏东国家的一体化，建立起新的经济领导和计划体制，实施了第一个五年计划；政治上，实行人民政权代表大会制度；对外政策的立场是服从各国人民争取社会主义和争取民族解放的斗争的国际需要，坚定不移地执行了无产阶级国际主义原则。新的政治经济体制和政策的实施，在发展经济和不断满足人民需要方面取得了很大成绩，第一个五年计划期间社会生产总值平均每年增长4%，劳动生产率每年增长3.4%。随着新的经济政策的深入实施，其弊端和一些不良倾向逐步显现，针对这些问题，古巴在全国开展纠偏进程，力图将古巴社会主义转入正确的轨道上来。古巴领导人认为，经济领导和计划体制的错误在于照搬别国的经验，苏联和其他社会主义国家的改革不适合古巴国情，古巴社会主义需要寻找一条新的自己的道路。[①] 苏联解体、东欧剧变带给古巴经济社会的严重困境让古巴领导人进一步认识到要依靠本国人民来建设社会主义的重要意义，进而采取了系列符合古巴国情的改革开放政策，将理论和实践的关注点转移到了国内，更清醒地认识到搞社会主义不能照抄照搬别国模式，要根据自身国情积极探索自己的发展模式。进入21世纪后，针对复杂的国内外局势，劳尔作为古巴最高领导人多次谈到要吸取经验和教训，并提出在不影响政局稳定的前提下稳步推进改革，并开始实施经济社会模式更新。为此，古共中央积极创造条件，加强顶层设计，出台了系列经济社会模式更新的路线、方针和政策，并在实践中不断加以修订和完善，如古共六大通过的《党和革命的经济与社会政策纲要》，在古共七大和八大上又分别经过了两次修订，旨在根据客观形势发展积极调整策略，不断巩固社会主义原则，完善经济社会发展。劳尔提出，经济社会模式更新的目的是继续实现和完善社会主义，社会主义是不可逆转的，古巴社会主义是"土生土长的"，模式更新是为了发展经济，改善人民的生活水平，弘扬社会主义的道德和政治价值。这也深刻地表明古巴没有停留在别国经验之上，而是在新的历史条件下根据自身经验，积极寻求政治、经济体制的转变，结合国内外形势发展需要不断探索符合本国国情的社会主义发展道路。总而言之，古巴没有放弃社会主义道路，也没有走苏联式的老路，而是在不断

[①] 毛相麟、杨建民：《古巴社会主义研究》（修订版），社会科学文献出版社2019年版，第152—154页。

地总结经验和实践探索中走出了一条符合自身国情的社会主义发展道路，形成了具有古巴特色的社会主义发展模式。当前，古巴党和政府也明确表示，古巴目前的经济社会模式，不是一种完成的、静态的模式，而是一种积极的、可完善的模式，从而也表明了古巴还将在未来的发展中不断完善社会主义发展模式，坚持走改革和发展之路。

二　始终坚持理论与实践创新，实现马克思主义理论的本土化

古巴60多年的社会主义建设实践雄辩地说明：实践无止境，创新无止境，必须把坚持马克思主义和发展马克思主义统一起来，不断进行实践和理论创造，这是实现社会主义不断向前发展的关键所在。菲德尔·卡斯特罗曾指出："社会主义是一个新的社会制度，它具有巨大的创造力，能够发展新的思想和新的经验。在思想和经验方面我们也应该采取行动，应该进行创造，力争最好地解读马克思、恩格斯和列宁的思想，也在我们所处的环境和条件下作出自己的贡献。"[①] 60多年来，古巴在持续探索中不断实现了社会主义的创新与发展。

在理论上，古巴坚持以马克思主义理论为指导的同时，结合本国实际，在实践中不断促进马克思主义理论的丰富和发展，形成了本土化的马克思主义指导思想。古巴共产党在1965年重建时就高举马克思列宁主义，把马克思列宁主义作为党的行动指南，古巴革命领导人掌握和运用马列主义来指导古巴社会主义实践，工人群众和知识分子中的先进分子用马列主义武装起来，积极投身社会主义。卡斯特罗说："党的思想不可能是自由主义的或资产阶级的，而只能是历史本身使其成为人类解放斗争先锋的革命阶级的思想，即工人阶级的思想，马克思列宁主义的思想。"进入"和平时期的特殊阶段"后，古巴面临1959年革命胜利以来前所未有的严峻形势。为扩大群众基础，进一步增强党和人民的凝聚力，团结带领全体古巴人民共渡难关，古巴将马蒂思想与马列主义思想并列，确定为党的指导思想和社会主义建设的行动指南，将民族主义和爱国主义与马克思主义、社会主义更好地结合起来，强调古巴革命和

[①] ［古］萨洛蒙·苏希·萨尔法蒂：《卡斯特罗语录》，宋晓平等译，社会科学文献出版社2010年版，第258页。

古巴共产党的思想和理念并非完全是外来的,而是具有古巴民族性和本土性。卡斯特罗说,马蒂是 7 月 26 日运动和革命的"主谋","马蒂现在是,并将永远是古巴人民的向导,马蒂的遗训永远不会过时。马蒂的革命精神、声援各国人民的感情、深刻的人道主义和正义道德原则是鼓舞我们向未来迈进的巨大力量。"古共"四大"通过的党章指出:古巴共产党是"马蒂思想和马克思列宁主义性质的党"。1992 年修改通过的《古巴共和国宪法》明确规定:古巴人民的行动指南是何塞·马蒂思想和马克思、恩格斯、列宁的政治—社会思想。这样,就以党内根本法和国家根本法的形式创造性地把马蒂思想融入党的指导思想,实现了党的指导思想的与时俱进。[①] 在卡斯特罗的领导下,古巴采取了系列改革开放政策以应对"和平时期的特殊阶段"的困境,1994 实现恢复性增长,政治社会稳定,初步实现了"拯救祖国、革命和社会主义"之目标。1997 年召开的古共五大首次提出古巴共产党是"以马列主义、马蒂学说和菲德尔的思想为指导的",再次把古巴本土的思想作为党的指导思想和社会主义建设的指针。卡斯特罗作为马克思主义和马蒂思想的忠实践行者,其思想是马列主义和马蒂思想在古巴革命和建设实践中相结合的产物,是对马蒂思想和马克思主义的继承和发展;它既是马克思主义的,具有马克思主义的立场、观点和方法,又是古巴的,把马克思主义运用于古巴革命与建设实际,是马克思主义民族化的典范。[②] 古共六大、七大和八大都强调了马列主义、马蒂思想和菲德尔·卡斯特罗思想是古巴共产党的指导思想。2019 年古巴新《宪法》规定:"我们要遵循何塞·马蒂思想和菲德尔思想及马克思恩格斯列宁的社会政治思想的指导,并依靠先进的革命思想、反帝国主义思想、古巴马克思主义者、拉丁美洲和世界的思想。"正式将菲德尔思想作为社会主义建设指导思想写入宪法,丰富了古巴马克思主义理论指导思想体系。2008 年以来,劳尔领导的古巴政府实施经济社会模式更新,领导古巴经济社会建设取得了新的重要成就,出台了《古巴社会主义发展的经济和社会模式概念化》及其修订版等文件,并就经济社会模式更新和党的建设发表了一系

[①] 王承就:《古巴共产党建设研究》,人民出版社 2011 年版,第 98—101 页。
[②] 王承就:《古巴共产党建设研究》,人民出版社 2011 年版,第 103 页。

列重要讲话，明确了更新进程以来最重要的理论问题，形成了经济社会模式更新的理论。2021 年 4 月召开的古共八大，强调要以劳尔的讲话作为党的指导，又一次实现了古共指导思想的与时俱进。劳尔的重要讲话，是新的历史条件下古巴社会主义建设的理论方针，进一步实现了古巴社会主义建设理论的重要突破，促进了社会主义建设理论的创新，成为建设繁荣和可持续的社会主义古巴理论的引导。

理论来源于实践，实践检验理论的真理性，理论创新离不开实践的创新。古巴在积极借鉴其他社会主义国家发展经验的同时，始终强调要实现理论创新与实践创新良性互动，为理论创新提供实践的沃土。在政治实践中，古巴没有照搬别国模式，始终坚持对社会主义民主政治制度的探索和创新，建立了从中央到地方的人民政权制度，1992 年古巴将全国人大代表选举由间接选举改为直接选举，其中的人大代表提名来自各个基层选区，而不是来自政党。2019 年，古巴继续调整和完善人民政权机构的设置，将全国、省、市人大三级制改为全国、市人大两级制，撤销了省人大，规定市人大是所在地方的最高权力机关，享有更多自治权。同时，改革 1976 年以来实行的地方政府依附于地方人大的建制，将地方人大与地方政府的职责区分开来，成立了人民政权省政府和市行政委员会分别承担省、市政府的职能，进一步完善了地方治理体系，实现了人民政权体制、行政体制等制度上的创新与发展。在经济建设中，古巴始终根据形势发展不断调整和完善经济发展战略，20 世纪 60 年代古巴政府提出要在 1970 年达到年产 1000 万吨糖的生产指标，但由于计划指标定得太高致使各部门发展比例严重失衡，70 年代初古巴调低了糖业在国民经济中的比重，注重各部门协调发展。90 年代为挽救国内经济危机，古巴改变过去传统经济发展模式，改过去的全面工业化为优先发展食品和创汇行业，重点发展食品、旅游、生物医药、技术服务等非传统产业，积极促进国家经济结构和外贸结构多元化；实行改革开放，发展个体经济和外资、合资企业。劳尔主政后，作出了把党的工作重心转移到经济建设上来的重要决策，实行经济社会发展模式更新，积极推进国有部门改革，并逐渐放宽国内非国有部门的限制，承认并注重发挥市场的作用，培育科技创新力量，进一步激发了经济活力。继 1997 年建立首个免税区和工业园区之后，2013 年 4 月政府决定建立马列尔发展特区,以增加出口、替代进口、吸引外资和先进技术。在货币政策方面,1993年允许美元像比索一样在古巴自由流通,开启货币双轨制。2004年起停止美元在古巴的自由流通,允许比索和可兑换比索流通。2013年10月,古巴政府将比索和可兑换比索并轨,建立统一的汇率,结束了货币双轨制。在社会政策方面,根据形势变化不断调整日用品供应、教育、医疗、住房、就业和社会保障等政策。劳尔指出:"社会主义不是定量供应本,不是四家分一个南瓜,一个党委书记最好的思想工作就是使自己的人民有饭吃。老百姓没有饭吃,就是最大的意识形态问题""古巴党和政府面临着革命崩溃的抉择,与其自我灭亡,不如冒险搞改革"。古巴政府从2010年以来逐步取消自1963年开始实施的凭本供应的日用生活品的种类和数量,改革平均主义的做法,劳尔要求"应该永远去除古巴是世界上唯一一个不劳动也可生活下去的国家的概念"。这一系列适时的举措无不体现出对社会主义实践的创新与发展。正因为古巴始终坚持在实践上的自主探索和创新,才不断实现了社会主义理论的本土化,才能够以正确的理论引领古巴社会主义蓬勃发展。

三 始终坚持党作为社会主义事业的领导核心,不实行多党制

古巴共产党是古巴国家和社会的最高领导力量。《古巴共产党章程》明确规定:"古巴共产党忠诚于共产主义理想。作为国家和社会的最高领导力量,古共承担人民赋予的领导和协调全国在革命原则的基础上努力建设具有真正古巴特色的社会主义的重任。"[①] 自1961年古巴三个组织合并成立古巴共产党后,古共便成为唯一领导古巴人民进行社会主义建设的政党。尽管从一开始就面临着复杂严峻的国内外形势,包括出现了不同的反对派组织、美国的强势侵略活动等,但也没有动摇古巴共产党的执政地位。在艰苦卓绝的环境中,古巴共产党带领古巴全体人民顶住了各方压力并稳定了国内局势,克服困难团结人民进行社会主义建设,取得了社会主义建设的伟大成就,经济上以不断满足人民的需求为目标,不断实现社会主义的发展,为建设社会主义提供重要的物质基

---

① 靳呈伟:《古巴共产党章程》,《当代世界社会主义问题》2016年第3期。

础；政治上为人民谋取最广泛的民主权利，充分实现人民当家作主；文化上坚持正确的思想引领，为人民提供丰富多彩的精神文化产品；社会上不断促进公平正义，在教育、医疗、社会保障等方面全面保障全体人民的生活；外交上积极维护国家主权和独立，等等。这些成就的取得深刻地表明，古巴共产党成功地领导了捍卫民族独立和建设社会主义的斗争，在古巴社会中赢得了无可争辩和无可代替的领导地位，广大人民始终支持和拥护党作为社会主义事业的领导核心。正如卡斯特罗所说，古巴共产党是革命的历史连续性的最好保障，在劳动群众中获得了深厚的和不可摧毁的尊重和爱戴，成为古巴人民久经考验的先锋队。

  古巴捍卫共产党的执政地位的同时，坚决不实行多党制。面对西方猖狂的"人权"攻势和"多党制"浪潮的冲击，古巴始终强调要坚持共产党的领导，决不搞多党制。卡斯特罗强调，古巴共产党是一个伟大的党，就当加以完善，"无论如何不能毁掉党，不能毁掉党的权威，不能毁掉我们的革命价值，不能毁掉我们的历史"。① 自古巴进入特殊时期后，以美国为首的西方国家压迫古巴实行多党制，古巴共产党对此予以坚决的反击，卡斯特罗说："如果古巴出现两个政党，那么一个是革命的政党，另一个则是美国佬的党。"《格拉玛报》发表文章称，在古巴搞多党制就是"让过去使新殖民统治在古巴合法化的政党重新兴风作浪"。② 古共五大的政治文件重申："坚持一党制是从长期革命斗争的实践中得出的结论。没有一个统一的党，古巴革命就不能胜利；没有党的领导和人民的团结，就无法捍卫一个自由、民主和社会主义的古巴。古共的历史使命是把一切革命者和爱国者团结在一起，捍卫古巴革命事业、民族独立和社会主义。"③ 凸显了古巴坚持共产党一党领导、不搞多党制的历史必然性和现实必要性。在 2012 年古共召开的第一次全国代表会议上，劳尔在闭幕式上强调了要坚持一党制，他说："放弃一党制意味着帝国主义在古巴的一个或多个政党的合法化，从而牺牲古巴人

---

  ① 肖枫、王志先：《古巴社会主义》，人民出版社 2004 年版，第 186 页。
  ② 毛相麟、杨建民：《古巴社会主义研究》（修订版），社会科学文献出版社 2019 年版，第 52 页。
  ③ 邹焕梅：《当代社会主义国家执政党自身建设比较研究》，博士学位论文，山东大学，2014 年。

民团结的战略武器……根据古巴为独立和民族主权长期斗争的经验，这意味着蛊惑人心和政治商品化，我们将捍卫一党制。"劳尔在古共七大上再次强调："古巴绝不允许采取所谓'休克疗法'，它被频繁使用而损害社会下层利益。此前提所对应的原则就是任何人不能无所依靠，很大程度上决定古巴经济模式更新的速度，其中国际金融危机、特别是针对古巴的经济封锁的影响是不可否认的。"深刻地阐明了古共坚持一党制与国家前途命运的密切关系。正是由于古巴共产党无论在何时何地都始终立场坚定，态度鲜明，措施得当，国内外敌对势力的阴谋都无法得逞，古巴共产党的唯一执政地位才得以不断巩固，国家的政治稳定和社会安定的局面才得以保持。

古巴实行一党制，只有一个政党，会不会是独裁专制、缺乏民主？答案是否定的。古巴在共产党的领导下，社会和群众组织在国家和社会治理当中发挥了重要作用。古巴的社会和群众组织是古巴党和群众联系的桥梁和纽带，如保卫革命委员会的活动范围涉及中央和地方的各个组织，其任务从原来的监视敌人和同敌人作斗争，到开展群众宣传工作、多种疾病的预防工作和卫生部发起的各项活动，再到组织义务劳动，推动人民的文化、体育和娱乐活动，协助有效地开展选举工作，保证在辖区内的全体居民自由民主地讨论国家政府的各项基本措施等，无一不表明群众的民主参与度高。古巴的人民政权代表大会制度是古巴人民行使民主权利的制度安排，保证了人民的民主参与和当家做主的权利，是人民治理国家和社会的表现。古巴社会主义建设历史充分地证明，只有古巴共产党才能领导古巴人民实现民族独立和人民解放，只有共产党才能代表全体人民群众的利益，只有古巴共产党才能领导社会主义建设不断取得新胜利，古巴共产党作为古巴唯一的政党，代表并保证国家团结，是古巴进行革命建设的最核心的战略武器，保卫革命免受各种威胁和攻击，其作为社会主义事业领导核心的地位是无可替代的。

四　一些值得商榷的方面

古巴在进行社会主义建设过程中的一些理论和做法是否正确，值得我们去进一步探索。一是关于公有制与非公有制的问题。长期以来，古巴的全民所有制、集体所有制（合作社所有制）在古巴社会主义中占据主导地位，无疑是正确的，公有制企业如何调动职工的积极性、主动性、创造性，还需要探索。古巴公有制企业一方面造成人力资源的浪费，培养了职工的惰性，导致生产效率低下；另一方面不计成本地浪费生产材料，只关注生产指标而不注重产品的质量，缺乏市场竞争力。非公有企业能够带来职工的积极性、主动性、创造性，能够生产满足市场需要的产品，但社会上对它的存在仍有偏见，多数人认为是资本主义的东西而加以禁止，甚至古巴宪法也规定财产不能向非国有制集中，这就极大地限制了非公有制经济的发展，非公有制要在国民经济中发挥它应有的重要作用还任重道远。二是关于计划与市场的关系问题。古巴至今认为计划经济是国家经济发展的主要方式，制订计划需考虑市场因素，但市场发展导致一些不良现象时即限制市场。近年来，在经济社会模式更新进程中，人们的认识有所改变，逐渐认识和承认市场的作用，注重发挥和运用市场的作用。古巴领导人一方面要求人们排除偏见，大力发展个体经济，增强国民经济的活力，另一方面强调要坚持计划经济，严格限制个体经济的范围，并认为这些限制不可逾越，否则将导致严重的后果。这种对待市场和个体经济的矛盾心态，在理论上，严重地影响了对市场作用和个体经济地位的探索研究，实践中，限制了市场作用的发挥和个体经济的发展规模。三是关于改革开放的问题。古巴自 20 世纪 90 年代开始实施改革开放，如何改革国有企业的经营管理权、该不该放宽非国有经济的发展及放宽哪些、放宽的程度如何？如何对外开放及开放的程度、如何提高对外经济关系的多元化等理论和实践问题，成为困扰人民的重大问题。古巴虽然采取了许多改革开放措施，也取得了较好的效果，但由于古巴本身基础设施落后，技术和资金缺乏，外贸逆差过大，外汇收入不足，粮食、食品需要大量进口，再加之美国等西方国家的封锁打压，古巴的改革和开放的力度和效果有限。劳尔执政以来所实施的经济社会模式更新，其变革的力度加大，似有改革开放的趋势，可古巴领导人则称之为更新，是经济社会发展模式的调整变革，说是要学习中国、越南的改革开放经验，却不照搬。所以，如何进一步改革开放、怎样改革开放？是需要探索的理论和实践问题。四是对于社会主义和资本主义的正确认识问题。一些人对社会主义的本质认识不清，对资本主义过度排斥，不少人认为非国有制改革是对资本主义的让步，市场经济是资本主义的东西。在经济全球化的浪潮下，社会主义改革的市场化趋向不可逆转，正确地认识社会主义的本质、合理地利用资本主义发展的有效手段来发展社会主义是十分必要的。一些发展手段姓资姓社的问题，应该取决于是否促进生产力的发展、是否有利于人民生活水平的提高、是否促进社会的和谐稳定来判断。五是关于破除过时守旧的思想观念问题。劳尔主政后就一直积极倡导"思想和观念"的转变，但当前所面对的最主要的障碍，仍然是过时的僵化的思维方式形成的一种惯性态度，对未来缺乏信心等观念问题。为克服古巴长期以来面临的经济困难，出于调整经济发展模式的需要，彻底改变人们长期以来固化、僵化的思维模式势在必行。六是关于人口老龄化问题。由于人口老化和减少，古巴已出现劳动力缺乏的现象，据统计，未来人口老龄化现象还将进一步加剧，如何充分利用现有劳动力资源并有效抑制老龄化过快的趋势也是迫切需要关注的领域。当然，古巴还存在社会建设费用过高、如何处理经济发展和提高人民的福利问题，改革开放与社会成员收入差距不断扩大等问题。古巴在关于上述社会主义的一些基本问题上还需进一步解放思想，不断根据国内外形势的变化进行必要的政策调整。

社会主义作为一种超越资本主义的先进制度，它所追求的消灭剥削、实现社会公平正义、实现每个人自由而全面发展、实现人类彻底解放等价值理念，永远占据人类道义的制高点，社会主义古巴正是基于这种强大的吸引力而持之以恒地为实现崇高理想而不断奋斗。当前，世界正处于百年未有之大变局中，社会主义迎来了不可多得的发展机遇。在这样一个时代，我们十分惊喜地看到，在面对敌对势力的重重封锁及国内种种困境的局势下，社会主义古巴仍然屹立不倒，以坚强的毅力顽强地生存下来，并在克服艰难险阻中走出了一条独特的社会主义发展道路，形成了不同于其他国家的古巴社会主义发展模式，这种模式在持续的更新过程中越发显出广阔的发展前景，这充分地证明社会主义发展没有固定的模式，只有始终坚持共产党的领导，将马克思主义理论与本国的实际相结合，在广泛的社会实践过程中不断探索符合自身国情的发展道路才能实现长久的生存和发展。作为世界社会主义进程中的重要组成部分，古巴社会主义建设的经验是对世界社会主义运动的宝贵贡献，为其他社会主义国家和第三世界国家提供启迪和借鉴。

主要参考文献

中文参考书目

世界知识出版社：《古巴人民社会党第八次全国代表大会主要文件》，世界知识出版社 1961 年版。

崔桂田：《当代社会主义发展模式比较研究》，山东人民出版社 2005 年版。

古巴驻华大使馆：《前景与挑战：古巴的医药工业及生物制药工业》，单行本，1994。

姜士林：《世界宪法全书》，青岛出版社 1997 年版。

靳呈伟：《多重困境中的艰难抉择——拉美共产党的社会主义理论与实践》，中央编译出版社 2016 年版。

李春辉：《拉丁美洲史稿》（下册），商务印书馆 1983 年版。

李春辉、苏振兴、徐世澄：《拉丁美洲史稿》（第三卷），商务印书馆 1993 年版。

梁宏等：《变革中的越南朝鲜古巴》，深圳出版发行集团、海天出版社 2010 年版。

刘洪才：《当代世界共产党党章党纲选编》，当代世界出版社 2009 年版。

卢学慧：《古巴雄鹰——卡斯特罗传》，时代文艺出版社 2003 年版。

陆国俊、郝名玮：《新世界的震荡——拉丁美洲独立运动》，上海社会科学院出版社 1991 年版。

毛相麟、杨建民：《古巴社会主义研究》（修订版），社会科学文献出版社 2019 年版。

庞炳庵：《亲历古巴——一个驻外记者的手记》，新华出版社 2004 年版。

王承就：《古巴共产党建设研究》，人民出版社 2011 年版。

王春良：《拉丁美洲民族民主运动史论》，中国地图出版社 1992 年版。

王来军：《美国敌人卡斯特罗》，华中科技大学出版社 2014 年版。

王泰平：《新中国外交 50 年》，北京出版社 1999 年版。

吴彬康等：《八十年代世界共产党代表大会重要文件选编》（下卷），中国广播电视出版社 1989 年版。

肖枫、王志先：《古巴社会主义》，人民出版社 2004 年版。

徐世澄：《冲撞：卡斯特罗与美国总统》，东方出版社 1999 年版。

徐世澄：《当代拉丁美洲的社会主义思潮与实践》，社会科学文献出版社 2012 年版。

徐世澄：《古巴模式的"更新"与拉美左派的崛起》，中国社会科学出版社 2013 年版。

徐世澄：《卡斯特罗评传——从马蒂主义者到马克思主义者》，人民出版社 2008 年版。

徐世澄、贺钦：《古巴》，社会科学文献出版社 2018 年版。

许宝友：《世界主要政党规章制度文献（越南、老挝、朝鲜、古巴）》，中央编译出版社 2016 年版。

袁东振、杨建民等：《拉美国家政党执政的经验与教训研究》，中国社会科学出版社 2016 年版。

政学：《卡斯特罗》，内蒙古人民出版社 1997 年版。

祝文驰、毛相麟、李克明：《拉丁美洲的共产主义运动》，当代世界出版社 2002 年版。

［德］汉斯·莫德罗等：《古巴：起步还是止步》，王建政译，社会科学文献出版社 2016 年版。

［俄］尼古拉·S. 列昂诺夫：《劳尔·卡斯特罗：革命生涯》，魏然等译，中国社会科学出版社 2016 年版。

［古］菲德尔·卡斯特罗：《卡斯特罗言论集》（第二册），人民出版社 1963 年版。

［古］菲德尔·卡斯特罗：《卡斯特罗言论集》（第一册），人民出版社 1963 年版。

［古］菲德尔·卡斯特罗：《历史将宣判我无罪》，世界知识出版社 2003 年版。

［古］菲德尔·卡斯特罗：《全球化与现代资本主义》，王玫、邓兰珍、王洪勋等译，社会科学文献出版社 2000 年版。

［古］菲德尔·卡斯特罗：《在古巴共产党第一、二、三次全国代表大会上的中心报告》，王玫等译，人民出版社 1990 年版。

［古］菲德尔·卡斯特罗：《在古巴统一革命组织马坦萨斯省委会上的讲话》，人民出版社 1962 年版。

［古］菲德尔·卡斯特罗：《总司令的思考》，徐世澄、宋晓平、黄志良、郝名玮译，社会科学文献出版社 2008 年版。

［古］何塞·坎东·纳瓦罗：《古巴历史——枷锁与星辰的挑战》，王玫译，当代世界出版社 1999 年版。

［古］玛尔塔·罗哈斯：《蒙卡达审判》，徐世澄译，华文出版社、五洲传播出版社 2014 年版。

［古］萨洛蒙·苏希·萨尔法蒂编：《卡斯特罗语录》，宋晓平等译，社会科学文献出版社 2010 年版。

［古］希门尼斯：《古巴地理》，商务印书馆 1962 年版。

［美］卡梅洛·梅萨—拉戈：《七十年代的古巴——注重实效与体制化》，丁中译，商务印书馆 1980 年版。

［美］谢尔顿·B.利斯：《拉丁美洲的马克思主义思潮》，林爱丽译，东方出版社 1990 年版。

［苏］米罗舍夫斯基：《美洲西班牙殖民地的解放运动　从被征服到独立战争前为止 1492—1810 年》，金乃学译，生活·读书·新知三联书店 1960 年版。

［苏］约·罗·拉弗列茨基：《格瓦拉传》，上海人民出版社 1974 年版。

［英］休·托马斯：《卡斯特罗和古巴》（上、下册），斯禾译，上海人民出版社 1975 年版。

外文参考文献

Anderson, Jon Lee. Che Guevara: A Revolutionary Life, Bantam Press, London, 1998.

Angelo Trento, Castro and Cuba, Arris Books, 2005.

Anuario Estadstico de Cuba 1989, Editorial Estadistica, Centro Habana, 1991.

Azicri, Max., Cuba: Politics, Economies and Society, Printer Publishers, London and New York, 1988.

Barredo Medino, Lazaro. The Most Extensive Dispute of the Contemporary Era, National Assembly of People's Power, (Havana), 1997.

Cameron, Sarah, Cuba, Ingram Publications Services, 2011.

Comisión Econômica para America Latina y el Caribe (CEPAL). La economia Cubana: Reformas estructurales y desempefio en los noventa. Fondo de Cultura Económica, México, 1997.

Comite Estatal de Estadisticas. Cuba en cifras 1982, Editorial Estadistica, 1983.

Conceptualización del Modelo Económico y Social Cubano de Desarrollo Socialista——来源于 Granma。

Constitución de la República de Cuba, Editora Política, La Habana, 1992.

Constitución del la República de cuba (2019) ——来源于 Granma。

Constitution of the Republic of Cuba, Editora Política, La Habana, 1981.

Dany Aeberhard y Eamily Hatchwell. Cuba, Oceano Grupo Editorial, Barcelona, 2000.

Direccion de Politica Cientifica y Tecnologica, CITMA, Indicadores de Cienia, Tecnologia y Medio Ambiente, Editorial Academia, 2001.

Dominguez, Jorge I. Cuba: Order and Revolution, The Belknap Pres of Harvard University Press, Cambridge, Mass., 1978.

Dumont, René, Is Cuba socialist? New York, 1974.

Fernando Portuondo del Prado. Hitoria de Cuha, Eiditorial Nacional de Cuba, 1965.

Fidel Castro, Por el camino correcto, Compilacion de textos, Editora Politica, La Habana, 1987.

Fidel Castro, Cuba at the Crossroads, Ocean Press, 1997.

Gironella; Jose M.; Byrne; John F., On China and Cuba, Fides Publishers, 1963.

H. Michael Erisman, Cuba's Internatioal Relations, The Anatomy of a Nationalistic Foreign Policy, Westview Press, Boulder, 1985.

H. Michael Erisman, Cuba's foreign relations in a post-Soviet world, University Press of Florida, Gainesville, 2000.

Hughes, Susan, Cuba the Culture, Crabtree Publishing Company, 2004.

ILJA A. LUCIAK, Gender and Democracy in Cuba (Contemporary Cuba), University Press of Florida, 2007.

Jorge I. Dominguez, Omar Everleny Pérez Villanueva, Maya Espina Prieto, Cuban Economic and Social Development Policy Reforms and Chanllenges in the 21st Centrury, Lorena Barberia Boston, 2012.

La Implementación de los Lineamientos de la Política Económica y Social del Partido y la Revolución aprobados en el 6to. Congreso y su actualización para el periodo 2016—2021——来源于 Granma。

Los Lineamientos de la Política Económica y Social del Partido y la Revolución——来源于 Granma。

Max Azicri, Cuba today and tomorrow: reinventing socialism, University Press of Florida, Gainesville, Fla., 2000.

——and Elsie Deal, eds. Cuban Socialism in a New Century: Adversity, Survival, and Renewal, University Press of Forida, Gainesville, 2004.

——Cuba Today and Tomorrow: Reinventing Socialism, University Press of Forida, Gainesville, 2001.

——Esta en nosotros la Victoria! Editora Politica, La Habana, 1992.

——Imagen del hombre nuevo, Editora Poltica, La Habana, 1987.

——Informe Central-Discurso de Clausura al V Congreso del Partido Comunista de Cuba, Editora Politica, La Habana, 1997.

——Socialism or Death, Josó Marti Publishing House, La Habana, 1989.

参考网站和网页

http://en.granma.cu/

http://cu.mofcom.gov.cn/

https://www.ministeriodecultura.gob.cu/

https://www.pcc.cu/

http://www.onei.gob.cu/

http://www.gacetaoficial.gob.cu/

https://www.mined.gob.cu/

https://www.mes.gob.cu/

http://www.cubadebate.cu/

http://www.chinajob.gov.cn/

后　记

《古巴社会主义模式研究》，是国家社科基金一般项目"古巴社会主义模式研究"的最终研究成果，是课题组成员4年多的艰辛努力的结晶。

《古巴社会主义模式研究》的写作过程，充满艰辛和困难。如何规避研究的同质化问题，是最大的挑战。国内关于古巴社会主义的研究成果颇丰，有大量的论文，也有专著。目前国内以古巴社会主义命名的专著有：毛相麟的《古巴社会主义研究》及毛相麟、杨建民的《古巴社会主义研究》（修订版）及肖枫、王志先的《古巴社会主义》。此外，还有研究内容涉及古巴社会主义的著作，如周新城的《越南、古巴社会主义现状与前景》，崔桂田的《当代社会主义发展模式比较研究》，徐世澄的《古巴》。要在已有的关于古巴社会主义的研究成果基础上体现本研究的特色，实非易事。我们采取差异化策略来彰显我们研究的特色。首先，在研究的框架结构上尽量与上述成果不同。其次，在内容上尽量拓宽研究领域与范围，避免简单重复。一是同样是在阐释古巴的经济、政治、文化和社会建设，我们的侧重点是不同的，如经济方面我们注重了古巴关于公有制与非国有经济、计划与市场关系及古巴的金融、财经、价格政策，特别是古共六大、七大对它们的阐释；政治建设方面，我们增加了行政管理体制、司法体系建设、社会和群众组织建设、参与制民主等内容；文化建设方面，我们增加了文化政策与原则及古巴文化的重要特征等内容；在社会建设方面，我们增加了就业和住房两大方面的内容；二是我们增加了古共七大和八大通过的主要政策的阐释；三是根据自己的研究进行了一些独有的总结提炼；四是我们的多数数据更新至2019年，有些资料到2022年；五是使用的大量第一手材料。最后，在研究方法上，我们注重古巴官方材料的收集和翻译，确保资料的真实性、原创性和前沿性。

本人是从 2007 年开始研究古巴问题的，在研究的过程中得到了国内许多专家的帮助，也从这些专家的研究成果中受益颇丰，在此深表谢意，更要特别感谢徐世澄和毛相麟两位老前辈的无私帮助。家人、同事和朋友的支持和理解，也是本人坚持从事古巴研究的不懈动力。在《古巴社会主义模式研究》撰写的过程中，课题组所有成员或直接参与研究，撰写文章，或献计献策给与指导，或参与收集、翻译和整理资料，其中，我的博士生封艳萍参与了社会建设和文化建设两章初稿的撰写，成为研究工作的得力帮手。总之，《古巴社会主义模式研究》，是在吸收借鉴国内外已有研究成果的基础上，课题组所有成员共同努力的结晶，是同事、朋友及家人刘芙蓉、王莹瑛大力支持的结果。

《古巴社会主义模式研究》的出版，是本人研究工作的一个阶段性工作的结束，也是新的研究阶段的开始。古巴社会主义现处在一个变革转型的重要阶段，许多理论、政策和现实问题值得关注，古巴共产党能否一如既往地顶得住美国封锁、和平演变乃至军事干预的压力，团结带领人民建设繁荣、可持续的社会主义，为世界社会主义的发展作出独特的贡献，本人会继续关注，为国内奉献更多关于古巴的研究成果。

诚挚感谢中国社会科学出版社和广西大学马克思主义学院给予本书出版的大力支持。

王承就
2022 年 5 月于广西大学碧云湖畔